Heiner Newe
Heiderose Thomsen-Newe

MIT DEM WOHNMOBIL NACH BAYERN

Teil 1: Der Nordosten

Die Anleitung für einen Erlebnisurlaub

DER WOHNMOBIL-VERLAG
D-98634 Mittelsdorf/Rhön

Die Deutsche Bibliothek – CIP-Einheitsaufnahme

Bibliografische Information der Deutschen Bibliothek

Die Deutsche Bibliothek verzeichnet diese Publikation in der Deutschen Nationalbibliografie.
Detaillierte bibliografische Daten sind im Internet über <http://dnb.ddb.de> abrufbar.

Titelbild:
Baumturm im NP Bayerischer Wald
Innentitelbild:
Eremitage in Bayreuth

3. komplett überarbeitete und erweiterte Auflage 2018

Druck:
Gutenberg Beuys Feindruckerei, 30851 Langenhagen

Vertrieb:
GeoCenter, 70794 Filderstadt

Herausgeber:
WOMO-Verlag, 98634 Mittelsdorf/Rhön
Position: N 50° 36' 38.2" E 10° 7' 55.6"

Fon: 0049 (0) 36946-20691
Fax: 0049 (0) 36946-20692
eMail: verlag@womo.de
Internet: www.womo.de

Autoren-eMail: Newe@womo.de

ISBN 978-3-86903-313-6

EINLADUNG

„Warum in die Ferne schweifen, wenn das Gute liegt so nah!“ Mit diesem leicht abgewandelten Zitat von Johann Wolfgang von Goethe möchten wir Sie einladen eine Region Deutschlands zu besuchen, die teilweise unberührt scheint.

Neben den „Highlights“ dieser Region, wie die fränkische Metropole Nürnberg, die UNESCO-Welterbestädte Bamberg und Regensburg, die Wagnerstadt Bayreuth oder die allseits bekannten Naturlandschaften der Fränkischen Schweiz, des Altmühltales und des Bayerischen Waldes, gibt es sehr viel mehr zu entdecken.

Wir nehmen Sie mit in wenig bekannte Städte und Städtchen, die sich mit Stadtmauern, Tortürmen und tadellosem Fachwerk von ihrer romantischen Seite zeigen. Führen Sie zu märchenhaft und unberührt erscheinende Seen und Flusslandschaften, die kaum jemand kennt und suchen mit Ihnen einige der schönsten Schlösser, Burgen und Burgruinen auf. Wir führen Sie in fantastische Höhlen und zu Klangerlebnissen der besonderen Art. Wenn Sie mögen, wandern und radeln wir auch mit Ihnen auf den schönsten Strecken entlang der Flüsse und alten Kanäle. Einige Museen von überregionaler Bedeutung haben wir auch für Sie auf dem Programm.

Auf unsere Tischkultur wurde aus dieser Region erheblich Einfluss genommen. Wussten Sie das? Täglich nutzen wir Teller und Gläser, die in dieser Region produziert wurden. Wir führen Sie in die Orte, die dieser Region mit Porzellanmanufakturen und Glaskunst einen besonderen Glanz verliehen haben.

Wir zeigen Ihnen natürlich auch, was in dieser Region auf den Teller und in die Gläser kommt. Das ist nicht wenig, sehr schmackhaft und verblüffend preiswert. Hier werden die Teller nicht mit Speisen dekoriert, hier werden sie gefüllt!

Diese Region wird Ihnen gefallen. Wir haben uns bemüht, Sie ihnen „wohnmobilgerecht“ aufzubereiten.

Einen schönen Urlaub wünscht das Autorenpaar

Heiner Newe Heide Thomsen-Newe

Sehr geehrte Leserinnen und Leser, liebe WOMO-Freunde!

Reiseführer sind für einen gelungenen Urlaub unverzichtbar – das beweisen Sie mit dem Kauf dieses Buches. Aber aktuelle Informationen altern schnell, und ein veralteter Reiseführer macht wenig Freude.

Sie können helfen, Aktualität und Qualität dieses Buches zu verbessern, indem Sie uns nach Ihrer Reise mitteilen, welchen unserer Empfehlungen Sie gefolgt sind (freie Stellplätze, Campingplätze, Wanderungen, Gaststätten usw.) und uns darüber berichten (auch wenn sich gegenüber unseren Beschreibungen nichts geändert hat).

Bitte füllen Sie dafür schon während Ihrer Reise das Info-Blatt am Buchende aus und senden Sie es uns sofort nach Ihrer Rückkehr zu (per Brief, Fax oder formlos als eMail).

Dafür gewähren wir Ihnen auch bei späteren Buch- und Kartenbestellungen direkt beim Verlag ein Info-Honorar von 10%.

Aktuelle Korrekturen finden Sie unter: forum.womoverlag.de

Um die freien Übernachtungs- und Campingplätze auf einen Blick erfassen zu können, haben wir diese im Text in einem Kasten nochmals farbig hervorgehoben und, wie auf den Karten, fortlaufend durchnummeriert. Wir nennen dabei wichtige Ausstattungsmerkmale und geben Ihnen eine kurze Zufahrtsbeschreibung. „Max. WOMOs" soll bei freien Plätzen andeuten, wie viele WOMOs dieser Platz maximal verträgt und nicht, wie viele auf ihn passen würden (schließlich gibt es auch Einwohner und andere Urlauber)!

Offizielle Stellplätze sind mit einem WOMO-Icon gekennzeichnet.

Übernachtungsplätze mit **B**ademöglichkeit sind mit hellblauer Farbe unterlegt. **W**anderparkplätze sind grün gekennzeichnet. **P**icknickplätze erkennen Sie an der violetten Farbe. Auf Schlafplätze, denen die gerade genannten Merkmale fehlen – also auf einfache **S**tellplätze – weist die Farbe Gelb hin.

Empfehlenswerte **C**ampingplätze haben olivgrüne Kästchen.

Wanderungen, die wir Ihnen besonders ans Herz legen möchten, haben wir hellgrün unterlegt.

Und hier kommt das Kleingedruckte:

Inhaltsverzeichnis

TOUR 1 (ca. 185 km) 8
Von Coburg in den Frankenwald
Veste Coburg 13

TOUR 2 (ca. 200 km) 33
Vom Frankenwald ins Fichtelgebirge
Theresienstein 35
Porzellanikon: 41
Wunsiedler Weiher 42
Von Thierstein an die Eger 42
Felsenlabyrinth 50

TOUR 3 (ca. 140 km) 56
Vom Fichtelgebirge nach Coburg
Baille-Maille-Allee 58
Stadtrundgang Kulmbach 64

TOUR 4 (ca. 120 km) 68
Von Coburg nach Bayreuth
Lichtenfelser Korbmarkt 69
Stadtbummel Bayreuth 77
Kleine Stadtgeschichte 82
Die Eremitage 83

TOUR 5 (ca. 170 km) 86
Von Bayreuth nach Bamberg
Kleine Entstehungsgeschichte der Fränkischen Schweiz 91
Franken, das Land der Brauereien 99
Schloss Greifenstein 103

TOUR 6 (ca. 100 km) 105
Von Bamberg nach Coburg
Altstadt und UNESCO-Weltkulturerbe Bamberg 110

TOUR 7 (ca. 130 km) 122
Von Bayreuth nach Weiden in der Opf.

TOUR 8 (ca. 280 km) 135
Durch das Stiftland und den Steinwald
KZ Flossenbürg 137
Die Basilika der Abtei Waldsassen 142
Die Stiftsbibliothek der Abtei Waldsassen 143
Zoiglbier 152
GEO-Zentrum KTB 153

TOUR 9 (ca. 225 km) 155
Durch den Oberpfälzer Wald
Doktor Eisenbarth Spottlied 166

TOUR 10 (ca. 165 km) 170
Von Wernberg-Köblitz nach Pegnitz
Spaziergang Velden 180
Stadtbummel Pegnitz 185

TOUR 11 (ca. 86 km) 186
Von Pegnitz nach Nürnberg
Lauf an der Pegnitz 193
Parken in Nürnberg 194
Durch die Altstadt von Nürnberg 198
Kongresshalle und Doku-Zentrum 205
Nürnberger Christkindlesmarkt 205

TOUR 12 (ca. 180 km) 207
Von Nürnberg nach Bamberg
Erlangen 214
Hugenotten in Erlangen 216
Der Kellerwald in Forchheim 218

TOUR 13 (ca. 170 km) 223
Von Ansbach nach Treuchtlingen
Ansbach 224
Wolfram von Eschenbach 228

TOUR 14 (ca. 105 km) 241
Von Treuchtlingen nach Nürnberg
Der obergermanisch-rätische Limes 242

TOUR 15 (ca. 120 km) 252
Von Treuchtlingen nach Greding
Ich kenne meine Pappenheimer 254

TOUR 16 (ca. 165 km) 267
Von Greding nach Nürnberg
Berching 269
Ludwig-Donau-Main-Kanal (Ludwigskanal) 277
Radtour am Ludwigskanal 278

TOUR 17 (ca. 130 km) 280
Von Greding nach Regensburg
Die Falknerei auf Schloss Rosenburg 285
Wanderung zum Kloster Weltenburg 290
Regensburg 293

TOUR 18 (ca. 125 km) 301
Von Regensburg nach Wernberg
Schwandorf 308

TOUR 19 (ca. 310 km) 312
Durch den nördlichen Bayerischen Wald
Stadtbummel Cham 315
Bad Kötzting 323

TOUR 20 (ca. 450 km) 329
Durch den südlichen Bayerischen Wald
Nationalpark Bayerischer Wald 335
Wanderung zum Plöckenstein 339
Passau 342

Tipps und Tricks – alphabetisch sortiert 346

Stichwortverzeichnis 350

Wir starten in den Nordosten Bayerns

Das Wochenende oder ein verlängertes Wochenende ist für den Wohnmobilisten ein vielfach genutzter Zeitraum, um einen Kurzurlaub in heimischen Gefilden durchzuführen. Mit dieser Erkenntnis im Hinterkopf haben wir die 20 Touren dieses Buches angelegt. Diese Auflage wurde umfangreich überarbeitet und aktualisiert. Für den Besuch der großen Städte haben wir Stadtpläne eingefügt, die eine Orientierung erleichtern sollen.

Wir starten – fast ausnahmslos – eine Tour immer in unmittelbarer Nähe einer Autobahnabfahrt und lassen sie, ebenso fast ausnahmslos, an anderer Stelle in der Nähe einer Autobahnauffahrt enden. Wenn man nicht sehr weit von dieser Region entfernt lebt, kann man also nach Arbeitsende starten und muss im Zielgebiet, nachdem man die Autobahn verlassen hat, nicht lange nach einem Stellplatz suchen. Ab dem darauffolgenden Tag hat man dann die Zeit und hoffentlich auch die Muße, die gewählte Tour abzufahren. Apropos Zeit: Die Angaben der Reisezeit in Tagen ist ein schwieriges Unterfangen, denn jeder hat seinen eigenen Rhythmus und seine eigenen Interessen. Der eine dehnt eine Wanderung aus, der andere unternimmt erst gar keine, sondern fährt nur von Ort zu Ort. Die Angaben könnten also nur eine vage Vorstellung über die Zeit vermitteln, die man benötigt, um die jeweilige Tour zu absolvieren, deshalb haben wir sie weggelassen. Wenn Sie mit Muße reisen und alles anschauen und machen wollen, was wir in diesem Buch aufgelistet haben, wird in den meisten Fällen ein Wochenende für eine Tour nicht reichen, da wird es dann schon ein verlängertes Wochenende sein müssen.

Start- und Endpunkte der Touren bilden vielfach einen Knotenpunkt, an dem mehrere enden, andere in verschiedene Himmelsrichtungen starten. So lassen sich die Touren auch bequem zu längeren Reisen aneinanderhängen. Schauen Sie doch dazu einmal in die hintere Umschlaginnenseite, dort finden Sie eine kartografische Übersicht der Reiserouten.

Jede Tour hat ihren eigenen Schwerpunkt und fast jede führt durch einen anderen Landschaftstyp. Zwischen stark frequentierten Straßen und Stellplätzen wie auf der Tour 13 oder wenig belebten Straßen und Orten wie auf der Tour 8 reicht die Spannbreite.

Sie haben die Wahl! Gute Reise!

Wenn Sie uns direkt ansprechen möchten:

Heiner Newe
e-mail: newe@womo.de

TOUR 1 (ca. 185 km)

Coburg – Mitwitz – Kronach – Presseck – Schwarzenbach – Naila – Hölle – Bad Steben – Lichtenberg – Rudolphstein

Freie Übernachtung:	Coburg, Mitwitz, Schwarzenbach, Hölle, Lichtenberg.
Offizielle Stellplätze:	Coburg, Schloss Tambach, Kronach, Schwarzenbach, Naila, Bad Steben.
Campingplätze:	Lichtenberg.
Ver-/Entsorgung:	Coburg, Kronach, Naila, Bad Steben, Lichtenberg.
Besichtigungen:	Coburg (Altstadt und Veste), Schloss Tambach (Tierpark), Schloss Callenberg, Schloss Rosenau mit Parkanlage, Mitwitz (Wasserschloss), Kronach (Altstadt und Burg), Bad Steben (Kurpark), Lichtenberg (Burgruine).
Wandern:	Presseck (Steinachklamm, Mühlenweg), Schwarzenbach (Döbraberg), Hölle (Höllental).
Baden/Wellness:	Coburg (Freibad),Naila (Freibad), Bad Steben (Kuranlagen).

Wir beginnen mit COBURG, der schönen alten Residenzstadt der Herzöge von Sachsen-Coburg. Über die A73 ist die Stadt gut an das Autobahnnetz angeschlossen. Der Stellplatz am Großparkplatz Anger an der Schützenstraße ist leicht zu finden. Auch wenn nur 9 Stellplätze offiziell ausgewiesen sind, bietet die Größe des Platzes bei Bedarf auch wesentlich mehr Fahrzeugen Raum. Obwohl er mitten in der Stadt liegt, erweist er sich in der Nacht doch als erstaunlich ruhig. Ideal ist der Standort, um die Innenstadt mit ihrem nahezu quadratischen Marktplatz zu besichtigen. Nur ca. 600 Meter sind dafür vom Stellplatz durch **Ketschentor** und über die Ketschengasse zurückzulegen. Unser Spazierweg führt zu den sehenswertesten Gebäuden dieser Stadt. Er ist auf der folgenden Seite mit einer grün gepunkteten Linie markiert.

Das **Stadthaus** und das gegenüber liegende **Rathaus** sind schnell erreicht. Sie bieten ein besonders malerisches Bild in der Abenddämmerung, wenn die effektvolle künstliche Beleuchtung eingeschaltet ist. Die prachtvolle Fassade des Stadthauses kommt dann erst so richtig zur Geltung. Weitere 200 Meter entfernt wirkt das in englischer Neugotik errichtete **Schloss Ehrenburg** und das im klassizistischen Stil errichtete **Landestheater** mit dem dazwischen liegenden **Schlossplatz** nicht weniger reizvoll. Das **Schloss Ehrenburg** kann im Rahmen einer Führung besichtigt werden. Wer barocke

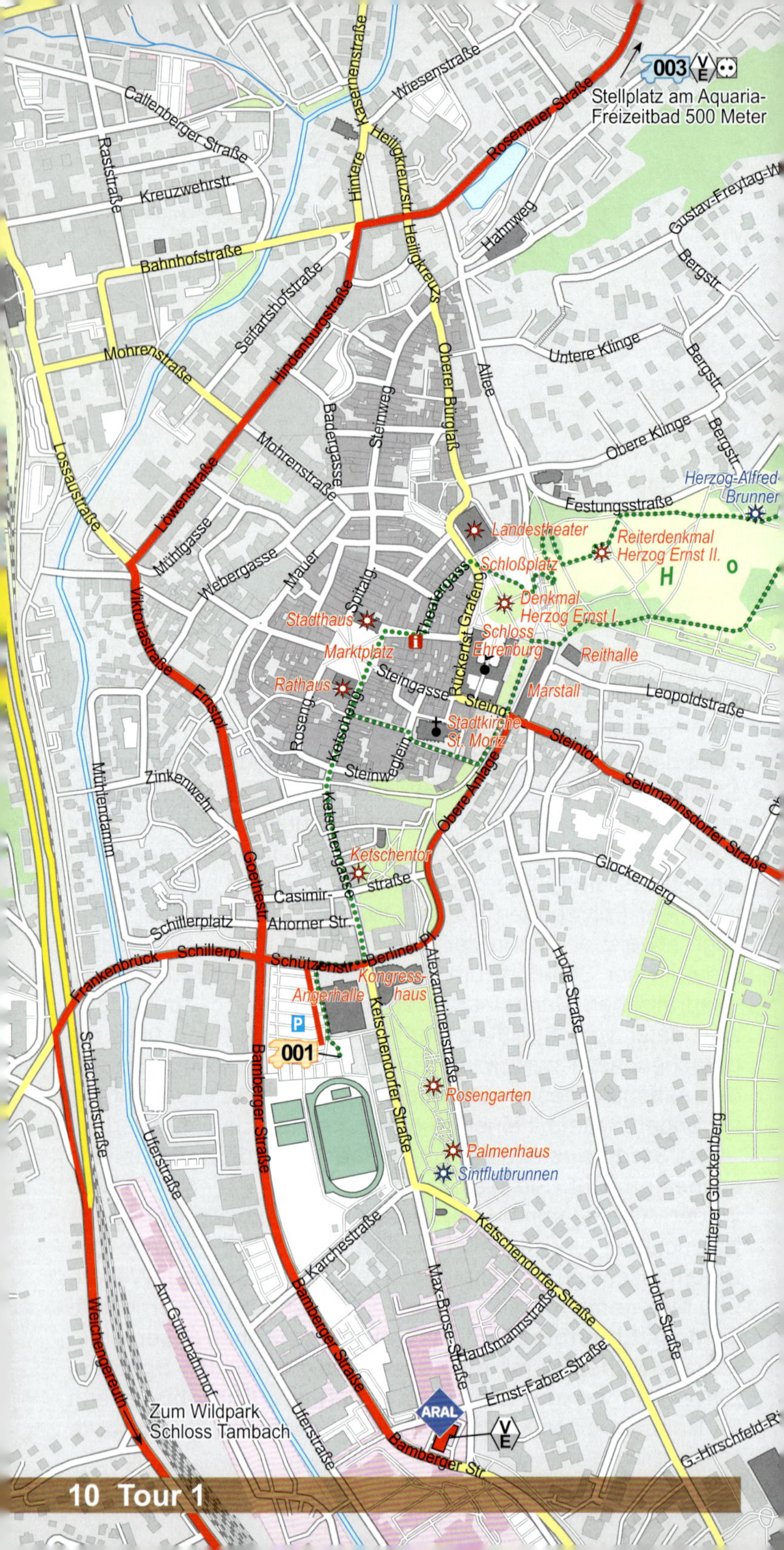
003
Stellplatz am Aquaria-Freizeitbad 500 Meter
Callenberger Straße
Wiesenstraße
Kasernenstraße
Rosenauer Straße
Raststraße
Kreuzwehrstr.
Hintere
Heiligkreuzstr.
Heiligkreuzstr.
Hahnweg
Gustav-Freytag-W
Bahnhofstraße
Bergstr.
Seifartshofstraße
Hindenburgstraße
Obere Burglaß
Untere Klinge
Mohrenstraße
Badergasse
Steinweg
Allee
Obere Klinge
Lossaustraße
Mohrenstraße
Herzog-Alfred-Brunnen
Löwenstraße
Mühlgasse
Festungsstraße
Webergasse
Mauer
Landestheater
Reiterdenkmal Herzog Ernst II.
Schloßplatz
Viktoriastraße
Spitalg.
Theatergass
Rückertst.
Grafeng.
Denkmal Herzog Ernst I.
Stadthaus
Schloss Ehrenburg
Marktplatz
Reithalle
Steingasse
Marstall
Leopoldstraße
Rathaus
Steing.
Ernstpl.
Roseng.
Ketschengasse
Stadtkirche St. Moriz
Steintor
Steinweg
Obere Anlage
Seidmannsdorfer Straße
Zinkenwehr
Mühlendamm
Ketschengasse
Ketschentor
Glockenberg
Casimir-
straße
Goethestr.
Schillerplatz
Ahorner Str.
Frankenbrück
Schillerpl.
Schützenstr.
Berliner Pl.
Alexandrinenstraße
Kongresshaus
Angerhalle
Hohe Straße
001
Ketschendorfer Straße
Bamberger Straße
Schlachthofstraße
Rosengarten
Palmenhaus
Sintflutbrunnen
Uferstraße
Hinterer Glockenberg
Ketschendorfer Straße
Karchestraße
Max-Brose-Straße
Haußmannstraße
Hohe Straße
Weichengereuth
Am Güterbahnhof
Bamberger Straße
Ernst-Faber-Straße
Zum Wildpark Schloss Tambach
Uferstraße
ARAL
Bamberger Str.
G.-Hirschfeld-R

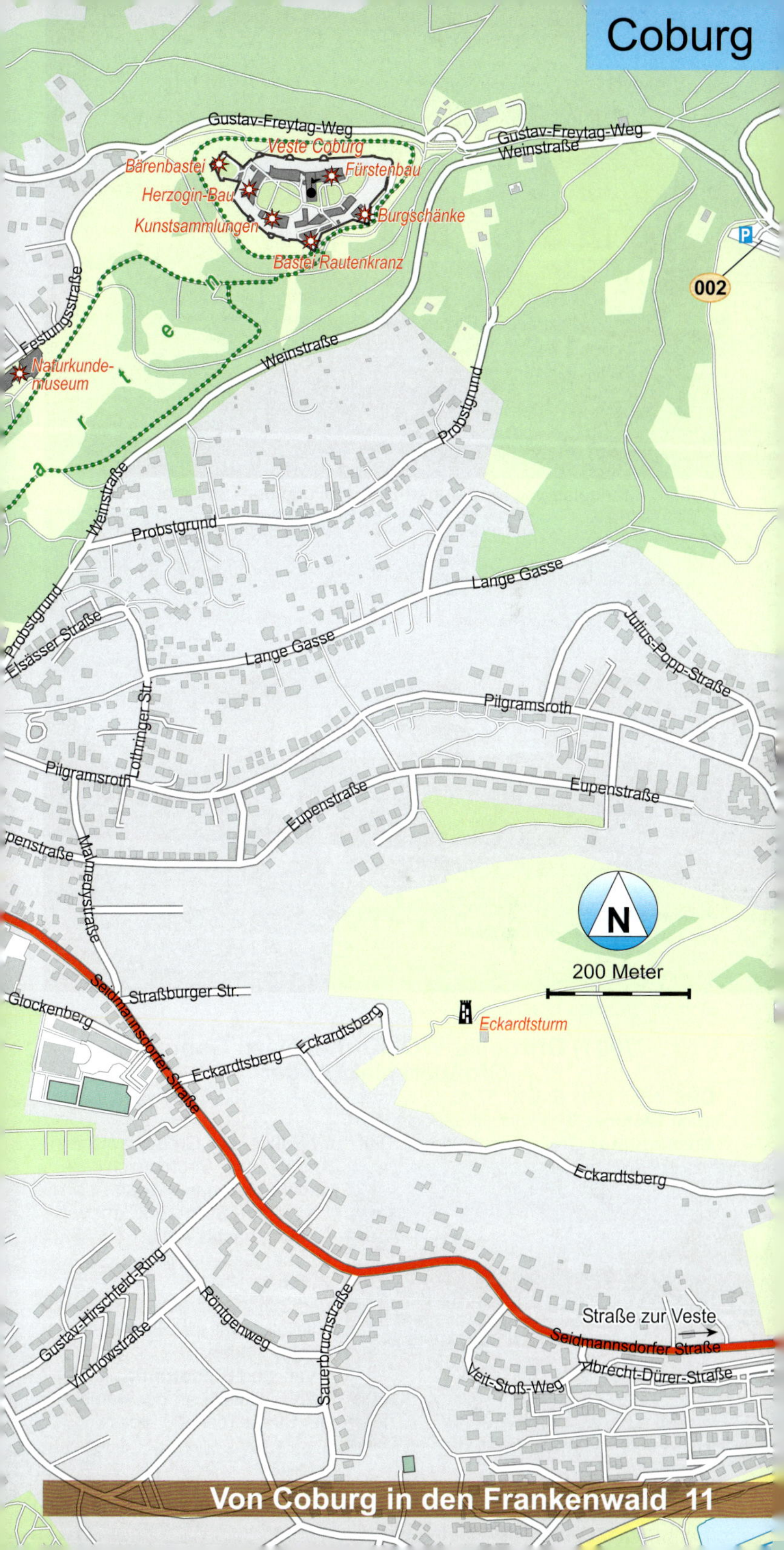
Gustav-Freytag-Weg
Veste Coburg
Bärenbastei
Fürstenbau
Herzogin-Bau
Burgschänke
Kunstsammlungen
Bastei Rautenkranz
Gustav-Freytag-Weg
Weinstraße
002
Festungsstraße
Naturkunde-museum
Weinstraße
Probstgrund
Weinstraße
Probstgrund
Lange Gasse
Probstgrund
Elsässer Straße
Lange Gasse
Julius-Popp-Straße
Lothringer Str.
Pilgramsroth
Pilgramsroth
Eupenstraße
Eupenstraße
Malmedystraße
200 Meter
N
Seidmannsdorfer Straße
Straßburger Str.
Glockenberg
Eckardtsturm
Eckardtsberg
Eckardtsberg
Eckardtsberg
Gustav-Hirschfeld-Ring
Röntgenweg
Sauerbruchstraße
Virchowstraße
Straße zur Veste
Seidmannsdorfer Straße
Veit-Stoß-Weg
Albrecht-Dürer-Straße

Coburg, Marktplatz mit Prinz-Albert-Denkmal und dem Stadthaus.

Coburg, Schloss Ehrenburg.

(001) Offizieller WOMO-Stellplatz: Coburg Großparkplatz Anger

GPS: N50°15'11.6" E10°57'48.8"; Ketschenanger, 96450 Coburg.
max. Womos: 9, maximale Länge >10 m.
Ausstattung: Großer asphaltierter Platz am Rande des Großparkplatzes Anger ohne Stromanschlüsse, geöffnet von Jan. – Dez.

Lage: Im Stadtzentrum von Coburg, nachts ruhig.
Preise: Gebührenfrei.
Zufahrt: Über die Bamberger und Schützenstraße dem Parkleitsystem mit der Beschriftung „Anger“ folgen.
Ver- und Entsorgung: An der Aral-Tankstelle an der Bamberger Straße (ca. 500 Meter).

Pracht und höfischen Glanz mag, der wird dies sicher gerne tun und erfährt dabei noch so ganz nebenbei, welche verwandtschaftlichen Beziehungen die Heiratspolitik des Hauses Sachsen-Coburg in Europa hervorgebracht hat.

Vom Schlossplatz führen über einen Terrassenbau Wege in den großen Hofgarten. Diese schöne Anlage endet am Fuße des Festungsberges. Von hier aus geht es auf markierten Fußwegen weiter hoch zur **Veste**.

Veste Coburg

Die Veste ist eine der größten Burganlagen Deutschlands. Sie thront auf einem Dolomitfelsen 167 Meter oberhalb der Stadt. Mit ihrem dreifach gestaffelten Befestigungsring aus Türmen, Wehrmauern und Bastionen prägt sie das Landschaftsbild des Coburger Umlands und hat der Veste den Beinamen **„Fränkische Krone“** eingebracht. Es ist eine sehr gepflegte Burganlage, die hier zu einem ausgiebigen Besuch einlädt. Um die Anlage mit ihren Gebäuden, Räumlichkeiten und Ausstellungen zu besichtigen sollte man mindestens einen halben Tag einplanen. Die Kunstsammlungen in der Veste sind sehr umfangreich. Neben vielen Gemälden (u.a. von Lucas Cranach d.Ä.) und Skulpturen gibt es eine sehr große Waffensammlung mit ca. 10000 Exponaten sowie eine außergewöhnliche Glassammlung von der italienischen Renaissance bis zum Art Deco des 20. Jahrhunderts. Die Aussicht von der Burg ins Umland ist phantastisch.

Wer zum Parkplatz an der Veste hochfahren möchte, muss, wenn er aus der Innenstadt kommt, einen kleinen Umweg über die Seidmannsdorfer Straße in Kauf nehmen. Der direkte Weg über die Festungsstraße ist für Wohnmobile nicht geeignet. Der Platz in unmittelbarer Nähe der Veste auf der Brandensteinsebene ist für die Übernachtung eine gute Alternative, vor allem dann, wenn unten in der Stadt der riesige Parkplatz durch eine Großveranstaltung blockiert ist.

(002) WOMO-Parkplatz: Coburg - Veste

GPS: N50°15'47.6" E10°59'23.8"; Zur Brandensteinsebene, 96450 Coburg.
max. WOMOs: 5.
Ausstattung/Lage: Befestigter Parkplatz auf der Brandensteiner Ebene, außerorts, ruhig. 10 Minuten Fußweg bis zur Veste.
Preise: Gebührenpflichtig.
Zufahrt: Über die Seidmannsdorfer Straße nach Seidmannsdorf fahren, von dort nach Löbelstein und der Wegweisung zur Veste folgen.
Ver- und Entsorgung: Keine.

Veste Coburg, die „Fränkische Krone“ ist schon von weitem sichtbar.

(003) Offizieller WOMO-Badeplatz: Coburg Freizeitbad AQUARIA

GPS: N50°16'14.4" E10°58'30.5"; Rosenauer Str. 32, 96450 Coburg.
max. Womos: 10, maximale Länge >10 m.
Ausstattung: Großer asphaltierter Platz in unmittelbarer Nähe des Freizeitbades AQUARIA. Ganzjährig geöffnet.

Lage: Zwischen Grünanlagen an der Itz, nachts ruhig.
Preise: Gebührenfrei.
Zufahrt: Über die Rosenauer Straße den Hinweisen zum Freizeitbad folgen.
Ver- und Entsorgung: An der Aral-Tankstelle an der Bamberger Straße (ca. 3 km).
Ergänzender Hinweis: Ein neuer Stellplatz mit 21 kostenpflichtigen Plätzen incl. Stromanschlüssen und Versorgungseinrichtungen ist wenige Meter von dem alten Platz im Bau.

Freunde von Freizeitbädern sei der Stellplatz am **AQUARIA** empfohlen. Das Bad ist ganzjährig geöffnet und verfügt über Wellenbad, Wasserrutsche, Sportbecken und Sprungturm.

Bevor wir nun in den Frankenwald fahren, machen wir noch einen kleinen Schlenker zum **Wildpark am Schloss Tambach**. Es ist eine sehr weitläufige Anlage mit Schlosspark, Wiesen, Wäldern, Teichen und Wasserläufen. Zu sehen gibt es Damwild, Elche, Luchse, Wölfe, Rotwild, Schwarzwild, Wildkatzen, Urrinder, Wisente, Störche diverse Greifvögel

Blick vom hinteren Teil des Hofgartens auf die Veste.

Schloss Tambach.

und viele weitere Tiere. Unsere Aufzählung ist unvollständig. Für einen Rundgang kann man einen halben Tag einplanen. Wenn man bei Greifvogelvorführungen oder Tierfütterungen dabei sein möchte, kann man hier auch einen ganzen Tag verbringen. Im Sommer gibt es darüber hinaus ein vielfältiges Veranstaltungspro-

(004) Offizieller WOMO-Stellplatz: Schloss Tambach

GPS: N50°13'57.5" E10°51'43.4"; Schloßallee 7, 96479 Weitramsdorf.
max. WOMOs: >5.
Ausstattung: Einfacher geschotterter von Bäumen umgebener schattenloser Platz. Sehr ruhig. Keinerlei Versorgungseinrichtungen.
Lage: Zwischen einem PKW-Parkplatz und dem Golfplatz.
Preise: Gebührenfrei.
Zufahrt: Auf der B303 bis zum Schloss Tambach fahren, dort über den PKW-Parkplatz am Golfgelände in den hinteren Bereich fahren.

Hirsch im Wildpark Schloss Tambach.

Wölfe im Wildpark Schloss Tambach.

Innenhof Schloss Callenberg.

gramm. Mehr Informationen dazu gibt es auf der website des Schlosses http://www.wildpark-tambach.de/.

Wer mit Kindern unterwegs ist, wird sich über den Streichelzoo in der Anlage freuen und gegen den Hunger steht ein Biergarten mit leckeren Wildgerichten zur Verfügung. Abends weiterfahren muss man nicht, man kann einen der Parkplätze benutzen. Eine Anmeldung an der Kasse ist allerdings notwendig. Wie Sie den Platz erreichen lesen Sie auf der vorangegangenen Seite.

Eine Übernachtungsalternative ist der Parkplatz [**005:** N50°16'44.3" E10°55'13.4"] von **Schloss Callenberg**, unserem nächsten Etappenziel. Es liegt abseits auf einem Bergkegel und ist von einem alten und mächtigen Baumbestand umgeben. Während dieser **Callenberger Forst** zu einem Spaziergang geradezu herausfordert, lockt im Inneren der dreiflügeligen neugotischen Schlossanlage eine Kunstsammlung, die die Geschichte des Hauses Sachsen-Coburg mit unterschiedlichsten Exponaten dokumentiert und das **Deutsche Schützenmuseum**. Vom Schlossberg hat man einen schönen Blick über das Coburger Land und kann in nicht sehr großer Entfernung einen Blick zurück auf die Veste werfen.

Umgeben von einem ca. 35 ha großen Landschaftspark liegt **Schloss Rosenau** in RÖDENTAL. Um die Anlage zu erreichen, fahren wir über COBURG in Richtung SONNEBERG und folgen in RÖDENTAL den Richtungshinweisen zum **Schloss Rosenau**. Der Parkplatz [**006:** N50°17'45.5" E11°01'17.3"] ist gebührenpflichtig und durchaus eine weitere Übernachtungsalternative.

Jagdschloss Rosenau mit Brunnen.

Die Orangerie im Park von Schloss Rosenau.

Der weitläufige Park ist frei zugänglich. Er wurde im Stile eines englischen Landschaftsparks im 19. Jh. angelegt. Die im klassizistischen Stil erbaute **Orangerie** dient heute als Veranstaltungsort, das ehemalige Teehaus als Restaurant. In einem Neubau am Rande des Parkplatzes ist das **Europäische Museum für Modernes Glas** untergebracht. Hauptattraktion ist aber immer noch das **Jagdschloss** mit seiner neugotischen Spitzbogenarchitektur, das nach dem Willen des Bauherrn **Ernst I.** in einem romantisch-mittelalterlichen Bild erscheinen sollte. Die Innenräume sind prachtvoll ausgestattet, sie können im Rahmen einer Führung besichtigt werden. Zweifellos wurde hier mit Park und Schloss zu Beginn des 19. Jh. eine schöne Sommerresidenz geschaffen. Verständlich, dass Queen Victoria, die Tochter der Victoria von Sachsen-Coburg-Saalfeld, bei ihren Besuchen von diesem Anwesen geschwärmt hat.

Wir verlassen nunmehr diese Anlage und fahren durch eine flachhügelige Landschaft Richtung KRONACH weiter. Nach ca. 20 Kilometern erreichen wir MITWITZ, wo uns das nächste Schloss erwartet. Wir stellen unser Fahrzeug auf dem Parkplatz [**007:** N50°14'51.9" E11°12'24.9"] in unmittelbarer

Das Wasserschloss in Mitwitz.

Im Park des Schlosses Mitwitz.

Nähe des Schlosses ab und haben nach wenigen Metern am Schlossgraben vorbei das Eingangstor zur Anlage erreicht.

Fast fühlen wir uns nach Westfalen versetzt, aber wir sind hier nicht im Münsterland mit seinen vielen Wasserschlössern, sondern in Franken. Das Schloss im Stile der Renaissance ist das Wahrzeichen des Ortes. Es wurde Ende des 16. Jahrhunderts erbaut und ist das bedeutendste Wasserschloss Frankens.

Die Innenräume können nur mit einer Führung besichtigt werden und das auch nur an den Wochenenden von Mai bis Oktober. Der Parkplatz am Schloss eignet sich nur als Picknickplatz.

Auf der B303 geht es weiter nach KRONACH, dort steuern wir den Stellplatz Hammermühle an. Nur 2 km weiter liegt die **Lucky Stable Ranch**. Der Weg dorthin ist steil (14% Steigung) und recht schmal. Für den Pferdefreund hat die Ranch vielerlei im Angebot, auch kostenpflichtige Wohnmobilstellplätze mit Stromanschluss sowie Ver- und Entsorgungsmöglichkeiten für Wasser, Abwasser und der Toilette.

Wir bleiben an der Hammermühle und erkunden von hier aus zu Fuß die Stadt. Stolz ist man in KRONACH darauf, die Geburtsstadt **Lucas Cranach d. Ä.** zu sein und mindestens ebenso stolz ist man auf die **Festung Rosenberg**, die über die Stadt wacht. Dieses altehrwürdige Gemäuer vereinigt Baustile, die vom Mittelalter bis zum Spätbarock reichen. Im-

(008) Offizieller WOMO-Stellplatz: Kronach - Hammermühle

GPS: N50°13'52.5" E11°19'41.4"; Am Sand, 96317 Kronach.
max. WOMOs: 15, maximale Länge 12 m.
Ausstattung: Asphaltierter Platz mit Wasserver- und Abwasserentsorgung, Kassettenentleerung, Behälter für die Müllentsorgung, ganzjährig geöffnet.

Lage: Am Ortsrand an der Rodach, relativ ruhig.
Preise: Parkschein gibt es für 5,00 € am Parkscheinautomat, Frischwasser (mit Münzeinwurf) 1,00 €. Strom (mit Münzeinwurf) 0,50 € (kWh).
Zufahrt: Von der Weißenbrunner Straße am südlichen Ortsrand der Wohnmobilbeschilderung folgen.

(009) Offizieller WOMO-Stellplatz: Kronach - Lucky Stable Ranch

GPS: N50°13'04.1" E11° 20'31.5"; Mostrach 1, 96317 Kronach.
max. WOMOs: 4, maximale Länge 8 m.
Ausstattung: Asphaltierter Platz mit Wasserver- und Abwasserentsorgung, Kassettenentleerung, Behälter für die Müllentsorgung, ganzjährig geöffnet.

Lage: Direkt auf dem Reiterhof, relativ ruhig.
Preise: 8,00 € pro Tag für ein Fahrzeug mit 2 Personen. Strom, Frischwasser und Entsorgung ist im Preis enthalten. Jede weitere Person 1,50 €. Kinder unter 10 Jahren zahlen nichts. Bei längerem Aufenthalt gibt es einen Rabatt.
Zufahrt: Von der Hammermühle 2 km bergauf fahren.

mer wieder wurde die Festungsanlage in den vergangenen Epochen an die wechselnden Erfordernisse einer Verteidigungsanlage angepasst und verändert. Eingenommen wurde die Burg nie. Selbst die heftigen Angriffe der Schweden während des Dreißigjährigen Krieges überstand sie unbeschadet.

Der Zugang zur Festung führt durch ein frühbarockes Tor, das nach Plänen des italienischstämmigen Baumeisters **Antonio Petrini** errichtet wurde. Petrini gilt als der Vater des fränkischen Barock. Nach seinen Plänen wurde auch **Schloss Seehof** in MEMMELSDORF (siehe Seite 114) gebaut.

Heute beherbergt die Festung die **Fränkische Galerie** mit Exponaten von **Lucas Cranach d. Ä., Tilman Riemenschneider, Veit Stoß** und anderen. Sie dient auch als Spielort für die jährlich stattfindenden **Faust-Festspiele**, die auf einer Freilichtbühne innerhalb des Burggeländes aufgeführt werden.

Festung Rosenberg mit dem „Dicken Turm“ im Vordergrund.

KRONACH überstand den Zweiten Weltkrieg nahezu unbeschadet. Die historischen Gebäude in der Altstadt unterhalb der Burg bilden ein romantisches Ensemble aus Fachwerk, Sandstein, Toren, Türmen, verspielten Erkern und Brunnen. Es lohnt sich von der Stadtpfarrkirche **Sankt Johannes** der Lucas-Cranach-Straße zu folgen und zur Festung hoch zu gehen, um den Blick über die Häuserfassaden schweifen zu lassen. Für den Rückweg ist die parallel verlaufende Amtsgerichtsstraße ebenso interessant. Einkehrmöglichkeiten gibt es entlang der Straßen zur Genüge. Als störend empfanden wir allerdings den Autoverkehr, der sich an den Straßenlokalen vorbeizwängt. Oben auf der Burg wartet fernab des Autoverkehrs ein Biergarten auf Gäste. Original **Kronacher Bratwürste** werden hier u.a. angeboten. Sie schmecken herzhaft und gut, wir haben sie gern probiert.

Kronach, Johannesbrunnen.

Nachdem wir die fantastische Aussicht über KRONACH und sein Umland sowie unser Abendbrot haben genießen können, beenden wir unseren Aufenthalt auf der Burg und gehen wieder hinunter zum Wohnmobil.

Am nächsten Morgen fahren wir weiter entlang der **Rodach** Richtung NAILA. Wir passieren WALLENFELS und biegen wenige Kilometer hinter diesem Städtchen nach PRESSECK ab und fahren nach WILDENSTEIN. Das **Steinachtal** mit der **Steinachklamm** ist unser Ziel.

Till Eulenspiegel im Steinachtal.

Die Sträßchen werden schmal und das Tal immer enger. Schließlich kommen wir unten im **Steinachtal** bei der ehemaligen Schmiede **Waffenhammer** an, in der ein Till Eulenspiegel Museum untergebracht war. Eine Bronzefigur auf einem Fels erinnert daran. Der Parkplatz [N50°11'39.1" E11°33'18.4"] ist überschaubar klein, wir sind die einzigen Besucher. Bis zur **Steinachklamm** sind es nur wenige Meter. Eine Wanderung auf dem Mühlenweg, einem Rundweg für den man etwa 5 Std. Gehzeit einkalkulieren sollte, lässt sich von hier aus

Die Steinachklamm gehört zu Bayerns schönsten Geotopen.

unternehmen. Wer allerdings Mühlen mit klappernden Mühlrädern entlang rauschender Bäche erwartet, wird in Bezug auf die Mühlen enttäuscht sein. Der Wanderweg lebt von der Abwechslung zwischen Feld, Wald und Wiese, Tal und Hügellandschaft und dem Bach. Die alten Mühlen sind oder wirken teilweise verlassen und sind durch bauliche Veränderungen in den vergangenen Jahrzehnten als Mühle nicht immer erkennbar. Man wandert hier ungestört, das ist das reizvolle Naturerlebnis nach all den Burgen und Schlössern. Uns sind an einem sonnigen Samstag Ende Mai nur zwei Radler begegnet.

Auf dem weiteren Weg mit dem Womo Richtung NAILA fahren wir durch HEINERSREUTH und erreichen SCHWARZENBACH AM WALD.

Das Städtchen bietet ein breites Angebot an gut ausgebauten Wanderwegen. Wenn man das Womo auf einem der beiden genannten Plätze abgestellt hat, kann man direkt losgehen z.B. auf den Stadtwaldrundweg mit Brunnen und Sitzgele-

(010) Offizieller WOMO-Stellplatz: Schwarzenbach a.Wald - Döbraberg

GPS: N50°16'54.9" E11°37'31.5";
Schützenstraße 30, 95131 Schwarzenbach am Wald
max. WOMOs: 6, maximale Länge 9 m
Ausstattung: Befestigter Platz mit Wasserver- und Abwasserentsorgung, Kassettenentleerung, Stromanschlüssen, Behälter für die Müllentsorgung, ganzjährig geöffnet.

Lage: Am Ortsrand von Schwarzenbach, relativ ruhig.
Preise: Der Platz ist gebührenfrei, Frischwasser + Kassettenentleerung (mit Münzeinwurf) jeweils 1,00 €. Strom, verbrauchsabhängig mit 1,00 €-Münzen zahlbar.
Zufahrt: Von der Hauptstraße in der Ortsmitte sind es 300 Meter bis zum Platz, der Weg dorthin ist ausgeschildert.

(011) WOMO-Wanderparkplatz: Döbraberg

GPS: N50°16'34.4" E11°39'19.2"; Rodecker Str. 16, 95131 Schwarzenbach am Wald.
max. WOMOs: 5, maximale Länge 12 m
Ausstattung: Befestigter Platz ohne Versorgungseinrichtungen, ganzjährig geöffnet.
Lage: Waldrand auf dem Döbraberg, sehr ruhig.
Preise: gebührenfrei.
Zufahrt: Am Ende des Ortsteils Döbra rechts abbiegen.

Blick vom Döbraberg in Richtung Thüringen/Sachsen. Ein historisches Foto aus dem Jahre 2009. Heute sind die Höhenzüge mit Windrädern zugestellt. Bald sind wir soweit, dass wir unzerstörte Landschaften nur noch auf alten Fotos oder auf den Bildern alter Meister im Museum anschauen können..

genheiten, den Skulpturenweg mit lebensgroßen Holzfiguren, den Panoramawanderweg oder den Geoweg. Insgesamt sind 18 Rundwanderwege angelegt. Hier kreuzen sich auch einige Hauptwanderrouten. Der **Wasserscheidenweg** verläuft über den **Döbraberg**. Er verläuft entlang der europäischen Hauptwasserscheide, die die Zuflüsse zu Nordsee und Atlantik auf der einen Seite und dem Mittel- bzw. Schwarzen Meer auf der anderen Seite trennt. Große Hinweistafeln am Wanderparkplatz zeigen an, dass dieses Gebiet im Winter auch für den Ski-Langlauf bei entsprechender Schneelage interessant ist. Etliche Loipen sind auf wetterfesten Tafeln ausgewiesen.

Nicht zuletzt finden Mountainbiker hier mehrere gut ausgeschilderte Strecken in verschiedenen Schwierigkeitstufen.

Döbraberg mit Radarstation.

Wie ein überdimensionaler Fußball scheint eine Kugel auf den Baumwipfeln am **Döbraberg** zu liegen. Hinter der Kugel verbirgt sich eine Radarstation, die vor dem Fall der Mauer große Bedeutung für die militärische Luftraumüberwachung der NATO hatte. Die Grenze zu Thüringen und damit zur ehemaligen DDR ist nur wenig mehr als 10 Kilometer entfernt. Der Döbraberg war somit als Horchposten ein idealer Standort. Erklimmt man den 18 Meter hohen **Prinz-Luitpold-Turm**, den Aussichtsturm auf dem **Döbraberg**, so hat man einen weitreichenden Blick nach Thüringen und Sachsen hinein. Die Höhenzüge des Thüringer Waldes und des Erzgebirges sind an klaren Tagen gut zu sehen. Blickt man nach Süden ist auch das Fichtelgebirge leicht zu erkennen.

Als nächsten Ort fahren wir NAILA an. Wir könnten auch hingehen, denn ein Wanderweg entlang des Flüsschens **Culmitz** führt direkt vom **Döbraberg** zum Bahnhof von NAILA. Wobei wir schon beim Thema „Wandern" wären. In NAILA gibt es nichts, was man unbedingt gesehen haben müsste. Aber der Ort, der zwei offizielle Stellplätze hat, einen am Bahnhof und einen am Freibad, ist ein guter Standort für die Versorgung und ein guter Ausgangsort für Wanderungen und/oder Radtouren.

(012) Offizieller WOMO-Stellplatz: Naila – Bahnhof

GPS: N50°19'50.3" E11°42'40.6"; Christian-Schlicht-Straße, 95119 Naila.
max. WOMOs: 5, maximale Länge 9 m.

Ausstattung: Befestigter Platz mit Wasserver- und Abwasserentsorgung, Kassettenentleerung, Behälter für die Müllentsorgung, ganzjährig geöffnet.
Lage: Direkt am Bahnhof, relativ ruhig.
Preise: Platz + Kassettenentleerung gebührenfrei, Frischwasser (mit Münzeinwurf) 1,00 €.
Zufahrt: In der Ortsmitte von Naila den Hinweisschildern zum Bahnhof folgen.

(013) Offizieller WOMO-Stellplatz: Naila – Freibad

GPS: N50°19'48.8" E11°41'58.5"; Badstrasse 40, 95119 Naila

max. WOMOs: 5, maximale Länge 9 m.
Ausstattung: Befestigter Platz ohne Versorgungseinrichtungen, ganzjährig geöffnet.
Lage: Am Ortsrand direkt neben dem Freibad, nachts ruhig.
Preise: gebührenfrei.
Zufahrt: Von der Ortsmitte die Badstraße hochfahren, der Platz befindet sich rechts vorm Freibad.

Die Bahnstrecke Hof - Bad Steben, die immer noch in Betrieb ist und mehrmals täglich befahren wird, kann für die Planung von Wandertouren nach BAD STEBEN oder in das **Höllental** sehr nützlich sein. An mehreren Haltepunkten kann man unterwegs aus- oder zusteigen und somit die Wanderung abkürzen oder den Rückweg zum Womo planen.

Wir fahren weiter nicht in die, aber nach HÖLLE, einem kleinen Örtchen in unmittelbarer Nähe des **Höllentales**. Der verschwiegene Parkplatz [**014:** N50°22'07.0" E11°41'27.1"] am Eingang des Tales eignet sich in hervorragender Weise als Startpunkt für Wanderungen in das **Höllental**, das seinen Namen der Sage nach einer schaurigen Begegnung des Teufels mit einem Köhler verdankt. Der Köhler soll sich erfolgreich der Entführung durch den Teufel widersetzt haben, was diesen so wütend machte, dass er stampfend und tobend mit donnerndem Getöse und Schwefelgeruch im Talgrund verschwand. Und wo sich der Teufel aufhält, so die Sage, ist nun mal die Hölle.

Wanderparkplatz Höllental.

Durch das ca. 4 Kilometer lange **Höllental**, das von der **Selbitz** durchflossen wird, führte einst eine Eisenbahnstrecke, die unter Eisenbahnfreunden als **Höllentalbahn** bekannt ist. Die Strecke verlor jedoch durch die deutsche Teilung nach dem Zweiten Weltkrieg weitgehend ihre Funktion, wurde zu Beginn der siebziger Jahre aufgegeben und in den Folgejahren demontiert. Eine alte Dampflok und einige Waggons am Informationszentrum in BLECHSCHMIDTENHAMMER erinnern an den Betrieb dieser Eisenbahnlinie. Eine **originalgetreue Nachbildung** dieser Bahn ist im Gebäude des **Informationszentrums** zu besichtigen. Wer das **Höllental** durchwandert, wird die Spuren dieser Eisenbahnlinie leicht erkennen können.

Parkplatz Blechschmidtenhammer.

Womit wir wieder auf die Wanderungen im **Höllental** zurückgekommen wären. Mehrere Möglichkeiten stehen offen: Den mit 2 km relativ kurzen **Walderlebnispfad** hat man in einer Stunde durch und kann dabei, wenn man die Hinweistafeln studiert, gleichzeitig etwas über das Ökosystem des Waldes lernen oder die Kenntnisse darüber wieder auffrischen. Wer neben der Bewegung etwas über das Wasser im **Höllental** erfahren will, der nimmt den **Wasserpfad**. Er ist ein leicht begehbarer Waldweg, der nicht mehr als zwei Stunden Gehzeit in Anspruch nimmt. Als besondere Attraktion steigt an Sonntagen in den Sommermonaten eine 36 Meter hohe Fontäne an dem kleinen Wasserkraftwerk empor. Anspruchsvoller dagegen sind der **Geologische Lehrpfad**, der an dem **Besucherbergwerk Friedrich-Wilhelm-Stollen** vorbeiführt und der **Kanzelweg**, an dem der Aussichtspunkt **„König David“** liegt und einen schönen Blick in das **Höllental** bietet. Wahrzeichen des Höllentales ist der **Hirschsprung,** eine lebensgroße Skulptur eines springenden Hirschs in der Nähe des Aussichtspunktes. Hier finden Sie genaue Beschreibungen der Wanderweg dieser Region: www.selbitztal.de/freizeitangebote/wanderfuehrer/.

Gemächlicher lässt es sich in BAD STEBEN wandern oder sagen wir besser spazieren gehen. Der Kurort hat einen sehr schönen, weitläufigen Park mit hohen Bäumen und einem verzweigtem Wegenetz. Mit der Terrainkur wurden spezielle Wanderwege für die Kurgäste angelegt, auf die der Kurdirektor auf einer Holztafel im Haupthaus der Kuranlage mit dem oben stehenden Text besonders hinweist.

Die Kurverwaltung lädt Sie ein,
durch unsere Parkkur fit zu sein
Wandern Sie genau nach Zeit,
„Ihre“ Strecke wie Sie’s freut.
Schnell oder langsam, ganz egal,
den Kurpark erkunden, ohne Qual.
Leisten Sie sich Leistung mit viel Spaß,
Ihr Kurarzt weiß das rechte Maß.
Für Herz- und Kreislauf, Streß ade,
geht es entlang die Parkallee.
Bergauf, bergab in frischer Luft, vorbei an Grün und Tannenduft.
Natur und Kur, ich sage es ja,
sind ein besonders trautes Paar.
Beides kannst Du hier erleben, bei
der Terrainkur in Bad Steben.

(015) Offizieller WOMO-Badeplatz: Bad Steben

GPS: N50°21'46.1" E11°37'56.4"; Steinbacher Straße 18, 95138 Bad Steben.
max. WOMOs: 24, maximale Länge 12 m.
Ausstattung: Asphaltierter Platz mit Wasserver- und Abwasserentsorgung, Kassettenentleerung, Brötchenlieferservice, Gasflaschen Tauschservice, Behälter für die Müllentsorgung, ganzjährig geöffnet.

Lage: Am Ortsrand direkt neben der Therme und dem Kurpark, sehr ruhig.
Preise: Einen Parkschein gibt es für 11,80 € an der Kasse der Therme für ein Fahrzeug mit 2 Personen incl. Kurtaxe. Frischwasser (mit Münzeinwurf) 1,00 €. Strom (mit Münzeinwurf) 0,60 € (kWh). Die Entsorgung ist kostenlos.
Zufahrt: Der Platz liegt direkt an der Steinbacher Straße.

Das Kurhaus in Bad Steben mit der Wandelhalle.

Drei Heilwasserquellen gibt es in BAD STEBEN. Die **Tempelquelle**, die radonhaltiges Wasser hervorbringt, die **Wiesenquelle**, aus der kohlensäurehaltiges Wasser sprudelt und die **Max-Marien-Quelle**, aus der ebenfalls kohlensäurehaltiges Wasser zutage tritt.

Schon seit dem Mittelalter sind die Quellen bekannt, doch wurden sie lange Zeit nicht für therapeutische Zwecke genutzt. Der Bergbau hatte die längere Tradition. Quellen belegen, dass dieser schon seit dem 8. Jahrhundert von den damals hier ansässigen Kelten betrieben wurde. Zu Beginn der Industrialisierung stand der Bergbau in STEBEN vor neuen Herausforderungen. In wissenschaftlichen Untersuchungen führte der damals noch junge Universalgelehrte **Alexander**

Im Kurpark von Bad Steben.

Die Lutherkirche in Bad Steben, mit Diabasmauerwerk.

von Humboldt, der einige Jahre in BAD STEBEN wirkte, die Vorkommen und Qualität der Erze auf. Gold und Silber waren auch darunter, was seine Auftraggeber zunächst euphorisch werden ließ. Der industrielle Abbau der Erze währte jedoch nicht lang, zu Beginn des 20. Jahrhunderts kam der Bergbau bereits vollständig zum Erliegen. Die Erzvorkommen waren einfach nicht ergiebig genug, der Abbau zu kompliziert und damit zu teuer. Der Geschichte des Bergbaus in dieser Region kann man auf dem **Geologisch-bergbaulichen Lehrpfad Bad Steben**, der über 17 Stationen von BAD STEBEN nach BLECHSCHMIDTENHAMMER führt, nachspüren.

Der Aufstieg als Kurstadt begann Anfang des 19. Jahrhunderts. 1832 bekam Steben den Titel **„Königlich Bayerisches Staatsbad"**. In der Folgezeit wurden viele der auch heute noch vorhandenen Gebäude der Kuranlagen im klassizistischen Stil errichtet und der **Kurpark** angelegt. Um die Jahrhundertwende vor dem ersten Weltkrieg erlebte das Staatsbad einen ersten großen Boom.

Heute dient das Staatsbad nicht nur dem Kurbetrieb, sondern fungiert auch als **Therme** mit diversen Wellness- und Fitness-Angeboten. Auf über 8.500m² bietet die moderne Therme des Staatsbades vielfältige Wasserwelten, ein großzügiges Saunaland und einen Wellness-Dome mit Medical-Wellness-Badeerlebnissen.

Was hat BAD STEBEN noch zu bieten? Die **Lutherkirche** im Ort fällt besonders auf. Sie wurde Anfang des 20. Jahrhunderts mit Jugendstilelementen erbaut und wirkt mit ihrer verwinkelten Architektur und durch die Ausmauerung der Ecken mit großen Diabassteinen fast wie eine Burg. Der Innenraum ist schlicht und kühl, in die Bogendecke aus Sichtbeton wurden einige Ornamente angebracht.

Dann gibt es noch die **Bayerische Spielbank** ein modernes Gebäude, in der Sie mit American Roulette, Black Jack oder im Automatenspiel ihre Urlaubskasse auffüllen oder verspielen können. Das ist nicht unser Ding. Von Innen haben wir uns das Casino erst gar nicht angesehen.

Wir fahren weiter nach LICHTENBERG. Der malerische Ort mit seinem hoch aufragenden **Burgturm** liegt auf einem 564 Meter hohen Bergkegel über dem **Lohbach**, einem Nebenfluss der **Selbitz**. Von der einst

Bergfried der Burgruine Lichtenberg.

(016) WOMO-Picknickplatz: Frankenwaldsee

GPS: N50°22'26.5" E11°40'21.9"; Seestraße, 95192 Lichtenberg.

max. WOMOs: 3, maximale Länge 12 m.

Ausstattung: Sandiger Platz mit Tischen und Bänken, ganzjährig geöffnet.

Lage: Direkt neben dem Frankenwaldsee, sehr ruhig.

Preise: gebührenfrei.

Zufahrt: Von Lichtenberg in Richtung Naila fahren und der Beschilderung zum Campingplatz folgen. Kurz vor dem Campingplatz rechts abbiegen.

(017) WOMO-Campingplatz-Tipp: Frankenwaldsee

GPS: N50°22'25.2" E11°40'11.6"; Seestraße, 95192 Lichtenberg.

max. WOMOs: >10, maximale Länge 12 m.

Ausstattung: Großer Platz mit 70-100 Quadratmeter pro Parzelle. Alle Plätze sind an die Strom- beziehungsweise Wasserversorgung angeschlossen. Die in einem beheizbaren Gebäude untergebrachten sanitären Anlagen bestehen aus zehn WCs, acht Duschen und einer Einzelwaschkabine. Es stehen vier Geschirrspülbecken, zwei Wäschewaschbecken sowie eine Waschmaschine zur Verfügung. Die Sanitäranlagen sind zwar alt, aber sauber. Ein Campingplatz in einer Urform ohne modernen Schnickschnack. Der Platz ist ganzjährig geöffnet.

Lage: Direkt neben dem Frankenwaldsee, sehr ruhig.

Preise: Für ein Fahrzeug mit 2 Personen 12.50 € pro Tag.

Zufahrt: Von Lichtenberg in Richtung Naila fahren und der Beschilderung zum Campingplatz folgen.

prächtigen Burg ist nur dieser **Bergfried** erhalten, der heute als Aussichtsturm dient. Vom Burggelände hat man einen phantastischen Blick in den **Thüringer Wald** und hinunter in die Tallandschaften des **Höllentales** mit der **Selbitz** und der **Moschwitz**, dem Grenzfluss zu Thüringen. Der Ortskern ist klein, seine Restaurierung sehr gelungen. Mit jungem Baumbestand und gepflasterten Straßen wirkt der Ort wie frisch herausgeputzt.

Südlich des Ortes befindet sich der **Frankenwaldsee**. Der See liegt ruhig und abgeschieden zwischen Wäldern und Feldern und lädt zum Baden, Wandern und Radeln ein, im Winter auch zum Schlittschuhlaufen. Er ist nicht sehr groß und lässt sich leicht umrunden. Der Parkplatz am See ist eben und relativ groß. Er eignet sich deshalb hervorragend für eine Übernachtung. Wer lieber einen Campingplatz nutzt, muss nur 250 Meter weiterfahren.

Der Frankenwaldsee südlich von Lichtenberg.

Bogenbrücke über die Moschwitz.

Die weitere Fahrt geht zunächst nach BLECHSCHMIDTENHAMMER. Hier gehen wir an dem **Informationszentrum über den Frankenwald** vorbei zur vollkommen zugewachsenen alten Eisenbahnbrücke der **Höllentalbahn** über die **Moschwitz**. Wir unterqueren sie, gehen ein Stück den Bach entlang und sind nunmehr in Thüringen. Vor 30 Jahren hätten wir diesen Spaziergang nicht machen können. Heute ist die ehemals deutsch-deutsche Grenze ein friedliches Naturparadies. Nichts erinnert hier mehr an die deutsche Teilung. Wir fahren weiter und halten noch einmal kurz am Endpunkt des Rennsteigs in **Blankenstein** an. Wir parken in Bayern und ein kurzer Sprung über die Brücke der **Selbitz** führt uns auf die thüringische Seite zu einem kleinen eigenwilligen Denkmal. Viele Wanderer scheinen ihre Schuhe hier „an den Nagel gehängt" zu haben, nachdem sie den Rennsteig erfolgreich abgewandert sind.

Endstation des legendären Rennsteigs.

Weiter geht es nun entlang der **Panorama- und Saaletalstraße**. Tief unten im Tal windet sich der Grenzfluss **Saale** malerisch gen Thüringen. Ein Grenzfluss, wird uns auch gleich als erstes auf der nächsten Tour beschäftigen. Nur noch wenige Kilometer trennen uns von der A9 und damit vom Ende dieser Tour.

Blick von der Panorama- und Saaletalstraße auf die Saale.

nach Berlin
90
2
Rudolph-stein
018
Deutsch-Deutsches Museum
Mödlareuth
nach Chemnitz
Blankenstein
Moschwitz
Saale
Hirschberg
Lichtenberg
Töpen
72
N
5 km
Frankenwaldsee
015
Höllental
014
Hölle
Bad Steben
17
015
013
012
173
SACHSEN
019
Saale
9
Naila
173
Theresienstein
020
HOF
93
Tour 1
Selbitz
Schwarzenbach a. Wald
Bayerisches
010
011
Döbraberg
795 m
021
Konradsreuth
Untreusee
022
WC
TSCHECHIEN
2
Oberkotzau
Rehau
Helmbrechts
Vogtland
289
Mühlenweg
023
Schwarzenbach a.d.Saale
289
Münchberg
024
Förmitz-speicher
Schönwald
Porzel-lanikon
Gr. Kornberg
827 m
026
Marktleugast
Kloster Marienweiher
Oberfränkisches Bauernhofmuseum
025
WC
027
Selb
Kirchenlamitz
031
Kupferberg
Stammbach
047
Zell
Epprechtstein
799 m
028
877 m
Granit-labyrinth
030
Wunsiedler Weiher
Tour 3
Gr. Waldstein
032
WC
Kaiserweg
Wirsberg
9
Saalequelle
033
34
Marktleuthen
Eger
Marktschorgast
Gefress
Weißenstädter See
Weißenstadt
Thierstein
Ruine Neuhaus
Tour 3
Fichtelgebirge
Röslau
029
Schiefe Ebene
nach Bayreuth
Egerquelle
Bad Berneck i.F.
Bischofsgrün
Schneeberg
1053 m
035
Thiersheim
303
Wunsiedel
93
040
Weißmainquelle
Katharinenberg
70
043
1023 m
38
036
Greifvogelpark
041
Ochsenkopf
039
Fichtelsee
303
Bad Alexandersbad
Gold-kronach
Humboldtweg
Besucher-bergwerk Silbereisen
037
W
Felsen-labyrinth
Markt-redwitz
042
Fichtelberg
945 m
Warmen-steinach
Luisenburg
107
BAYREUTH
Kösseine
Tour 8
Eremitage
060
WC
Waldershof
Großer Teichelberg
683 m
Lohengrin Therme
Weidenberg
Neusorg
114
Ruine Weißenstein
Seite 78
087
Wallfahrtskirche
090
Tauritzmühle
731 m
Platte
946 m
113
WC
Steinwald
22
088
Armesberg
111
Friedenfels
Speichersdorf
Tour 7
Kemnath
WC
112
Roter Main
089
Tour 8
Creußen
641 m
Ruine Waldeck
22
Erbendorf
299
086
091
Neustadt am Kulm
Rauher Kulm
682 m
121
KTB Geo-Zentrum
P
299
Windisch-eschenbach
Speinshart
Vogelschutzgebiet
W
092
093
122
22
Großer Rußweiher
Pressath
Holzweg
C
Natur-freibad
Eschenbach i.d.Opf.
Neustadt a.d.Waldnaab
Tour 7
Grafenwöhr
Truppenübungsplatz
nach Weiden i.d.Opf.

TOUR 2 (ca. 200 km)

Rudolphstein – Mödlareuth – Hof – Förmitzspeicher – Selb – Thierstein – Marktleuthen – Kirchenlamitz – Weißenstadt – Wunsiedel – Bad Alexandersbad – Fichtelberg – Bischofsgrün Goldkronach – Bad Berneck im Fichtelgebirge

Freie Übernachtung:	Mödlareuth, Förmitzspeicher, Selb, Kirchenlamitz, Großer Waldstein.
Offizielle Stellplätze:	Hof, Selb, Thierstein, Marktleuthen, Kirchenlamitz, Weißenstadt, Wunsiedel, Fichtelberg, Bischofsgrün, Goldkronach.
Campingplätze:	Weißenstadt, Fichtelberg.
Ver-/Entsorgung:	Hof, Thierstein, Marktleuthen, Kirchenlamitz, Weißenstadt, Wunsiedel, Fichtelberg, Bischofsgrün, Goldkronach.
Besichtigungen:	Mödlareuth (Museum), Hof (Thersienstein, Fernwehpark), Selb (Porzellanikon), Wunsiedel (Greifvogelwarte), Bad Alexandersbad (Luisenburg), Ochsenkopf, Bad Berneck i.F.
Wandern:	Hof (Untreusee), Thierstein (Kaiserweg), Kirchenlamitz (Steinbruchweg), Großer Waldstein, Weißenstädter See (Weg der Poesie), Bad Alexandersbad (Luisenburg), Goldkronach (Humboldtweg).
Baden/Wellness:	Untreusee, Förmitzspeicher, Weißenstadt (See und Kuranlagen), Fichtelberg (Fichtelsee und Kuranlagen).

Von der **Autobahnabfahrt Rudolphstein** fahren wir über HIRSCHBERG nach MÖDLAREUTH. Wir parken auf der thüringischen Seite des 50-Seelen-Ortes direkt neben einem Panzer aus der Sowjetzeit. Das Wetter ist trüb und regnerisch, mindestens genauso trüb war lange Zeit die Geschichte dieses Ortes. Wir befinden uns am **Deutsch-Deutschen Museum Mödlareuth**, das die Geschichte von „Little Berlin" widerspiegelt.

Schon vor dem Weltkrieg war das Dorf geteilt, nur hat es kaum jemanden gestört. Der **Tannbach** trennte den Ort in einen thüringischen und einen bayerischen Teil. Auf das dörf-

(018) WOMO-Picknickplatz: Mödlareuth
GPS: N50°24'51.9" E11°52'47.0"; Mödlareuth, 07926 Gefell.
max. WOMOs: 3.
Ausstattung/Lage: Befestigter Platz am Freilichtmuseum, gebührenfrei.
Zufahrt: Von der B2 der Beschilderung nach Mödlareuth folgen.

Wachturm und Stacheldraht, Merkmale der DDR-Grenzsicherung.

Der schmale Tannbach bildet die Grenze.

liche und gesellschaftliche Leben hatte dies jedoch keinen Einfluss. Über den Bach konnte man bequem rüberhüpfen. Die Schule lag im thüringischen Teil des Ortes, die Kirche im bayerischen. Die Grenze hatte eine Verwaltungsfunktion, mehr nicht. Dies änderte sich nach dem Ende des Zweiten Weltkrieges, als die Aufteilung Deutschlands in die vier Besatzungszonen festgelegt wurde. Da sich die Siegermächte bei der Grenzziehung fast ausschließlich an den inneren Landesgrenzen des Deutschen Reiches von 1937 orientierten, wurde der **Tannbach** zur Demarkationslinie. Der Ort wurde geteilt, und gehörte bis zum Fall der Mauer den zwei völlig unterschiedlichen politischen Systemen an. Der **„Eiserne Vorhang"** senkte sich auch an diesem kleinen Ort am Ende der Welt. In Szene gesetzt ist diese Geschichte in dem sehenswerten ZDF-Mehrteiler **TANNBACH - Schicksal eines Dorfes**, der allerdings nicht hier gedreht wurde.

Nach dem Fall der Mauer entschloss man sich in MÖDLAREUTH Teile der alten Grenzanlagen stehen zu lassen und ein MUSEUM zur Teilung Deutschlands zu errichten. Alle Etappen des Mauerbaus und der damit verbundenen Begleiterscheinungen sind eingehend dokumentiert. Wer eindrücklich über die deutsche Nachkriegsgeschichte informiert werden will, dem können wir den Besuch dieses Museums nur empfehlen. Unterhaltsam ist der erwähnte Mehrteiler, den man sich in der ZDF-Mediathek anschauen kann.

Nach der Lehrstunde in deutscher Geschichte fahren wir weiter nach HOF. Die Stadt liegt, von einigen Hügeln umgeben, im Tal der **Sächsischen Saale**. Dort angekommen, schauen wir zunächst nach den Stellplätzen: Der Stellplatz am **Cleanpark** ist als Ver- und Entsorgungsstation notwendig, als Übernachtungsplatz scheidet er aus. Er liegt direkt an der viel befahrenen Hofecker Straße, ist sehr laut und abseits des Zentrums. Gut eignen sich dagegen die Plätze am **Theresienstein** und am **Untreusee**, allerdings haben diese keine Versorgungseinrichtungen und auch keine Stromanschlüsse. Der große Parkplatz am Theresienstein wurde für die Nutzung von Wohnmobilen gesperrt, durch eine Höhenbegrenzung ist eine Zufahrt nicht mehr möglich. Es gibt aber wenige Meter weiter eine Alternative, die wir aufgeführt haben.

Theresienstein

Er ist der älteste Bürgerpark in Deutschland. Zu Beginn als klassischer Landschaftsgarten angelegt, existiert er seit 1819. Er wurde mehrfach erweitert und umgestaltet und ist mit seinem alten Baumbestand, den Blumenanlagen und Pavillons, den Skulpturen, den kleinen Seen, dem Aussichtsturm und der künstlich angelegten Ruine auf dem Labyrinthberg ganz sicher eine der schönsten Garten- und Parkanlagen Deutschlands. Angegliedert ist ein Botanischer und ein kleiner Zoologischer Garten. Die Anlage liegt oberhalb der Stadt. Von hier hat man einen weiten Blick über Hof und das Saaletal. Wahrzeichen des Parks ist das Wirtschaftsgebäude mit Konzertsaal, Veranstaltungsräumen, Restaurant und Biergarten. Es wurde 1902 im Jugendstil errichtet und ist zweifelos eines der schönsten Gebäude in Hof.

Turm des Wirtschaftsgebäudes Theresienstein.

Nachdem wir den Park und die Gärten am **Theresienstein** ausgiebig erkundet haben, wollen wir uns nun dem Stadtzentrum zuwenden. Wir parken in der Nähe des Weihers am Lettenbachweg [N50°19'29.5" E11°55'34.7"], gehen von dort am Eisteich vorbei der Saale entlang und betrachten zunächst einmal die Schilder im **Fernwehpark**. Lange halten wir uns

(019) WOMO-Stellplatz: Hof – Theresienstein

GPS: N50°19'51.0" E11°55'11.8"; B173, Plauener Straße, 95028 Hof.

max. WOMOs: 4, maximale Länge 12 m.
Ausstattung: Befestigter, bei langer Trockenheit staubiger Platz, ganzjährig geöffnet.
Lage: Am Ortsrand direkt neben einer Friedhofsgärtnerei, sehr ruhig.
Preise: gebührenfrei.
Zufahrt: Der Platz liegt etwas abseits der B173, am Ende des Friedhofes links abbiegen.

(020) Offizieller WOMO-Stellplatz: Hof – Cleanpark

GPS: N50°19'38.1" E11°53'36.5"; Hofecker Str. 2, 95030 Hof.
max. WOMOs: 8, maximale Länge 8 m
Ausstattung: Befestigter Platz mit Wasserver- und Abwasserentsorgung, Kassettenentleerung, Behälter für die Müllentsorgung, Staubsauger, Waschplatz, Shop, ganzjährig geöffnet.

Lage: An einer stark befahrenen Straße in der Stadt, sehr laut.
Preise: Einen Parkschein gibt es für 5,00 € an der Kasse des cleanparks für ein Fahrzeug mit 2 Personen. Frischwasser (mit Münzeinwurf) 1,00 €. Strom (mit Münzeinwurf) 2,00 €. Abwasserentsorgung 1,00 €.
Zufahrt: Der Platz liegt direkt an der Hofecker Straße.

(021) Offizieller WOMO-Badeplatz: Hof – Untreusee

GPS: N50°16'59.3" E11°55'05.5"; Schaumberggrund 8, 95032 Hof.
max. WOMOs: 10, maximale Länge 12 m

Ausstattung: Befestigter Platz, mit Sträuchern abgeteilt, keine Versorgungseinrichtungen, ganzjährig geöffnet.
Lage: 400 Meter vom Untreusee entfernt, bis zum Restaurant am Bootshafen sind es 800 Meter, sehr ruhig.
Preise: gebührenfrei.
Zufahrt: Der Platz liegt am Ende der Straße Schaumberggrund.

hier aber nicht auf, gehen bald weiter in die **Altstadt**. Dazu überqueren wir die Straße, nehmen dann gleich rechts die Stufen des Orlasteigs, gehen an den Bronzefiguren des mittelalterlichen Marktes vorbei und treffen auf die breite Ludwigstraße, die nach einem Großbrand 1823 neu bebaut wurde. Schlichte Eleganz des Biedermeier-Stils prägt die Architektur der Häuser. Diese Straße ist nach wie vor die Hauptverkehrsachse, die mitten durch den historischen Stadtkern führt und

Hof, Rathaus in der Ludwigstraße.

sie ist die Haupteinkaufsstraße. Hier befinden sich auch einige der markanten historischen Gebäude wie das **Rathaus** und die **Michaeliskirche**. Ab dem **Oberen Tor** (ein Tor gibt es nicht mehr, der Platz heißt nur noch so) wird die Straße zu einer Fußgängerzone mit dem klassischen Repertoire einer **Innenstadtflaniermeile** mit Läden, Straßencafes und was sonst noch so dazugehört. Wir gehen noch bis zur **Marienkirche**, die am Ende der Fußgängerzone steht, kehren dann um und machen uns auf den Weg zum **Untreusee**. Auf dem Rückweg zum Womo kaufen wir bei einem **Wärschtlämo**, einem traditionellem Hofer Würstchenverkäufer, **„Gnagger"** mit Brötchen und Senf und verzehren sie sogleich.

Der ca. 60 Hektar große **Untreusee** wurde als Wasserrückhaltebecken angelegt, hat aber auch eine große Freizeitfunktion. Es ist ein von Besuchern stark frequentiertes Areal. Man kann hier segeln, surfen und baden. Auf einem sechs Kilometer langen Weg lässt sich der See mit dem Rad oder zu Fuß bequem umrunden. Viele Jogger, Skater, Radler sowie Spaziergänger sind hier unterwegs und im Restaurant am Ufer schauen die Gäste den Surfern und Seglern auf dem See zu.

Am Untreusee.

Wir fahren weiter. In 4 Kilometern Entfernung ist in dem schmucken Ort OBERKOTZAU ein neues Freizeitgelände mit einem Wohnmobilstellplatz errichtet worden. Die alten Anlagen eines Textilunternehmens an dem Flüsschen **Schwes-**

Seitreiberbrunnen in Oberkotzau.

nitz wurden rückstandslos entfernt und der Bachlauf renaturiert. Ein Park- und Freizeitanlage entsteht im Anschluss an dem Wohnmobilstellplatz. Der **Fernwehpark** aus HOF wird hierher umziehen und auf größerer Fläche neu gestaltet.

OBERKOTZAU ist eine der ältesten Siedlungen in dieser Region. Dass die Landwirtschaft in diesem Ort eine große Rolle gespielt hat, lässt der Marktbrunnen erahnen. Großen wirtschaftlichen Aufschwung brachte die Eisenbahn in der Mitte des 19. Jh., die auch zu der

(022) Offizieller WOMO-Stellplatz: Oberkotzau – Am Summa - Park

GPS: N50°15'49.0" E11°56'18.4"; Fabrikstraße, 95145 Oberkotzau.
max. WOMOs: 9, maximale Länge 12 m, max. Aufenthalt 5 Tage.
Ausstattung: Gepflasteter Platz mit Wasserver- und Abwasserentsorgung, Kassettenentleerung, Stromanschlüssen, Behälter für die Müllentsorgung. Im Servicegebäude gibt es Dusche, WC, Waschmaschine und einen Trockner. Der Platz ist ganzjährig geöffnet.
Lage: In einer Sackgasse am Ortsrand direkt an der Schwesnitz, sehr ruhig.
Preise: Einen Parkschein gibt es am Kassenautomaten für 12,00 €. Er enthält einen Barcode mit dem sich die Tür zum Servicegebäude öffnen lässt. Die Nutzung der Dusche und des WCs ist im Preis enthalten. Waschmaschine und Trockner wollen am Münzautomaten gefüttert werden, 100 l Frischwasser (mit Münzeinwurf) kosten 1,00 €. Die Stromversorgung ist im Preis enthalten.
Zufahrt: Der Platz liegt direkt an der Fabrikstraße, 400 Meter von der Ortsmitte entfernt.

Entwicklung der Textilindustrie beitrug, deren Gebäude nun aber abgerissen wurden und Platz machen für die Freizeitanlagen **Summa- und Fernwehpark**. Ein besonderer Strukturwandel! Für uns Wohnmobilisten ein schöner Standort, von dem man auch mit dem Fahrrad den Saaleradweg sehr gut hinauf und hinunterfahren kann. In der Stadt gibt es darüber hinaus einige nette Restaurants.

Noch ganz beeindruckt von dieser neuen Anlage führt uns der Weg weiter nach SCHWARZENBACH AN DER SAALE. Der hiesige Stellplatz ist mit zwei "normalen" Wohnmobilen schon überbelegt, da fällt das Rangieren in der engen Gasse schon schwer. Der Vollständigkeit halber wollen wir ihn aber nicht unberücksichtigt lassen.

(023) Offizieller WOMO-Stellplatz: Schwarzenbach an der Saale

GPS: N50°13'23.4" E11°55'58.5"; Fleischgasse 3, 95126 Schwarzenbach an der Saale.
max. WOMOs: 2, maximale Länge 7 m, max. Aufenthalt 2 Tage.
Ausstattung: Gepflasteter Platz mit Wasserver- und Abwasserentsorgung, Kassettenentleerung, Stromanschlüssen, Behälter für die Müllentsorgung, ganzjährig geöffnet.
Lage: An einer schmalen Straße in der Ortsmitte.
Preise: gebührenfrei, Frischwasser (Münzeinwurf) 1,00 €, Stromversorgung (Münzeinwurf) 1,00 € (12h), Abwasser (Münzeinwurf) 1,00 €.
Zufahrt: Über die Ludwigstraße in die Fleischgasse fahren, eng!

Südlich von SCHWARZENBACH AN DER SAALE befindet sich der **Förmitzspeicher**, ein See der für die Wasser- und Fischwirtschaft angelegt wurde. Der See ist touristisch kaum erschlossen. Am sehr kleinen Bootshafen liegen nur wenige Segeljollen. Kaum jemand hält sich hier auf. Auf dem Wanderparkplatz am Westufer [**024:** N50°11'42.9" E11°54'08.3"] stehen wir 50 Meter vom See entfernt zwischen einigen Bü-

Der Förmitzspeicher, wenige Meter vom Wanderparkplatz.

schen und kleinen Bäumen abseits der kaum befahrenen Straße. Am Parkplatz am Südostufer [025: N50°11'06.1" E11°54'07.9"] ist es im Prinzip genauso, nur sind hier die Bäume ein wenig höher, und man kommt zum Baden durch die Uferböschung nicht so gut an den schmalen Vorspeicher. Wer Ruhe und Abgeschiedenheit an einem See sucht, wird diese beiden Plätze genießen können. Nur eine Übernachtung ist hier eigentlich nicht gestattet, da kann man nach SCHWARZENBACH A.D.S. ausweichen.

Porzellanbrunnen vor der Andreaskirche.

Über REHAU und SCHÖNWALD, fahren wir weiter nach SELB, der Stadt des Porzellans. Marken wie **Rosenthal, Hutschenreuther** und **Villeroy & Boch** haben hier ihre Standorte. Die Hinweise auf Werksverkäufe dieser bekannten und der weniger bekannten Marken sind überall in der Stadt zu sehen. Ob man hier auch tatsächlich das „Schnäppchen“ machen kann, haben wir nicht versucht herauszufinden.

Die Stadt ist mit rund 17000 Einwohnern nicht besonders groß. Die Sehenswürdigkeiten sind nicht so zahlreich und haben zumeist mit Porzellan zu tun. Man sieht Porzellan als Wandbilder an Häusern, als Straßenschilder oder als sonstige dekorative Schmuckelemente. Der Brunnen vor der **Andreaskirche**, der aus 45000 Porzellanplättchen zusammengesetzt wurde, zählt zu den wichtigsten Sehenswürdigkeiten der Stadt.

(027) Offizieller WOMO-Stellplatz: Selb

GPS: N50°10'10.4" E12°07'28.8"; Papiermühlweg 2, 95100 Selb.
max. WOMOs: 10, maximale Länge 8 m, max. Aufenthalt 5 Tage.
Ausstattung: Asphaltierter Platz mit Wasserver- und Abwasserentsorgung, Kassettenentleerung, Stromanschlüssen, Behälter für die Müllentsorgung. Im Servicegebäude gibt es Dusche und WC. Der Platz ist ganzjährig geöffnet.
Lage: In der Ortsmitte, nicht ruhig.
Preise: Parkgebühr für ein Fahrzeug mit 2 Personen 6,00 €, Frischwasser (mit Münzeinwurf) kostet 0,50 €. Strom 0,50 € pro kWh.

Wer sich für die Herstellung und die Geschichte des Porzellans interessiert, dem empfehlen wir einen Besuch des **Porzellanikon** am Werner-Schürer-Platz [**026:** N50°11'18.0" E12°06'57.6"]. In einer stillgelegten Rosenthal-Fabrik sind drei Museen und mehrere Werkstätten untergebracht. Es ist das größte Spezialmuseum für Porzellan in Europa.

Porzellanikon:

Das **Europäische IndustrieMuseum für Porzellan** erzählt die Arbeits- und Sozialgeschichte im Zusammenhang mit der Porzellanherstellung. Es zeigt dabei die technischen Abläufe von der Rohstoffverarbeitung bis zur Fertigung des gebrauchsfähigen Porzellans. Das **Rosenthal Museum** präsentiert eine Auswahl der Produkte aus der mehr als 125-jährigen Firmengeschichte und geht auf die Zusammenarbeit mit namhaften Künstlern und Designern ein, die für die Gestaltung der Kollektionen von besonderer Bedeutung sind oder waren. Highlights der Dauerausstellung sind Porzellane des 18. Jahrhunderts, dessen Wert und Bedeutung in der Repräsentations- und Tafelkultur thematisiert werden. Eine umfangreiche Sammlung von Porträttassen des beginnenden 19. und 20. Jahrhunderts zeigen bedeutende Persönlichkeiten der Geschichte.

Das **Europäische Museum für Technische Keramik** zeigt schließlich wozu Porzellan und Keramik sonst noch Verwendung finden. Hitzeschilder für Space Shuttle sind ein Beispiel aus der Raumfahrt, Knie- oder Knöchelgelenke ein Beispiel aus der Medizin und Bremsscheiben eins aus der Fahrzeugtechnik. Die Vielfalt und Bedeutung der technischen Keramik ist verblüffend hoch.

Brennofen im Rosenthalmuseum.

Porzellankunst im Rosenthalmuseum.

(028) Offizieller WOMO-Stellplatz: Selb – Eissporthalle

GPS: N50°09'20.0" E12°08'05.6"; Hanns-Braun-Str. 27, 95100 Selb.
max. WOMOs: 10, maximale Länge 12 m, max. Aufenthalt 5 Tage.
Ausstattung: Befestigte Plätze ohne Versorgungseinrichtungen, ganzjährig geöffnet.
Lage: Im Wald hinter der Netsch-Arena, unweit des Wunsiedler Weihers.
Preise: gebührenfrei.

Tipp: Wunsiedler Weiher
Nur 500 Meter vom Stellplatz hinter der Eissporthalle entfernt, befindet sich der Wunsiedler Weiher, ein romantisch gelegener See mitten im Wald. Am südlichen Ufer des Weihers befindet sich ein kleines Waldhotel mit Restaurant, das gute traditionelle bayerische und mediterrane Gerichte zu fairen Preisen anbietet.

Wir fahren nunmehr weiter auf der **Selb-Wunsiedler-Hochfläche** nach THIERSTEIN. In Sichtweite der **Burg** befindet sich der Stellplatz. Von hier aus lassen sich bequem wenig anstrengende Wanderungen oder Radtouren entlang der **Eger** unternehmen.

Thierstein, Burgruine und Kirche.

(029) Offizieller WOMO-Stellplatz: Thierstein

GPS: N50°06'21.7" E12°06'17.4"; Hirtweg, 95199 Thierstein.
max. WOMOs: 15, maximale Länge 12 m, max. Aufenthalt 2 Tage.
Ausstattung: Befestigter Platz mit Wasserver- und Abwasserentsorgung, Kassettenentleerung, Stromanschlüssen, Behälter für die Müllentsorgung, WLAN. Im Servicegebäude gibt es eine Waschmaschine und einen Trockner. Der Platz ist ganzjährig geöffnet.
Lage: Am Ortsrand, sehr ruhig, schöne Fernsicht.
Preise: Einen Parkschein gibt es am Kassenautomaten für 5,00 €. Ver- und Entsorgung sowie Strom ist kostenlos.
Zufahrt: Von der Hauptstraße in der Mitte des Ortes in den Hirtweg abbiegen, 200 Meter.

Von Thierstein an die Eger (Gehzeit etwa 4-5 Stunden):
Vom Stellplatz geht es auf markierten Wegen vorbei an Gut Blumenthal und dem ehemaligen Gästehaus der Hutschenreuther AG, hinunter an die Eger ins Wellertal. Auf dem **Kaiserweg**, der hier Teil des Egerradweges ist, geht es entlang einiger Felsformationen an den Hängen und mächti-

gen Felsblöcken im Fluss zum Wasserkraftwerk Hirschsprung. Es geht weiter die Eger hinunter bis nach Neuhaus und von dort an der Burgruine vorbei wieder nach Thierstein zurück. So ganz nebenbei kann man sich auf den Schautafeln über die Bedeutung und Funktionsweise der Wasserkraftwerke, die zur Versorgung der Selber Porzellanindustrie mit Elektrizität errichtet wurden, informieren. Der **Kaiserweg** ist in der Tat ein empfehlenswerter, sehr schöner landschafts- und kulturhistorischer Wanderweg durch das Egertal.

Die Eger beim Kraftwerk Hirschsprung.

Die weitere Fahrt führt uns nach MARKTLEUTHEN. Der Stellplatz dieses Ortes zählt zu Topplätzen Süddeutschlands. Offiziell ist dieser Platz mit allen Serviceleistungen gebührenfrei, um eine Spende wird allerdings gebeten. Eine Haltung, die sich für die Gemeinde offensichtlich auszahlt, denn niemand verlässt den Platz ohne eine gute Spende und niemand hinterlässt irgendeine Sauerei, wie uns der Objektmanager erzählt hat.

Marktleuthen, Turm der St.-Nikolaus-Kirche.

(030) Offizieller WOMO-Stellplatz: Marktleuthen

GPS: N50°07'46.9" E11°59'43.2"; Pestilenzsteig 1, 95168 Marktleuthen.
max. WOMOs: 10, maximale Länge 8 m, max. Aufenthalt 2 Tage.
Ausstattung: Befestigter Platz mit Wasserver- und Abwasserentsorgung, Kassettenentleerung, Stromanschlüssen, Behälter für die Müllentsorgung, WLAN. Im Servicegebäude gibt es Dusche und WC. Der Platz ist ganzjährig geöffnet.
Lage: In einer Sackgasse am Ortsrand direkt an der Eger, sehr ruhig.
Preise: Offiziell ist alles kostenlos. Spende wird erbeten.
Zufahrt: Vom Kreisverkehr in Richtung Röslau fahren, dann gleich nach 80 Metern links abbiegen.

Dieses liebenswerte Städtchen am Rande des Fichtelgebirges ist ein guter Ausgangsort für Wanderungen und Radtouren. Wer keinen Wanderführer dabei hat: Macht nichts, Vorschläge für den Nahbereich mit den unterschiedlichsten Schwierigkeitsgraden incl. Skizzen und Beschreibungen legt auch die Gemeinde bereit. Den Egerradweg kann man von hieraus übrigens gut bis zur Quelle in der Nähe von Weißenstadt und/oder bis zur Grenze zu Tschechien hinter Hohenberg a.d.Eger befahren.

Kirchenlamitz, Rathaus & Michaeliskirche.

Zum nächsten Ort: Nur wenige Kilometer sind es von MARKTEUTHEN nach KIRCHENLAMITZ. Auch hier gibt es einen Stellplatz, er liegt direkt hinter einem Lebensmitteldiscounter.

Am Ortsrand befindet sich die Burgruine **Epprechtstein**. Ihr zu Füßen liegen Granitsteinbrüche, die über einen Wanderweg erkundet werden können. Vom Wanderparkplatz Buchhaus an der Straße nach Weißenstadt [032: N50°08'25.6" E11°55'41.0"] lässt sich dieser ca. 4 km lange Weg leicht erreichen. Der Abbau des Baumaterials wurde schon Mitte des letzten Jahrhunderts eingestellt. Entlang des Weges vermitteln Schautafeln einen Eindruck über die harte körperliche Arbeit im Steinbruch. Der Weg führt an der Burgruine vorbei. Als Abschluss wartet, wenn man die Straße überquert hat, ein Labyrinth aus mächtigen Granitblöcken mit einem Obelisken in Zentrum. „Das Ziel muss man früher kennen als den Weg"; so wird **Jean Paul** auf dem Obelisken zitiert. Wie wahr, das trifft auch

(031) Offizieller WOMO-Stellplatz: Kirchenlamitz

GPS: N50°08'55.6" E11°56'31.3"; Weißenstädter Str. 79, 95158 Kirchenlamitz.
max. WOMOs: 7, maximale Länge 12 m, max. Aufenthalt 2 Tage.
Ausstattung: Asphaltierter Platz mit Wasserver- und Abwasserentsorgung, Kassettenentleerung, Stromanschlüssen, Behälter für die Müllentsorgung, ganzjährig geöffnet.

Lage: Hinter einem REWE-Supermarkt, nur nachts ruhig.
Preise: gebührenfrei. Die ebenfalls kostenlose Ver- und Entsorgungsstation befindet sich am Wertstoffhof am Peuntweg.
Zufahrt: Über den PKW-Parkplatz des REWE-Marktes.

Kirchenlamitz, Granitlabyrinth.

für unsere Reise zu. **Jean Paul**, der deutsche Schriftsteller und Bewunderer der französischen Aufklärung, wird uns noch einige Male auf dieser Reise begegnen. Wir lesen noch einige Merksätze auf dem Obelisken von anderen Geistesgrößen wie z.B. von **C.G. Jung**: „Der schnellste Weg zum Ziel: Der Umweg". Philosophische Betrachtungen entlang der Wanderwege scheinen in diesem Raum beliebt zu sein. Am **Weißenstädter See** kommen wir darauf zurück, vorher machen wir aber noch unseren Umweg!

Dieser Umweg führt zum **Großen Waldstein**. Neben diesem Felsenungetüm, das die klassische Form der in dieser Region weit verbreiteten Wollsackverwitterung zeigt, steht das **Waldsteinhaus** [**033:** N50°07'45.7" E11°51'03.3"]. Ein wunderbarer Ausgangspunkt, um die nähere Umgebung zu erkunden. Die Quelle der **Sächsischen Saale**, die am Westhang aus einem alten Bergwerkstollen entspringt, ist in etwas mehr als einer halben Stunde erreicht. Der Rückweg dauert etwas länger, denn der Höhenunterschied von 170 Metern fordert seinen zeitlichen Tribut. Um die Felsformationen und Ruinen des **Großen Waldsteins**, der auf einer Höhe von 879 Metern liegt zu umrunden, benötigt man eine Stunde. Über Steinstufen vorbei an **„Teufelstisch"** und den Ruinen des **Roten Schlosses** gelangt man zum Aussichtsfelsen **„Schüssel"**. Von hier geht der Blick über WEISSENSTADT, den **Weißenstädter See** zum **Ochsenkopf** und **Schneeberg**.

Bis zum **Weißenstädter See** [N50°06'29.4" E11°52'46.8"] müssen wir nur noch 5 Kilometer zurücklegen. Der Stausee wurde in den siebziger Jahren angelegt. Hauptzufluss ist die **Eger**, die nur wenige Kilometer weiter am Nordwesthang des **Schneeberges** entspringt. Der See ist etwa 50 ha groß und kann auf dem 4 Kilometer langen Uferweg bequem umrundet

(034) WOMO-Campingplatz-Tipp: Weißenstadt

GPS: N50°06'29.5" E11°52'38.9"; Badstraße 91, 95163 Weißenstadt.
max. WOMOs: 10, maximale Länge 10 m.
Ausstattung: Befestigte Plätze mit Wasserver- und Abwasserentsorgung, Kassettenentleerung, Stromanschlüssen, Behälter für die Müllentsorgung, Restaurant, WLAN. Im Servicegebäude gibt es Dusche, WC, Waschmaschine und einen Trockner. Der Platz ist ganzjährig geöffnet.
Lage: In unmittelbarer Nähe des Sees, 800 Meter bis zum Kurzentrum, sehr ruhig.
Preise: 12,00 € für ein Fahrzeug mit 2 Personen pro Tag. Strom 0,50 € kWh, Waschmaschine 3,50 €, Trockner 2,00 €.
Zufahrt: In Weißenstadt der ausreichend vorhandenen Beschilderung zum Campingplatz folgen.

Meditative Betrachtungen am Weißenstädter See.

werden. 14 Stelen aus unterschiedlichen Gesteinsarten des Fichtelgebirges säumen den Uferweg. Auf ihnen sind Worte aus dem Stundenbuch von **Eugen Gomringer** graviert und sollen zur Meditation einladen. Da kann sich jeder selbst einen Vers draus machen und darüber nachdenken. Ansonsten: Baden, segeln, surfen, skaten, radeln kann man auch. Der See bietet viele Möglichkeiten.

Stadtpfarrkirche in Weißenstadt.

In den Kuranlagen am See ist man auf Therapieanwendungen mit Radon spezialisiert, hat aber auch klassische Wellnessanwendungen im Angebot.

Vom See aus ist die denkmalgeschützte Altstadt bequem zu erreichen. Vom Ufer bis zum Marktplatz dieses alten Ackerbürgerstädtchens sind es nur knapp 400 Meter. Im Grundriss der Stadt sind die alten Wallanlagen noch gut erkennbar. Im Stadtbild selbst sind die alten Stadtmauern allerdings nur bruchstückhaft zu sehen. Eine städtebauliche Besonderheit sind die Scheunen aus gemauerten und zum Teil verputzten Natursteinen.

Sie wurden nach dem verheerenden Feuer in der Altstadt von 1823 sicherheitshalber außerhalb der Stadtmauer errichtet und dominieren noch heute das Straßenbild am Altstadtrand.

Und wieder ziehen wir weiter, durchqueren mit dem Womo eine hügelige Landschaft und erreichen nach 15 Kilometern WUNSIEDEL. Dort angekommen stellen wir das Fahrzeug auf dem Stellplatz ab, der nur ca. 500 Meter vom Zentrum entfernt ist und besuchen die Innenstadt.

Koppetentorturm, Wahrzeichen Wunsiedels.

Von der Ludwigstraße gehen wir in die Feldstraße nach rechts, dann noch 100 Meter weiter bis zur Kemnather Straße und sehen linker Hand bereits das Wahrzeichen der Stadt, den **Koppetentorturm** aus dem 15. Jahrhundert. Wir durchschreiten das Tor, gehen bis zur Theresienstraße und erreichen den Marktplatz.

Zum **Fichtelgebirgsmuseum**, das zu den besten Regionalmuseen Bayerns zählt und rund um den **Spitalhof** liegt, sind es nur noch 200 Meter. Die Ausstellungen zur Natur-, Kultur- und Regionalgeschichte sind sehr umfassend. Wer sich für **Jean Paul**, dem deutschen Schriftsteller und berühmtesten Sohn der Stadt interessiert, der findet hier im

(035) Offizieller WOMO-Stellplatz: Wunsiedel

GPS: N50°02'11.6" E11°59'37.1"; Rot-Kreuz-Straße, 95632 Wunsiedel.
max. WOMOs: 10, maximale Länge 10 m, max. Aufenthalt 5 Tage.
Ausstattung: Befestigter Platz mit Wasserver- und Abwasserentsorgung, Kassettenentleerung, Stromanschlüssen, Behälter für die Müllentsorgung. Der Platz ist ganzjährig geöffnet, die Wasserversorgung in den Wintermonaten von November bis März abgestellt.
Lage: Ortsrand, zwischen einem Gewerbegebiet und Schrebergärten. Nachts ruhig.
Preise: 5,00 € für ein Fahrzeug mit 2 Personen. Kassettenentleerung, Strom und Frischwasser ist kostenlos. Abwasserentsorgung 1,00 €.

Museum eine sehr umfangreiche Dokumentation über sein Leben und Werk.

Tipp: Alljährlich feiert die Stadt Wunsiedel vor der Mitsommernacht ihr traditionsreiches **Brunnenfest**. Das in seinem Ursprung auf einen heidnischen Brauch zurückgehende Spektakel findet immer am Wochenende vor dem 24. Juni statt. Dazu werden alle 32 Brunnen der Stadt mit Blumen kunstvoll geschmückt und mit Lichtern ausgestaltet. Umrahmt wird das farbenprächtige Stadtfest mit viel Musik, kulinarischen Spezialitäten und allerlei künstlerischen Darbietungen.

Etwas außerhalb der Stadt liegt der **Katharinenberg** **[036: N50°02'06.5" E12°00'46.9"]**. Hier befindet sich das älteste Bauwerk der Stadt, die Ruine der **Wallfahrtskirche St. Katharina**. Sie verfiel nach einer wechselvollen Geschichte bereits früh zu einer Ruine und wurde im 19. Jahrhundert, im Zeitalter der Romantik zu einem integralen Bestandteil eines Landschafts- und Bürgerparks, der in dieser Epoche gerade in Mode kam. Der Turm wurde rekonstruiert, das Kirchenschiff blieb mit Mauerresten, offenen Fenstern und Toren eine Ruine und wurde lediglich gegen den weiteren Verfall geschützt. Ein äußerst reizvolles Fotomotiv.

Torbogen in der Ruine St. Katharina.

Neben der Ruine und dem umliegenden Park, der mit seinem alten und artenreichen Bestand aus Laubbäumen ein schönes Naturdenkmal ist, wurde 2007 ein **Greifvogelpark** eröffnet. Neben den Flugvorführungen, die von April bis Oktober dargeboten werden, können in begehbaren Volieren über 50 verschiedene Greifvögel bestaunt werden. In einem Medienraum werden darüber hinaus Filme über die Beizjagd und die Falknerei gezeigt.

Weiter geht die Fahrt: Unser nächstes Ziel ist das Mineral- und Moorheilbad BAD ALEXANDERSBAD. Beschaulich klein ist der Ort am Waldrand. Uns fallen die vielen Einrichtungen auf, die sich dem Lebensabend des Menschen widmen. **Schloss Alexandersbad**, ein schlichtes, im Stil des Frühklassizismus errichtetes Gebäude, ist eigentlich kein Schloss. **Markgraf Alexander** ließ es als Badehaus mit Hotelfunktion zur Unterbringung der Kurgäste am Ende des 18. Jahrhunderts erbauen. Hinter der Anlage führt ein schmaler Weg durch eine kleine Parkanlage zur Heilquelle. Alles ist sehr übersichtlich, die Wege sehr kurz. Kurz gefasst: Ein kleiner und sehr ruhiger Kurort, der sich u.a. auf Mooranwendungen spezialisiert hat.

Einer der Stars des Greifvogelparks.

Von BAD ALEXANDERSBAD zum **Felsenlabyrinth Luisenburg** ist es nur ein Katzensprung. Dort angekommen erwartet uns ein stark gefüllter gebührenpflichtiger Parkplatz [N50°00'48.6" E11°59'27.9"]. Auf dem Fußweg zum Ein-

Die künstlich angelegte Ruine in der Luisenburg.

Felsenlabyrinth

Es ist ein wildes Durcheinander, was die Natur hier angerichtet hat. Granitblöcke liegen kreuz und quer, große und kleine liegen aufgeschichtet oder verkantet zueinander, versperren den Weg oder lassen mit schmalen Spalten nur einen engen Durchschlupf zu. Steile Treppen wurden angelegt, um die größten dieser Gesteinsklötze überhaupt erklimmen zu können. Manche Steine liegen gefährlich nah am Rand ihrer Unterlage und man gewinnt den Eindruck, die geringste Erschütterung würde ausreichen, um sie hinabstürzen zu lassen. Aber keine Angst, die Blöcke verharren schon noch in ihrer Position. Das Felsenlabyrinth hat schon Johann Wolfgang von Goethe fasziniert und einen Deutungsversuch zur Entstehung dieses Labyrinths formulieren lassen. Wollsackverwitterung nennen die Geographen den Prozess, der zur Bildung solcher Felslandschaften führt und bevorzugt bei grobkristallinen Gesteinen wie Granit auftritt. Dieses Naturphänomen finden wir natürlich in dieser Region noch an vielen anderen Orten, nur nicht in dieser Mächtig- und Häufigkeit. Die Wege sind gut markiert aber nicht immer leicht begehbar. Wer wie wir Hunde dabei hat, sollte es sich gut überlegen, sie hierher mitzunehmen. Die zum Teil recht scharfkantigen Gitterstufen der Treppen sind für die Pfoten kleinerer und mittlerer Fellnasen nur schwer begehbar. Wir haben unsere Hunde an verschiedenen Stellen tragen müssen.

gangsbereich treffen wir auf eine muntere Schar von Besuchern. Die mit den Kindern an der Hand gehen ins Freilichttheater – Michel aus Lönneberga steht auf dem Programm – die anderen ins Felsenlabyrinth. Das Freilichttheater bietet übrigens Platz für 1800 Besucher und hat ein anspruchsvolles und abwechslungsreiches Programm sowohl für Kinder, wie für Erwachsene. Neben Theateraufführungen finden hier auch Musikveranstaltungen statt. Hier treten übrigens nicht nur Laienschauspieler auf, sondern auch sehr bekannte Größen aus TV und Kinofilm.

Von der Luisenburg lohnt auch eine Wanderung zur **Kösseine**, die nur 3,5 Kilometer entfernt ist. Vom Aussichtsturm auf dem 945 Meter hohen Gipfel hat man bei guter Fernsicht einen Blick bis zum Bayerischen Wald. Im **Kösseinehaus** neben dem Aussichtsturm (Mo. Ruhetag) gibt es eine Erfrischung und Stärkung bevor der Weg fortgesetzt wird und es wieder zum Parkplatz zurückgeht.

Nach so viel frischer Luft geht es weiter nach FICHTELBERG. Wir schnuppern ins **AMF-Museum** hinein. Hier riecht es ganz anderes, nämlich nach Benzin und Öl, nicht penetrant aber doch deutlich. Über 140 Oldtimer und Motorräder der älteren und jüngeren Automobilgeschichte sind in den Hallen ausgestellt. Ein alter VW-Bus als Campingmobil erinnert an den Beginn der Womo-Zeit. Im Freigelände stehen hauptsächlich ausgediente Militärflugzeuge russischer Bauart. Der kleine asphaltierte Parkplatz am Museum **[037:** N49°59'51.2" E11°51'18.8"] ist auch gleichzeitig als Wohnmobilstellplatz ausgewiesen.

Ausstellungsobjekte im AMF-Museum.

Ver- und Entsorgungseinrichtungen gibt es hier allerdings nicht. Einen Campingplatz mit Wohnmobilstellplätzen gibt es am **Fichtelsee**, den wir als nächstes aufsuchen.

Wir stellen das Womo auf dem kleinen gebührenpflichtigen Parkareal vor dem Campingplatz in der Nähe des Sees ab und gehen zum Ufer hinunter. Der künstlich aufgestaute See ist offensichtlich ein beliebtes Reiseziel. Das große Gasthaus am Ostufer ist gut besucht, Kinder fahren Tretboot, baden oder tummeln sich auf der Liegewiese. Wer den See umrunden will, kann dies auf den angelegten Wegen tun. Je weiter wir uns vom Gasthaus entfernen, umso ruhiger und idyllischer wird es. Wanderwege gehen in alle Richtungen. Bis zum **Ochsenkopf** und zum **Schneeberg**, den beiden höchsten Gipfeln des **Fichtelgebirges**, ist es nicht weit. Mehrere Tage könnten wir hier mit Wanderungen verbringen und es

(038) WOMO-Campingplatz-Tipp: Fichtelsee

GPS: N50°00'59.7" E11°51'19.4"; Fichtelseestraße 30, 95868 Fichtelberg.
max. WOMOs: 10, maximale Länge 10 m.
Ausstattung: Befestigte Plätze mit Wasserver- und Abwasserentsorgung, Kassettenentleerung, Stromanschlüssen, Behälter für die Müllentsorgung, Restaurant, WLAN. Im Servicegebäude gibt es Dusche, WC, Waschmaschine und einen Trockner. Der Platz ist ganzjährig geöffnet.
Lage: In unmittelbarer Nähe des Sees, sehr ruhig.
Preise: Ab 20,00 € für ein Fahrzeug mit 2 Personen pro Tag. Strom wird verbrauchsabhängig abgerechnet.
Zufahrt: Von der B303 kommend in die Fichtelseestr. abbiegen und 1,5 km bis zur Platzeinfahrt fahren.

Idyllisch: Der Fichtelsee am Fuße des Ochsenkopfs.

würde sicher nicht langweilig werden. Zusätzliche Abwechslung bietet das **Besucherbergwerk Silbereisen.**

Gut besucht ist der **Ochsenkopf** [039: N50°00'48.9" E11°48'29.1"], den wir als nächstes Ziel anfahren. Das Freizeitangebot rund um diesen 1023 m hohen Berg ist vielfältiger Natur. Beginnen wir damit, dass man den Gipfel nicht besteigen muss, sondern mit **Seilschwebebahnen**, eine von der Südseite, eine von der Nordseite, bequem erreichen kann. Eine **Sommerrodelbahn** und einen **Outdoorpark** finden wir am Nordhang, **Mountainbiketrails** am Südhang. Wanderwege gibt es in Hülle und Fülle. Um die gesamte Vielfalt der Tourismusregion rund um den Ochsenkopf auch nur annähernd erleben zu können, benötigt man schon mindestens ein verlängertes Wochenende, wenn nicht eine ganze Woche.

Am Südende des Ochsenkopfs sind etliche Wanderparkplätze angelegt.

An der Nordseite des Ochsenkopfs liegt BISCHOFSGRÜN. Der kleine heilklimatische Kurort gilt als das **„Kräuterdorf"** im **Fichtelgebirge**. Kräuterwanderungen werden über die örtliche Tourist-Info angeboten, wo auch der Kurbeitrag zu entrichten ist, wenn man den gepflegten Stellplatz länger als

Blumengeschmückte Gastlichkeit in Bischofsgrün.

einen Tag nutzen will. BISCHOFSGRÜN eignet sich sehr gut als Ausgangsort für Wanderungen zum **Ochsenkopf** und **Schneeberg**. Besonders hervorzuheben sind der **Outdoorpark mit Hochseilgarten** und der **3D Bogenschießparcours** sowie für die Wintertouristen die Skipisten am Nordhang des Ochsenkopfes.

Das **Goldbergbau-Museum** in GOLDKRONACH erinnert mit den Besucherbergwerken neben dem Silbereisenberg-

(040) Offizieller WOMO-Stellplatz: Bischofsgrün

GPS: N50°03'13.4" E11°47'34.5"; Rangenweg, 95493 Bischofsgrün.
max. WOMOs: 6, maximale Länge 10 m, max. Aufenthalt 3 Tage.
Ausstattung: Gepflasteter Platz mit Wasserver- und Abwasserentsorgung, Kassettenentleerung, Stromanschlüssen, Behälter für die Müllentsorgung. Der Platz ist ganzjährig geöffnet.
Lage: In einer Sackgasse an der Katholischen Kirche, sehr ruhig.
Preise: Gebührenfrei, Kurbeitrag 1,00 € pro Person/Tag (in der Kur- und Tourist Information in der Jägerstraße 9 zu entrichten). Der Beitrag fällt erst ab dem zweiten Tag an. Frischwasser (mit Münzeinwurf) kostet 1,00 €, Strom ebenso.
Zufahrt: Ab der Ortsmitte der Womo-Beschilderung folgen.

Schattiges Plätzchen in der Ortsmitte von Goldkronach.

werk in Fichtelberg an die **Bergbautradition im Fichtelgebirge**. Wie in BAD STEBEN (siehe Seite 27) war auch hier **Alexander v. Humboldt** tätig. Als junger Bergbeamter in preußischen Diensten ließ er eine bereits stillgelegte Zeche wieder aktivieren, was den Niedergang des Bergbaus jedoch nicht verhinderte. Ein Lehrpfad, der seinen Namen trägt, führt an 40 Bergbaustationen vorbei und liegt auf dem **Goldberg**.

Alles golden in Goldkronach, auch die Aussicht.

Um die Bergwerke zu besuchen (nur sonntags geöffnet), kann man von der Ortsmitte den **Goldberg** hinaufgehen, aber auch hochfahren (ausgeschildert). Der Parkplatz **[041:** N50°00'37.1" E11°42'21.0"] vor den Bergwerken ist ausreichend groß und auch vollkommen unproblematisch für eine Übernachtung mit der Goldenen Aussicht (in der Nähe) inklusive. Wir fahren nach BAD BERNECK weiter.

(042) Offizieller WOMO-Stellplatz: Goldkronach

GPS: N50°00'45.0" E11°40'57.2"; Schulstraße, 95497 Goldkronach.
max. WOMOs: 10, maximale Länge 12 m.
Ausstattung: Einfacher, schattenloser Asphaltplatz mit Wasserver- und Abwasserentsorgung, Kassettenentleerung, Stromanschlüssen, Behälter für die Müllentsorgung. Ganzjährig geöffnet.
Lage: Am Ortsrand neben Tennisplätzen und Ackerflächen, sehr ruhig.
Preise: Gebührenfrei. Frischwasser (mit Münzeinwurf) kostet 1,00 €, Strom 1,00 € für 8 Stunden.
Zufahrt: Vom Marktplatz die Peuntgasse nehmen, nach 300 m rechts.

Schön ist er nicht, der offizielle Wohnmobilstellplatz in BAD BERNECK, aber immerhin kann man das Womo nun gut abstellen, um den Kurort zu besuchen.

(043) Offizieller WOMO-Stellplatz: Bad Berneck i.F.

GPS: N50°02'29.6" E11°39'57.3"; Klang 10, 95460 Bad Berneck i.F..
max. WOMOs: 10, maximale Länge 12 m, max. Aufenthalt 5 Tage.
Ausstattung: Einfacher, schattenloser Asphaltplatz mit Wasserver- und Abwasserentsorgung, Kassettenentleerung, Stromanschlüssen, Behälter für die Müllentsorgung. Ganzjährig geöffnet.

Lage: In einer Sackgasse südlich des Weißen Main.
Preise: Gebührenfrei. Frischwasser (mit Münzeinwurf) kostet 1,00€, Strom 1,00€ für 8 Stunden.
Zufahrt: Von der B303 in Richtung Bayreuth fahren und nach der Mainbrücke gleich links abbiegen.

Zu Fuß geht es den Weißen Main aufwärts, den wir bald auf einer Fußgängerbrücke überqueren. Unter der Bundesstraße führt der Weg hindurch und wir erreichen hinter einem Haus der Diakonie einen der wenigen dendrologischen Gärten Deutschlands. Im Umfeld des alten Bergwerks **„Beständiges Glück“** stehen einige zum Teil mehr als 100 Jahre alte Bäume mit Exoten aus aller Welt. Es ist eine sehr kleine Anlage, die wir schnell durchschritten haben. Über die Maintalstraße und entlang der Ölschnitz gelangen wir in die Ortsmitte. Von hier aus hat man einen schönen Blick auf den Schlossturm oberhalb der Stadt. Zum Kurpark mit den Kolonnaden sind es nur noch wenige Meter. Den schauen wir uns noch an, dann geht es zurück zum Womo.

Blick vom Marktplatz auf den Schlossturm.

Bad Berneck i.F.: Kolonnaden im Kurpark.

TOUR 3 (ca. 140 km)

Bad Berneck – Himmelkron – Neuenmarkt – Wirsberg – Kleinlosnitz – Marktleugast – Kulmbach Burgkunstadt – Sonnefeld – Coburg

Freie Übernachtung:	Himmelkron, Neuenmarkt, Kleinlosnitz, Strössendorf.
Offizielle Stellplätze:	Wirsberg, Kulmbach, Burgkunstadt, Coburg.
Campingplätze:	keine.
Ver-/Entsorgung:	Kulmbach, Burgkunstadt, Coburg.
Besichtigungen:	Himmelkron (Baille-Maille-Allee), Neuenmarkt (Deutsches Dampflokmuseum), Kleinlosnitz (Oberfränkisches Bauernhofmuseum), Marktleugast (Wallfahrtskirche), Kupferberg (Bergbau-Museum), Kulmbach (Altstadt und Plassenburg, Kulmbacher Mönchshof mit Bayerischen Brauereimuseum, Bayerischem Bäckereimuseum und Deutschem Gewürzmuseum), Burgkunstadt (Altstadt), Sonnefeld (Klosterkirche).
Wandern:	Wirsberg (entlang der Schorgast).
Baden/Wellness:	Wirsberg (Freibad).

Von der Autobahn A9 nehmen wir die Abfahrt 39 Bad Berneck/Himmelkron und fahren auf der B303 Richtung KRONACH. Schon nach einem Kilometer erreichen wir HIMMELKRON und folgen dem Hinweisschild zum Kloster. Wir stellen das Womo auf dem Parkplatz **[044:** N50°03'43.2" E11°35'24.6"] in der Nähe der **Baille-Maille-Lindenallee** auf einem asphaltierten Platz ab. Das Kloster ist heute eine pädagogisch-soziale Einrichtung der Diakonie und kann nicht besichtigt werden.

Vor Jahren hatten wir das Glück während eines Besuches in Himmelkron einem kleinen Festakt für

Stiftskirche des Klosters Himmelkron.

Die ca. 800 Meter lange Lindenallee „Baille-Maille“ in Himmelkron.

Hofdamen beim Mailspiel.

Baille-Maille-Allee

Kloster Himmelkron wurde von Zisterzienserinnen im 13.Jh. gegründet. Nachdem es im Zuge der Reformation zur Aufhebung des Klosters kam, wurde es im 16. Jh. Sommerresidenz der Bayreuther Markgrafen. Sie ließen den Vorlieben der damaligen Epoche folgend, einige bauliche Veränderungen am Kloster vornehmen, um u.a. für das höfische Freizeitvergnügen dem großen Vorbild Versailles nachzueifern. Aus dieser Zeit rührt auch die erste Lindenallee, die Markgraf Christian Ernst im 17. Jahrhundert in unmittelbarer Nähe des Klosters anpflanzen ließ. Sie bestand allerdings nur bis zum Ende des 18. Jahrhunderts und war Ort für das Ballspiel **„Baille-Maille“** oder kurz Mailspiel, so eine Art Vorläufer des Krocket. Im Spiel geht es darum Holzkugeln im Wettlauf durch kleine, in den Boden gesteckte Bögen zu schlagen. Ein Spiel, das ab dem ausgehenden Mittelalter unter Adels- und Patrizierfamilien sehr beliebt war. Alleen dieser Art gab es zu dieser Zeit an vielen Orten in Europa. Die Allee in Himmelkron galt als eine der schönsten in Deutschland. Dennoch fiel sie der Axt zum Opfer und geriet dann lange Zeit in Vergessenheit. Erst Ende der 80ziger Jahre des letzten Jahrhunderts wurde die Lindenallee durch einen Förderkreis wieder zum Leben erweckt, Bäume angepflanzt und der Name **„Baille-Maille-Allee“** reaktiviert. Ergänzt wurde die Allee ab dem Jahre 2004 mit einigen Skulpturen, die überwiegend im vorderen Drittel der Allee zu finden sind. Eine mittelalterliche Brücke über den noch jungen Weißen Main, bildet den Abschluss dieser Allee.

ein neues Kunstwerk beizuwohnen. Zugegen waren auch die jungen Hofdamen, die das Mailspiel mit großer Freude dem staunenden Publikum vorführten. Bei einem erneuten Besuch haben wir festgestellt, dass die Zahl der Kunstwerke zugenommen hat und die Bäume ordentlich an Stammumfang und Höhe zugelegt haben. Ein schattiger Weg, den es sich zu gehen lohnt.

Auf der weiteren Fahrt nach NEUENMARKT überqueren wir die **„Schiefe Ebene"**; eine Eisenbahnrampe aus der Dampflokzeit. Sie wurde zwischen 1844 und 1848 gebaut und ist eine ingenieurtechnische Meisterleistung dieser Epoche. Auf einer Strecke von etwa 7 Kilometern überwindet sie zwischen NEUENMARKT und MARKTSCHORGAST 158 Höhenmeter bei einer nahezu gleichbleibenden Steigung. Eine Nachbildung dieses Streckenabschnitts ist im **Deutschen Dampflokomotivmuseum** in NEUENMARKT zu sehen.

Lokomotiven im Außengelände.

Verbrannte Kohle, ein Geruch, den wir noch aus Kindheitstagen kennen, zieht in die Nase, nachdem wir das Womo auf dem Parkplatz [**045:** N50°05'36.3" E11°34'59.2"] verlassen haben. Es raucht und dampft, eine Lok wird offenbar angeheizt. Das Museum nutzt das ehemalige Bahnbetriebswerk des Bahnhofs NEUENMARKT-WIRSBERG. Es besteht aus einem Ringlokschuppen mit einem Außengelände und ist seit 1977 für die Öffentlichkeit zugänglich.

Ausgestellt sind etwa 30 Lokomotiven und allerlei Gerätschaften, die für den Betrieb dieser Lokomotiven notwendig waren und auch noch sind. Von großen und schweren Ungetümen über kleinere und mittlere Loks bis hin zu den kleinsten Lokomotiven für Industriebahnen reicht die Ausstellungspalette. Ein historischer MITROPA-Speisewagen dient der gastronomischen Versorgung. Das Museum bietet ein recht umfangreiches Programm für Dampflokfahrten an, die aber in der Regel auf den Rundkurs im Museumsgelände beschränkt sind. Über die **„Schiefe Ebene“** fährt als Museumsbahn ein Schienenbus.

Wir verlassen das Museum und fahren zum Nachbarort WIRSBERG weiter. Das geht ganz fix, es sind nur drei Kilometer. Wir kreuzen die B303 und sind in WIRSBERG, überqueren dort in der Ortsmitte die schöne alte Bogenbrücke über die **Schorgast**, biegen danach sofort rechts ab und stellen das Womo nach kurzer Zeit auf den äußerst ruhigen Stellplatz an der Schorgast ab.

(046) Offizieller WOMO-Badeplatz: Wirsberg – Waldschwimmbad

GPS: N50°06'28.1" E11°36'49.9"; Schorgasttal 34, 95339 Wirsberg.
max. WOMOs: >4, maximale Länge 10 m, max. Aufenthalt 2 Tage.
Ausstattung: Gepflegter Rasenplatz mit Stromanschlüssen, WC, Behälter für die Müllentsorgung. Ideal um Tisch und Stühle rauszuholen. Der Platz ist ganzjährig geöffnet.

Lage: In einer Sackgasse am Waldschwimmbad, Ortsrand, sehr ruhig.
Preise: Gebührenfrei, Stromsäulen mit Münzeinwurf 1,00 € für 8h.
Zufahrt: Von der Ortsmitte sofort nach der Schorgastbrücke rechts abbiegen und dem Straßenverlauf noch etwa 500 Meter folgen.

Bis zum Freibad sind es nur noch wenige Meter zu Fuß. Es ist trotz großer Rutsche keines dieser modernen Freizeit-Spaßbäder, sondern eines der älteren und einfacheren Art aus den achtziger Jahren. Am Freibad vorbei geht es auf einem befestigten, leicht begehbaren Weg entlang der rauschenden **Schorgast** leicht bergan. Wir kommen durch einen kleinen Park mit Rhododendren-Sträuchern und passieren eine Wassertretstelle. Der Wanderweg

Wanderweg entlang der Schorgast.

Die Steinerne Brücke von 1711 führt über die Schorgast.

ist auch gleichzeitig ein **geologischer Lehrpfad**. Auf nummerierten Hinweistafeln wird auf die verschiedenen Gesteinsarten am Weg hingewiesen, für geologische Laien vermutlich mit schwer verständlichen Begriffen. Wir setzen unseren Spaziergang an der **Schorgast** fort, genießen die Ruhe, lauschen dem Rauschen des Baches und wundern uns darüber, dass uns an einem sonnigen Samstag Ende Mai niemand begegnet. Nachdem wir zum Womo zurückgekehrt sind, setzen wir unsere Fahrt in Richtung MARKTLEUGAST fort.

Dietelhof: Innenhof mit Stallgebäuden.

Ob ein Abstecher zum **Oberfränkischen Bauernhofmuseum** lohnt? Wir probieren es und fahren nicht direkt zu der Stadt, die Frankiafahrern bekannt sein dürfte, sondern zunächst nach KLEINLOSNITZ. Das Museum befindet sich am Ortseingang des Dorfes [**047:** N50°09'21.3" E11°47'21.2"]. Auf dem kleinen Parkplatz darf man übernachten, wenn man das mag, das Gelände hat jedoch ein starkes Gefälle und erscheint uns deshalb nicht geeignet.

Das Museum ist sehr klein, kein Vergleich mit den großen Bauernhofmuseen in TITTLING (siehe Seite 343, Neusath Seite 310 oder Finsterau Seite 337). Es gibt in diesem Museum nur zwei Höfe, den **Dietel-** und den **Wirtschaftshof**, die jeweils mehrere Gebäude umfassen. Das Besondere daran: Sie stehen an ihrer Originalposition und sind im Original erhalten. Nur das **Handwerkerhaus** hinter dem Eingangsgebäude wurde aus einem andern Ort hierher gebracht und neu aufgesetzt. Der **Dietelhof** ist ein mit Stroh gedeckter Vierseithof aus dem 18. Jahrhundert. Vom Eingangstor bis zur rauchgeschwärzten Küche, dem Kachelofen sowie der gesamten Inneneinrichtung ist alles im Originalzustand. Es wirkt so, als wären die Bauersleute nur mal gerade eben weggegangen. Dennoch, man muss schon eine besondere Vorliebe für die bäuerliche Kultur haben, um sich hier lange aufzuhalten.

Tipp: Marktschorgast Frankia-Fahrer können eine Besichtigung des **Frankia** Werkes in der Bernecker Straße 12 in Marktschorgast vornehmen. Eine Anmeldung ist über den Händler erforderlich. Sehr viele Besuchstermine gibt es nicht.

Wir fahren die Route zurück und biegen in Stammbach nach MARKTLEUGAST ab. Nachdem wir das Dorf STEINBACH passiert haben, sehen wir vor uns das **Kloster Marienweiher**. MARIENWEIHER ist ein Teilort von MARKTLEUGAST und ein wenig bekannter **Marien-Wallfahrtsort**, obwohl die Wallfahrtskirche eine der 70 Kirchen in Deutschland ist, die vom Papst den Titel **„basilica minor“** verliehen bekommen hat. Der Innenraum der Kirche glänzt mit einer prunkvollen Ausstattung im Barock- und Rokokostil. Das Gnadenbild im Hochaltar zeigt eine geschnitzte, fast lebensgroße spätgotische Madonna mit dem Jesuskind.

Nachdem wir den Innenraum der Kirche und die vergoldete Steinmadonna sowie die **Lourdes Grotte** auf dem Vorplatz ausgiebig in Augenschein genommen haben, fahren wir weiter nach KUPFERBERG, ein Ort, der seine bergmännische Bedeutung schon im Namen trägt.

Kloster Marienweiher.

Schräg gegenüber der mächtigen Kirche befand sich das **Bergbau-Museum** der Stadt. Heute zählt der Ort noch ca. 1000 Einwohner, in seiner Blütezeit waren es mehr als 3000. Der Rückgang der Bevölkerung hängt mit der Aufgabe des Kupferbergbaus zusammen. Der Bergbau hatte hier im 18. Jahrhundert noch große Bedeutung. Die immer wiederkehrenden Abbauprobleme machten ihn jedoch zunehmend unwirtschaftlicher, bis er 1940 vollends eingestellt wurde.

Kirche in Kupferberg.

Das kleine, didaktisch gut gemachte **Bergbau-Museum** befindet sich nun im Wirsberger Weg 34 und gibt einen realitätsnahen Einblick in die Arbeitswelt des hiesigen Kupferbergbaus der vergangenen Jahrhunderte. Die engen und dunklen Gänge vermitteln einen Eindruck der bergbaulichen Tätigkeit „unter Tage"; Schautafeln erklären die einzelnen Arbeitsschritte und Arbeitsabläufe, die notwendig waren, um die Erze abzubauen. Eine mühevolle Arbeit und eine Schinderei war das.

Begehbarer Stollen im Bergbau-Museum Kupferberg.

Den „Tagebau"; den Sie sehen, wenn Sie den Ort Richtung KULMBACH verlassen, hat nichts mit Kupfer zu tun. Hier wird **Diabas** abgebaut, ein vulkanisches Urgestein, das in der Bauindustrie Verwendung findet. Wir fahren weiter durch UNTERSTEINACH und sind bald in KULMBACH.

(048) Offizieller WOMO-Stellplatz: Kulmbach - Schwedensteg

GPS: N50°06'39.9" E11°27'42.7"; Schwedensteg, 95326 Kulmbach.
max. WOMOs: 25, maximale Länge 12 m, max. Aufenthalt 2 Tage.
Ausstattung: Befestigter Platz mit Wasserver- und Abwasserentsorgung, Kassettenentleerung, Stromanschlüssen, Behälter für die Müllentsorgung, ganzjährig geöffnet.

Lage: Unterhalb der Plassenburg, zentrumsnah, mit Bäumen und Buschwerk zur Straße abgetrennt, deshalb relativ ruhig.
Preise: Einen Parkschein gibt es am Kassenautomaten für 3,00 €. Frischwasser (mit Münzeinwurf) kostet 1,00 €. Stromversorgung 0,50 € pro kWh.
Zufahrt: Von der B289 über die Saalfelder und Kronacher Straße zum Schwedensteg.

Hier stellen wir unser Womo auf dem Stellplatz zwischen vielen anderen Fahrzeugen ab und gehen am Abend noch ein wenig durch die „heimliche Bierhauptstadt" wie KULMBACH sich selbst nennt.

Das Rathaus in Kulmbach.

Stadtrundgang Kulmbach

Vom Stellplatz sind es durch den kleinen Mainpark und die Fischergasse nur 500 Meter bis ins Zentrum. Wir kommen dabei am **Weißen Turm** vorbei, der als Teil der Stadtmauer zur alten Stadtbefestigung gehört. Wenige Meter weiter, nachdem wir an der **Spitalkirche** vorbeigegangen sind, stehen wir schon auf dem **Marktplatz** mit dem **Luitpoldbrunnen** und sehen am Ende des Platzes das **Rathaus** mit seiner schönen Rokokofassade in abendlichem Glanz. Die Straßenlokale in der Spitalgasse sind gut besucht, natürlich wird Kulmbacher Bier ausgeschenkt, was sonst, das ist nicht überraschend. Hoch über der Stadt wacht seit dem 12.

Markplatz mit Luitpoldbrunnen und der Plassenburg im Hintergrund.

Westfassade der Plassenburg.

Jahrhundert die **Plassenburg**, die nach einer langen und wechselvollen Geschichte heute u.a. das **Deutsche Zinnfigurenmuseum** mit rund 300.000 Einzelfiguren beherbergt.

Am nächsten Tag geht es hinauf auf diese Burg. Wir gehen jedoch vorher die abendliche Runde noch einmal bei Tageslicht, dehnen den Spaziergang noch ein wenig aus und kommen nun auch an der spätgotischen Hallenkirche **St. Petri** und dem **Langheimer Amtshof** mit seiner barocken Giebelfassade und dem **Roten Turm** vorbei. Der **Langheimer Amtshof** wurde als klösterliche Amtskanzlei errichtet. Von hier aus wurden die Ländereien des Zister-

Markplatz mit Luitpoldbrunnen mit dem Weißen Turm im Vordergrund.

zienser-Klosters Langheim bis zu Beginn des 19. Jahrhunderts verwaltet. Heute ist hier die Akademie für Neue Medien und eine Berufsfachschule untergebracht. Nicht weit davon steht der fünfgeschossige **Rote Turm** mit markantem Fachwerk im obersten Geschoss. Er war, wie der **Weiße Turm**, ein Teil der ehemaligen Stadtbefestigung, von der ansonsten nicht mehr viel zu sehen ist.

Über Treppen und Wege geht es dann weiter hinauf zur Burg. Oben angekommen, geht es durch ein breites Portal in den **Kasernenhof** der Burg. Als Meisterwerk der deutschen Renaissance gilt der zweite Hof der Burg, der nicht umsonst der **„Schöne Hof"** genannt wird. Es ist ein Arkadenhof mit dichtem Reliefdekor, der für Open-Air-Konzerte und andere Veranstaltungen genutzt wird. Neben dem **Deutschen Zinnfigurenmuseum** sind auf der Burg noch das **Landschaftsmuseum Obermain**, das **Armeemuseum Friedrich der Große** und das Museum **„Hohenzollern in Franken"** untergebracht. Von der Plassenburg hat man übrigens auch einen sehr schönen Blick auf Kulmbach und in das Kulmbacher Land.

Bevor wir weiterfahren, sei noch auf das **Bayerische Brauereimuseum** im **Kulmbacher Mönchshof** in der Hofer Str. 20 hingewiesen. Neben diesem Museum befindet sich hier das **Bayerische Bäckereimuseum**, das **Deutsche Gewürzmuseum** und ein **Museumspädagogisches Zentrum**. Hier erfährt man alles über die Bierbraukunst, unser tägliches Brot und die richtige Würze. Natürlich lässt sich hier auch Bier verkosten und praktischerweise kann man sein Fahrzeug im Hof abstellen und vor der Weiterfahrt ein Nickerchen machen. [**049:** N50°06'50.4" E11°28'05.7"].

Fachwerkensemble am Marktplatz.

Weiter geht es. BURGKUNSTADT ist das nächste Ziel. Wir verlassen Kulmbach über die B289 gen Westen. Ist die Talaue entlang des Weißen Mains zunächst noch relativ eng, wird sie ab MAINLEUS schnell breiter. Südöstlich von MAINLEUS vereinigen sich der **Weiße** und der **Rote Main**. Nach dem Zusammenfluss heißt das Gewässer nur noch **Main**, der nun mit größerer Erosionskraft ausgestattet eine breitere Talaue geschaffen hat. Wenige Kilometer weiter flussabwärts erreichen wir BURGKUNSTADT.

(050) Offizieller WOMO-Stellplatz: Burgkunstadt

GPS: N50°08'22.7" E11°14'58.8"; Alter Postweg, 96224 Burgkunstadt.
max. WOMOs: 5, maximale Länge 10 m, max. Aufenthalt 2 Tage.
Ausstattung: Befestigter Platz, ganzjährig geöffnet. Ver- und Entsorgung an der Agip-Tankstelle an der B289, in Sichtweite des Stellplatzes.
GPS: N50°08'12.8" E11°15'01.4".
Lage: Fast in der Ortsmitte, ruhig.
Preise: Gebührenfrei.
Zufahrt: Von der B289 in die Bahnhofstraße fahren, dann gleich rechts dem Alten Postweg folgen.

Die Stadt, deren Namen durch das große Versandunternehmen **Baur** bekannt ist, zeigt rund um den Marktplatz ein schönes Fachwerkensemble. Der Marktplatz liegt auf einer Anhöhe, auf der einst eine Burg stand. Reste davon sind noch am Rathaus zu sehen, das mit seinem Fachwerk einen besonders schönen Anblick bietet.

Kirche am Marktplatz in Burgkunstadt.

Wir fahren weiter dem Ende dieser Tour entgegen. Auf dem Weg nach COBURG machen wir einen kleinen Schlenker über STRÖSSENDORF. Das Ensemble von Schloss und Kirche am Main hat seinen besonderen Reiz. Auch wenn das Schloss nicht besichtigt werden kann, lohnt der Blick auf dieses fränkische Idyll. Wer mit einem kompakten Womo unterwegs ist, hat hier direkt am Main noch einen sehr schönen Rastplatz [**051:** N50°08'22.7" E11°13'27.3"]. Größere Fahrzeuge werden ein Problem haben, diesen von der schmalen Straße her anzufahren. Es geht im rechten Winkel durch eine relativ enge Einfahrt ein leichtes Gefälle hinunter.

Über MARKTZEULN und WEIDHAUSEN fahren wir weiter. Bevor wir jedoch in COBURG ankommen, steht noch ein Besuch des ehemaligen Klosters der Zisterzienserinnen in SONNEFELD auf dem Programm.

Zisterzienser erbauten in Franken ein dichtes Netz mit Klosteranlagen. Das berühmteste dürfte sicher das **Kloster Waldsassen** (siehe Tour 8 S. 142) sein. Die Gründung des **Kloster Sonnefelds** entspricht nicht dem Ordensideal eines Baues in der Waldeinsamkeit, aber man wahrte mit diesem Ort trotzdem Distanz zu größeren Siedlungen. Seine höchste Blüte erlebte das Kloster im 14. und 15. Jahrhundert. Von der mittelalterlichen Klosteranlage ist nur wenig erhalten. Die **Klosterkirche** ist aber, trotz zahlreicher Veränderungen im Lauf der Jahrhunderte, immer noch eines der mächtigsten gotischen Bauwerke in Oberfranken. Grabplatten im Inneren der Kirche erinnern an die Zisterzienserinnen und die Stifter des Klosters.

TOUR 4 (ca. 120 km)

Coburg – Lichtenfels – Weismain – Kleinziegenfelder Tal – Oberes Wiesenttal – Sanspareil – Thurnau Bayreuth

Freie Übernachtung:	Weihermühle, Kleinziegenfelder Tal, Sanspareil, Thurnau
Offizielle Stellplätze:	Coburg, Weismain, Thurnau, Bayreuth, Lohengrin Therme
Campingplätze:	Lichtenfels, Kleinziegenfelder Tal
Ver-/Entsorgung:	Coburg, Lichtenfels, Weismain, Kleinziegenfelder Tal, Thurnau, Bayreuth
Besichtigungen:	Coburg (Altstadt und Veste), Lichtenfels (Altstadt), Sanspareil (Felsengarten), Thurnau (Töpfereien), Bayreuth (Altstadt, Hofgarten, Opernhaus, Eremitage)
Wandern:	Kleinziegenfelder Tal, Sanspareil
Wellness:	Bayreuth (Lohengrin Therme)

Für die Beschreibung von COBURG verweisen wir auf die Seiten 9-17 der Tour 1. Wir beginnen also gleich mit der Stadt LICHTENFELS, die über die B289 von COBURG bequem zu erreichen ist. Der größte und der kleinste Korb der Welt sollen in dieser Korbmacherstadt am Main zu finden sein. Den größten haben wir entdeckt, er steht vor dem Rathaus, nach dem kleinsten haben wir nicht gesucht. Wenn auch die Blütezeit der Korbindustrie vorbei ist, so bieten doch noch zahlreiche Firmen und Geschäfte ihre Dienste und Produkte rund um dieses Flechtwerk an. Für Urlauber organisiert die Tourist-Information auch Flechtkurse. Wer sich näher mit der Geschichte dieses Handwerks befassen möchte, dem sei das **Deutsche Korbmuseum** in der Bismarckstraße empfohlen, das sich in der 3 km entfernten Nachbargemeinde MICHELAU i.Ofr. befindet. Hier sind etwa 2000 Exponate aus aller Welt ausgestellt.

Tipp: Alljährlich findet am dritten Wochenende im September der **Lichtenfelser Korbmarkt** statt. Eine Mischung aus Altstadtfest und Spezialmarkt für Produkte aus diesem „Flechtwerk". Von einfachsten klassischen Einkaufskorb bis zu ausgefallenen Designermöbeln ist dabei alles vertreten. Natürlich kommt das leibliche Wohl nicht zu kurz. Im Biergarten am „Säumarkt" und am Marktplatz Rast werden typisch fränkische Bratwürste, goldbraun Gegrilltes oder deftige Braten mit Klößen angeboten. Für kühle Erfrischungen sorgen dabei gleich mehrere heimische Brauereien!

Der größte Korb der Welt steht in Lichtenfels.

Die Altstadt besteht aus einem kleinen malerischen Kern mit dem historischen Rathaus. Mittelalterliche Tore und Türme begrenzen das malerische Ensemble. Markant ist der Turm der Pfarrkirche aus dem 14./15. Jahrhundert. Innerhalb der Stadt zu parken ist kein Problem. Einen Stellplatz gibt es nicht, wer sich länger aufhalten möchte, der sollte den schönen Campingplatz am Main nutzen, der 18 speziell für Wohnmobile eingerichtete Plätze mit Blick auf den Main eingerichtet hat.

(052) WOMO-Campingplatz-Tipp: Lichtenfels

GPS: N50 09'22.1" E11°05'10.6"; Krößwehrstraße 52, 96215 Lichtenfels.
max. WOMOs: 18, maximale Länge 12 m.
Ausstattung: Rasenplätze mit Wasserver- und Abwasserentsorgung, Kassettenentleerung, Stromanschlüssen, Behälter für die Müllentsorgung, Brötchenservice, Restaurant, WLAN, Bademöglichkeit im See. Im Servicegebäude gibt es Dusche, WC, Waschmaschine und einen Trockner. Geöffnet von April bis Oktober.
Lage: Am Ende einer Sackgasse direkt am Main, sehr ruhig.
Preise: 12,60 für ein Fahrzeug mit 2 Personen, Strom pauschal 2,50 €, Frischwasserver- und Abwasserentsorgung ist im Preis enthalten.
Zufahrt: Vom Zentrum über die Kronacher Straße kurz vor der Auffahrt auf die B173 links abbiegen, die nächste Möglichkeit wieder links und die Bahnlinie überqueren, dann geradeaus auf der Krößwehrstraße noch 500 Meter.

Von hier aus lässt sich auch der 14 Kilometer lange Erlebnisrundwanderweg **"Pfad der Flechtkultur"** beschreiten, der aus Informationstafeln, Stelen und Felssteinen einem „Weidenlabyrinth"; geflochtenen Elementen, wie Weidenmuschel im Flussbad, Weidentipi am Ortswiesensee in Oberwallenstadt, Stadtmöbel am Marktplatz und am Bahnhof sowie Flechtkunstgebilde vor der Schule für Korbflechterei besteht.

Wir fahren weiter. Über KLOSTERLANGHEIM geht es über schmale und recht kurvige Straßen in den nördlichen Teil des **Naturparks Fränkische Schweiz**. Nächstes Ziel ist WEISMAIN, ein charmantes mittelalterliches Städtchen am Eingang des **Kleinziegenfelder Tales**.

Neben einigen Fachwerkhäusern und dem Rathaus fallen die Stadtpfarrkirche und die Reste der Stadtmauer mit dem Oberen Tor in WEISMAIN besonders auf. Straßencafés und Restaurants säumen den Markt und wie

Fachwerkhaus mit Stadtbrunnen und Ritter aus Sandstein in der ortsmitte von Weismain.

(053) Offizieller WOMO-Stellplatz: Weismain

GPS: N50°05'11.4" E11°14'19.1"; Giechkröttendorfer Str. 2, 96260 Weismain.
max. WOMOs: 6, maximale Länge 7 m.

Ausstattung: Asphaltierte/gepflasterte Plätze mit Wasserver- und Abwasserentsorgung, Kassettenentleerung, Stromanschlüssen, Behälter für die Müllentsorgung, ganzjährig geöffnet.
Lage: Am Bauhof, unruhig durch Fahrzeugverkehr, 200 Meter von der Ortsmitte entfernt.
Preise: Gebührenfrei, Strom 0,50 € pro kWh (Münzautomat). Frischwasserver- und Abwasserentsorgung sowie Kassettenentleerung kostenlos.
Zufahrt: Über die Burgkunstädter Straße.

so oft für Oberfranken üblich, werden hier die Bierspezialitäten der lokalen Brauerei angeboten. Als Standort für die Erkundung des **Kleinziegenfelder Tales** eignet sich der Ort sehr gut. Dieses vor uns liegende Tal ist ein Paradies für Wanderer, Kletterer und Radfahrer. Dass man einen guten Standort benötigt, um das Womo abzustellen, merken wir sehr bald, nachdem wir durch das schmale **Obere Tor** den Ort verlassen haben. Je weiter wir gen Süden das Tal hinauf fahren, umso enger wird es, die Felsvorsprünge mehren sich, die Parkmöglichkeiten werden immer weni-

Oberes Tor in Weismain.

Weihermühle im Kleinziegenfelder Tal.

Kletterfelsen im Kleinziegenfelder Tal.

ger. An der Weihermühle gibt es einen kleinen Parkplatz [**054:** N50°02'32.0" E11°13'02.9"] neben dem Restaurant, der auch nach einer Einkehr für eine Übernachtung genutzt werden kann. Danach wird es schwierig mit der Platzsuche. Am oberen Ende des Tales befindet sich noch ein Wanderparkplatz hinter der Kapelle an der Straße nach GROSSZIEGENFELD [**055:** N50°01'30.9" E11°11'45.1"] direkt an einem großen Kletterfelsen, den wir als Ausgangspunkt für eine Wanderung nutzen. Es geht vorbei an beeindruckenden Felsformationen, es geht durch Erlen- und Eschenauwälder entlang des **Weismains** und es geht an offenen Wachholderhängen vorbei, die sich besonders schön in KLEINZIEGENFELD oberhalb der Weismainquelle (nicht zu verwechseln mit der Quelle des Weißen Mains im Fichtelgebirge) präsentieren. Auf diesem Weg grüßt uns auch die **Radfahrerstatue Claudius** von einem Felsvorsprung oberhalb der besagten Quelle.

Für einen längeren Aufenthalt bietet der Campingplatz in KLEINZIEGENFELD seine Dienste an, die wir allerdings nicht in Anspruch genommen haben. Wir fahren weiter, unterqueren die A70 Richtung HOLLFELD. Der **Felsengarten Sanspareil** ist unser nächstes Ziel. Ohne nach HOLLFELD zu fahren, nutzen wir die erste Gelegenheit, um nach WONSEES und damit zu unserem Ziel gelangen. Eine Alternative zur direkten Route ist ein kleiner Umweg durch das obere **Wiesenttal**. Dazu ist es notwendig in EICHENHÜLL abzubiegen und nach TREUNITZ zu fahren (ca. 3 km). Von dort geht es entlang der Wiesent nach HOLLFELD

Viele Picknickplätze und Wanderwege locken rund um Wonsees.

Das Ruinentheater im Felsengarten Sanspareil.

und dann über WONSEES zum Felsengarten. Dieser kleine Umweg wird den erfreuen, der gern durch kurvenreiche und wildromantische Täler mit steilen Felsvorsprüngen und Burgen fährt. Die Burgen in diesem Teil des Tales sind alle in Privatbesitz und können nicht besichtigt werden.

Aber nicht nur die Fahrt durch diese Tallandschaften ist interessant. Rund um HOLLFELD und WONSEES gibt es einige Gelegenheiten das Womo zu parken und einen Spaziergang oder eine kleine Wanderung zu unternehmen. Die blühenden Wiesen in den Flussauen von Kainach und Wiesent oder das Wacholdertal bei WONSEES sind überaus reizvoll und lassen sich mit einem Besuch des Felsengartens auf angenehme Weise verbinden.

Eine der Felsformationen in Sanspareil.

Burg Zwernitz in Sanspareil.

Sanspareil ist ein barocker Landschaftsgarten, den **Markgräfin Wilhelmine von Bayreuth**, die Schwester Friederichs des Großen, im 18. Jh. errichten ließ. Parken und auch sehr ruhig übernachten lässt es sich auf dem Parkplatz neben der Anlage [**056**: N49°58'56.4" E11°19'09.2"]. Der Landschaftspark ist ganzjährig geöffnet und frei zugänglich. Die vorhandenen bizarren Felsformationen in dem dicht zugewachsenen Buchenwald dienten als Kulisse für allerlei Statuen und Gebäude, die jedoch im Laufe der Zeit verfielen oder verkauft wurden. Das **Ruinentheater** (es ist nicht verfallen, sondern wurde wie in der **Eremitage** in BAYREUTH als künstliche Ruine gebaut), der **Morgenländische Bau** und der **Küchenbau** sind jedoch erhalten geblieben. Im Küchenbau ist jetzt praktischerweise ein Café untergebracht. Neben diesem Landschaftsgarten ohnegleichen (frz. sans pareil wie er von einer Hofdame genannt worden sein soll) liegt die über 850 Jahre alte **Burg Zwernitz**. Spätmittelalterliche Waffen sowie Mobiliar des 16. bis 18. Jahrhunderts sind hier ausgestellt und können besichtigt werden.

Als nächsten Ort haben wir THURNAU auf dem Programm. Acht Kilometer legen wir zurück und stellen unser Womo nahe der Ortsmitte auf dem Stellplatz an der Jägerstraße ab.

(057) Offizieller WOMO-Stellplatz: Thurnau – Jägerstraße

GPS: N50°01'39.3" E11°23'48.3"; Jägerstraße, 95145 95349 Thurnau.
max. WOMOs: 8, maximale Länge 12 m.
Ausstattung: Befestigter Platz mit Wasserver- und Abwasserentsorgung, Kassettenentleerung, Stromanschlüssen, Behälter für die Müllentsorgung, ganzjährig geöffnet.
Lage: Ortsrandlage an einem Bach, sehr ruhig.
Preise: 5,00 € für ein Fahrzeug mit 2 Personen. Es gibt 4 Zahlstellen 1. Rathaus Thurnau, Oberer Markt 28, Töpfermuseum Thurnau, Kirchplatz 12, Töpferei Renner, Eckersdorfer Weg 1, Töpferei Schnauder, Am Damm 2. Frischwasser (mit Münzeinwurf) kostet 1,00 €, Strom 3,00 € für 24 h.
Zufahrt: Die Jägerstraße zweigt vom Marktplatz in der Ortsmitte ab.

Thurnau, Schloss mit dem Turm der Laurentiuskirche im Hintergrund.

Der historische Ortskern bietet mit dem Marktplatz, dem Schloss und der Kirche **St. Laurentius** ein augenfällig schönes Ensemble. Kirche und Schloss sind mit einer überdachten hölzernen Brücke verbunden, die der adligen Herrschaft einen direkten Zugang zur **Patronatsloge** in der Kirche gewährte. Die mächtige und weitläufige Schlossanlage, die zu den größten Schlossanlagen Frankens gehört, wird heute von der Universität Bayreuth genutzt und dient gleichzeitig als Veranstaltungsort und auch als Hotel, gelegentlich auch als Filmkulisse. Neben dem Schloss befindet sich ein Teich, der von einem Spazierweg umschlossen ist. Immer wieder eröffnet dieser Weg einen Blick auf den mittelalterlichen Ortskern.

Patronatsloge in der Kirche St. Laurentius.

Tipp: Frühjahrskirchweih (14 Tage nach Ostern), Sommerkirchweih (Ende Juli oder Anfang August) und Herbstkirchweih (Zweites oder drittes Wochenende im Oktober) sind feststehende Termine für Töpfermärkte in Thurnau. Alle ortsansässigen Firmen bieten zu diesen Terminen ihre Produkte in historischem Ambiente rund um Schloss und Marktplatz an.

Das Töpferhandwerk hat in THURNAU eine lange Tradition. Sieben Töpfereien bieten ihre Produkte in höchster handwerklicher Kunst an. Die Vielfalt der Produkte ist groß. Von klassisch geformten Vasen, Kannen und Geschirr bis hin zu Brunnenanlagen für den Garten, individuell gestalteten Fliesen für das heimische Bad oder Grabsteine für Tiere ist alles zu haben. Wenn Sie eine ganz individuelle Keramik hergestellt haben wollen, werden Sie, da sind wir sicher, hier eine Töpferei finden, die genau Ihre Vorstellungen umsetzt, soweit dies technisch machbar ist.

Einen ersten Überblick zur Töpferkunst in THURNAU bietet das **Töpfereimuseum** in der Nähe der **Laurentiuskirche**. Hier er-

Im Töpfereimuseum Thurnau.

fährt man auch, wie und worauf sich die Töpfereien des Ortes im Einzelnen spezialisiert haben.

Wir beenden unseren Besuch in diesem Kleinod am Rande der **Fränkischen Schweiz** und fahren nunmehr über die St2189 nach NEUDROSSENFELD. Hier treffen wir auf die Bundesstraße 85, die uns direkt nach BAYREUTH führt.

Das erste was gewöhnlich mit BAYREUTH verbunden wird, sind die **Bayreuther Festspiele,** die alljährlich auf dem grünen Hügel im **Festspielhaus** stattfinden. Mit dem Womo zur Oper? Warum nicht, BAYREUTH hat allerdings sehr viel mehr zu bieten als nur die Festspiele und dem wollen wir uns – wenn auch nur sehr begrenzt – widmen.

Da wäre zunächst die Frage zu klären: Wo parken wir? Drei Stellplätze stehen zur Wahl, zwei befinden sich in der Stadt (erfreulich zentrumsnah) und einer an der **Lohengrin Therme** vor der Toren der Stadt, ganz in der Nähe der **Eremitage**.

Zunächst die Innenstadt:

(058) Offizieller WOMO-Stellplatz: Bayreuth – Grünewaldstraße

GPS: N49°56'40.1" E11°35'36.3"; Grünewaldstraße 2B, 95448 Bayreuth.
max. WOMOs: 20, maximale Länge 10 m.
Ausstattung: Asphaltierter/gepflasteter Platz mit Wasserver- und Abwasserentsorgung, Kassettenentleerung, Behälter für die Müllentsorgung, ganzjährig geöffnet.
Lage: In Zentrumsnähe (1,5 km) am Roten Main, relativ ruhig.
Preise: Gebührenfrei. Mit Münzeinwurf gibt es Frischwasser, Abwasserentsorgung und Kassettenentleerung für jeweils 1,00 €.

Zufahrt: In Bayreuth angekommen am Rotmain-Center links in den Hohenzollernring abbiegen, nach 750 Metern links abbiegen auf die B2 (Richtung Autobahn), nach 450 Metern rechts abbiegen auf die Friedrich-Ebert-Straße. Dieser Straße 55 Meter bis zu dem gemischten Parkplatz auf der linken Seite folgen.

(059) WOMO-Stellplatz: Bayreuth – Am Hofgarten

GPS: N49°56'25.2" E11°34'37.6"; Am Geißmarkt, 95444 Bayreuth.
max. WOMOs: 3, maximale Länge 7 m.
Ausstattung: Gepflasteter Platz ohne Versorgungseinrichtungen, ganzjährig geöffnet.

Lage: Direkt neben dem Hofgarten und der Stadthalle, relativ ruhig.
Preise: Zeitabhängig, Tageshöchstbetrag 10,00 €.
Zufahrt: In Bayreuth angekommen am Rotmain-Center rechts in den Hohenzollernring abbiegen, und der Beschilderung zur Stadthalle folgen.

Der Stellplatz an der **Lohengrin Therme** ist rund 6 Kilometer vom Stadtzentrum entfernt und liegt östlich der Autobahn. Auf dem Stadtplan auf den beiden folgenden Seiten sind alle drei Stellplätze verzeichnet.

(060) Offizieller WOMO-Badeplatz: Bayreuth – Lohengrin Therme

GPS: N49°56'31.9" E11°38'05.0"; Kurpromenade 5, 95448 Bayreuth.
max. WOMOs: 20, maximale Länge 12 m.
Ausstattung: Gepflasterter-Asphaltierter Platz mit Wasserver- und Abwasserentsorgung, Kassettenentleerung, Stromanschlüssen, Behälter für die Müllentsorgung, Dusche in der Therme, ganzjährig geöffnet.
Lage: In einer Sackgasse an der Therme, sehr ruhig.
Preise: Einen Parkschein gibt es an der Kasse der Therme für 6,00 €. Frischwasser kostet 1,00 € (50l), Strom 1,00 € (6h), Dusche in der Therme 1,50 €.
Zufahrt: Über die Seulbitzer Straße den Hinweisen zur Lohengrin Therme folgen, sehr gut ausgeschildert.

Stadtbummel Bayreuth

Für den Start eines Stadtbummels sind die beiden Plätze an der Grünewaldstraße und am Hofgarten gleichermaßen geeignet. Sie können den Bummel anhand der grün gepunkteten Linie auf dem Stadtplan nachvollziehen. Wir starten von der Grünewaldstraße und gehen entlang des Roten Mains in Richtung Stadtmitte. Rund 1,5 Kilometer sind es bis zur **Schlosskirche**, die in unmittelbarer Nachbarschaft des **Alten Schlosses** steht. Markant ist der **Schlossturm**, ein Glockenturm, der sich auf den ersten Blick eigentlich gar nicht als Kirchturm zu erkennen gibt. Dieser achteckige Turm wurde Mitte des 17. Jahrhunderts erbaut. Dass man von der Aussichtsplattform einen schönen Rundblick hat glauben wir gern. Wer den Ausblick genießen will, muss sich allerdings einer Stadtführung anschließen, die das örtliche Tourismusbüro in der Opernstraße 22 anbietet. Wir haben darauf verzichtet und nach einem Blick in die **Schlosskirche**, dessen Kirchensaal im Stile des **Bayreuther Rokoko** glänzt, gehen wir weiter. Der Weg zum Alten Schloss ist kurz, hier residiert

Vor dem Alten Schloss steht eine Statue von Maximillian II, König von Bayern.

Gewerbegebiet
St. Georgen
Sophian-Kolb-
Festspielhaus
Schiess-haus
Siegfried-Wagner-Allee
Hofer Str.
Grüner Baum
Bernecker
Bernecker Str.
Meistersingerstraße
Bürgerreuther Str.
Markgrafena.
St. Georgen
St. Georgen
Albrecht-Dürer-
Riedelsberg
Markgrafenallee
Brandenburger Str.
Carl-Schüller-Straße
Bahnhofstraße
Tunnelstraße
Friedrich-Ebert-Str.
Albrecht-Dürer-Straße
Grünewaldstraße
Wilhelmine
aue
Hammerstätter See
Hammerstatt
2
Hohenzollernring
ALTSTADT
Kanalstr.
Friedrich-Ebert-Straße
058
V
E
Markgräfliches Opernhaus
Altes Schloss
Maximilianstraße
Schlossk.
Roter Main
Stadtk.
Neues Schloss
Richard-Wagner-Straße
Haus Wahnfried
Hofgarten
Königsallee
Friedrichstraße
059
Sonnentempel
Jean-Paul-Straße
Cosima-Wagner-Straße
Nürnberger Straße
Neue Heimat
22
Wittelsbacherring
Universitätsstraße
Tierpark Röhrensee
Birken
AB-Abfahr
Bayreuth Sü
Universität Bayreuth
Universitätsstraße
Nürnberger Straße
N
500 Meter
Ökologisch-Botanischer Garten
Oberkonnersreuth

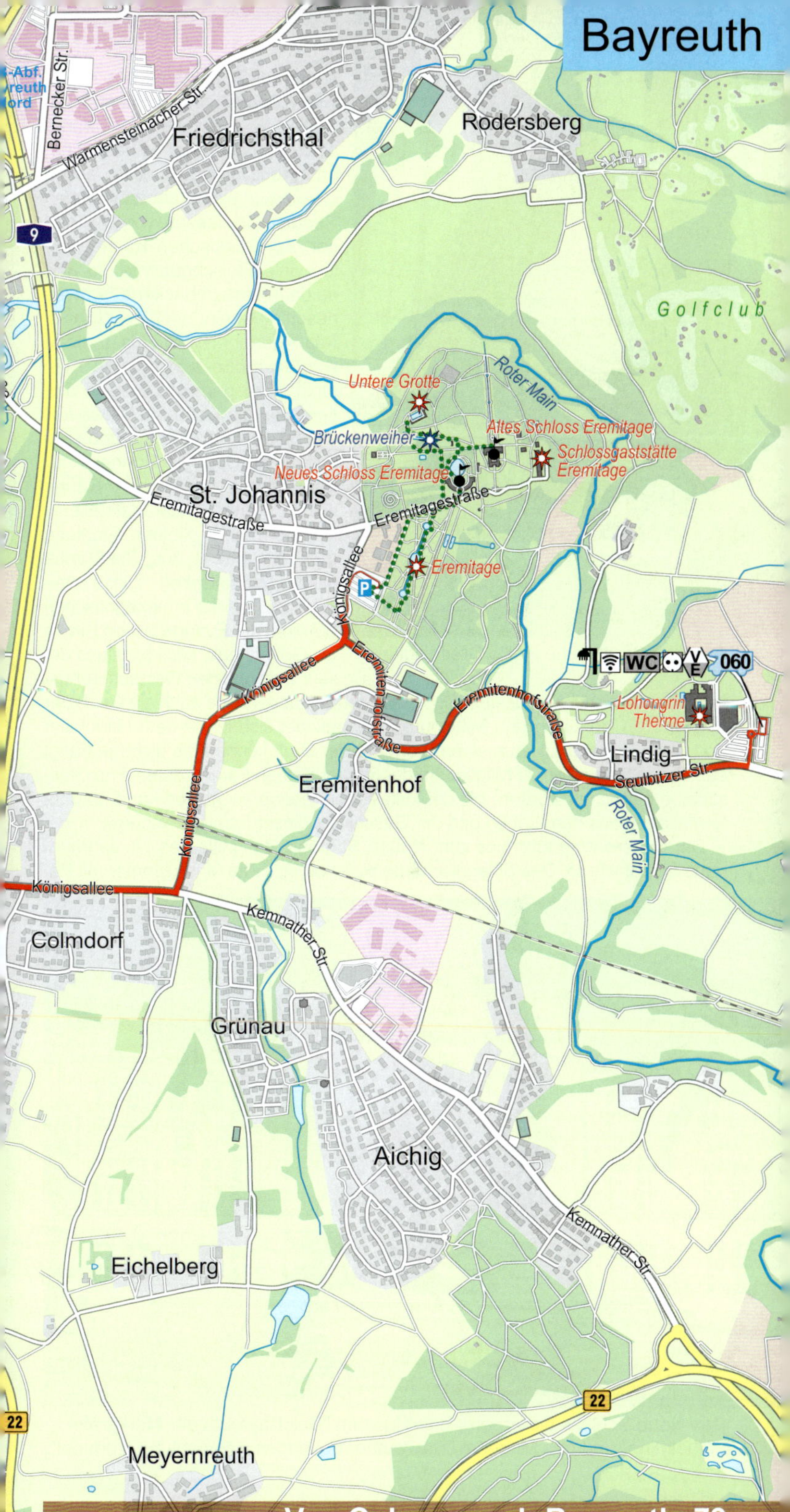
Bernecker Str.
Warmensteinacher Str.
Friedrichsthal
Rodersberg
9
Golfclub
Roter Main
Untere Grotte
Brückenweiher
Altes Schloss Eremitage
Schlossgaststätte Eremitage
Neues Schloss Eremitage
St. Johannis
Eremitagestraße
Eremitage
Königsallee
P
Eremitenhofstraße
WC
060
Lohengrin Therme
Lindig
Seulbitzer Str.
Eremitenhof
Colmdorf
Kemnather Str.
Grünau
Aichig
Eichelberg
22
Meyernreuth

Altar der Stadtkirche Heilig Dreifaltigkeit.

heute das Finanzamt, das macht einen Besuch wenig interessant. Weiter geht es über den Marktplatz, vorbei an der **Spitalkirche**, und kreuz und quer durch einige Gassen. In einem der zahlreichen Restaurants lassen wir uns nieder. Zur fränkischen Küche zählen viele Fleischgerichte, so darf es dann eine gebackene Schweineschulter sein, die hier **„Schäufela"** genannt wird. Als Beilage werden Klöße serviert und man trinkt dazu gern ein Bier, in diesem Fall ein Dampfbier. Das Essen ist schlicht, sehr gut und sehr preiswert. Das gilt übrigens für den ganzen fränkischen Raum, wie wir immer wieder feststellen.

Nach dieser kleinen Stärkung geht es weiter zur Stadtkirche **Heilig Dreifaltigkeit**. Diese dreischiffige Basilika im spätgotischen Stil dient der Evangelischen Kirche als Gotteshaus. Mit Abschluss der sehr aufwändigen Restaurierungsarbeiten dieser Kirche aus dem frühen 17. Jahrhundert, rückte auch die **Gruft der Markgrafen** stärker in den Mittelpunkt. Sie befindet sich hinter dem Hauptaltar und ist frei zugänglich. Aus einem Vorraum der Gruft können die dicht gedrängt stehenden Särge von 26 Mitgliedern der markgräflichen Familie durch eine Glasscheibe betrachtet werden. Mit der installierten Videopräsentation kann man Informationen aus dem Leben und der Geschichte dieser Familie erfahren.

Der weitere Weg führt uns zum **Neuen Schloss**, das Mitte des 18. Jahrhunderts erbaut wurde. Das Spiegelscherbenkabinett, das Alte Musikzimmer mit Pa-

Das Neue Schloss beherbergt das Museum "Das Bayreuth der Markgräfin Wilhelmine" und das Museum "Bayreuther Fayencen – Sammlung Rummel".

Der Hofgarten, die grüne Lunge Bayreuths, ist heute frei zugänglich.

stellbildnissen von Sängern, Schauspielern und Tänzern und das Palmenzimmer mit kostbarer Nussholzvertäfelung sind die besonderen Räume dieses Schlosses, in dem die **Museen „Das Bayreuth der Markgräfin Wilhelmine"** und **„Bayreuther Fayencen – Sammlung Rummel“** untergebracht sind. Durch das Hauptportal des Neuen Schlosses gelangt man nicht nur zu den genannten Museen sondern auch in den **Hofgarten**. Es ist eine beeindruckende Parkanlage, die zunächst im Stile des Barock angelegt wurde und dann, dem Zeitgeist folgend, später in einen englischen Landschaftspark umgewandelt wurde. Vollständig erfolgte die Umwandlung jedoch nicht. Man erkennt die Gestaltungsmerkmale des Barockgartens an den geraden Linien, der angelegten Kanäle, Gräben und Teiche sowie die geschwungenen Wege des englischen Landschaftsgartens insbesondere im hinteren Teil des Hofgartens. War diese Gartenlandschaft früher nur für die markgräfliche Familie und deren Gäste zugänglich, so lädt sie heute die breite Öffentlichkeit zu einem Spaziergang ein. Ein romantischer und frischer Ort wie man auf dem Foto oben sehen kann.

Das Haus Wahnfried am Rande des Hofgartens ist das ehemalige Wohnhaus Richard Wagners. Heute ist hier das Richard-Wagner-Museum untergebracht.

Am Rande des Hofgartens befindet sich das **Haus Wahnfried**, das ehemalige Wohnhaus **Richard Wagners**. An diesem Gebäude werden Wagnerfans nicht einfach nur vorbeigehen. Es dient heute als Museum und widmet sich in einer Dauerausstellung dem Leben und den Werken **Richard Wagners** der in Bayreuth nach wie vor allgegenwärtig ist.

Der weitere Weg führt uns durch die „Baille-Maille-Allee“; ein Spiel, das auch hier gespielt wurde und wir schon auf Seite 58 beschrieben haben, wieder aus den Hofgarten hinaus. Bis zum **Markgräflichen Opernhaus** ist es nicht weit. Der Innenausbau dieses Hauses wurde vom italienischen Baumeister Giuseppe Galli Bibiena ausgeführt. Ein außerordentlich prächtiges Barocktheater ist ihm hier gelungen. Es zählt heute immer noch zu den schönsten seiner Art in Europa und seit 2012 zum Welterbe der UNESCO. Dieses Gebäude muss man einfach einmal betreten haben, wenn man schon in Bayreuth ist. Damit beenden wir auch schon unseren Stadtbummel und kehren zum Parkplatz zurück.

Kleine Stadtgeschichte

Bei all den prachtvollen Gebäuden stellt sich die Frage wie und auf wessen Veranlassung sind sie entstanden?

Markgraf Christian ließ 1603 die Residenz von der **Plassenburg** oberhalb von **Kulmbach** nach **Bayreuth** verlegen. Die Infrastruktur der Stadt wurde verbessert, Wasserleitungen gebaut und Schulen errichtet. Der Ausbau zur Residenzstadt schritt zunächst nicht so recht voran. Der Dreißigjährige Krieg (1618-1648) wütete auch in Bayreuth. Nur langsam erholte sich die Stadt nach dem Ende des Krieges von den Verwüstungen und es sollte noch bis zur Regentschaft des Markgrafenpaares **Friedrich** und **Wilhelmine** dauern, bis die Stadt mit ihren repräsentativen Anlagen und Gebäuden zu einer glanzvollen Residenzstadt ausgebaut wurde.

Das Markgräfliche Opernhaus am Abend.

Friederike Sophie Wilhelmine von Preußen war die älteste Tochter des „Soldatenkönigs“ **Friedrich Wilhelm I.** und damit die Schwester Friedrichs des Großen. Sie war eine kunstliebende und musisch feinsinnige Frau, die die Oper liebte, sogar selbst eine schrieb.

Sie heiratete 1731 den **Markgrafen Friedrich von Brandenburg-Bayreuth**, dem Erbprinzen des Fürstentums Bayreuth. Es war eine arrangierte Hochzeit, das war zu dieser Zeit in den Königs- und Fürstenhäusern bekanntermaßen üblich. Heiratspolitik war Machtpolitik. Wilhelmine hätte auch den Prince of Wales heiraten müssen, wenn es ihr Vater gewollt hätte, auch das wurde wohl in Erwägung gezogen. Wäre

Der reich verzierte Zuschauerraum des Markgräflichen Opernhauses.

Die untere Grotte in der Eremitage Bayreuth.

es so gekommen, würde Bayreuth vermutlich anders aussehen. Aber so kam es nicht. **Friedrich von Brandenburg-Bayreuth** sollte es sein, ein Mann, der als aufgeklärter und gebildeter Markgraf galt und hohes Verständnis für Kunst und Wissenschaft mitbrachte. Mag die Ehe auch nicht immer glücklich gewesen sein, aber in ihren Sinnen für Kunst und Architektur scheinen sie sich prächtig verstanden zu haben. Innerhalb weniger Jahre wurden das Opernhaus gebaut, die Eremitage vollkommen umgestaltet und eine Reihe anderer baulichen Veränderungen und Ergänzungen in der Stadt vorgenommen, die heute den besonderen Charme dieser Stadt ausmachen.

Die Eremitage

Ein Besuch der Eremitage ist ein besonderes highlight. Die große Anlage ist weit davon entfernt der ursprünglichen Bedeutung des Wortes als „Einsiedelei" zu gelten. Die Orte der Kontemplation und der inneren Einkehr wurden im 16. und 17. Jahrhundert für die höfische Gartenkunst entdeckt und in eine ganz neue Form gebracht. Neben Schlossanlagen entstanden Grotten, künstliche Wasserfälle und Ruinen, Laubengänge, Seerosenteiche und Brunnenanlagen. All das finden Sie hier in einer sehr gelungenen Form wieder, wenn Sie der grün gepunkteten Linie auf der rechten Seite des Stadtplanes folgen. Das neue Schloss mit seinem großen Brunnen und dem Sonnentempel sind die prägenden Elemente der Eremitage. Den Parkplatz der Eremitage finden Sie an der Königsallee mit diesen Koordinaten: [N49°56'45.4" E11°37'10.3"].

Detail des Sonnentempels in der Eremitage.

Nun heißt es Abschied nehmen von BAYREUTH. Auch wenn wir nun schon mehrfach in dieser schönen Stadt waren, irgendwie war es immer zu kurz. Für die nächste Reise hierher steht auf dem Programm: Ein Besuch des frei zugänglichen **Tierparks Röhrensee** mit Kängurus und einem großen Hirschgehege. Des Weiteren die **Wilhelminenaue**, eine frei zugängliche Parklandschaft, die man vom Stellplatz an der Grünewaldstraße bequem entlang des **Roten Mains** erreichen kann. Dieses große Areal wurde für die Bayerische Landesgartenschau 2016 umgestaltet und dient heute als **Landschaftspark** mit vielen Frei- und Spielflächen. Mittendrin der **Hammerstätter See**. Dann wäre da noch der **Ökologisch-Botanische Garten** an der Universität zu nennen. Hier kann man auf dem 16 ha großen Gelände und in den 6000 Quadratmeter umfassenden Gewächshäusern eine botanische Welt-

reise unternehmen. Diese Anlage ist ganzjährig zugänglich. Jeden ersten Sonntag im Monat findet eine öffentliche Führung statt. Parken können Sie hier [N49°55'37.1" E11°35'08.0"]. Alle genannten Anlagen finden Sie auf dem Stadtplan verzeichnet. An Parklandschaften mangelt es der Stadt ganz sicher nicht, da hat man eher die Qual der Wahl.

Für die weitere Fahrt bieten wir Ihnen zwei Tourvorschläge an. Die folgende Tour 5 führt durch das Herz der **Fränkischen Schweiz** nach BAMBERG. Die andere führt südlich des **Fichtelgebirges** an alten Vulkankegeln vorbei nach WEIDEN in der Oberpfalz. Das ist die Tour 7 und beginnt auf der Seite 122.

Schloss und Sonnentempel mit Brunnen in der Eremitage Bayreuth.

TOUR 5 (ca. 170 km)

Bayreuth – Eckersdorf – Obernsees – Waischenfeld – Tüchersfeld – Rabenstein – Hohenmirsberg Pottenstein – Gößweinstein – Wiesenttal – Aufseß Heiligenstadt – Bamberg

Freie Übernachtung:	Eckersdorf, Waischenfeld, Brünnberg, Hohenmirsberg, Heiligenstadt.
Stellplätze:	Bayreuth, Obernsees, Pottenstein, Streitberg, Hochstahl, Bamberg.
Campingplätze:	Tüchersfeld, Pottenstein, Bamberg.
Ver-/Entsorgung:	Bayreuth, Obernsees, Tüchersfeld, Pottenstein, Streitberg, Hochstahl, Bamberg.
Besichtigungen:	Eckersdorf (Schloss Fantaisie), Rabenstein (Burg und Greifvogelpark), Pottenstein (Teufelshöhle und Burg), Gößweinstein (Wallfahrtskirche und Burg), Streitberg (Binghöhle), Heiligenstadt (Burg Greifenstein).
Wandern:	Tüchersfeld, Hohenmirsberg, Wiesenttal, Aufseß (Bierwanderweg).
Baden/Wellness:	Bayreuth (Lohengrin Therme), Obernsees (Therme), Waischenfeld (Freibad), Pottenstein (Felsenbad), Streitberg (Freibad).

Wir verlassen BAYREUTH (siehe S. 76-85) über die B22 in Richtung BAMBERG. Nach etwa sieben Kilometern sind wir in ECKERSDORF-DONNDORF, hier schauen wir uns das **Schloss Fantaisie** mit seiner großen Parkanlage an. Der Parkplatz [**061:** N49°55'59.6" E11°31'00.3"] liegt ein wenig versteckt am Rande der großen bewaldeten Anlage. Als freier Übernachtungsort ein idealer Platz. Aber nun zum Park: **Markgraf Friedrich von Bayreuth** legte Ende des 18. Jahrhunderts den Grundstein für den Bau des Schlosses. Seine Tochter und die Nachfahren der Herzogsfamilie ließen Rokoko- sowie Landschaftsgärten anlegen und ergänzten später im Stile des Historismus die Gartenanlagen mit Weinbergterrassen, Skulpturen und exotischen Bäumen. Nach einer langen Phase des Niedergangs und drohenden Verfalls glänzt die große und frei zugängliche Parkanlage nun nach mühevollen Instandsetzungsarbeiten als **Gartenkunst-Museum Schloss Fantaisie**.

Schloss Fantaisie in Eckersdorf-Donndorf.

Die Anlage gliedert sich in einen oberen Teil, der Schloss, Labyrinth,

Labyrinth im Schlosspark Fantaisie.

Neptunbrunnen im Schlosspark Fantaisie.

Nutzgarten und etliche Skulpturen umfasst und einen unteren Teil, der einen Weiher mit Fischerhäuschen und mehrere Felsen aufweist. Verbunden ist die Anlage über ein verzweigtes Wegenetz, das am Hang hinunterführt und nahtlos in den angrenzenden Wald übergeht.

Nachdem wir den Park ausgiebig erkundet haben, fahren wir auf der B22 weiter, verlassen die Bundesstraße aber kurz hinter ECKERSDORF und steuern über die St2186 OBERNSEES an. Hier gibt es eine große, familiengerecht eingerichtete Therme mit einigen Innen- und Außenbecken, einer Rutsche, einer „Kinderspieloase"; und einem „Saunaparadies". Direkt neben der Therme befindet sich der recht exklusiv gestaltete Stellplatz. Mit der Entrichtung der Stellplatzgebühren gibt es die „Wohnmobilbonus-Card"; die u.a.

(062) Offizieller WOMO-Badeplatz: Therme Obernsees

GPS: N49°54'55.4" E11°22'44.6"; An der Therme 1, 95490 Mistelgau.

max. WOMOs: 40, maximale Länge 12 m.

Ausstattung: Bestens ausgebauter Platz, mit Wasserver- und Abwasserentsorgung, Kassettenentleerung, Stromanschlüssen, Behälter für die Müllentsorgung, Brötchenservice, Fahrrad- und E-Bike-Verleih. Im Servicegebäude gibt es Dusche, WC, Waschmaschine und einen Trockner. Der Platz ist ganzjährig geöffnet.

Lage: Direkt neben der Therme.

Preise: Für ein Fahrzeug mit 2 Personen 10,00 €, Frischwasser 1,00 €, Strom 2,00 € (24h).

Zufahrt: Auf der St2186 aus Richtung Bayreuth kurz hinter Obernsees auf der rechten Seite.

Außenbecken der Therme Obernsees.

Ermäßigungen auf die Badewelt und das Saunaparadies gewährt.

Auf unserem weiteren Weg passieren wir die Gemeinde PLANKENFELS, treffen hier auf die Wiesent und fahren nunmehr dem Fluss entlang nach WAISCHENFELD.

Am Ortseingang befindet sich der gut ausgestattete Campingplatz direkt am Fluss. Eine Fußgängerbrücke führt über die Wiesent zum städtischen Freibad.

(063) WOMO-Campingplatz-Tipp: Waischenfeld
GPS: N49°51'02.3" E11°20'29.0"; Hauptstraße 54, 91344 Waischenfeld
max. WOMOs: > 20, maximale Länge 9 m.
Ausstattung: 20000 m² großes Wiesengelände mit Wasserver- und Abwasserentsorgung, Kassettenentleerung, Stromanschlüssen, Behälter für die Müllentsorgung, Restaurant, Frühstücks- und Brötchenservice, Angebot für Fliegenfischer. Im Servicegebäude gibt es Dusche, WC.
Lage: Direkt an der Wiesent. Zugang zum Freibad über Fußgängerbrücke ca. 200 Meter.
Preise: 19,90 € für ein Fahrzeug mit 2 Personen. Ver- und Entsorgung im Preis enthalten, Strom 0,50 € kW/h.
Zufahrt: An der St2191 am nördlichen Ortsrand von Waischenfeld

Parkplatz der Burg Waischenfeld.

Wahrzeichen der Stadt ist der **„Steinerne Beutel"**; ein nicht begehbarer Turm, der einst Bestandteil der Burg war. Vom Burgberg hat man einen schönen Blick auf WAISCHENFELD und hinunter in das Tal der Wiesent. In der Burg befindet sich ein Restaurant, im Burghof ein schöner Biergarten. Der Parkplatz [**064:** N49°50'40.7" E11°20'29.5"] darf für Übernachtungen genutzt werden. Nachts ist es absolut ruhig hier. Ein Hinweis noch: Fahren Sie nicht von der Ortsmitte zur Burg, die Straße ist eng, kurvig und weniger als 3 Meter breit. Nehmen Sie den Weg der nördlich vom Campingplatz zur Burg

Blick vom Aussichtspunkt auf den Steinernen Beutel und ins Wiesenttal.

Tüchersfeld mit dem Fränkische-Schweiz-Museum unterhalb der Kalkfelsen.

führt, dann erreichen Sie die Burg ohne Komplikationen und Schrammen.

Weiter geht es das enger werdende **Wiesenttal** hinunter, vorbei an **Burg Rabeneck** nach BEHRINGERSMÜHLE. Hier treffen wir auf die B470, biegen links ab und sind nunmehr im Tal der **Püttlach**. Noch 2 Kilometer, dann sind wir in TÜCHERSFELD.

Die hoch aufragenden Kalkfelsen mit den Fachwerkhäusern sind ein beliebtes Fotomotiv dieses kleinen Felsendorfes im Püttlachtal. Der Ort ist schnell durchschritten und erkundet, für das Museum muss man sich etwas mehr Zeit nehmen. Die Ausstellungen zur Erdgeschichte, zur Archäologie und zur Landwirtschaft sind sehr umfangreich.

Wir befinden uns hier im Herzen der **Fränkischen Schweiz**. Felsen, Felsvorsprünge und tief eingeschnittene Täler prägen

(065) WOMO-Campingplatz-Tipp: Fränkische Schweiz

GPS: N49°46'59.7" E11°22'00.5"; Im Tal 1a, 91278 Pottenstein.

max. WOMOs: > 20, maximale Länge 7 m.

Ausstattung: Großes Wiesengelände mit Wasserver- und Abwasserentsorgung, Kassettenentleerung, Stromanschlüssen, Behälter für die Müllentsorgung, Biergarten, Frühstücks- und Brötchenservice. Im Servicegebäude gibt es Dusche, WC, Waschmaschine und einen Trockner.

Lage: Direkt an der Püttlach.

Preise: 27,20 € für ein Fahrzeug mit 2 Personen. Ver- und Entsorgung im Preis enthalten, Strom 1,00 € kW/h, Dusche 0,50 €, Waschmaschine 3,00 €, Trockner 3,00 €.

Zufahrt: Von der B470 zwischen Tüchersfeld und Pottenstein auf der rechten Seite. Für Fahrzeuge über 3,5 t ist die Zufahrt nicht möglich.

das Relief. Poetisch betrachtet eine malerische Landschaft, die jeden in den Bann zieht. Verständlich, dass diese Landschaft touristisch sehr stark erschlossen ist. Betrachtet man das Relief von oben, sehen wir eine plateauähnliche Landschaft, die von Flussläufen durchzogen ist. Sehr gut erkennbar ist dies von der **Burg Gößweinstein**. Wie mag dieses markante Relief mit den vielen Höhlen wohl entstanden sein?

Kleine Entstehungsgeschichte der Fränkischen Schweiz

Drehen wir die Zeit kurz rund 200 Mio. Jahre zurück. Stellen wir uns ein flaches tropisches Meer vor. Flüsse transportieren Tone, Sande und Mergel in dieses Meer hinein, füllen es auf und lagern damit unzählige Sedimentschichten ab, die wie ein Stapel Blätter übereinander liegen. Dieser Prozess dauerte etwa 70 Mio. Jahre und wurde vor ca. 135 Mio. Jahren beendet. Der Geologe nennt diese Periode der Erdgeschichte Jura. In der nun folgenden Epoche zieht sich das Meer zurück, unser großer flacher Stapel wird Festland. Niederschläge sammeln sich auf der Fläche in Abflussrinnen, so wie wir es von den Prielen im Wattenmeer her kennen. Das Wasser folgt den einfachsten Wegen, aus den „Prielen“ werden Täler, Höhlen werden gebildet und ausgeschwemmt, die Flüsse Pegnitz, Wiesent und viele andere entstehen und graben sich immer tiefer in die Sedimentschichten ein. Ein Kegelkarstrelief entsteht. Das Ganze dauert so um die 40 Mio. Jahre und entspricht der Unterkreidezeit. Was passiert nun? Ist das heutige Relief damit schon fertig? Nein, ein großes Ereignis steht an, die Alpen werden geboren. Unvorstellbare Kräfte falten diesen riesigen Gebirgsstock empor, was zur Folge hat, dass die Fränkische Schweiz absinkt und unser schön ausgeformtes Relief mit Flusstälern und Höhlen kurzerhand mit Sand zugeschippt wird. Das dauerte natürlich einige Mio. Jahre und erst seit dem Jungtertiär, seit etwa 10 Mio. Jahren, als die Frankenalb wieder angehoben wurde, wurden die Sande wieder abgetragen. Die Felsen wurden wieder freigelegt, die Höhlen freigespült und die Flüsse folgten ihren ursprünglichen Verläufen und schmirgelten die Täler mit dem abzutransportierenden Sand ein wenig breiter und gestalteten das Relief, so wie wir es heute kennen.

Und weiter geht es. Wir fahren die Strecke über TÜCHERSFELD zurück nach BEHRINGERSMÜHLE und nehmen die

Burg Rabenstein hoch über dem Tal des Ailsbaches.

Der Eingangsbereich der Burg Rabenstein.

St2185 entlang des **Ailsbaches** Richtung AHORNTAL. Nach wenigen Kilometern sehen wir auf einem Felssporn die **Burg Rabenstein** über dem engen Tal thronen. Wir fahren bis zum Weiler SCHWEINSMÜHLE, hier geht es links ab zur Burg. Rund 400 Meter weiter lohnt ein Stopp auf dem Parkplatz an der linken Seite für einen schönen Blick in das Tal und auf die Burg (siehe Foto auf der Seite zuvor). Wenige Meter weiter geht es wiederum links ab. Nicht nur die Burg will besichtigt werden, nein, auch die **Sophienhöhle**, die nur wenige Meter von der Burg entfernt ist und die **Falknerei auf Burg Rabenstein** natürlich auch noch. Genug Programm für einen ganzen Tag. Auf dem großen Parkplatz vor der Burg [N49°49'29.6" E11°22'08.0"] stellen wir unser Womo ab. Wer auf diesem Platz übernachten möchte, dem sei gesagt, dass dies von dem Betreiber der Burg nicht toleriert wird. Bis 22.00 Uhr darf man hier mit dem Wohnmobil stehen, dann hat man den Platz zu verlassen.

Burg Rabenstein kann nur im Rahmen einer Führung besichtigt werden. Ein Teil der Burg wird als Hotel genutzt, ein Teil als Restaurant, das ein sehr angenehmes Ambiente zeigt. Hier kann man zu moderaten Preisen gepflegt und ausgezeichnet speisen. Noch preiswerter und einfacher geht es im Biergarten zwischen dem Parkplatz und der Burg.

Rittersaal der Burg Rabenstein.

Bei der Besichtigung der Burg wird die 800-jährige Burggeschichte eingehend erläutert. Sie wurde im 13. Jahrhundert erbaut, im Laufe der Jahrhunderte mehrfach zerstört, wieder aufgebaut, verändert und ergänzt bis dann die in den 70er Jahren des letzten Jahrhunderts eingeleiteten Renovierungs- und Instandsetzungsarbeiten ihr Ende fanden. Heute wird die Burg in vielfältiger Weise genutzt.

Die **Falknerei** neben der Burg hat in ihrem **Eulen- und Greifvogelpark** über 80 Vögel. Bis zu 12 werden täglich (außer Montags) um 15.00 Uhr bei Flugvorführungen präsentiert.

Enge Gänge verbinden die drei großen Räume der **Sophienhöhle**, die als eine der schönsten Schauhöhlen Deutschlands gilt. Sie ist tagsüber nur mit einer Führung zu besichtigen, die etwa eine dreiviertel Stunde dauert. Frei bewegen kann man sich in der Höhle während der Multimedia-Aufführung **„Sophie at night"**; einer Lichtinszenierung mit vielen Effekten die mit Musik untermalt wird. Dann kommen „Elefantenohr"; „Bienenkorb“ und „Millionär“ wie drei der größten Stalaktiten bzw. Stalagmiten getauft wurden besonders gut zur Geltung. Diese Veranstaltung findet von April bis Oktober an Samstagen zwischen 18.00 und 20.00 Uhr statt.

Der Millionär in der Sophienhöhle bei „Sophie at night“.

Burg, Falknerei und Höhle sind von hoher Attraktivität und deshalb natürlich auch stark frequentiert, damit sollte man vor allen Dingen an den Wochenenden rechnen.

Wenige Kilometer weiter geht es dagegen sehr viel ruhiger zu. Wir fahren zu dem Weiler SCHWEINSMÜHLE zurück und nehmen die St2185 Richtung BAYREUTH. Wir folgen den Hinweisen nach TROCKAU und der Autobahn. Nach einer Weile geht es in einer Serpentine auf die Hochfläche. Oben angekommen, treffen wir auf die St2163 und biegen rechts ab

Richtung POTTENSTEIN. Nach etwas mehr als zwei Kilometern erreichen wir die **Hohenmirsberger Platte**.

Der Parkplatz [**066:** N49°48'51.4" E11°26'44.8"] vor dem Aussichtsturm, der eine schöne Aussicht über die **Fränkische Schweiz** bietet, ist ein schöner, hinter Büschen versteckter Ort. Von hier aus starten wir eine kleine Wanderung nach BRÜNNBERG, einem Dorf, das eine Zufahrt, aber keine Durchgangsstraße hat. Der Weg geht mit einem leichten Gefälle durch die Felder auf der Hochebene, ist überhaupt nicht anstrengend und nur 2,5 Kilometer lang. Es ist sehr ruhig hier oben, eine kleine Reitergruppe überholt uns, sonst begleitet nur das Gezwitscher der Vögel unseren Weg. In BRÜNNBERG angekommen, einer Ansammlung von vielleicht 10 Häusern, kehren wir in dem einzigen Gasthaus des Ortes ein. Wer gut und preiswert essen will, der sollte dieses Lokal mit dem kleinen Biergarten einmal ausprobieren. Man kann auch mit dem Womo hinfahren, der Wirt stellt auch gern einen Platz zur Übernachtung zur Verfügung [**067:** N49°49'07.7" E11°23'59.7"].

Wanderweg auf der Hohenmirsberger Platte.

Nach diesem ruhigen Spaziergang fahren wir nach POTTENSTEIN weiter, dem sicher bekanntesten Ort der **Fränkischen Schweiz**. Die Mischung aus Naturerlebnis mit den Felsformationen, der **Teufelshöhle**, den Kletterfelsen und

Pottenstein, Teufelshöhle.

Wanderwegen, der Burg, der Sommerrodelbahn und dem **Felsenbad** lockt viele Besucher an. Doch nicht nur Individualtouristen suchen diesen Ort auf, auch viele Reisebusse bringen ihre Fahrgäste hierher. Viele Restaurants und Cafés haben sich auf Massenbetrieb eingestellt. Hört sich ein wenig nach Trubel an und ja, so ist es auch. Der große Parkplatz vor der **Teufelshöhle** ist nahezu vollständig belegt als wir dort eintreffen. Wer es ruhiger mag, sollte nicht am Wochenende herfahren.

Mit einer großen Gruppe folgen wir der Führung durch die Höhle, die mit dem **Teufelsloch** beginnt. Die Erläuterungen erfolgen teilweise vom Band. Nacheinander betreten wir die Räume, steigen über Treppen auf und ab und bewundern die Stalagmiten und Stalaktiten in ihren unterschiedlichen Formen, die teilweise Namen bekamen wie Barbarossabart oder Papstkrone. Die Führung wird mit Musik untermalt und nicht jeder Tropfstein wird in allen Einzelheiten erklärt.

Nachdem wir wieder ans Tageslicht gekommen sind, geht es am **Schöngrundsee** und an der 1000 Meter langen Sommerrodelbahn vorbei Richtung Ortszentrum.

Der Rodelbahn gegenüber liegt das **Felsenbad**, das aus den 20er Jahren des letzten Jahrhunderts stammt. Das Naturbad mit Uferbepflanzung und Felskulisse wurde nach einer Phase des Zerfalls vollständig saniert und im Jahr 2001 wiedereröffnet. Ein außergewöhnliches Freibad!

Dort, wo der **Weiherbach** in die **Püttlach** fließt und in Urzeiten der markante Felssporn entstand, wurde schon vor rund 1000 Jahren ein Vorläufer der heutigen Burg errichtet. Wie bei den meisten Burgen in der Fränkischen Schweiz wech-

Burg Pottenstein liegt auf einem markanten Felsen.

selten sich Aufbau und Zerstörung im Laufe der Jahrhunderte stetig ab. Über 700 Jahre gehörte die Burg dem Bistum Bamberg, dann eine relativ kurze Zeit dem Königreich Bayern. Seit 1878 ist die Burg in Privatbesitz, wurde in den folgenden Jahrzehnten renoviert und ist auch heute noch bewohnt. Das Museum der Burg zeigt vor- und frühgeschichtliche Objekte sowie eine Ausstellung zur Geschichte der Heiligen Elisabeth von Thüringen.

(068) Offizieller WOMO-Stellplatz: Pottenstein

GPS: N49°45'47.1" E11°24'30.0"; Am Langen Berg, 91278 Pottenstein.
max. WOMOs: 25, maximale Länge 10 m.

Ausstattung: Befestigter Platz mit Wasserver- und Abwasserentsorgung (mit Bodeneinlass), Kassettenentleerung, Stromanschlüssen, Müll wird allabendlich abgeholt. Der Platz ist ganzjährig geöffnet.
Lage: Im Gewerbegebiet oberhalb von Pottenstein, in der Nähe einer Autowaschanlage.
Preise: Gebühr in Höhe von 8,00 € wird abends vom Platzwart kassiert. Kassettenentleerung und Frischwasser jeweils 1,00 € (Münzeinwurf). Abwasser kostenlos. Strom 1,00 pro kWh.
Zufahrt: Über die St2685 Richtung Gößweinstein, ausgeschildert.

Der Stellplatz in POTTENSTEIN neben dem Gewerbegebiet gewinnt sicher keinen Schönheitspreis, aber er ist praktisch und auch relativ ruhig. Wer es landschaftlich schöner mag, hat mit dem Campingplatz Bärenschlucht an der B470 Richtung Tüchersfeld noch eine ganzjährige Alternative [**069:** N49°46'42.5" E11°23'09.4"].

Die Burg Gößweinstein liegt hoch über dem gleichnamigen Ort.

Vom Stellplatz in POTTENSTEIN sind es nur rund 6 Kilometer bis nach GÖSSWEINSTEIN, unserem nächsten Ziel.

Gößweinstein, Wallfahrtsbasilika.

Im Ort angekommen haben wir erst einmal ein Parkproblem, viel Auswahl gibt es hier nicht. Eng geht es zu in den Straßen. Ein Parkplatz [N49°46'06.2" E11°19'59.0"] steht gegen Gebühr an der Pezoldstraße 33 zur Verfügung, darf aber nicht zur Übernachtung genutzt werden. Wir wollen die **Wallfahrtsbasilika** anschauen und die nahe **Burg** besichtigen. Die von Balthasar Neumann in der ersten Hälfte des 18. Jahrhunderts gestaltete **Basilika** ist beeindruckend. Sie ist wie die **Klosterkirche Marienweiher** eine **„basilica minor".** Die kühle Stille dieser mit schönen Stuckverzierungen gestalteten hellen Barockkirche ist schon faszinierend.

Gegenüber der Basilika liegt die kleine, im neugotischen Stil umgewandelte **Burg Gößweinstein**. Von ihr hat man einen wunderbaren Blick über die Fränkische Schweiz. Die Räumlichkeiten der Burg sind schnell angeschaut. Hinweistafeln an den Wänden erzählen ein wenig über die Geschichte dieser Burg, die urkundlich erstmals 1076 erwähnt wurde. Wer mag, kann sich von einem Nachtwächter in fränkischer Mundart durch GÖSSWEINSTEIN führen lassen. Die Termine finden Sie auf der website der Gemeinde www.ferienzentrum-goessweinstein.de. Dort können Sie auch nachlesen, was die Gemeinde für die Feriengäste sonst noch alles anzubieten hat, ein Bierdiplom zum Beispiel. Das hört sich nett an, aber wir werden uns dem Bier nicht hier sondern etwas später auf dem Bierwanderweg widmen.

Nach diesem kurzen Besuch des Ortes fahren wir hinunter an die Wiesent, treffen dort auf die B470 und fahren in Richtung EBERMANNSTADT weiter. Das zunächst noch enge Tal wird schnell breiter je weiter wir flussabwärts gelangen. Es ist eine sehr schöne Auenlandschaft, die auch wunderbar mit dem Rad zu durchfahren ist.

Tropfstein in der Binghöhle.

Das Haifischmaul in der Binghöhle.

Wir kommen nach STREITBERG. Zwei Burgruinen flankieren den Ort. Die **Ruine Neideck** im Süden und auf der anderen Seite der Wiesent die **Ruine Streitberg**.

In unmittelbarer Nähe dieser Burgruine befindet sich die **Binghöhle,** die aus geschichtetem Kalkstein besteht und phantastische Tropfsteingebilde aufzuweisen hat. Die Höhle ist nur 500 Meter vom Stellplatz am Alten Bahnhof entfernt. Wanderwege erschließen darüber hinaus diesen Luftkurort, darunter ein **Geologischer Erlebnispfad** und der **„Promilleweg"**; der auf drei Kilometern Länge „hochprozentige" Stationen miteinander verbindet. Der offizielle Stellplatz befindet sich am alten Bahnhof, der mehr oder minder zu einem Bauhof umfunktioniert wurde. Reizvoll ist der Stellplatz allerdings nicht, dafür ist er zu laut. Wir betrachten ihn eher als Parkplatz für einen Besuch der **Binghöhle** [**070:** N49°48'29.6" E11°13'02.3"]. Für eine Übernachtung empfiehlt sich eher der Parkplatz am Freibad. Es ist übrigens ein sehr idyllisches Bad, das den Charme aus seiner Entstehungszeit in den 30er Jahren des letzten Jahrhunderts beibehalten hat und von der Gemeinde

(071) WOMO-Badeplatz: Streitberg – Freibad

GPS: N49°48'29.3" E11°13'31.5"; Am Freibad 2-4, 91346 Wiesenttal.
max. WOMOs: 4, maximale Länge 9 m.
Ausstattung: Befestigter Platz ohne Versorgungseinrichtungen. Biergarten, Ruderbootverleih. Der Platz ist ganzjährig geöffnet, das Freibad nur in der Sommersaison.
Lage: Direkt neben dem Freibad zwischen der Wisent und einem Wald, sehr ruhig.
Preise: kostenlos.
Zufahrt: Von der B470 über die Dorfstraße zur Straße „Am Freibad" fahren.

Die Burgruine Neideck im Wiesenttal.

und einem Förderverein erhalten wird. Es ist durchaus besuchenswert. Neben dem Bad gibt es einen Kanuverleih für Ausflüge auf der Wiesent und einen reizvollen Biergarten. Und wenn wir damit schon beim Thema „Bier“ sind geht es damit auch gleich bei unserer nächsten Station weiter.

AUFSESS rühmt sich **„Die Rekordgemeinde mit der größten Brauereidichte weltweit“** zu sein, pro Einwohner versteht sich. Eine clevere Marketingidee ist der 14 Kilometer lange **Brauereienweg**, der die vier Brauereien **Reichold, Kathi-**

Franken, das Land der Brauereien

Kein anderer Landstrich auf der Welt hat eine so hohe Brauereidichte wie Franken. Während andernorts schon lange das „Brauereisterben“ eingesetzt hat und Großkonzerne den Markt bestimmen, kämpfen die kleinen und mittelständischen Brauereien dieser Region bislang erfolgreich um ihre Marktanteile. Oberfranken ist ein Paradies für Biertrinker, Bier brauen hat hier eine lange Tradition. Schon im 10. Jahrhundert brauten hier Mönche in Klöstern den Gerstensaft als flüssige Fastenspeise. Heute stehen die Ordensmänner nicht mehr am Sudkessel, heute besorgen das mittelständische und kleine Unternehmen, die ihr Vertriebsgebiet fast ausnahmslos nur in dieser Region haben. Die kleinsten Brauereien produzieren sogar nur für den Ausschank in der eigenen Gaststätte. Diese Gasthausbrauereien sind in der Fränkischen Schweiz besonders stark verbreitet. Jedes Bier hat seine eigene Note, sein eigenes Aroma, seinen eigenen Geschmack, jeder Braumeister setzt seinen eigenen Akzent. In der Summe kommt dabei eine enorme Geschmacksvielfalt heraus. Deshalb schmeckt das „Seidla“ die fränkische Bezeichnung für einen Krug oder ein Glas mit einem halben Liter Bier von Gasthaus zu Gasthaus auch immer ein wenig anders.

Bräu, Rothenbach und Stadter miteinander verbindet. Wer den Parcours erfolgreich absolviert, d.h. an allen Stationen ein Bier trinkt, der erhält zur Erinnerung eine Urkunde, die ihn als **„Fränkischen Ehrenbiertrinker der Weltmeisterbrauerei-**

(072) Offizieller WOMO-Gasthof-Stellplatz: Hochstahl – Brauerei-Gasthof Reichold

GPS: N49°53'03.5" E11°15'59.8"; Hochstahl 24, 91347 Aufseß.
max. WOMOs: 38, maximale Länge 10 m.
Ausstattung: Geräumige gepflasterte Plätze mit Grünstreifen. Wasserver- und Abwasserentsorgung, Kassettenentleerung, Stromanschlüssen, Behälter für die Müllentsorgung. Im Servicegebäude gibt es Dusche und WC. Der Platz ist ganzjährig geöffnet. Brötchen- und Frühstücksservice im Gastof, Restaurant mit traditioneller fränkischer Küche.

Lage: Ortsrand, zwischen Gasthof und Ackerflächen, sehr ruhig.
Preise: 8,00 € für ein Fahrzeug mit 2 Personen. Ver- und Entsorgung kostenlos, Strom 2,00 €.
Zufahrt: In Hochstahl von der Staatsstraße 2188 in Richtung Tiefenlesau/Hollfeld fahren, dann links der Beschilderung zum Stellplatz folgen.

(073) WOMO-Gasthof-Stellplatz: Heckenhof – Brauerei-Gasthof Kathi-Bräu

GPS: N49°52'49.5" E11°14'35.1"; Heckenhof 1, 91347 Aufseß.
max. WOMOs: 4, maximale Länge 10 m.
Ausstattung: Parkstreifen ohne Versorgungseinrichtungen, ganzjährig geöffnet.

Lage: Ortsrand neben Gebüsch und Ackerflächen in unmittelbarer Nähe des Gasthofes, sehr ruhig.
Preise: Kostenlos.
Zufahrt: Von der Staatsstraße 2188 in Richtung Heiligenstadt ca. 800 Meter vor Aufseß links abbiegen.

(074) WOMO-Gasthof-Stellplatz: Aufseß – Brauerei-Gasthof Rothenbach

GPS: N49°53'02.8" E11°13'34.8"; Im Tal 70, 91347 Aufseß.
max. WOMOs: 4, maximale Länge 12 m.
Ausstattung: Befestigter Platz ohne Versorgungseinrichtungen. Der Platz ist ganzjährig geöffnet.

Lage: Neben dem Brauereigastof, ruhig.
Preise: Kostenlos.
Zufahrt: In der Ortsmitte von Aufseß von der St 2188 in Richtung Heiligenstadt nach rechts in Richtung Sachsendorf/Hollfeld abbiegen, dann noch 500 Meter bis zum Parkplatz auf der linken Seite.

Biergarten der Kathi-Bräu in Heckenhof.

en“ ausweist. Ehrenbiertrinker sind wir nicht geworden, aber einige Proben haben wir natürlich mitgenommen. Wer nicht den ganzen Brauereienweg laufen mag, der kann von HOCHSTAHL die ca. 2 Kilometer bis nach HECKENHOF oder die ca. 3,5 Kilometer bis nach AUFSESS gehen. Ein besonderes Flair hat der Biergarten der Kathi-Bräu in HECKENHOF. Er ist offensichtlich ein beliebter Bikertreff. Auch als wir unsere Kostproben in dieser Brauerei einkaufen, stehen viele chromblitzende Maschinen auf dem Parkplatz.

Neben all den Brauereien müssen wir noch erwähnen, dass es zwei Schlösser in AUFSESS gibt. Das **Schloss Unteraufseß** kann besichtigt werden, das **Schloss Oberaufseß**, das ca. zwei Kilometer weiter nördlich an der Straße nach Hollfeld liegt allerdings nicht. Stellplätze mit Versorgungseinrichtun-

Schloss Unteraufseß, eines der beiden Schlösser in Aufseß.

gen gibt es bei der Brauerei Reichold in HOCHSTAHL. In HECKENHOF und AUFSESS sind Plätze für die Übernachtung ohne Versorgungseinrichtungen vorhanden.

Nun aber genug des Bieres. Wir fahren weiter nach HEILIGENSTADT, dort wollen wir uns **Schloss Greifenstein** anschauen.

Schloss Greifenstein, Brücke über den Burggraben und Eingangsportal.

Geweihsammlung im Schloss Greifenstein.

Von AUFSESS sind es auf der St2188 nur drei Kilometer bis wir an die Abzweigung nach **Schloss Greifenstein** gelangen. Nach einer kurzen Strecke durch einen Wald umrunden wir einen kleinen Tempel und treffen auf eine alte Lindenallee, die

(075) WOMO-Picknickplatz: Schloss Greifenstein

GPS: N49°52'27.3" E11°10'23.3"; Greifenstein 2, 91332 Greifenstein.

max. WOMOs: 2.

Ausstattung: Befestigter Parkplatz, keinerlei Versorgungseinrichtungen, sehr ruhig.

Lage: Im Wald, 100 Meter vor dem Eingang des Schlosses, 300 Meter bis zur Burgklause.

Zufahrt: Am Ende der Straße, die zum Schloss führt.

vor dem Burgtor endet. Der Parkplatz ist klein und schattig, als Einkehrmöglichkeit bietet sich die Burgklause direkt neben dem Parkplatz an. Das Schloss und die angrenzenden Stallgebäude dienten als Filmkulisse für den Film **„Die Erntehelferin“** mit Christine Neubauer, August Schmölzer, Götz Otto und anderen bekannten Schauspielern. „Ein seichtes Heimatdrama in Postkartenästhetik, das vor Schmalz trieft“ schreibt die TV Spielfilm dazu. Recht haben sie! Wer den Film gesehen hat, wird während der Schlossbesichtigung sehr vieles wiedererkennen. Nach dem Besuch des Schlosses fahren wir nach BAMBERG, der alten fränkischen Kaiser- und Bischofsstadt und starten dort eine neue Tour.

Schloss Greifenstein

Das Schloss befindet sich seit 1691 im Besitz der Stauffenbergs, der Familie des Hitlerattentäters und wird auch heute noch von einem Neffen des bekannten Widerstandskämpfers bewohnt.
Die Ursprünge des Schlosses gehen auf das Jahr 1172 zurück. Zunächst als Burg erbaut, wird sie 1525 im Bauernkrieg zerstört. 1691 kaufte Sebastian Schenk von Stauffenberg Fürstbischof von Bamberg die Ruine und lässt sie zu einem Jagdschloss umbauen. Während der Naziherrschaft wurden nach dem misslungenen Hitlerattentat durch Claus Schenk von Stauffenberg alle Familienmitglieder in Sippenhaft genommen, das Schloss beschlagnahmt. Auf Anweisung Himmlers sollte das Schloss gesprengt werden, was jedoch durch den Widerstand des lokalen Polizeichefs verhindert werden konnte.
Ausführlich bekommen Sie während einer Führung die Geschichte des Schlosses erklärt, die Waffenkammern gezeigt und die Waffen aus den unterschiedlichen Epochen in ihren Funktionsweisen erläutert. Die Innenräume mit ihren wertvollen Intarsienschränken, Wappen, Geschirr und Büchern sind sehr beeindruckend. Die Geweihsammlung im langen Flur dokumentiert die Jagdleidenschaft der Stauffenbergs. Eine Besonderheit ist der Brunnen im Innenhof, der eine Bauzeit von 14 Jahren benötigte. 93 Meter senkrecht in die Tiefe musste durch hartes Kalkgestein gebuddelt werden und dies im 17. Jahrhundert ohne moderne technische Hilfsmittel, eine echte Knochenarbeit. Eine hörbare Vorstellung der Tiefe bekommen Sie, wenn ein wenig Wasser in den Brunnen geschüttet wird. Sie werden verblüfft sein, wie lange es dauert, bis Sie es unten plätschern hören.
Von Mai bis Oktober kann das Schloss täglich besichtigt werden.
Die Führungen finden vormittags von 9:00 Uhr bis 11:15 Uhr und nachmittags von 13:30 Uhr bis 16:45 Uhr statt.
oder nach Vereinbarung:
Telefon: 09198-423

Innenhof von Schloss Greifenstein.

Tour 6

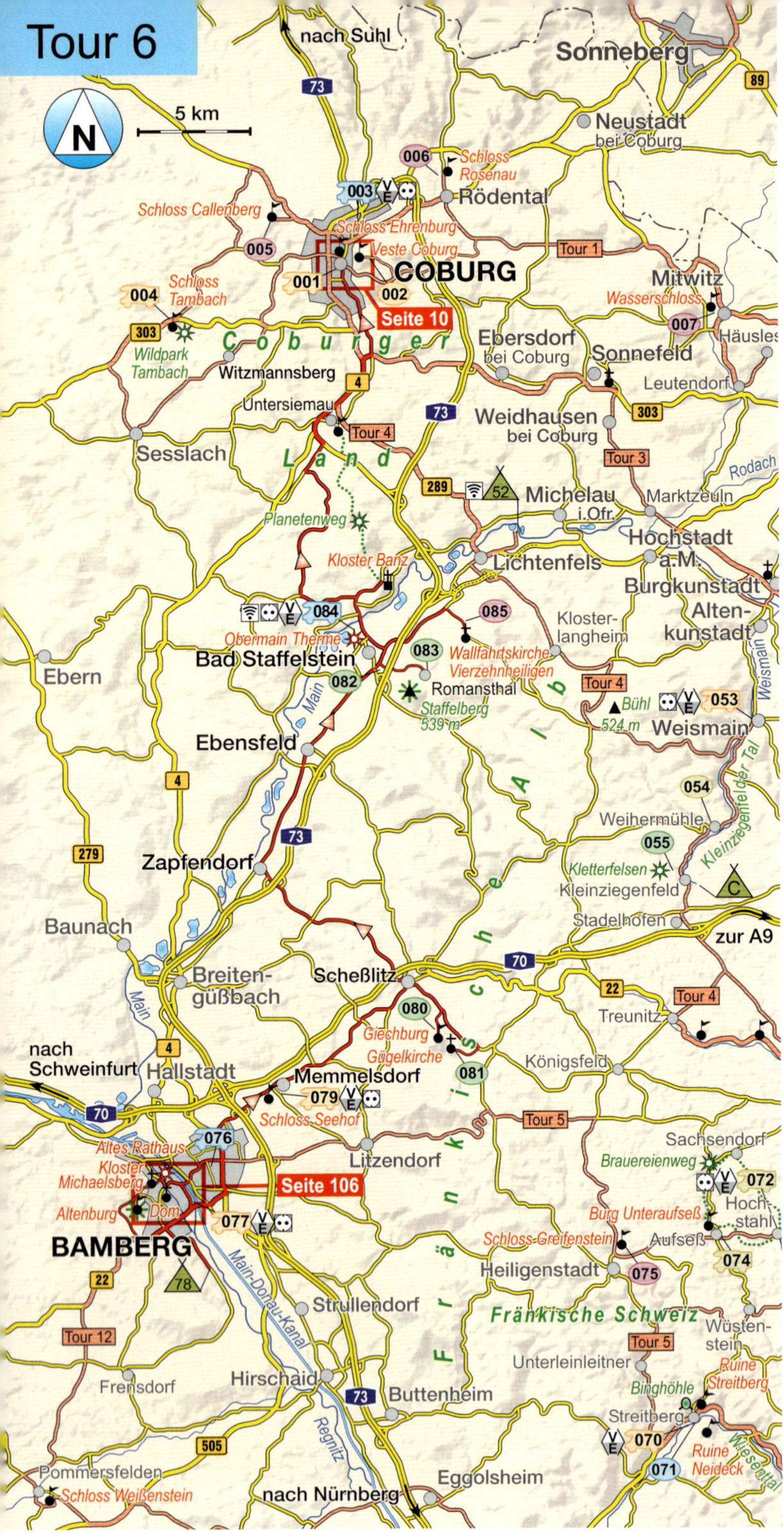

N
5 km
nach Suhl
73
Sonneberg
89
Neustadt bei Coburg
006
Schloss Rosenau
003
Rödental
Schloss Callenberg
005
Schloss Ehrenburg
Veste Coburg
COBURG
Tour 1
Mitwitz
Wasserschloss
001
002
004
Schloss Tambach
Seite 10
007
Häusles
303
Wildpark Tambach
Coburger Land
Ebersdorf bei Coburg
Sonnefeld
Witzmannsberg
4
Leutendorf
Untersiemau
Tour 4
Weidhausen bei Coburg
303
Sesslach
Tour 3
Rodach
289
52
Michelau i.Ofr.
Marktzeuln
Planetenweg
Hochstadt a.M.
Lichtenfels
Kloster Banz
Burgkunstadt
084
085
Kloster-langheim
Alten-kunstadt
Obermain Therme
083
Wallfahrtskirche Vierzehnheiligen
Ebern
Bad Staffelstein
Main
082
Romansthal
Tour 4
Staffelberg 539 m
Bühl 524 m
053
Weismain
Weismain
Ebensfeld
Fränkische Alb
054
Weihermühle
4
Kleinziegenfelder Tal
279
055
Zapfendorf
Kletterfelsen
Kleinziegenfeld
C
Baunach
Stadelhofen
zur A9
70
Breiten-güßbach
Scheßlitz
22
Tour 4
Main
080
Treunitz
Giechburg
Gügelkirche
081
Königsfeld
nach Schweinfurt
4
Hallstadt
Memmelsdorf
079
70
Schloss Seehof
Tour 5
076
Altes Rathaus
Litzendorf
Sachsendorf
Kloster Michaelsberg
Brauereienweg
Seite 106
072
Altenburg
Dom
077
Hoch-stahl
Burg Unteraufseß
BAMBERG
Schloss Greifenstein
Aufseß
Main-Donau-Kanal
Heiligenstadt
075
074
78
22
Strullendorf
Fränkische Schweiz
Tour 12
Wüsten-stein
Tour 5
Unterleinleitner
Ruine Streitberg
Frensdorf
Hirschaid
Binghöhle
73
Buttenheim
Streitberg
Regnitz
070
505
Ruine Neideck
Wiesenttal
071
Pommersfelden
Schloss Weißenstein
Eggolsheim
nach Nürnberg

TOUR 6 (ca. 100 km)

Bamberg – Memmelsdorf – Scheßlitz – Bad Staffelstein – Untersiemau – Coburg

Freie Übernachtung:	Scheßlitz, Wallfahrtskirche Vierzehnheiligen.
Offizielle Stellplätze:	Bamberg, Memmelsdorf, Bad Staffelstein, Coburg.
Campingplätze:	Bamberg-Bug
Ver-/Entsorgung:	Bamberg, Memmelsdorf, Bad Staffelstein, Coburg
Besichtigungen:	Bamberg (Altstadt, Michaelsberg, Dom), Memmelsdorf (Schloss), Scheßlitz (Altstadt, Giechburg), Bad Staffelstein (Staffelberg, Kloster Banz, Wallfahrtskirche Vierzehnheiligen), Untersiemau (Planetenweg)
Wandern:	Wald- und Wiesenlehrpfad Scheßlitz, Staffelberg, Planetenweg (Untersiemau - Kloster Banz)
Baden/Wellness:	Bamberg (Bambados), Bad Staffelstein (Therme)

Diese Tour ist zwar sehr kurz, hat aber zwischen den beiden sehr bemerkenswerten Städten BAMBERG und COBURG eine ganze Reihe besonderer Sehenswürdigkeiten aufzuweisen.

Aber der Reihe nach. Wir beginnen mit BAMBERG. Wer sich zum Einstieg einen Überblick verschaffen möchte, gewinnt diesen von der **Altenburg** im südwestlich der Altstadt [N49°52'49.2" E10°52'04.8"]. Von hier aus hat man einen wunderbaren Blick über die außergewöhnliche Stadt mit den vielen Sehenswürdigkeiten, die seit 1993 zum Welterbe der UNESCO zählt.

Wo parken, wo übernachten? Wir raten davon ab, die Innenstadt mit dem Womo anzufahren, es ist eng, teilweise auch verboten. Sie tun sich und anderen keinen Gefallen, wenn Sie versuchen, in der Altstadt einen Parkplatz zu finden.

Es gibt zwei offizielle Stellplätze und einen Campingplatz im Ortsteil Bug, sie sind auf den Seiten 108/109 beschrieben. Für einen Besuch der Stadt empfehlen wir den Stellplatz am **Heinrichsdamm**. Vom diesem P&R-Platz fahren Stadtbusse zum ZOB an den Rand der Innenstadt. Von dort sind es dann noch ca. 600 Meter, um z.B. zu dem schönen alten Rathaus zu gelangen. Oder Sie gehen den gesamten Weg zu Fuß. Dann sind es rund 1,5 Kilometer bis zum Rathaus. Wir empfehlen dazu folgenden Weg, den Sie auch auf dem Stadtplan auf der nächsten Seite mit einer grün gepunkteten Linie

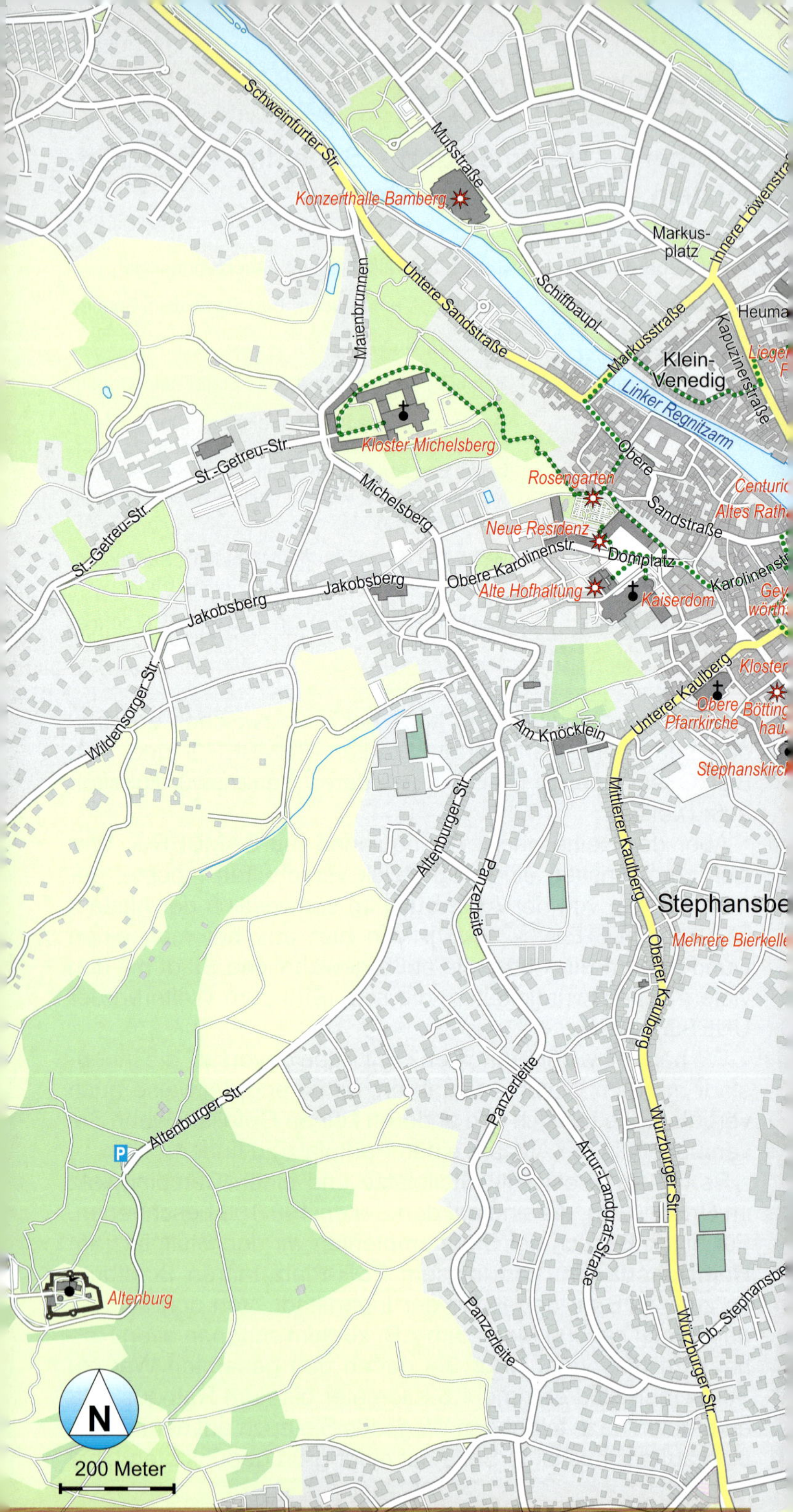

Schweinfurter Str.
Mußstraße
Konzerthalle Bamberg
Markus-
platz
Innere Löwenstr.
Maienbrunnen
Untere Sandstraße
Schiffbaupl.
Heuma
Markusstraße
Kapuzinerstraße
Klein-
Venedig
Linker Regnitzarm
Kloster Michelsberg
St.-Getreu-Str.
Michelsberg
Rosengarten
Obere
Sandstraße
Centuri
Altes Rath
Neue Residenz
Obere Karolinenstr.
Domplatz
Karolinenstr.
St.-Getreu-Str.
Jakobsberg
Jakobsberg
Alte Hofhaltung
Kaiserdom
Wildensorger Str.
Unterer Kaulberg
Kloster
Obere
Pfarrkirche
Am Knöcklein
Stephanskirch
Altenburger Str.
Panzerleite
Mittlerer Kaulberg
Stephansbe
Mehrere Bierkelle
Oberer Kaulberg
Panzerleite
Altenburger Str.
P
Artur-Landgraf-Straße
Würzburger Str.
Altenburg
Panzerleite
Ob. Stephansbe
Würzburger Str.
N
200 Meter

Gärtnerstadt
Untere Königstraße
Obere Königstraße
Luitpoldstraße
Luitpoldbrücke
Ludwigstraße
Pfisterstraße
Zum Bambados
Nürnberger Str.
Hauptwachstraße
Maximilians-platz
St. Martin
Grüner Markt
Trimbergstraße
Kunigundendamm
Main-Donau-Kanal
Peuntstraße
Egelseestraße
Gönnerstraße
Willy-Lessing-Str.
Marienbrücke
Lange Str.
Friedrichstraße
Augustenstr.
Hainstraße
Ludwig-Donau-Main-Kanal
Nonnenbr.
Heinrichsdamm
Rhein-Main-Donau-Damm
Mühlwörth
Schleuse 100
Ludwig-Donau-Main-Kanal
Linker Regnitzarm
077
V
E
P
Sodenstraße
Hainbad
Hollergraben
Münchener Ring
Rechter Regnitzarm
Luisenhain
Schellenberger Str.
Zum Camping-platz Bug

markiert finden: Überqueren Sie den Heinrichsdamm und gehen Sie die Sodenstraße der Länge nach durch, bis Sie das Parkgelände am Hainbad erreicht haben, das sind rund 600 Meter. Dann gelangen Sie entlang des **linken Rednitzarms** durch Grünanlagen, gehen an der alten Schleuse des **Ludwig-Donau-Main-Kanals** vorbei und gelangen über den Mühlwörth zur Mühlbrücke. Wenn Sie die

Das Klosterbräu in Bamberg.

(076) Offizieller WOMO-Badeplatz: Bamberg – Bambados

GPS: N49°54'03.7" E10°55'32.6"; Pödeldorfer Str. 174, 96050 Bamberg.
max. WOMOs: 20, maximale Länge 10 m.
Ausstattung: Befestigter Platz ohne Versorgungseinrichtungen, ganzjährig geöffnet.
Lage: Direkt neben dem Hallen- und Freizeitbad Bambados, weiteren Sportanlagen und einem Wald. Relativ ruhig. Entfernung bis zur Stadtmitte (Altes Rathaus) 3,5 Kilometer.
Preise: Zeitabhängig, Maximalsumme 6,00 € pro Tag.
Zufahrt: Von der A73 die Ausfahrt Bamberg-Ost nehmen, Richtung Innenstadt fahren. Dieser Autobahnzubringer geht in die Pödeldorfer Straße über. Bis zum Bambados sind es von der AB-Abfahrt ca. 1,5 Kilometer.

(077) Offizieller WOMO-Stellplatz: Bamberg – Heinrichsdamm

GPS: N49°53'10.4" E10°54'10.1"; Heinrichsdamm 33, 96047 Bamberg.
max. WOMOs: 25, maximale Länge 10 m, max. Aufenthalt 3 Tage.
Ausstattung: Befestigter Platz mit Wasserver- und Abwasserentsorgung, Kassettenentleerung, Stromanschlüssen, Behälter für die Müllentsorgung. Der Platz ist ganzjährig geöffnet.
Lage: Innenstadtlage, zwischen einer Hauptverkehrsstraße und der Regnitz/ Main-Donau-Kanal, nicht ruhig.
Preise: Einen Parkschein gibt es am Kassenautomaten für 15,00 €. 100 l Frischwasser (mit Münzeinwurf) kosten 1,00 €. Strom 0,50 pro kWh (mit Münzeinwurf).
Zufahrt: Auf der A73 die Ausfahrt Bamberg-Ost nehmen, Richtung Innenstadt fahren, nach der Heinrichsbrücke (über den Main-Donau-Kanal) rechts abbiegen, dann sind es noch 300 Meter.

(078) WOMO-Campingplatz-Tipp: Bamberg – Bug
GPS: N49°51'40.3" E10°55'00.5"; Am Campingplatz 1, 96049 Bamberg.
max. WOMOs: >20, maximale Länge 12 m.
Ausstattung: Ausgezeichneter, sauberer Platz mit Wasserver- und Abwasserentsorgung, Kassettenentleerung, Stromanschlüssen, Behälter für die Müllentsorgung. Im Servicegebäude gibt es Dusche, WC, Waschmaschine und einen Trockner. Der Platz ist ganzjährig geöffnet. Sehr gutes Restaurant mit fränkischen Spezialitäten am Platz.
Lage: Direkt an der Regnitz, sehr ruhig.
Preise: Pro Person 7,00 €, Wohnmobil 9,00 €, Wohnmobil in Überlänge 10,00-16,00 €, Strom 0,50 pro kWh.
Zufahrt: Im Stadtteil Bug, über die Buger Hauptstraße hinter dem Ortsausgang auf der linken Seite.

Mühlbrücke überquert haben, kommen Sie an der ältesten Gaststätte Bambergs vorbei. In der Brauerei-Gaststätte **Klosterbräu** können Sie gleich ein **„Schwärzla"**; ein **„Braunbier"** oder eines der vielen anderen Biere, die hier angeboten werden probieren, bei gutem Wetter auch im Biergarten an der **Regnitz** oder vor dem Haus.

Da sind wir schon wieder beim Thema Bier! Es liegt uns fern, jemanden zum Alkohol zu verführen, aber BAMBERG ist nun mal auch eine berühmte **„Bierstadt"**; deshalb heben wir das Getränk etwas heraus. **Bier** gilt hier unter den Einheimischen als das fünfte Element neben Feuer, Wasser, Luft und Erde. Neun Brauereien versorgen die Stadt mit dem Gerstensaft, drei davon befinden sich in der Innenstadt, die **Klosterbräu** ist eine davon.

Das Alte Rathaus, Wahrzeichen Bambergs.

In den historischen, restaurierten Gewölben der ehemaligen Benediktinerabtei auf dem Michaelsberg ist das **Fränkische Brauereimuseum** untergebracht, das mit über 1300 Exponaten aus dem gesamten Bereich der Brauerei die Geschichte des Bieres dieser Region zeigt. In einem mehrstündigen Seminar an der **„Fränkischen Bierakademie"** kann man sich sogar zum **BIERCONNAISSEUR** ausbilden lassen. Wo gibt es das sonst auf der Welt. Termine finden Sie auf der website der Akademie.

Wer nur das Bier genießen möchte, dem seien die Bierkeller auf dem **Stephansberg** empfohlen (siehe Stadtplan). Hier sitzen Sie in Biergärten über den Kellern und haben dabei gleichzeitig einen sehr schönen Blick auf Bamberg.

Bedeutender als das Bier ist aber sicher das architektonische Ensemble der unversehrt erhaltenen Altstadt mit seinen vielen Baudenkmälern. Die zahlreichen Monumentalbauten aus dem 11. bis 18. Jh. sind eine Synthese aus mittelalterlichen Kirchen, barocken Bürgerhäusern und Palästen und führten dazu, das BAMBERG 1993 in das Welterbe der UNESCO aufgenommen wurde. Neben der Altstadt gehört auch die Gärtnerstadt jenseits des rechten Regnitzarms zum Welterbe.

Die Altstadt und das UNESCO-Weltkulturerbe Bambergs

Wie Rom so ist auch Bamberg auf sieben Hügeln erbaut. Die ursprüngliche Dreigliederung der Stadt ist auch heute noch sehr gut erkennbar. In der Oberstadt rund um den Dom befindet sich das geistliche Zentrum, unten an der Regnitz die bürgerliche Inselstadt, die heute mit ihren malerischen Gassen und zahlreichen Lokalen ein Touristenmagnet darstellt und zuletzt die Gärtnerstadt am rechten Ufer der Regnitz. Um sich einiges davon anzuschauen ist Fußarbeit nötig. Wir machen einen kleinen Stadtbummel, dessen Verlauf Sie anhand der grün gepunkteten Linie auf dem Stadtplan verfolgen können. Das sind rund 5 Kilometer. Wenn Sie den Hin- und Rückweg zum Stellplatz Heinrichsdamm dazurechnen, dann sind es etwas mehr als 8 Kilometer.

Wir beginnen am **Alten Rathaus**, das auf einer künstlich geschaffenen Insel in der Regnitz steht. Es wurde zwischen 1461 und 1467 erbaut und

An der Regnitz auf dem Weg zur Innenstadt. Links die Villa Concordia.

Der Kaiserdom in Bamberg, rechts daneben die Alte Hofhaltung.

im 18. Jahrhundert mit Fassadenmalereien verziert. Der wie angeklebt wirkende Fachwerkvorbau nennt sich **Rottmeisterhäuschen** und diente den Anführern der Wachmannschaften als Unterkunft. Im Erdgeschoß befindet sich eine Dauerausstellung mit Porzellan und Fayencen. Das Alte Rathaus ist ein beliebtes Fotomotiv und das Wahrzeichen Bambergs.

Vom Alten Rathaus geht es über die Karolinenstraße bergan auf den **Domplatz**. Der Platz ist umgeben vom **Kaiserdom**, der **Neuen Residenz** und der **Alten Hofhaltung**. Der Kaiserdom ist baugeschichtlich betrachtet eine Mischung aus später Romanik und früher Gotik. Am sinnvollsten lässt er sich mit einer Führung besichtigen, diese werden unter der Woche (Mo.-Fr.) um 14.00 Uhr und 15.00 Uhr angeboten. An den Wochenenden soll der Dom den Gottesdiensten und der Stille vorbehalten bleiben. Besonders sehenswert sind im Inneren des Domes der **Bamberger Reiter**, die Chöre, das Kaisergrab, die Altäre und das einzige **Papstgrab** nördlich der Alpen.

Bamberger Reiter im Kaiserdom.

Die **Alte Hofhaltung** ist eine ehemalige geschlossene, vollständig erhaltene Burganlage und wird vielfach auch als die Keimzelle Bambergs bezeichnet. Das Historische Museum Bambergs hat hier einen würdigen Platz. Mit zahlreichen Exponaten dokumentiert es die Geschichte Bambergs von der Vor- und Frühgeschichte bis in die Neuzeit. Verlässt man die Alte Hofhaltung wieder, fällt der Blick auf die **Neue Residenz**, eine große, vierflügelige Anlage, die lange Zeit Sitz der Bamberger Bischöfe war. Heu-

Ambräusianum, eine kleine Gasthofbrauerei in der Dominikanerstraße.

Centurion an der Unteren Brücke.

te sind in ihr die Staatsbibliothek und die Staatsgalerie der Stadt untergebracht. Die über 40 Prunkräume können nur im Rahmen einer Führung besichtigt werden. Um zum **Rosengarten** zu gelangen, muss man durch die Hofeinfahrt der Neuen Residenz gehen. Eine prächtige Anlage mit mehr als 4500 duftenden Rosen wartet darauf betrachtet zu werden. Von hier aus hat man zudem einen schönen Blick auf die Altstadt, die einem hier zu Füßen liegt. Wir gehen nun die Residenzstraße hinunter und anschließend den Benediktinerweg hinauf zur ehemaligen **Benediktinerabtei** auf dem **Michaelsberg**. Das ehemalige Kloster fungiert heute als Seniorenheim. In den Räumen der ehemaligen Brauerei Michaelsberg direkt neben dem Kloster befindet sich das **Fränkische Brauereimuseum**. Alles was man über die Braukunst wissen will oder muss, findet man hier.

Auf dem Michaelsberg befindet sich auch ein hübsches Café/ Restaurant mit einer großen Gartenterrasse. Leckere Kuchen, diverse Biersorten und fränkische Spezialitäten stehen hier auf der Karte. Den Blick auf die Altstadt und den Dom gibt es gratis dazu.

Frisch gestärkt führt uns nun der Weg wieder hinunter. Über die Elisabethenstraße und die

Klein-Venedig, historische Fischerhäuser entlang der Regnitz.

Untere Sandstraße gelangen wir zur **Regnitz**, genauer zum **linken Regnitzarm**. Von der Brükke der Markusstraße haben wir einen malerischen Blick auf die historischen Fischerhäuser aus dem 17. Jahrhundert entlang des Flusses. Die vielen großen Holzbalkone dienten den Fischern zum Aufhängen und Trocknen ihrer Netze. Heute bildet diese Häuserzeile eine prächtige Kulisse für das alljährlich im August stattfindende Fischerstechen während der **„Sandkerwa“**; einem Volksfest, das zu den größten Bayerns zählt.

Auf dem **Heumarkt** betrachten wir die **„Liegende Frau mit Frucht“** eine sehr korpulent ausgefallene Bronzefigur einer Dame des kolumbianischen Künstlers Fernando Botero. Es ist die erste Plastik des Bamberger Skulpturenweges. Weiter geht es über den Maxplatz mit seinem täglichen Obst- und Gemüsemarkt, vorbei an den Statuen der Stadtheiligen Heinrich II. und Kunigunde sowie den im hochbarocken Palaisstil errichteten neuen Rathaus zum **Grünen Markt**. Hier kommen wir an der Martinskirche mit ihrem wuchtigen Barockstil vorbei, passieren den Gabelbrunnen und haben mit dem Kranen an der Unteren Brücke unseren Ausgangspunkt wieder erreicht und es geht zu Fuß zurück zum Stellplatz am Heinrichsdamm. Wir wollen es an dieser Stelle mit der Beschreibung Bambergs bewenden lassen, wohl wissend, das es unvollständig ist und wir auch ein ganzes Buch hätten füllen können. Sie werden in dieser Stadt noch sehr viel mehr entdecken und es wird Ihnen sicher gefallen.

Ein Tipp zum Abschluss: Wie wäre es mit einer Gondelfahrt auf dem Alten Kanal und dem linken Regnitzarm. So lernen Sie Bamberg von seiner romantischen Seite kennen. Sich eine halbe Stunde durch Bamberg fahren zu lassen kostet 60,00 €. Gestartet wird am Bootshaus am Hainbad oder an der Oberen Brücke. Abfahrtstermin und Ort können Sie telefonisch vereinbaren: 0951/1206327.

Ob bei Tag oder bei Nacht, die Gartenlokale, Straßencafés und Restaurants sind in Bamberg stets gut besucht.

Alte Schleuse am Ludwig-Donau-Main-Kanal.

Gondoliere auf dem linken Regnitzarm.

Schloss Seehof in Memmelsdorf.

Wir verlassen BAMBERG in nordöstliche Richtung und erreichen nach 6 Kilometern MEMMELSDORF. **Schloss Seehof,** die Hauptsehenswürdigkeit des Ortes, sehen wir rechter Hand am Ortseingang. Der relativ große Parkplatz [N49°55'43.0" E10°57'04.7"] liegt abseits der Hauptstraße, von hier aus sind es nur wenige Meter bis zum Schlossgelände, das man durch das Haupttor mit der Orangerie betritt. Die prächtige **Orangerie** diente einst als Gewächshaus und als Überwinterungsort für die Kübelpflanzen des barocken Lustgartens. Die Außenanlagen und der Innenhof des Schlosses sind frei zugänglich. Das Gebäude wird heute zum größten Teil vom Bayerischen Landesamt für

Die Orangerie in Memmelsdorf.

(079) Offizieller WOMO-Stellplatz: Memmelsdorf – Seehofblick

GPS: N49°55'46.0" E10°57'16.5"; Pödeldorfer Str. 20 a, 96117 Memmelsdorf.
max. WOMOs: 5, maximale Länge 10 m.
Ausstattung: Befestigter Platz mit Wasserver- und Abwasserentsorgung, Kassettenentleerung, Stromanschlüssen, Behälter für die Müllentsorgung. Der Platz ist ganzjährig geöffnet, die Wasserversorgung nur von April bis Oktober gewährleistet.
Lage: Ortsrandlage, hinter einer Sporthalle, umgeben von Sportplätzen. Bis zum Schloss Seehof sind es 500 Meter.
Preise: 5,00 € pro Fahrzeug, einzuwerfen in einen Spendenstein neben der Versorgungssäule. Entsorgung kostenlos, 100 l Frischwasser (mit Münzeinwurf) kosten 1,00 €. Strom 1,00 € für 8h (ebenfalls Münzeinwurf).
Zufahrt: Von der St2190 in Richtung Scheßlitz am Schloss Seehof in Richtung Pödelsdorf abbiegen, nach ca. 1 km links abbiegen, der Pödelsdorfer Straße folgen, nach 350 Metern ist die Einfahrt des Platzes auf der linken Seite erreicht.

Denkmalpflege genutzt. Die ehemaligen fürstbischöflichen Appartements sowie der **Weiße Saal** sind im Rahmen einer Führung zu besichtigen. Das Deckengemälde im Weißen Saal gilt als Meisterwerk des Rokoko in Franken. Wo immer man sich in dem Raum aufhält, man sieht Amors Pfeil stets auf sich gerichtet. Aber das ist nur ein Detail des in der Tat außergewöhnlichen Deckengemäldes.

Die Giechburg oberhalb von Scheßlitz.

Holzschnitzkunst am Dillighaus in Scheßlitz.

Wieder draußen durchstreifen wir den ehemaligen barocken Lustgarten und betrachten einige der monumentalen Skulpturen von **Adam Ferdinand Tietz**. Um die 200 sollen einmal in diesem Garten gestanden haben. Leider sind nur wenige erhalten. Vor Wind und Wetter geschützt stehen weitere in der Orangerie am Eingang des Schlosses.

Die Gügelkirche.

Folgt man dem leicht abschüssigen Gelände, so gelangt man zu den Kaskaden mit den Wasserspielen. Sie sind nur in den Sommermonaten zur vollen Stunde in Betrieb. Der Garten selbst ist ein wenig verwildert.

Nach dem kurzen Besuch des Schlosses fahren wir weiter nach SCHESSLITZ am Fuße der **Fränkischen Alb**. Drei Kilometer von diesem Ort entfernt und 230 Meter höher liegt auf einem Felskegel die **Giechburg** [080: N49°57'33.7" E11°03'06.0"]. In dieser mittelalterlichen Anlage sind heute nach umfangreichen Sanierungen und Rekonstruktionsmaßnahmen ein kleines Hotel und ein Restaurant untergebracht. Der Bergfried wird für Kunstausstellungen genutzt.

Ein wenig weiter östlich steht, auf steilem Fels gebaut, die **Wallfahrtskirche St. Pankratius** auf 515 Meter Höhe [081: N49°57'07.7" E11°03'42.2"]. **„Gügelkirche“** wird sie im Volksmund genannt. Mit dem Wald- und Wiesenlehrpfad, der auch gleichzeitig ein Kunst und Waldlehrpfad ist, sind diese beiden Ausflugsziele miteinander verbunden. Der Wanderparkplatz unterhalb der **Giechburg** lässt sich bequemer erreichen als der an der **Gügelkirche**. Beide sind jedoch für freie Übernachtungen bestens geeignet.

Über 200 Meter tiefer schauen wir uns das historisch-markante Ortsbild der Stadt SCHESSLITZ an. Alte Bürgerhäuser prägen das Bild. Besonders hervorzuheben ist das **Dillighaus.** Dieses ehemalige Zunfthaus der Mälzer und Brauer fällt mit einem reich geschnitzten Holzbilderfries und einem kleinen, in der Mitte des Hauses angeordneten Erker auf.

Lange halten wir uns hier nicht auf. Über die kleinen Orte ZAPFENDORF und EBENSFELD fahren wir weiter nach BAD STAFFELSTEIN, der Stadt **Adam Rieses** am Fuße des **Staffelberges**. Wer nicht über die Dörfer fahren mag, der nimmt die Autobahn A73, das geht auch und natürlich sehr viel schneller.

Die markanten Felsen des **Staffelberges** sind schon aus großer Entfernung erkennbar. Schon vor Jahrtausenden war das Plateau dieses Zeugenberges der **Fränkischen Alb** bewohnt, darauf weisen Spuren hin, die bis in die Steinzeit zurückreichen. Die **Kelten** hatten hier ein **Oppidum** errichtet, die Rekonstruktion einer keltischen Schutzmauer am Rande des Plateaus erinnert daran. Für das 4. und 5. Jahrhundert wird vermutet, dass hier eine germanische Burganlage gestanden hat, sichtbar ist davon aber nichts.

Zu Fuß kann man den **Staffelberg** über einen Wanderweg der in BAD STAFFELSTEIN am Friedhof beginnt

Der Staffelberg, der heilige Berg der Franken und Hausberg Bad Staffelsteins.

erreichen **[082:** N50°06'00.5" E11°00'15.0"] (Distanz etwa 2 Kilometer und 265 Meter Höhenunterschied) oder von einem kleinen Parkplatz **[083:** N50°05'54.2" E11°01'55.1"] am Rande des Dorfes ROMANSTHAL. Von hier aus hat man nur

Blick vom Staffelberg in das Maintal und auf Kloster Banz.

einen Kilometer und 110 Meter Höhenunterschied zurückzulegen. Dieser Parkplatz ist allerdings nur für kleinere Fahrzeuge geeignet. Welchen Weg Sie auch wählen, es lohnt sich in jedem Fall. Oben angekommen sehen Sie zunächst ein Kirchlein und daneben die Staffelbergklause mit einem Biergarten. Wenn Sie an den Felsrand des Plateaus gehen, haben Sie einen wunderbaren Blick über das Maintal. Ihnen zu Füßen liegt BAD STAFFELSTEIN, in der Ferne ist das **Kloster Banz** zu sehen und ein wenig abseits die **Wallfahrtskirche Vierzehnheiligen**.

Das Rathaus von Bad Staffelstein.

Der Ortskern von BAD STAFFELSTEIN zeigt viele Fachwerkhäuser. Besonders markant ist das Rathaus aus dem 17. Jahrhundert mit einem großen Stuckrelief über dem Haupteingang und einer Sonnenuhr am 2. Obergeschoss. Vor dem Rathaus befindet sich der Stadtbrunnen mit einer Statue des Hl. Nepomuk. Das älteste Gebäude der Stadt ist die Stadtpfarrkirche St. Kilian. Es ist ein schlichtes Bauwerk mit einer

(084) Offizieller WOMO-Badeplatz: Bad Staffelstein – Obermain Therme

GPS: N50°06'30.1" E10°59'18.6"; Am Kurpark 1, 96231 Bad Staffelstein.
max. WOMOs: 27, maximale Länge 12 m, max. Aufenthalt 4 Tage.
Ausstattung: Asphaltierter Platz mit Wasserver- und Abwasserentsorgung, Kassettenentleerung, Stromanschlüssen, Behälter für die Müllentsorgung, WLAN, Brötchenservice, ganzjährig geöffnet.
Lage: Direkt neben der Therme und dem Kurpark, relativ ruhig. Entfernung bis zur Stadtmitte 1 Kilometer.

Preise: 11,00 € für eine Fahrzeug mit 2 Personen. Anmeldung und Bezahlung erfolgt an der Kasse der Therme. Entsorgung kostenlos, Frischwasser 0,50 € (Münzautomat), Strom 0,50 € pro kWh (ebenfalls Münzautomat).
Zufahrt: Von der St2204 in Richtung Kloster Banz der Beschilderung zur Therme folgen.

barocken Innenausstattung. Der Stadtturm zeigt eine gotische Form und ist das noch deutlich sichtbare Zeichen der ehemaligen Stadtbefestigung.

Mit einem Badesee, einem Freibad, dem Sport & Spaßbad **AquaRiese** und der **Obermain Therme** offeriert BAD STAFFELSTEIN ein breites Spektrum an Bade- und Wellnesseinrichtungen. Die **Obermain Therme** rühmt sich Bayerns stärkste und wärmste Thermalsole zu haben. In 1600 Metern Tiefe wird die Heilquelle angezapft und in 16 Innen- und Außenbecken geleitet. Dazu kommen mehrere Saunen und einige andere Wellnessangebote. Vom Stellplatz bis zum Eingang der Therme sind es zu Fuß durch den Kurpark nur 600 Meter. Die Versorgungseinrichtung befindet sich auf der Zufahrtsstraße zum Stellplatz. Die Gitterroste im Asphalt auf dem Foto oben dienen der Aufnahme des Grauwassers. Da kennen wir bessere Lösungen für die Ver- und Entsorgung.

Wallfahrtskirche Vierzehnheiligen.

Der Innenraum der Kirche mit dem Gnadenaltar in der Mitte.

Um zur Wallfahrtskirche **Vierzehnheiligen** zu gelangen, überqueren wir die Autobahn auf der St2197 und fahren zunächst Richtung LICHTENFELS. Am Ortsausgang von GRUNDFELD fahren wir rechts ab und sehen nach etwa einem Kilometer auf der linken Seite einen großen Parkplatz am Waldrand [**085:** N50°07'12.1" E11°02'58.4"]. Von hier aus gehen wir zu Fuß weiter. Nach 500 Metern fällt der Blick auf die barocke Prachtfassade der Wallfahrtskirche im Abendlicht. Die nach den Plänen von **Balthasar Neumann** errichtete Basilika ist schon seit dem Ende des 19. Jahrhunderts eine **„Basilica minor"**. Der Gnadenaltar mit den Vierzehn Nothelfern, denen diese Kirche geweiht ist, steht frei im Raum des Kirchenschiffes. Etwas ungewöhnlich, aber die Beschaffenheit des Baugeländes ließ eine Position in der Vierung der Basilika nicht zu. Barock und Rokoko sind in dieser Kirche stilvoll vereint. Viele namhafte Künstler des 18. Jahrhunderts gestalteten den Innenraum mit Skulpturen, Gemälden und Verzierungen unter Verwendung von Gold und Marmor prachtvoll aus.

Der Parkplatz an der Wallfahrtskirche eignet sich für eine Übernachtung sehr gut. Am Abend wird es hier am Waldrand still und einsam. Noch besser gefiel uns aber der Platz am **Kloster Banz**, unserer nächsten Station.

Wir fahren also zurück Richtung BAD STAFFELSTEIN, nehmen, nachdem wir die Autobahn überquert haben, im darauf folgenden Kreisverkehr die erste Ausfahrt und erreichen nach ca. 3 Kilometern die Abzweigung zum **Kloster Banz**. Es geht bergauf und nach weiteren 1,5 Kilometern stellen wir unser Womo in der hintersten Ecke des großen Parkplatzes zwischen einigen Obstbäumen ab [N50°08'05.9" E10°59'59.9"]. Der Platz ist unter der Woche gebührenfrei, an Samstagen und Sonntagen sind 3,50 € pro Tag zu zahlen. Wir fanden

den Platz für eine Übernachtung nach dem Besuch der Klosterschänke einfach ideal, aber das ist Geschichte. Inzwischen wird eine Übernachtung an diesem Ort leider nicht mehr geduldet.

Kloster Banz von Westen betrachtet.

Eingang Kloster Banz.

Wer den Innenhof des Klosters betritt, gewinnt den Eindruck eine Schlossanlage vor sich zu haben. Eine breite Auf- und Abfahrt führt um eine Brunnenanlage zum Haupteingang. Dahinter verbergen sich rund 15000 Quadratmeter Seminarräume mit feinster Tagungstechnik sowie eine Übernachtungskapazität mit 190 Betten. Das ehemalige Benediktinerkloster ist im Besitz der CSU-nahen Hans-Seidel-Stiftung und dient als Seminar- und Bildungszentrum.

Die Klosterkirche befindet sich hinter dem großen Innenhof am Hang des Banzberges. Die Fassade der **Klosterkirche Banz** ist der Fassade der Basilika **Vierzehnheiligen** in Größe und Form auf den ersten Blick sehr ähnlich. Bei genauerer Betrachtung lassen sich jedoch viele Unterschiede erkennen. Sie ist älter und damit stärker im Barock verhaftet als **Vierzehnheiligen**. Auch der Innenraum der Kirche weist mit unterschiedlichen Gewölbebildungen und Kurven ganz andere Gestaltungsmerkmale als ihre Schwesterkirche auf der anderen Mainseite auf.

Nach dem Kirchenbesuch machen wir mal etwas ganz anderes. Wir begeben uns auf eine Reise durch unser Sonnensystem ohne dabei die Erde zu verlassen. Das geht auf dem **Planetenweg**, der sich zwischen dem Kloster und dem Ort UNTERSIEMAU befindet.

Der Planetenweg als Rad- und Wanderweg.

Wir nehmen dazu die Fahrräder, zu Fuß ist uns die Strecke von ca. 10 km zu lang. Wir folgen dem blauen Hinweisschild **»Planetenweg«**. Als ersten Planeten sehen wir den Neptun, walnußgroß erscheint er im Maßstab 1:850 Millionen. Es geht weiter durch einen schönen Buchenwald. Die Wege lassen sich in dem hügeligen Gelände gut und leicht befahren. Eine etwas schlechtere, vom Regen ausgewaschene Gefällstrecke ist nur kurz. Es ist schon ganz schön weit bis zum Uranus, den wir ziemlich genau nach der Hälfte der Strecke zur Sonne erreicht haben. Nun geht es über Feldwege weiter. Als nächsten Planeten erreichen wir den Saturn und sehen bereits UNTERSIEMAU und am Horizont die **Veste Coburg**. Auf dem weiteren Weg verweilen wir ein wenig an dem Schloss, das sich romantisch verwachsen am Dorfteich wie ein Dornröschenschloss präsentiert, aber nicht besichtigt werden kann. Im Ort geht es weiter, wir überqueren die B289 bei der Brauerei Murmann und kommen in den Alten Coburger Weg. Nun geht es Schlag auf Schlag in kurzen Abständen sehen wir Mars, Erde, Venus und Merkur und kommen dann zur Sonne, die am Rande eines Neubaugebietes steht.

Neptun, der sonnenfernste Planet.

Untersiemau: Wildromantisches Schlösschen.

Nachdem wir die ganze Strecke wieder zurückgefahren sind und die Räder auf dem Träger transportfähig festgezurrt haben, fahren wir nach COBURG weiter und beenden dort diese Tour.

TOUR 7 (ca. 130 km)

Bayreuth – Creußen – Speichersdorf – Kemnath Neustadt am Kulm – Speinshart – Eschenbach in der Oberpfalz – Pressath – Parkstein – Weiden

Freie Übernachtung:	Tauritzmühle, Waldeck, Armesberg, Weiden.
Offizielle Stellplätze:	Bayreuth, Creußen, Kemnath, Neustadt am Kulm, Parkstein, Weiden.
Campingplätze:	Eschenbach in der Oberpfalz.
Ver-/Entsorgung:	Bayreuth, Creußen, Kemnath, Weiden.
Besichtigungen:	Creußen (Ortskern), Kemnath (Altstadt), Waldeck (Burgruine), Armesberg (Wallfahrtskirche), Speinshart (Klosterdorf), Eschenbach i.d.Opf. (Altstadt), Parkstein (Basaltkegel), Weiden (Altstadt).
Wandern:	Tauritzmühle, Geologischer Lehrpfad Kemnather Land, Neustadt am Kulm (Rauher Kulm), Eschenbach i.d.Opf. (Naturschutzgebiet Großer Russweiher, Holzweg).
Baden/Wellness:	Eschenbach i.d.Opf. (Naturfreibad), Weiden (Stadtbad, Thermenwelt, Schätzlerbad).

Für die Beschreibung von BAYREUTH verweisen wir auf die Seiten 76-85 in der Tour 4.

Von der **Lohengrin Therme** in BAYREUTH fahren wir über die B2 nach CREUSSEN. Schon nach 14 Kilometern haben wir das Städtchen mit dem mittelalterlichen Kern erreicht. Die

Creußen, der Marktplatz mit der Pfarrkirche in mittäglicher Ruhe.

Creußen, Hinteres Tor und Malefizturm.

kleine Altstadt liegt auf steil aufragenden Sandsteinfelsen und ist von den Resten einer mittelalterlichen Stadtbefestigung mit Toren, Türmen und Mauern eingefasst. Die Pfarrkirche im Zentrum der Altstadt steht auf den Grundmauern einer zerstörten Burg.

CREUSSEN ist für Steinzeug, insbesondere für seine Krüge bekannt, auch wenn sie hier nicht mehr hergestellt werden. Ein Museum, das stilvoll in der Torwächterstube des Hinteren Tores und dem ehemaligen **Scharfrichterhaus** untergebracht ist, erinnert daran. Zusammen mit dem **Malefizturm**, der einst als Gefängnis diente, geht von diesem Ensemble eine starke mittelalterliche Wirkung aus. Für die Freunde des Töpferhandwerks sei noch notiert, dass jährlich am 2. Sonntag im Juli ein großer Töpfermarkt auf dem Marktplatz stattfindet.

(086) Offizieller WOMO-Gasthof-Stellplatz: Creußen - Im Gärtlein

GPS: N49°50'49.99" E11°37'7.44"; Im Gärtlein 3, 95473 Creußen.
max. WOMOs: 10, maximale Länge 10 m.
Ausstattung: Befestigter Platz. Wasser Ver- und Entsorgung sowie Toilettenentleerung an einer Servicestation, Stromanschlüsse für 10 Fahrzeuge, WLAN, Frühstücksservice, ganzjährig geöffnet.
Lage: Ortsrand, zwischen Sportplatz und Gaststätte, ruhig.
Preise: Bei Einkehr ins Restaurant gebührenfrei. Ver- und Entsorgung 3,00 €, Strom 2,00 €.
Zufahrt: Von der B2/B85 aus Richtung Bayreuth nach dem Ortseingang Richtung Gottsfeld fahren, dann sofort wieder rechts in die Straße „Am Hohen Weg“ einbiegen, dann sind es noch 250 Meter.

Wir fahren auf der St2184 weiter nach SPEICHERSDORF. Es ist einer dieser Orte, die man nicht gesehen haben muss und die man auch schnell wieder vergisst, wenn man sie durchfahren hat. Doch ein besonderes Kleinod befindet sich in unmittelbarer Nähe des Ortes. Wer gern in einer schönen

Tauritzmühle, Gasthof und Biergarten.

Auenlandschaft wandert oder Rad fährt, dabei noch etwas über Biber erfahren will, die sich hier in freier Natur in den Morgen- und Abendstunden über begehbare Stege beobachten lassen, dem sei ein Besuch der **Tauritzmühle** [**087:** N49°53'19.6" E11°48'01.7"] empfohlen. Um dort hinzukommen, fahren wir in SPEICHERSDORF auf die B22 in Richtung KEMNATH, biegen nach 3 Kilometern nach GÖPPMANNSBÜHL ab und folgen dann der Beschilderung zur **Tauritzmühle**. Unter der Woche ist die Mühle nur abends bewirtschaftet, an den Wochenenden ganztägig.

Zurück auf der B22 geht es weiter nach KEMNATH. Wir stellen das Womo auf den zentrumsnahen Stellplatz ab und erkunden zunächst einmal den Ort. Im Grundriss zeigt die Stadt eine ovale Form, die ihre mittelalterliche Entstehung

(088) Offizieller WOMO-Stellplatz: Kemnath – Am Eisweiher

GPS: N49°52'19.41" E11°53'14.98"; Am Eisweiher 8, 95478 Kemnath.
max. WOMOs: 5, maximale Länge 12 m, max. Aufenthalt 3 Tage.
Ausstattung: Gepflasteter Platz mit Wasserver- und Abwasserentsorgung, Kassettenentleerung, Stromanschlüssen, Behälter für die Müllentsorgung, ganzjährig geöffnet.
Lage: In einer Sackgasse nahe der Ortsmitte, trotzdem ruhig.
Preise: Gebührenfrei, Frischwasser (mit Münzeinwurf) kostet 1,00 €. Strom über Münzautomat 0,50 € pro kWh.
Zufahrt: Die Straße „Am Eisweiher“ ist eine Nebenstraße der Schulstraße, die vom Zentrum in einem Bogen nach Norden führt.

Kemnath, Stadtplatz mit Pfarrkirche und Tordurchfahrt im Kirchturm.

Auf dem Stadtplatz: Statue des Hl. Sebastian, errichtet 1714 als Dank für die Verschonung von der Pest.

mit Befestigungsanlagen widerspiegelt. Ein breit angelegter Stadtplatz geht in gerader Linie durch dieses Oval, schmale Gassen erschließen den alten Kern links und rechts des großen Platzes. Die Pfarrkirche Mariä Himmelfahrt bildet mit der Tordurchfahrt im Kirchturm den östlichen Abschluss des Platzes. In seiner Architektur auffallend ist das im Stil des Historismus erbaute Amtsgericht.

Karpfenzucht hat in KEMNATH eine besondere Bedeutung, zahlreiche Teiche im Umland zeugen von der Fischwirtschaft, die Speisekarten der Restaurants übrigens auch. Der **Geologische Lehrpfad Kemnather Land** führt an vielen dieser Teiche vorbei. Zwei Etappen rund um die **Burgruine Waldeck** und die Wallfahrtskirche auf dem **Armesberg** betrachten wir etwas näher.

Blick von der Ruine Waldeck ins Kemnather Land.
Links ist in der Ferne der Rauhe Kulm zu sehen, rechts das Fichtelgebirge.

Wir stellen das Womo auf dem kleinen Parkplatz unterhalb der **Ruine** ab **[089:** N49°51'34.3" E11°57'02.8"] und marschieren von hier aus los. Zunächst geht es zur Ruine, die sich auf dem 641 Meter hohen Basaltkegel befindet. Sie ist eine der ältesten Burgen der Oberpfalz. Von der Burg hat man einen guten Blick hinunter ins Kemnather Land, das rund 200 Meter tiefer liegt. Man kann erkennen, wo die unterschiedlichen Gesteinsschichten liegen müssen. Im Buntsandsteinbereich sehen wir keine Teiche, das Gestein ist zu wasserdurchlässig. Dort, wo aber die Keuperschichten mit ihren hohen, bodenabdichtenden Tonanteilen zutage treten, ist ein Band mit Teichen erkennbar. Noch höher liegt der Basaltkegel **Armesberg**, der eine denkmalgeschützte Wallfahrtskirche trägt. Nach einer kleinen Fahrstrecke durch den Marktflecken WALDECK Richtung GODAS und ERDENWEIS, stellen wir das Womo auf den Parkplatz unterhalb der Wallfahrtskirche neben dem Gasthaus, das nur sonntags geöffnet hat, ab **[090:** N49°53'27.1" E11°56'52.8"]. Wir gehen zur Wallfahrtskirche hoch und stellen fest, dass die Aussicht durch die Bewaldung doch sehr eingeschränkt ist. Wir gehen den Lehrpfad durch den Wald

Wallfahrtskirche auf dem Armesberg.

Der Basaltkegel des Rauhen Kulm.

hinunter bis nach NEUSTEINREUTH. Oberhalb des Ortes hört der Wald auf, vor uns liegt wieder das offene Kemnather Land mit seinen Teichen.

Wer übrigens mehr über die Geologie und die Erdgeschichte dieses Raumes erfahren will, dem sei schon an dieser Stelle ein Besuch das **Geo-Zentrums** an der **KTB** (siehe Seite 153) empfohlen.

Wir kehren nunmehr zum Womo zurück und fahren dann an KEMNATH vorbei Richtung ESCHENBACH.

Schon von weitem sehen wir den Basaltkegel des **Rauhen Kulm** mit seinem 25 Meter hohen Aussichtsturm. Natürlich müssen wir diesem 682 Meter hohen Berg einen kurzen Besuch abstatten. Wir fahren den Stellplatz in NEUSTADT AM KULM am Ortseingang neben dem Sportplatz an [**091:** N49°49'46.7" E11°50'15.5"]. Es ist ein simpler Parkplatz an dem ein Wohnmobilschild hingestellt hat. Man kann von hier aus das Wandergebiet des Rauhen Kulm gut erreichen, der Platz ist gebührenfrei. Der Turm gewährt einen fantastischen Blick ins Umland, ähnlich dem Blick von der Ruine Waldeck.

„Als Baudenkmal von europäischem Rang zählt das **Klosterdorf Speinshart** zu den schönsten Dörfern Süddeutschlands" heißt es in der offiziellen Webpräsenz des Klosters. Ist das übertrieben? Wir parken auf dem Parkplatz vor dem Nordtor [N49°47'18.7" E11°49'15.8"]. In das Klosterdorf hineinfahren können Fahrzeuge über 2,5 Meter Höhe nur aus südlicher Richtung, da gibt es kein Tor mehr. Doch wir raten davon ab dies zu tun. Die Zahl der Parkplätze innerhalb des Klosterdorfes ist sehr begrenzt und für Wohnmobile nicht geeignet. Es wäre so, als würden Sie direkt in

Kloster Speinshart.

ein Museumsdorf fahren. Eine geschlossene Bebauung umgibt eine kleine parkähnliche Gartenanlage. Die ehemaligen Wirtschaftsgebäude des Klosterhofes sind in eine private Nutzung überführt und zu Wohnungen umgebaut worden. Die Klosterkirche der Prämonstratenserabtei erstrahlt nach den aufwändigen Renovierungsarbeiten der letzten Jahre wieder in neuem Glanz. Die barocke Ausgestaltung wurde in aufwändiger und detailreicher Form von italienischen Künstlern zu Beginn des 18. Jh. ausgeführt.

Barocke Pracht in der Kirche des Klosters Speinshart.

Heute wird die Kirche und auch der direkt danebenliegende Gasthof für Veranstaltungen genutzt. Im Gasthof gibt es auch leckere Fischgerichte. Die haben in Speinshart Tradition, schließlich ging die Entwicklung der Fischteiche bei ESCHENBACH IN DER OBERPFALZ auf die Initiative der Mönche dieses Klosters zurück. Dies taten sie Anfang des 15. Jahrhunderts ca. 3 Kilometer südwestlich des Klosters. Was

Teichlandschaft am Großen Rußweiher in Eschenbach i.d.Opf..

zu Anfang nur dazu gedacht war, die Speisekarte der Mönche zu füllen, füllt heute nicht nur die Menükarten diverser Restaurants in der Umgebung, auch Brutvögel, die in dem Naturschutzgebiet rund um den **Großen Rußweiher** ihre Nistplätze haben, freuen sich über das reichhaltige Nahrungsangebot. Man kann ihnen bei der Futtersuche zuschauen. Auf dem rund 5 Kilometer langen Wanderweg sind vor allem Lachmöwen in großen Kolonien zu sehen und zu hören. Bis zu 4000 Brutpaare halten sich hier jährlich zwischen März und Juli auf. Vier Aussichtsplattformen sind eingerichtet, um die Vogelwelt aus der Nähe betrachten zu können. Parken kann man übrigens auf dem Damm, der den **Großen** vom **Kleinen Rußweiher** trennt [N49°45'55.8" E11°47'31.3"].

Naturfreibad im Kleinen Rußweiher.

Unterhalb des Naturschutzgebietes liegt der langgestreckte **Kleine Rußweiher**. Hier gibt es Ferienhäuser, ein Naturfreibad und auch den ganzjährig geöffneten Campingplatz und unweit davon den offiziellen Stellplatz der Stadt ESCHENBACH i.d. Oberpfalz.

(092) Offizieller WOMO-Stellplatz: Eschenbach in der Oberpfalz

GPS: N49°45'20.0" E11°49'03.4"; Sommerleitenweg, 92676 Eschenbach in der Oberpfalz.
max. WOMOs: 8, maximale Länge 12 m.
Ausstattung: Gepflasteter Platz ohne Versorgungseinrichtungen, ganzjährig geöffnet.

Lage: Ortsrandlage, an einer schmalen Straße zwischen Sportplätzen und dem Kleinen Rußweiher, ruhig. Bis zum Zentrum 1 km, bis zum Vogelschutzgebiet 4 km.
Preise: Kostenlos.
Zufahrt: Von Speinshart kommend die dritte Straße nach der Ortseinfahrt rechts abbiegen, nach einem Kilometer ist der Platz auf der rechten Seite erreicht.

Der Ort ist ein sehr gepflegtes Städtchen. Entlang des Karls- und Marienplatzes gibt es einige Straßencafés, Eisdielen und Restaurants, die zum Verweilen einladen. Wochentags kann es hier allerdings auch ungemütlich laut werden, wenn auf dem angrenzenden Truppenübungsplatz für den Ernstfall geübt wird.

Eschenbach i.d.Opf., Blick auf den Marienplatz mit dem Rathausbrunnen.

Wer noch nie auf dem **„Holzweg“** war, der kann es am Ortsrand Richtung PRESSATH einmal versuchen. Kurz hinter der Brücke über die Creussen geht es rechts ab zum Holzweg **[093:** N49°45'59.3" E11°51'57.9"]. Der Parkplatz liegt etwas abseits der Straße, der Lärm der Bundesstraße ist hier kaum zu hören. Der **Holzweg** ist nicht sehr lang. Nach einem Infopavillon kommt man zu einem begehbaren Vogelnisthaus. Einige Meter weiter kann man seine musikalischen Fähigkeiten an einem großen Dendrophon ausprobieren und im weiteren Verlauf des Weges noch so einiges mehr über Holz und die Ökologie des Waldes erfahren. Nach einigen Klangproben fahren wir weiter.

Auf dem Holzweg, hören wie Holz klingt.

Die Fortsetzung der Reise führt an PRESSATH vorbei. Über die sehr gut ausgebaute B470 fahren wir Richtung WEIDEN und folgen mitten im **Manteler Forst** der Wegweisung nach PARKSTEIN. Wenige Kilometer später sehen wir vor uns den Basaltkegel des **Parksteins**. Aufgrund seiner gleichmäßigen Form und seiner steilen 38 Meter hohen Basaltwand ist es ein sehr außergewöhnliches **Geotop**. Die hohe Wand zeigt dicht gepackte, gebogene und auskristallisierte Basaltsäulen, mit dem für den Basalt so typischen fünf- oder sechseckigen Querschnitt. Schwer vorstellbar, welche Kräfte gewirkt haben müssen, um diese Gesteinsmasse so emporzuheben und zu formen. Hier zeigen sich die Auswirkungen der durch Plattentektonik hervorgerufenen Formungsvorgänge. Das ist sozusagen Erdgeschichte zum Anfassen. Der offizielle Stellplatz der Gemeinde liegt am Neuweg, direkt an der Basaltwand [**094:** N49°43'51.8" E12°04'11.9"]. Der relativ kleine Platz ist gleichzeitig allgemeiner Parkplatz für das angrenzende Restaurant und für die Besucher der Wallfahrtskirche hoch oben auf dem Basaltkegel. Der Parkraum ist damit sehr begrenzt. Versorgungseinrichtungen gibt es übrigens keine.

Rund um den **Parkstein** lässt es sich hervorragend wandern. Sieben leicht begehbare Wanderrouten hat die Gemeinde markiert. Alle beginnen und enden an dem beschriebenen Parkplatz.

Von PARKSTEIN ist es nicht mehr weit nach WEIDEN IN DER OBERPFALZ. Rund 12 Kilometer haben wir dafür noch zurückzulegen. Den offiziellen Stellplatz der Stadt finden Sie auf der folgenden Seite beschrieben. Wer nur die Stadt besuchen will kann in der Kurt-Schuhmacher-Allee oder an der Max-Reger-Halle parken. Von beiden Plätzen lässt sich die Altstadt zwischen dem **Unteren** und dem **Oberen Tor** bequem zu Fuß erreichen, die mit zahlreichen Straßencafés und Restaurants Besucher einlädt. Renaissancefassaden schmücken die ehemaligen Ackerbürgerhäuser, in denen einst Handwerker wohnten und nebenbei noch Landwirtschaft betrieben. Zwischen den beiden Baumreihen, die den Platz schön auflockern und im Sommer Schatten spenden, verlief früher einmal der Rehmühlbach. Das schöne **Alte Rathaus** aus dem 16. Jahrhundert hat schon längst seine Funktion für die Verwaltung der Stadt eingebüßt. Heute dient es als Restaurant und Einkaufspassage. Es trennt den **Unteren** vom **Oberen Markt**.

Weiden, Unterer Markt mit dem Alten Rathaus im Hintergrund.

Weiden, Unterer Markt, Renaissancefassaden und Mauermannbrunnen.

In unmittelbarer Nähe des **Alten Rathauses** steht die evangelische **Barockkirche St. Michael**, unweit davon das **Obere Tor**, das den Abschluss des Alten Marktes und damit auch der Altstadt bildet. Um die Stadtmauer zu betrachten, müssen wir die Altstadt verlassen und uns in die Grünanlagen am Südrand vorarbeiten. Hier ist sie am besten zu sehen.

Zurück in die Altstadt: Am Nordrand ist die Kirche **Sankt Josef** sehr sehenswert. Der Baukörper im neuromanischen Stil wurde zu Beginn des 20. Jahrhunderts in nur wenigen Jahren erstellt. Die prächtige Bemalung des Innenraumes im Jugendstil dauerte dagegen länger als ein Jahrzehnt.

Für „Wasserratten“ hat Weiden mit seinen Bädern viel zu bieten. In der **Thermenwelt** gibt es neben dem Wellness- und Saunabereich u.a. ein Erlebnisbad mit langer Rutsche, im **Schätzlerbad** u.a. ein großes Wellenfreibad und einen Naturbadeweiher. Das Stadtbad (Freibad) hat zwei kleine Becken, eine Kneippanlage und einen wunderschönen Biergarten.

(095) Offizieller WOMO-Badeplatz: Weidener Thermenwelt

GPS: N49°41'12.4" E12°09'37.9";
Raiffeisenstraße 13, 92637 Weiden in der Oberpfalz.
max. WOMOs: 6, maximale Länge 12 m, max. Aufenthalt 7 Tage.
Ausstattung: Geplasterter Platz mit Wasserver- und Abwasserentsorgung, Kassettenentleerung, Stromanschlüssen, Behälter für die Müllentsorgung, ganzjährig geöffnet.
Lage: Direkt neben der Therme, relativ ruhig. Entfernung bis zur Stadtmitte 1,7 Kilometer.
Preise: 15,00 € für eine Fahrzeug mit 2 Personen. Der Betrag ist an der Kasse der Thermenwelt zu zahlen zuzüglich einmalig 10 Euro Pfand für die Schlüssel. Die Gebühr enthält den Thermeneintritt für eine Person für 2 Std. pro Tag und die Nutzung der Stromsäulen sowie der Wasserver- + -entsorgung.
Zufahrt: Auf der Straße Richtung Neustadt a.d.W. den Hinweisschildern zur Therme folgen.

Tour 8

5 km
N
Band 44: Mit dem Wohnmobil nach Tschechien.
Tour 2
Thierstein
029
Röslau
303
Schirnding
Cheb (Eger)
035
Arzberg
Wunsiedel
93
Feisnitz-Stausee
106
TSCHECHIEN
Katharinenberg
Greifvogelpark
105
Wallfahrtskirche der Heiligsten Dreifaltigkeit
Bad Alexandersbad
104
Waldsassen
Marktredwitz
WC
Neualbenreuth
107
108
103
Kösseine
945 m
Kloster-bibliothek
102
100
101
Freizeithügl
Waldershof
Sibyllenbad
Großer Teichelberg
683 m
299
Platzermühle
Grenz-landturm
Dyleň
940 m
Mitterteich
99
Hohenhard
Museum Mitterteich
Ruine
110
Weißenstein
114
109
15
Platte
946 m
Wiesau
Stiftland
Steinwald
Mähring
Tirschenreuther Teichlandschaft
W
113
111
Friedenfels
Tirschenreuth
St2167
119
112
Falkenberg
115
118
22
Erbendorf
Hammermühle
GH Blockhütte
299
120
116
121
117
NSG Waldnaabtal
KTB Geo-Zentrum
Joachimsthal
Bärnau
Windisch-eschenbach
Neuhaus
Knopfmuseum
122
15
Plößberg
098
22
Hildweinsreuth
Mittelpunkt Mitteleuropas
Wallfahrts-kirche
123
97
Parkstein
Flossenbürg
Neustadt a.d. Waldnaab
Gaisweiher
KZ-Gedenkstätte
094
Floß
096
Wallfahrtskirche St. Felix
470
TSCHECHIEN
Schätzlerbad
Tour 7
095
Weiden in der Oberpfalz
Thermenwelt
Stadtbad
Tour 9
Altstadt
Bocklweg
Fahrenberg
802 m
126
Mantel
Waldnaab
Kreuzbergkirche
Pleystein
Waidhaus
nach Prag
22
Waldau
125
Vohenstrauß
6
Bocklweg
93
143
124
Leuchtenberg
Eslarn
Tillyschanz
Kainzmühl-talsperre
Atzmannsee
Schnaittenbach
127
Wernberg-Köblitz
14
Tour 10
Hochspeicher Rabenleite
Tännesberg
Wildpark Stückberg
W
Autohof Wernberg
Trausnitztalsperre
Geologischer Lehrpfad
St2154
144
Trausnitz
142
141
Schönsee
93
Moorbad
Pfreimd
Tour 9
Pfreimd
22
140
128
Pfreimd
6
Teunz
Lukahammer
Naab
Signalberg
890 m
nach Nürnberg
Nabburg
Dr. Eisenbarth-Museum
Größter Bierkrug der Welt
139
Oberviechtach
Schmidgaden
Winklarn
nach Regensburg

TOUR 8 (ca. 280 km)

Weiden – Flossenbürg – Bärnau – Neualbenreuth Waldsassen – Münchenreuth – Arzberg – Marktredwitz – Mitterteich – Friedenfels – Falkenberg Tirschenreuth – Windischeschenbach – Neustadt an der Waldnaab – Weiden

Freie Übernachtung:	Flossenbürg-Hildweinsreuth, Arzberg/Feisnitz-Stausee, Mitterteich, Hohenhard, Falkenberg, Windischeschenbach.
Offizielle Stellplätze:	Weiden, Neualbenreuth, Waldsassen, Marktredwitz, Friedenfels, Tirschenreuth, Windischeschenbach.
Campingplätze:	Flossenbürg, Neualbenreuth, Windischeschenbach, Neustadt an der Waldnaab.
Ver-/Entsorgung:	Weiden, Flossenbürg, Neualbenreuth, Marktredwitz, Tirschenreuth, Windischeschenbach, Neustadt an der Waldnaab.
Besichtigungen:	Flossenbürg (ehem. Konzentrationslager), Waldsassen (Kloster), Münchenreuth (Wallfahrtskirche), Marktredwitz (Altstadt), Mitterteich (Porzellan-Museum), Tirschenreuth (Altstadt), Windischeschenbach (Geo-Zentrum).
Wandern:	Neualbenreuth (Dyleň), Arzberg (Feisnitz-Stausee), Friedenfels (Steinwald), Falkenberg (Waldnaabtal), Tirschenreuth (Teichlandschaft).
Baden/Wellness:	Flossenbürg (Gaisweiher), Neualbenreuth (Sibyllenbad), Arzberg (Feisnitz-Stausee), Friedenfels (Freibad), Windischeschenbach (Freibad).

Wir starten unsere Tour durch das **Stiftland** und den **Steinwald** in WEIDEN IN DER OBERPFALZ. Für die Beschreibung der Stadt WEIDEN verweisen wir auf die vorangegangenen Seiten 132-133.

Der Name **Stiftland** rührt noch aus der Zeit, als die Zisterzienser des **Klosterstifts Waldsassen** im 12. Jahrhundert das Land in Besitz nahmen, Wald rodeten, Wirtschaftshöfe anlegten, Landbau betrieben und die wirtschaftliche und kulturelle Entwicklung dieses Landstriches vorantrieben. Auch wenn die Bedeutung der Zisterzienser im Laufe der folgenden Jahrhunderte stark zurückging, so bleibt doch ihr kulturelles Erbe, das sich vor allem in außergewöhnlichen Sakral-Bauwerken zeigt, erhalten. Auf dieser Tour geht es aber nicht nur um Kirchen und Klöster, es geht auch um wunderbare Naturlandschaften und um die jüngere deutsche Geschichte. Mit letzterem wollen wir beginnen.

Burgruine Flossenbürg.

Dass die Vergangenheit unserer Gesellschaft nicht nur schöne Seiten hat, ist sicher eine Plattitüde. Dem hässlichsten Abschnitt der deutschen Geschichte begegnen wir in FLOSSENBÜRG. Auf dem Weg dorthin kommen wir zunächst durch FLOSS. Am Ortsausgang sehen wir einen kleinen jüdischen Friedhof, eine Erinnerung daran, dass es hier einmal eine große jüdische Gemeinde gegeben hat. Nach einem kurzen Stopp fahren wir nach FLOSSENBÜRG weiter.

Die Burgruine oberhalb des Ortes ist ein sichtbares Zeichen dafür, dass diese Region im Mittelalter ein umkämpftes Gebiet war. 625 Burgen soll es einmal in der Oberpfalz gegeben haben, die meisten davon sind verschwunden. Die kleinen Befestigungsanlagen wie die in FLOSSENBÜRG, die der fortschreitenden Entwicklung der Kriegstechnik nicht mehr gewachsen waren, wurden zerstört, gebrandschatzt oder dem Verfall preisgegeben. Erst in jüngerer Zeit wurden die Burgen für touristische Zwecke gesichert, teilweise wieder aufgebaut oder zumindest so hergerichtet, dass sie gefahrlos besichtigt werden können, so auch diese.

Die Burgruine steht auf einem sogenannten **Schalendom** aus **Granit**. Die Qualität des Felsens führte im ausgehenden 19. Jahrhundert zu einer Blüte der Granitindustrie, die ihre Produkte aus diesem Gestein in alle Welt verkaufte. Granit wird auch heute noch abgebaut, nur wird der Burgberg jetzt verschont, denn er steht mittlerweile unter Naturschutz und zählt zu Bayerns schönsten Geotopen. Der **„Weg des Granits“** zeigt auf einem ca. 2 Kilometer langen Weg mit Schautafeln und Ausstellungsstücken rund um den Burgberg alles zum Thema Granitabbau und Verarbeitung. Parken lässt es sich übrigens am Besten auf dem Platz vor der Gedenkstätte des KZ Flossenbürg [**096:** N49°44'11.0" E12°21'15.9"].

„Tal des Todes“ Gedenkanlage im ehemaligen KZ Flossenbürg.

KZ Flossenbürg

Ehemalige Kommandantur des KZ Flossenbürg.

Flossenbürg wurde 1938 wegen der Granitvorkommen von der SS als Standort für ein Konzentrationslager ausgewählt. Hauptsächlich für das SS-eigene Unternehmen Deutsche Erd- und Steinwerke, mussten die KZ-Häftlinge Baumaterialien herstellen, die für den Ausbau der Infrastruktur und den Ausbau der „Führerstädte“; wie z.B. Berlin oder Nürnberg benötigt wurden. Unter den menschenunwürdigsten Bedingungen schufteten hier Strafgefangene, politisch Verfolgte und Widerstandskämpfer. Sie wurden ausgebeutet, gequält und geschunden bis zum Tod. Mehr als 30.000 Menschen ließen hier ihr Leben. Darunter auch die „Verschwörer“ **Dietrich Bonhoeffer** und **Wilhelm Canaris**, die als Widerstandskämpfer in diesem KZ erhängt wurden.

Von den Gebäuden des Lagers sind nur noch wenige erhalten. In der ehemaligen Wäscherei befindet sich eine Ausstellung. Auf dem Gelände informieren Ausstellungstafeln über die ehemaligen Einrichtungen des Lagers. Im Tal des Todes erinnern Gedenktafeln an die Herkunftsländer und die Zahl der Toten. Die Pyramide in der Mitte des Tales enthält Asche und Gebeine der Toten.

Wenige Monate vor seinem Tod in Flossenbürg schrieb Dietrich Bonhoeffer das mittlerweile vielfach vertonte Gedicht „Von guten Mächten treu und still umgeben“. Es ist gut, sich dies wieder einmal anzuhören oder zu lesen. Wenn man sich mit diesem Kapitel der deutschen Geschichte hier konfrontiert sieht, fällt es erstmal schwer, sich anderen Dingen erfreulicheren Dingen zu widmen und nicht in Schwermut zu versinken.

FLOSSENBÜRG hat zweifellos auch schöne Seiten. Eine davon ist z.B. die Freizeitanlage nördlich des Ortes am **Gaisweiher**. Der ca. 9 Hektar große Naturbadeweiher lädt zum Schwimmen und allerlei anderen Freizeitaktivitäten ein. Wer mit kleinen Kindern unterwegs ist, findet hier einen idealen Badeplatz.

(097) WOMO-Campingplatz-Tipp: Gaisweiher

GPS: N49°44'40.5" E12°20'38.9"; Gaisweiher 1, 92696 Flossenbürg.
max. WOMOs: 10, maximale Länge 10 m.
Ausstattung: Ausgezeichneter, sauberer Platz mit Wasserver- und Abwasserentsorgung, Kassettenentleerung, Stromanschlüssen, Behälter für die Müllentsorgung. Im Servicegebäude gibt es Dusche und WC. Der Platz ist ganzjährig geöffnet. Gutes Restaurant mit Oberpfälzer Spezialitäten am Platz.

Lage: Außerhalb von Flossenbürg direkt am Gaisweiher, sehr ruhig.
Preise: Erwachsene Person 6,20€, Wohnmobil 8,50€, Strom 0,50 pro kWh.
Zufahrt: Von der Ortsmitte in Flossenbürg den Hinweisschildern zum Campingplatz folgen.

Einmal im Mittelpunkt stehen? Warum nicht! In Bayern tut man das gern! Wir folgen vom Campingplatz den Hinweisschildern zum **Mittelpunkt Europas**, genauer Mitteleuropas. Es ist nicht weit, nach zwei Kilometern über schmale Sträßchen haben wird den Weiler HILDWEINSREUTH erreicht und gewinnen eher den Eindruck „in the middle of nowhere" zu sein, als am Mittelpunkt Mitteleuropas. Aber es ist kein Scherz. Im Auftrag des Bayerischen Rundfunks wurde vom geografischen Institut in München die Bestimmung des Mittelpunktes Mitteleuropas vorgenommen und auf diesen Punkt festgelegt. Das haben wir doch schon immer gewusst das der Mittelpunkt Europas nur in Bayern liegen kann! 1985 wurde er mit einer Scheibe aus Flossenbürger Granit markiert und feierlich eingeweiht. Auf Hinweistafeln am Rande dieser Anlage wird darauf hingewiesen, dass die angewandte Methode zur Berechnung des Mittelpunktes nicht allgemein verbindlich sei und es auch durchaus noch andere Methoden gibt, die zu anderen Ergebnissen

Der Mittelpunkt Mitteleuropas.

führen und auch ihre Berechtigung haben. Das ist ganz sicher so. So hat z.B. das militärgeografische Institut in Wien Ende des 18. Jahrhunderts den Tillenberg (Tschechisch: Dyleň) bei NEUALBENREUTH als Mittelpunkt Europas definiert. Tja, da ist man sich in Bayern also vielleicht doch nicht so ganz sicher der Mittelpunkt Mitteleuropas zu sein? Wie auch immer, es ist ein einsamer, sehr ruhiger und ebener Platz auf 718 Metern Höhe, der sich für eine Übernachtung durchaus eignet **[098: N49°45'25.6" E12°21'43.0"]**. Das ist in jedem Fall etwas!

Wir fahren mit dem Gefühl einmal auf dem Mittelpunkt Mitteleuropas gestanden zu haben, über FLOSSENBÜRG bis nach BÄRNAU weiter, der ältesten Stadt des Stiftlandes. Die mittelalterliche Struktur des auf einem Hügel liegenden Städtchens ist noch gut erkennbar. Der breite Marktplatz ist von traufständigen Häusern umgeben. Sonntägliche Ruhe liegt über der Knopf-Metropole als wir dort ankommen. Noch immer werden in diesem Ort Knöpfe der unterschiedlichsten Art produziert und in die ganze Welt exportiert. Auskunft über Geschichte, Tradition und Herstellung der Knöpfe gibt das **Knopfmuseum** in der Tachauer Straße.

Bärnau, Marktplatz.

Weiter geht die Fahrt durch eine hügelige, feld-, wald-, und wiesenreiche Landschaft. Es ist ein sehr dünn besiedelter Landstrich den wir hier in der Nähe zur tschechischen Grenze durchfahren. Als wir an MÄHRING vorbeikommen sehen wir, dass es nur noch 20 Kilometer bis zu dem altehrwürdigen Kurbad MARIÁNSKÉ LÁZNĚ (MARIENBAD) in Tschechien sind. Wir überlegen kurz, verkneifen uns aber einen Abstecher dorthin. Wir fahren doch lieber auf unserer geplanten Route weiter und erreichen bald NEUALBENREUTH.

In der Nähe von Neualbenreuth.

Kurz vor unserem Zielort kommen wir an einem Campingplatz vorbei, die Daten nehmen wir doch gleich auf. Wer nur auf der Suche nach einer Ver- und Entsorgungsmöglichkeit ist, kann dies hier gegen eine geringes Entgelt erledigen.

(099) WOMO-Campingplatz-Tipp: Platzermühle
GPS: N49°58'14.0" E12°26'40.7"; Platzermühle 2, 95698 Neualbenreuth.
max. WOMOs: 3, maximale Länge 10 m.
Ausstattung: Sauberer Terrassenplatz mit Wasserver- und Abwasserentsorgung, Kassettenentleerung, Stromanschlüssen, Behälter für die Müllentsorgung. Im Servicegebäude gibt es Dusche und WC. Der Platz ist ganzjährig geöffnet.
Lage: Außerorts, sehr ruhig, 2 km vom Sybillenbad entfernt.
Preise: Erwachsene Person 6,00 €, Wohnmobil 7,00 €, Strom 0,60 pro kWh.
Zufahrt: An der St2175 vor Neualbenreuth auf der rechten Seite.

Über schmale Straßen und an Gehöften vorbei geht es weiter zum **Grenzlandturm** [**100:** N49°58'52.2" E12°27'47.2"]. Wir steigen dort die 82 Stufen auf die Aussichtsplattform hinauf. Oben angekommen haben wir auf der einen Seite einen schönen Blick über das **Stiftland**, auf der anderen Seite einen Blick hinüber nach Tschechien ins **Egerland**. Vor mehr als 2 Jahrzehnten, als der Eiserne Vorhang noch bestand, war der Turm eine Attraktion nur um einmal über die Grenze zu schauen. Heute ist das erfreulicherweise ganz anders, heute ist NEUALBENREUTH von einem weit verzweigten Netz gut markierter Wanderwegen umgeben. Grenzüberschreitende Wanderungen sind gar kein Problem und die ausgehängten Übersichtskarten mit den Wanderwegen sind sowohl deutsch wie tschechisch beschriftet. Zum Grenze Gucken kommt heute keiner mehr, aber zum Wandern. Zum Beispiel zur Mitte Europas, die Napoleon schon versucht haben soll hier zu definieren. Das ist nicht sicher belegt, hört sich aber fremdenverkehrswirksam an. Vom Wanderparkplatz unterhalb des **Tillenberges** (Tschechisch: Dyleň) [**101:** N49°58'41.2" E12°28'55.6"], lässt sie sich gut erreichen, nur nicht so bequem wie in HILDWEINSREUTH, denn hier geht es den Hang steil hinauf. Von den österreichischen Landvermessern wurde dieser Punkt als Mitte Europas übrigens nur deshalb definiert, weil es sich bei dem 940 Meter hohen Berg einfach um den höchsten Punkt in der Umgebung handelt, von dem aus man trigonometrische Messungen durchführen konnte.

Blick vom Grenzlandturm zum Tillenberg in Tschechien.

Nach soviel Anstrengung tut Entspannung gut. Nur wenige Kilometer weiter liegt das **Sibyllenbad** mit einer modernen Wellness- und Badelandschaft. Es ist ein junges Kurbad, das erst 1989 seinen Betrieb aufgenommen hat und sich offensichtlich einer stetig wachsenden Beliebtheit erfreut. Für

Wohnmobilisten eine angenehme Anlage. Sie ist nicht überfüllt, die Stellplätze haben einen ausreichenden Abstand zueinander und sind zusätzlich durch Baumreihen voneinander getrennt. Die Kuranlagen sind nur 300 Meter vom Stellplatz entfernt und sind bequem zu Fuß durch den Kurpark zu erreichen.

Sibyllenbad, in der Badelandschaft.

(102) Offizieller WOMO-Badeplatz: Neualbenreuth – Reisemobilhafen Sibyllenbad

GPS: N49°58'56.6" E12°25'27.2"; Kurallee 1, 95698 Neualbenreuth.
max. WOMOs: 21, maximale Länge 12 m.

Ausstattung: Asphaltierter/gepflasterter Platz mit Wasserver- und Abwasserentsorgung, Kassettenentleerung, Stromanschlüssen, WC, Behälter für die Müllentsorgung, WLAN, Brötchenservice, Getränke- und Gasservice, ganzjährig geöffnet.
Lage: Nah an der Therme und dem Kurpark, sehr ruhig.
Preise: 10,00 € für eine Fahrzeug mit 2 Personen. Anmeldung und Bezahlung erfolgt an der Kasse der Therme. Entsorgung und Frischwasser kostenlos, Strom über Münzautomat 0,50 € pro kWh.
Zufahrt: An der St2175 Richtung Waldsassen gut ausgeschildert.

Wir verlassen das charmante NEUALBENREUTH und fahren nach WALDSASSEN weiter. Es sind nur 10 Kilometer, die wir zurückzulegen haben. Zu unserem eigenen Erstaunen finden wir einen freien Stellplatz in der Nähe der Basilika auf dem sonst stark von PKWs frequentierten Parkplatz.

(103) Offizieller WOMO-Stellplatz: Waldsassen P2

GPS: N50°00'19.5" E12°18'25.0"; Schwanengasse, 95652 Waldsassen.
max. WOMOs: 4.
Ausstattung/Lage: Parkplatz P2 in der Nähe der Basilika, mit Stromsäulen.
Zufahrt: Von der Ortsmitte der Beschilderung zur Basilika und dem Womo-Zeichen folgen, ganzjährig geöffnet.

(104) Offizieller WOMO-Stellplatz: Waldsassen P1

GPS: N50°00'09.2" E12°18'10.9"; Joseph Wiesnetstr., 95652 Waldsassen.
max. WOMOs: 2.

Ausstattung/Lage: Parkplatz P1, keine Stromanschlüsse.
Zufahrt: Von der Ortsmitte der Beschilderung Parkplatz P1 folgen, ganzjährig geöffnet.
Für beide gilt: Wasserversorgung über öffentliche Toiletten, Entsorgung an der Kläranlage in der Klärwerkstraße, **GPS:** N50°00'25.1" E12°18'51.2".

Die Fassade der Basilika in Waldsassen.

Nun sind wir also im kulturellen Zentrum des Stiftlandes angekommen. Wir machen uns sogleich auf den Weg zur Basilika. Dass der Ort ein Touristenmagnet ist, merken wir schnell. Die Cafés in den Straßen sind voll, der Platz vor der Basilika ist stark belebt und große Gruppen formieren sich um ihre Reiseleiter für die nächsten Führungen.

Wir besorgen uns zunächst im Klosterladen die Eintrittskarten für die berühmte Klosterbibliothek. Die Wartezeit bis zur nächsten Führung nutzen wir, um die Basilika in Augenschein zu nehmen.

Die Basilika der Abtei Waldsassen

Sie gehört sicher zu den großartigsten Barockkirchen des süddeutschen Raumes. Die kunstvollen Stuckarbeiten schufen Meister des Hochbarocks aus Italien und Böhmen. Fast 25 Jahre (1681-1704) benötigten sie dafür. Beeindruckend in der hellen Basilika ist der Chor mit seinem prachtvollen und reich verzierten Chorgestühl. Die schmucke Orgel mit 103 Registern, die eine der größten in Europa ist, fällt besonders auf. Dann ist da noch die ehemalige Gruft für die Zisterziensermönche unter der Basilika, sie zählt zu den größten Klostergruften Deutschlands. Beide, Orgel und Gruft, können nur im Rahmen von Führungen besichtigt werden. Die außergewöhnliche Abtei Waldsassen bietet also viele Superlative, das absolute Highlight ist jedoch die Klosterbibliothek.

Die Geschichte dieser Abtei, die 1133 als erste der fünf bayerischen Zisterzienserabteien gegründet wurde, verlief sehr wechselhaft. Nach einer Blütezeit zu Beginn folgten bald Plünderungen und Zerstörungen, nach der Reformation sogar eine Aufhebung des Klosters. Die Rekatholisierung begann im 17. Jahrhundert. Im 18. Jahrhundert war das Kloster das geistig-kulturelle Zentrum des Stiftlandes, bevor es zu Beginn des 19. Jahrhunderts säkularisiert wurde. Teile des Klosters wurden in dieser Zeit zu einem Fabrikgebäude umfunktioniert. Erst im ausgehenden 19. Jh. wurde das Kloster wiederbelebt, diesmal durch Zisterzienserinnen. Seit 1969 ist auch diese Kirche durch Ernennung des Papstes eine „basilica minor".

Bevor wir nun zum nächsten Sakralgebäude weiterfahren etwas ganz anderes zwischendurch: Glaubt man dem verstorbenen Gourmet Wolfram Siebeck und der Fürstin Gloria von Thurn und Taxis, dann kommen die besten Lebkuchen nicht aus NÜRNBERG sondern aus WALDSASSEN. In **„Rosner's Gläserner Lebkuchenmanufaktur"** in der Egerer Straße 9

Chor, Chorgestühl und Altar der Basilika.

Die Stiftsbibliothek der Abtei Waldsassen

Nicht die Bücher stehen im Mittelpunkt des Interesses, sondern der kunstvoll gestaltete Raum mit den fantastischen Holzschnitzarbeiten. Insbesondere die 10 lebensgroßen Tragefiguren, die die Empore stützen, geben zu allerlei phantasievollen Spekulationen und Interpretationen Anlass. Vermutlich sollen sie verschiedene Facetten des Hochmutes darstellen, wie Dummheit, Zorn, Eigenbrötelei, Spottlust, Prahlerei, Ignoranz, Arroganz, Eitelkeit, Neugierde und Heuchelei. Je länger man die Figuren betrachtet, umso mehr Details werden sichtbar. Hinzu kommen acht Porträtbüsten an der Decke, die bekannte Persönlichkeiten aus der Antike wie Sophokles, Cicero u.a. darstellen, vier große Deckenfresken, die die mystischen Erscheinungen des Zisterzienserheiligen Bernhard von Clairvaux zum Thema haben sowie einige andere Reliefs und Holzschnitzereien. Insgesamt ein äußerst faszinierender und sehr beeindruckender Raum.

können Sie zuschauen wie sie hergestellt werden und natürlich auch verkosten und kaufen.

Die Kappl, Wallfahrtskirche der Heiligsten Dreifaltigkeit.

Nun zum nächsten Ziel, die **Kappl**, eine Wallfahrtskirche in MÜNCHENREUTH. Wir fahren auf der B299 Richtung CHEB (EGER) und biegen sogleich kurz hinter dem Ortsende in die St2178 nach MÜNCHENREUTH ab. In dem kleinen Ort geht es nach den ersten Häusern erneut links ab. Auf dieser Straße bleiben wir bis zum Ziel (1,5 km).

Der Parkplatz [**105:** N50°01'43.7" E12°16'35.3"] ist fast leer, hier ist es um ein vielfaches ruhiger als in WALDSASSEN. Obwohl hier derselbe Baumeister (G. Dientzenhofer) zur nahezu gleichen Zeit wie in Waldsassen tätig war, ist die Architektur dieses Kirchengebäudes vollkommen anders. Die Zahl drei dominiert, es gibt drei Türme, drei Altäre und drei Deckengemälde. Alles auf einem Grundriss, der einem dreiblättrigem Kleeblatt gleichkommt. Eine für diese Zeit sehr originelle architektonische Umsetzung der Dreifaltigkeit.

Innenraum der Kappl, Kuppelbild Gott Vater.

Die Geschichte dieses Wallfahrtsortes hängt mit der Entstehung des Klosters in WALDSASSEN zusammen. Laienbrüder des Klosters, die hier Vieh hüteten, brachten zum Gebet und zur Andacht ein Bild der Heiligsten Dreifaltigkeit an einem Baumstamm an, von dem dann – so die Überlieferung – sehr bald eine Wundertätigkeit ausging. Mehrere Kapellen wurden an diesem Ort in den Folgejahren gebaut, aber auch wieder zerstört bis man sich entschloss, diese heute noch bestehende Kirche zu errichten.

Nach den anstrengenden Besichtigungen, die unsere ganze Aufmerksamkeit gefordert haben, ist jetzt Entspannung angesagt. Ein Spaziergang um einen See wäre nicht schlecht, schön wäre es auch, wenn man dies gleich mit einem Restaurantbesuch verknüpfen könnte. Warum nicht?

Nur 10 Kilometer sind es bis zum **Feisnitz-Stausee**. Der ursprünglich als Kühlwasserspeicher für das schon lang stillgelegte Braunkohlekraftwerk in ARZBERG angelegte See, ist heute ein Naherholungsgebiet mit einem Naturbadestrand. Der Weg um den See ist etwa 2 Kilometer lang, leicht zu gehen und damit sehr angenehm für einen Abendspaziergang. Das Restaurant mit einer Terrasse liegt nur wenige Meter vom Ufer entfernt. Wer hier nicht parken kann, findet sicher einen Parkplatz an der Zufahrt zu dem Restaurant am Seeufer. Nachts herrscht hier absolute Ruhe [**106:** N50°02'01.9" E12°11'01.0"].

Feisnitz-Stausee bei Arzberg.

Weiter geht die Fahrt nach MARKTREDWITZ. Die Kleinstadt hat einen historischen Ortskern mit einigen sehenswerten Gebäuden, die von der Tourist Information (nur samstags um 10 Uhr) auch gern in einem Rundgang präsentiert wer-

Historisches Rathaus Marktredwitz.

den. Neben dem Auenpark, der mit der Landesgartenschau 2006 hinter einem alten Industriekomplex angelegt wurde, befindet sich der offizielle Stellplatz.

Außergewöhnlich ist der **Marktredwitzer Krippenweg**, der seit einigen Jahren auf der Basis einer alten Tradition wieder gepflegt wird. Sehr große Krippen mit unzähligen Figuren bilden ganze Landschaften ab. Das Besondere dabei: Die Mehrzahl dieser Krippen befindet sich in Privathäusern, die im Advent fremden Besuchern die Türe öffnen, um die Krippen zu präsentieren. Oft nehmen die Landschaftskrippen die Größe eines ganzen Zimmers ein, das ist einzigartig in Europa.

(107) Offizieller WOMO-Stellplatz: Marktredwitz – Am Auenpark

GPS: N49°59'43.3" E12°04'54.3"; Von-Cramm-Weg 5, 95615 Marktredwitz.
max. WOMOs: 12, maximale Länge 12 m.
Ausstattung: Gepflasteter Platz mit Wasserver- und Abwasserentsorgung, Kassettenentleerung, Stromanschlüssen, Behälter für die Müllentsorgung. Der Platz ist ganzjährig geöffnet. Naturfreibad "MAKBad"; mit kostenlosem Eintritt in unmittelbarer Nähe. Zum Auenpark führt ein Fußweg am Restaurant Dimitra vorbei.
Lage: In einer Nebenstraße am Ortsrand direkt am Bach Kössein, der den Stellplatz vom Auenpark trennt. Sehr ruhig.
Preise: Kostenlos. Mit Münzeinwurf bekommt man Frischwasser für 0,50 €, Strom für 0,50 € pro kWh. Die Entsorgung kostet 1,00 €.
Zufahrt: Über die Rößlermühlstraße.

Weiter geht es: Von MARKTREDWITZ fahren wir parallel zur Autobahn nach MITTERTEICH. Neben einigen historischen Gebäuden wie dem Rathaus, der Stadtpfarrkirche oder den Brunnen, wie dem **Schmied Brunnen** und **Glasbläser Brunnen**, die alle sehenswert sind, wollen wir uns in dieser Stadt dem Porzellan und dem Glas widmen.

Über 100 Jahre wurde in MITTERTEICH Porzellan hergestellt. Mit dem Niedergang und dem herben Strukturwandel in der Herstellung des „weißen Goldes"; mussten namhafte Porzellanhersteller in der Oberpfalz aufgeben. So traf es auch die Firmen in Mitterteich. Um diese Ära nicht in Vergessenheit geraten zu lassen, wurde das **Museum Mitterteich** auf dem Gelände der alten Porzellanfabrik an der Tirschenreuther Straße eingerichtet [**109:** N49°56'46.7" E12°14'58.4"]. Originalgeräte aus der ehemaligen Fabrik sind hier kombiniert mit erklärenden Schautafeln, Vitrinen und vielem mehr. Wer in MITTERTEICH übernachten will, hat neben dem Parkplatz am Museum zwei weitere Möglichkeiten. Zum einen den **Freizeithugl**, eine Anlage in GROSSBÜCHLBERG [**108:** N49°58'19.7" E12°13'31.5"] oberhalb von MITTERTEICH mit Rodelbahn, Minigolf, Campingplatz und Komfortstellplätzen incl. WLAN-Anschluss, zum anderen den Parkplatz vor dem **Freibad** [**110:** N49°57'01.5" E12°13'30.7"] an der Straße nach MARKTREDWITZ.

Mitterteich, Nepomuk und Stadtkirche.

Weiter geht es in den **Steinwald**. Von MITTERTEICH fahren wir über WIESAU nach FRIEDENFELS. Der Ort eignet sich sehr gut als Ausgangspunkt für Radtouren oder Wanderungen in und um den **Steinwald**. Der offiziell ausgewiesene Stellplatz am

(112) Offizieller WOMO-Stellplatz: Friedenfels – Steinwaldhalle

GPS: N49°52'51.67" E12°6'10.22"; Gemmingen-Straße 7, 95688 Friedenfels.
max. WOMOs: 12, maximale Länge 12 m.
Ausstattung: Asphaltierter Platz mit kostenloser Frischwasserversorgung WC und Stromanschlüssen.
Lage: In der Ortsmitte.
Preise: 3,50 € für ein Fahrzeug mit 2 Personen, Strom 1€ für 2,5 kWh. Die Gebühr ist bei Ankunft im Verkehrsamt /Tourist-Info der Gemeinde zu entrichten. Am Wochenende und Feiertagen wird die Parkberechtigung gegen Gebühr im Gasthaus "Goldener Engel" ausgestellt.
Zufahrt: Die Gemmingen-Straße bis zum Ende durchfahren.
Entsorgung: An der Kläranlage in Unterneumühle, Preis ist in den Stellplatzgebühren enthalten.

hinteren Ende des Ortsteiles Frauenreuth [**111:** N49°53'34.3" E12°05'08.7"], ist nichts anderes als ein kleiner, für Wohnmobile allerdings gebührenpflichtiger Wanderparkplatz.

Der Stellplatz an der Steinwaldhalle bietet sich an, um in der Schlossschänke etwas zu essen und das **Zoigl-Bier** (was das ist, erklären wir später) der örtlichen Brauerei zu probieren. Einen weiteren gebührenpflichtigen und ganzjährig nutzbaren Stellplatz gibt es beim beheizten Freibad in der Badstraße [**113:** N49°53'12.32" E12°6'15.43"].

Steinwald, Oberpfalzturm.

Wer nur wandern will, dem empfehlen wir den Parkplatz in HOHENHARD am Nordhang des Steinwalds an der Straße nach Marktredwitz [**114:** N49°55'31.0" E12°04'57.5"]. Das Wanderwegenetz im Steinwald hat mehr als 100 Kilometer, da ist für jeden Wanderfreund etwas dabei. Vom Wanderparkplatz in HOHENHARD bis zur **Ruine Weißenstein** und weiter zum **Oberpfalzturm**, der

Steinwald, Ruine Weißenstein. Eine Anlage, die auf das 13. Jh. zurückgeht.

Waldnaab, unberührter Flusslauf mit zahlreichen Felsformationen.

auf der Platte, dem höchsten Punkt des Steinwaldes (946m), steht und zurück sind es auf leicht begehbaren Wegen ca. 8 Kilometer. Eine lohnenswerte Wanderung wie wir meinen.

Ebenso lohnenswert ist eine Wanderung oder auch Radtour südlich von FALKENBERG durch das **Naturschutzgebiet Waldnaabtal**. Hier sägt sich die **Waldnaab** in einem engen Tal durch den Granit. Allerlei Felsformationen, Kaskaden und moosbewachsene Bäume machen die Wanderung in diesem ursprünglichen und naturbelassenen Tal sehr kurzweilig. Im **Gasthaus Blockhütte** etwa in der Mitte des Naturschutzgebietes lässt es sich darüber hinaus gut einkehren. Drei Wanderparkplätze stehen zur Verfügung: An der **Hammermühle** bei FALKENBERG [**115:** N49°51'29.9" E12°12'45.0"], oberhalb des **Gasthauses Blockhütte** in der Nähe der Autobahn (man kann sie hören!) [**116:** N49°50'24.2" E12°10'50.3"] und in **Johannisthal**, nördlich von WINDISCHESCHENBACH (gut ausgeschildert, aber sehr klein in unmittelbarer Nähe eines Exerzitienhauses) [**117:** N49°48'47.4" E12°09'56.7"].

Wir fahren von der Hammermühle weiter und statten dem kleinen Ort FALKENBERG mit seiner Burg noch einen Besuch ab. Als Schutz- und Trutzburg wurde sie erbaut und wie so viele der oberfränkischen Burgen im Laufe der Geschichte mehrfach zerstört und wieder aufgebaut. In der Blütezeit der Zisterzienser von

Burg Falkenberg.

(118) Offizieller WOMO-Stellplatz: Tirschenreuth – ZOB

GPS: N49°52'34.5" E12°19'59.7"; Ringstraße 48, 95643 Tirschenreuth.
max. WOMOs: 5, maximale Länge 10 m, max. Aufenthalt 3 Tage.
Ausstattung: Asphaltierter Platz mit Wasserver- und Abwasserentsorgung, Kassettenentleerung, Behälter für die Müllentsorgung, WC. Der Platz ist ganzjährig geöffnet.
Lage: Teil des Großparkplatzes und Omnibusbahnhofes am Ortsrand, nicht ruhig. 3 Minuten bis zur Altstadt.
Preise: Parken und Entsorgung kostenlos, Frischwasser 1,00 €.
Zufahrt: In der Nähe der B15 der Beschilderung zum Busbahnhof folgen.

(119) Offizieller WOMO-Stellplatz: Tirschenreuth – Am Fischhofpark

GPS: N49°52'45.9" E12°20'41.4"; Am Fischhof, 95643 Tirschenreuth.
max. WOMOs: >5, maximale Länge 10 m, max. Aufenthalt 3 Tage.
Ausstattung: Asphaltierter Platz ohne Versorgungseinrichtungen, ganzjährig geöffnet.
Lage: Direkt am Stadtteich im Fischhofpark, 5 Minuten bis zur Altstadt.
Preise: Kostenlos.
Zufahrt: Über den Ortsteil Lohnsitz der Beschilderung zum Fischhofpark folgen.

Waldsassen war sie Sommerresidenz der Äbte. Während des Dreißigjährigen Krieges wird die Burg zur Ruine und erst ab 1936 durch Graf Schulenburg in der jetzigen Form wieder hergerichtet. Seit 2009 gehört die Burg der Gemeinde.

Nun geht es auf ins Land der 1000 Teiche. Frisch renoviert ist der lang gezogene Marktplatz im Zentrum der Kreisstadt TIRSCHENREUTH. Die Bäume sind noch jung und werden noch Jahre benötigen, bevor sie Schatten spenden. Rathaus,

Kirche, Denkmäler und schmucke Bürgerhäuser säumen den schön hergerichteten Platz. Der Ort gehörte zum **Kloster Waldsassen**, dessen Äbte hier Teiche anlegen ließen und damit die Teichwirtschaft begründeten. Sie ließen auch den **Fischhof** mit einer schönen **Bogenbrücke** errichten, den sie als **„Gutshof"** für die Bewirtschaftung der Teiche nutzten. Heute ist hier das Amtsgericht untergebracht. Das Gelände des Fischhofparks wurde für die Landesgartenschau 2013 aufwändig restauriert und neu gestaltet. Eine sehr schöne Parkgestaltung ist dabei herausgekommen. Die Stadtsilhouette und die **Bogenbrücke** kommen damit erst richtig zur Geltung. Ein Stellplatz direkt am Stadtteich steht zur Verfügung und eignet sich bestens für eine Übernachtung. Nicht nur die Stadt und der Fischhofpark sind reizvoll, auch ein Spaziergang durch die Teichlandschaft hat seinen Reiz, besonders dann, wenn man so eine abendliche Sonnenuntergangsstimmung einfangen kann.

Wir fahren nunmehr weiter nach WINDISCHESCHENBACH, einem Ort, der von sich behauptet die Hauptstadt des **Zoiglbieres** zu sein. Gleich zehn Zoiglstuben wechseln sich hier im Ausschank ab, welche Gaststube gerade ausschenkt, erkennt man am außen angebrachten **Zoigl-Stern**.

Nun sollte man sicher nicht nur wegen des Bieres nach WINDISCHESCHENBACH fahren. Dass man von hier aus

Abendstimmung in der Tirschenreuther Teichlandschaft.

Zoiglbier

Der Zoigl ist ein untergäriges und ungefiltertes Bier, das im Kommunbrauhaus hergestellt wird. Nach dem Reinheitsgebot wird nur Hopfen, Malz, Wasser und Hefe verwendet. Nach Abschluss des Brauvorgangs, der mit einer Holzfeuerung betrieben wird, kommt die sogenannte Würze in ein offenes Kühlschiff, ruht über Nacht und kühlt dabei aus. Am folgenden Tag wird die Würze heimgefahren und in einen Gärbottich umgefüllt. Jetzt setzt der Zoiglwirt die Hefe zu, die den Zucker in Alkohol umwandelt. Nach rund zehn Tagen wird der Zoigl in Tanks umgefüllt und muss noch mehrere Wochen ruhen. Danach wird ausgeschenkt, ungefiltert und direkt vom Lagertank. Dazu wird eine Brotzeit serviert. Jeder Wirt, jedes Gasthaus hat seine eigene Rezeptur und seine eigene Art den Zoigl zu servieren. Wer gerade von den Wirtschaften ausschenken darf, bringt den Zoiglstern außen am Gasthof sichtbar an.

Da sich das Zoiglbier gut verkaufen lässt (es ist halt gut und sehr preiswert), wurde es vielfach kopiert. Echtes Zoiglbier bekommen Sie nur dort, wo auch das **Zoigl-Logo** mit dem Stern außen deutlich sichtbar angebracht ist.

eine sehr schöne Wanderung durch das Tal der **Waldnaab** machen kann, hatten wir schon auf der Seite 149 erwähnt. Auf dem **Campingplatz an der Schweinmühle** kann man alles kombinieren [**120:** N49°49'10.9" E12°08'43.3"; Schweinmühle 1, 92670 Windischeschenbach]. Der Weg in das bereits beschriebene Naturschutzgebiet ist von hier nicht weit. Und nach der Rückkehr kann man es sich mit einem Zoiglbier und einer zünftigen Brotzeit in dem Gasthaus des Campingplatzes (mit Hausmetzgerei) richtig gemütlich machen. Der Reiseproviant lässt sich hier auch noch aufstocken.

Wer etwas über die Geschichte des Waldnaabtales erfahren will, der sollte die **Burg Neuhaus** östlich der Waldnaab aufsuchen, hier befindet sich das **Waldnaabtalmuseum** [N49°47'57.8" E12°09'45.3"]. Es hat nur sonntags geöffnet, keine der Einrichtungen, die man unbedingt gesehen haben muss. Das ist mit dem **GEO-Zentrum an der KTB** schon ganz anders.

Zu erreichen ist das **Geo-Zentrum** von der St2181, die von WINDISCHESCHENBACH nach KEMNATH führt. Der Bohrturm ist als Wegmarke schon von weitem sichtbar, eine Übernachtung auf dem von sehr viel Grün umgebenen Parkplatz [**121:** N49°48'58.2" E12°07'05.9"], ist problemlos möglich. Wer nach einem Ausflug in die Geowissenschaften eine Erfrischung braucht, fährt zum Freibad [**122:** N49°47'33.2" E12°09'08.8"]. Hier lässt es sich auch gut auf dem offiziellen Stellplatz übernachten.

GEO-Zentrum KTB

KTB steht für Kontinentale Tiefbohrung. Bis zu einer Tiefe von 9101 Metern ist man in den Jahren zwischen 1990 und 1994 vorgedrungen. Wozu? Nach Öl hat man nicht gesucht, das ist sicher, also wozu dann? Gar nicht so einfach zu erklären. Das wollen wir hier auch besser nicht versuchen. Nur soviel: Da wir uns hier in der Kontaktzone zweier großer Kontinentalplatten befinden, sollte untersucht werden, was sich bei der Kollision an den Plattenrändern abspielt, bzw. abgespielt hat. Die Bohrung diente also kurz gesagt der geowissenschaftlichen Grundlagenforschung. Neben dem Bohrturm besteht seit einigen Jahren das **Geo-Zentrum**. Hier erfahren Sie, wie Vulkane entstehen, wie sich Gebirge bilden und warum es immer wieder diese schrecklichen Erdbeben gibt. Sie können im Erdbebensimulator auf einer „Rüttelplatte" auch einmal spüren, wie sich verschiedene Erdbeben „anfühlen". Wer also wissen will, woraus unser **„Blauer Planet"** besteht, was ihn zusammenhält und welche Dynamik er immer noch hat, der sollte das **Geo-Zentrum** unbedingt in seine Reiseplanung aufnehmen. Wer es ganz genau wissen will, lässt sich von einem Geologen durch die Anlage führen.

Wallfahrtskirche Sankt Felix in Neustadt an der Waldnaab.

Wir fahren nach NEUSTADT AN DER WALDNAAB weiter. Die Kleinstadt liegt oberhalb eines steilen Ufers an der **Waldnaab**. Das **Alte** und das **Neue Schloss** liegen dicht beieinander am Stadtplatz und werden heute als Bürogebäude für das Landratsamt genutzt. Einige schmucke giebelständige Häuser runden das Altstadtbild ab. Sehenswert ist die Wallfahrtskirche am Südrand der Stadt. Von den vielen Glashütten, die einst die Stadt prägten, ist keine übrig geblieben. Der Strukturwandel in diesem Industriezweig hat auch diese Stadt nicht verschont. Ein kleines Museum neben der Stadtpfarrkirche erinnert an die Blütezeit der **„Stadt des Bleikristalls"** wie NEUSTADT sich immer noch nennt. Im Outletcenter der **Fa. Nachtmann** in der Zacharias-Frank-Straße 7, kann man Bleikristallgläser erwerben.

Wer übernachten will und/oder entsorgen muss, dem empfehlen wir den schönen Campingplatz im Norden der Stadt [**123:** N49°44'13.4" E12°10'18.2", Gramaustraße 64]. Er befindet sich direkt an der **Waldnaab**, ist sehr günstig im Vergleich zu anderen Plätzen und hat einen Biergarten.

Tour 9

Wallfahrtskirche
Parkstein
094
5 km
N
nach Marktredwitz/Hof
Tour 8
15
22
123
Neustadt a.d. Waldnaab
Tour 7
Schätzlerbad
095
Wallfahrtskirche St. Felix
Bocklweg
Plößberg
Mantel
Thermenwelt
Stadtbad
Altstadt
Weiden in der Oberpfalz
Floß
97
Hildweinsreuth
098
Gaisweiher
Flossenbürg
KZ-Gedenkstätte
096
Rothenstadt
Wald-naab
93
Neuenhammer
Georgen-berg
Luhe-Wildenau
Fahrenberg 802 m
Zottbachtal
Naab
Waldau
143
14
144
Leuchtenberg
Vohenstrauß
Kreuzbergkirche
Pleystein
Wernberg-Köblitz
125
Autohof Wernberg
124
126
Kainzmühl-talsperre
6
Waidhaus
Tour 18
142
Hochspeicher Rabenleite
Moosbach
nach Prag
Pfreimd
Trausnitz
Trausnitz-talsperre
Tännesberg
nach Regensburg
Geologischer Lehrpfad
Oberpfälzer Freilandmuseum
141
Eslarn
Atzmannsee
Nabburg
254
WC
127
Tillyschanz
St2154
Weidenthal
Wildpark Stückberg
W
Teunz
140
139
Dr. Eisenbarth-Museum
Größter Bierkrug der Welt
128
Niedermurach
Lukahammer
Moorbad
Schwarzach
Ruine Obermurach
Oberviechtach
Schönsee
896 m
Weiding
Stadlern
Schwarz-hofen
890 m
Signalberg
Ascha
Winklarn
nach Schwandorf
Kulz
Kulzer Moos
Tiefenbach
137
TSCHECHIEN
138
Neunburg vorm Wald
129
Silbersee
Treffelstein
136
135
134
Schwarzwihrberg
706 m
Gütenland
Eixendorfer See
Handwerks-museum
130
Witzelsmühle
Hillstett
St2154
131
Neukirchen-Balbini
Rötz
Ast
Perlsee
Schwarzach
132
133
Waldmünchen
848 m
Stamsried
nach Cham
Oberpfälzer Wald

TOUR 9 (ca. 225 km)

Weiden – Vohenstrauß – Pleystein – Waidhaus Eslarn – Schönsee – Waldmünchen – Rötz – Neunburg vorm Wald – Winklarn – Oberviechtach Tännesberg – Leuchtenberg – Wernberg-Köblitz

Freie Übernachtung:	Eslarn, Silbersee, Waldmünchen (Perlsee), Eixendorfer See, Kulzer Moos, Tännesberg, Leuchtenberg.
Offizielle Stellplätze:	Weiden, Vohenstrauß, Pleystein, Waidhaus, Schönsee, Neunburg v.W., Oberviechtach, Wernberg.
Campingplätze:	Waldmünchen, Eixendorfer See, Trausnitz.
Ver-/Entsorgung:	Weiden, Vohenstrauss, Pleystein, Waidhaus, Neunburg v.W., Oberviechtach, Wernberg.
Besichtigungen:	Pleystein (Kreuzbergkirche), Eslarn (Wildgehege), Rötz (Handwerkermuseum), Oberviechtach (Eisenbarth-Museum), Lukahammer (Größter Bierkrug der Welt).
Wandern:	Vohenstrauß (Bocklradweg), Kulzer Moos, Oberviechtach (Goldlehrpfad), Tännesberg (Geologischer Lehrpfad).
Baden/Wellness:	Schönsee (Moorbad), Silbersee, Waldmünchen (Perlsee) und aquafit, Freibad Neunburg v.W., Freibad Oberviechtach.

Wir nehmen in WEIDEN die St2166 nach VOHENSTRAUSS. Die Straße ist sehr gut ausgebaut, so kommen wir schnell voran. Kurz vor VOHENSTRAUSS sehen wir in WALDAU, einem Ortsteil unseres Etappenziels, eine Burganlage. Sie befindet sich in Privatbesitz und kann nicht besichtigt werden.

Der Grundriss von VOHENSTRAUSS lässt eine mittelalterliche Entstehung erkennen. Die Zahl der Sehenswürdigkeiten ist überschaubar. Die **Friedrichsburg**, das Wahrzeichen des Ortes, wird heute für Ausstellungen genutzt, der Innenhof für Festveranstaltungen. Die Außenfassaden des schönen Renaissancegebäudes wurden aufwändig restauriert und können zu jeder Zeit besichtigt werden.

Wer die Räder dabei hat, kann von hier aus bequem den **Bocklweg**, den längsten Bahntrassen-Radweg Bayerns, fahren. Von VOHENSTRAUSS geht es in die eine Richtung über PLEYSTEIN, WAIDHAUS und ESLARN bis an die Tschechische Grenze (ca.31 km) oder in die andere Richtung über FLOSS nach NEUSTADT AN DER WALDNAAB (ca.21 km).

Die Friedrichsburg in Vohenstrauß.

(124) Offizieller WOMO-Stellplatz: Vohenstrauß – Stadthalle

GPS: N49°37'04.4" E12°20'42.0"; Neuwirtshauser Weg 11, 92648 Vohenstrauß.
max. WOMOs: 8, maximale Länge 12 m, max. Aufenthalt 3 Tage.
Ausstattung: Befestigter Platz mit Wasserver- und Abwasserentsorgung, Kassettenentleerung, Stromanschlüssen, Behälter für die Müllentsorgung. Der Platz ist ganzjährig geöffnet, die Wasserversorgung in den Wintermonaten abgestellt.

Lage: Am Ortsrand direkt an der Stadthalle, 600 Meter bis zur Ortsmitte, 1 km bis zur Autobahn.
Preise: Kostenlos.
Zufahrt: Von der Stadtmitte Richtung Autobahn fahren und hinter dem Schloss Friedrichsburg rechts abfahren in den Neuwirtshauser Weg.

(125) Offizieller WOMO-Stellplatz: Pleystein – Friedhof

GPS: N49°38'39.4" E12°24'19.2"; Galgenbergweg 5, 92714 Pleystein.
max. WOMOs: 5, maximale Länge 10 m.
Ausstattung: Befestigter Platz mit Wasserver- und Abwasserentsorgung, Kassettenentleerung, Stromanschlüssen, Behälter für die Müllentsorgung, WLAN. Der Platz ist ganzjährig geöffnet, die Wasserversorgung in den Wintermonaten abgestellt.
Lage: Am Ortsrand neben dem örtlichen Friedhof.
Preise: Kostenlos.
Zufahrt: Vor der Einfahrt zur Ortsmitte auf der rechten Seite.

Wir fahren nicht mit dem Rad, sondern mit unserem Womo weiter nach PLEYSTEIN. Auf dem Stellplatz am Rande der Ortsmitte stellen wir das Fahrzeug ab. Nur 500 Meter sind es über den Marktplatz bis zu der Treppe, die zum Kloster der Salesianer und der **Kreuzbergkirche** führt. Beide befinden sich auf einem mächtigen Gesteinskoloss aus Rosenquarz. Der 38 Meter hohe und steil abfallende Felsen tritt an seiner

Ostseite besonders schön zu Tage. Es ist der harte Kern eines Pegmatitstockes, der am Ende des Erdaltertums entstand. Eine Zeit lang wurde an diesem Hang Bergbau betrieben, sogar nach Gold wurde gesucht und ein Stollen in den Fels getrieben. All das wurde eingestellt, es stellte sich als unergiebig heraus. Der Fels darf nicht erklettert werden, denn er steht als Naturdenkmal unter Schutz und gehört zu Bayerns 100 schönsten Geotopen.

Kreuzbergkirche in Pleystein.

Die Häuser und auch die beiden Kirchen in PLEYSTEIN sind alle jüngeren Datums. Durch den Großbrand im Jahr 1901 erlebte der Ort eine Feuerkatastrophe. Die Kreuzbergkirche wurde im Stile des Neubarocks wieder errichtet, für die Stadtpfarrkirche, die ebenfalls den Flammen zum Opfer gefallen war, wurde eine neugotische Formensprache gewählt.

Die vielen Ortsnamen und Weiler entlang des **Zottbachtales** nördlich von PLEYSTEIN die einen »hammer« oder eine »mühle« in ihrem Namen tragen, deuten auf eine handwerkliche Vergangenheit dieser Region hin. Ein Wanderführer macht uns den **Glasschleiferweg** der diese Orte verbindet schmackhaft und spricht von „besonderem Reiz" und „kulturgeschichtlichem Erlebnis". Wir verschieben jedoch die Wanderung auf einen späteren Zeitpunkt und fahren über WAIDHAUS weiter nach ESLARN.

WAIDHAUS ist die Grenzübergangsstelle nach Tschechien. Nachdem Tschechien dem Schengener Abkommen beigetreten ist, haben die Abfertigungsgebäude an der Bundesstraße ihre Bedeutung verloren. Vielleicht wird noch ein Museum oder ein Dokumentationszentrum eingerichtet, der vorgesehene Abriss ist zunächst einmal gestoppt. Bedenkenlos kann man die Grenze passieren, malerisch sehen die alten Abfertigungsgebäude allerdings nicht aus. Die Fahnen und die Reklame für Zigaretten und Spirituosen helfen da auch nicht und was sonst noch so alles direkt hinter der Grenze angeboten wird, steigert nach unserem Geschmack die Attraktivität auch nicht. Aber preiswert tanken kann man hier.

(126) Offizieller WOMO-Stellplatz: Waidhaus

GPS: N49°38'50.7" E12°30'06.8"; Frankenreuth 53, 92726 Waidhaus.
max. WOMOs: 10, maximale Länge 10 m.
Ausstattung: Befestigter Platz mit Wasserver- und Abwasserentsorgung, Kassettenentleerung, Stromanschlüssen, Behälter für die Müllentsorgung. Im Servicegebäude gibt es Dusche, WC und Waschmaschine. Der Platz ist ganzjährig geöffnet.

Lage: Wiesengrundstück neben dem Trägerhof, sehr ruhig, 250 Meter von der Freizeitanlage "Bäckeröd" mit Freibad entfernt.
Preise: 7,00 € für ein Fahrzeug mit 2 Personen, Ver- und Entsorgung kostenlos, Strom 0,50 € kWh.
Zufahrt: Zwischen Waidhaus und Frankenreuth an der Frankenreuther Str. rechts.

Zurück nach WAIDHAUS: Neben Wandern (es gibt einige markierte Wander- und Spazierwege) und Radeln (z.B. auf dem **Bocklweg**) bietet der Ort mit der Freizeitanlage „Bäckeröd" ein Freibad mit einem großen naturnahen Badesee. In unmittelbarer Nähe davon liegt der Wohnmobilstellplatz neben einem Gehöft. „Ferien auf dem Bauernhof" sind hier mit dem Wohnmobil möglich, incl. Trecker (mit)fahren für die Kleinen.

Wir fahren weiter nach ESLARN. Sehenswürdigkeiten gibt es hier keine aufzuzählen. Es ist ein ruhiger Erholungsort, der Naturliebhabern gefallen wird, die ungestört wandern wollen. Mit dem **Atzmannsee** verfügt der Ort über ein Naturbad. In unmittelbarer Nähe kann man problemlos und sehr ruhig übernachten [**127:** N49°34'43.3" E12°30'29.3"]. Zahlreiche

Der Atzmannsee in Eslarn.

Einer der Hirsche im Wildpark Stückberg bei Eslarn.

Wanderwege führen durch die nähere Umgebung von ESLARN. Der **Wallenstein-Tilly-Weg** führt zur **Tillyschanz** an der Grenze zu Tschechien. Hier sind die Reste einer Befestigungsanlage zu sehen, die der Feldherr Tilly während des Dreißigjährigen Krieges errichten ließ (ca. 6 km vom Atzmannsee). Ein etwa gleich langer Weg führt zum **Wildpark Stückberg**, der an der Hauptstraße nach SCHÖNSEE liegt [N49°32'48.4" E12°32'22.3"]. Große Populationen mit Rot-, Dam- und Schwarzwild sind in Gehegen untergebracht. Zum Teil recht zutraulich, lassen sie sich gern mit Eicheln und Kastanien füttern. So nah kommt man nur selten an diese Tiere heran.

Eine der vielen „Wildsauen“ im Wildpark.

Auf dem weiteren Weg kommen wir nun nach SCHÖNSEE. Der Name klingt verheißungsvoll. Mit dem Keckenweiher, dem Hahnenweiher und dem Moorbad hat der Ort an

(128) Offizieller WOMO-Badeplatz: Schönsee – Moorbad

GPS: N49°30'41" E12°33'15"; Böhmerwaldstraße 14, 92539 Schönsee.
max. WOMOs: 5, maximale Länge 12 m, max. Aufenthalt 4 Tage.
Ausstattung: Befestigter Parkplatz auch für PKW, ganzjährig geöffnet. Sollte er belegt sein schräg gegenüber befindet sich noch ein größerer Parkplatz am Keckenweiher.
Lage: Direkt neben dem Moorbad, relativ ruhig. Entfernung zur Ortsmitte 650 Meter.
Preise: Kostenlos.
Zufahrt: Kurz vor der Kirche links abbiegen und der Böhmerwaldstraße 350 Meter folgen.

der Ascha gleich drei Seen aufzuweisen. Das Moorbad mit den Ruheflächen, Liegewiesen u. Spielanlagen ist Teil des Kurparks. Der Park liegt nahezu mitten in der Stadt entlang der Ascha, die im Bereich der Arena am Wasserrad auch ein Kneipptretbecken durchfließt. Die Wasserfläche des Bades ist mit Sitzstegen eingefasst und wird aus einer moorhaltigen Quelle gespeist. Das Wasser absolut naturbelassen. Der Eintritt ist frei, der Stellplatz direkt am Rand. Im Ort gibt es mehrere Restaurants. Im Gasthof Haberl kann man die Regionale Küche ausprobieren. Schwammerlbrühe mit Dotsch steht hier als Spezialität des Hauses auf der Karte.

Treffelstein mit Pfarrkirche und Drachenturm.

Der Silbersee lässt sich auf einem 5 Kilometer langen Weg umrunden.

Auch bei den nächsten Etappenzielen stoßen wir auf Badeseen. Wir fahren weiter Richtung WALDMÜNCHEN, durchfahren TIEFENBACH und kommen nach TREFFELSTEIN. Der kleine Ort wird überragt vom 15 Meter hohen **Drachenturm**, dem Rest einer Burganlage aus dem 11. Jahrhundert. Aus der Mitte des Ortes führt die Silberseestraße zum naturbelassenen **Silbersee**. Segeln, Surfen, Baden, der See bietet viele Möglichkeiten an dieser Stelle [**129:** N49°24'55.8" E12°35'50.3"]. Für eine Übernachtung an dem schönen See scheint uns der Platz in der Nähe des Staudammes noch geeigneter. Diesen Platz erreicht man, wenn man den Ort in südliche Richtung verlässt, das Dorf WITZELSMÜHLE ansteuert und sich dann dem See wieder von Süden nähert. Der See wird von der Bayerischen Schwarzach gespeist, die wenige Kilometer weiter flussaufwärts in Tschechien entspringt und sich weiter südlich bei AST mit ihrer etwas kräftigeren böhmischen Schwester zur **Schwarzach** vereinigt.

(130) WOMO-Wanderparkplatz: Treffelstein – Silbersee-Südufer

GPS: N49°24'30.8" E12°36'31.6"; 93492 Treffelstein-Witzelsmühle.

max. WOMOs: 3, maximale Länge 8 m.

Ausstattung: Asphaltierter Platz ganzjährig geöffnet.

Lage: Am Südufer des Silbersees, sehr ruhig. Baden ist hier nicht möglich. Guter Standort für Wanderungen, absolut ruhig.

Preise: Kostenlos.

Zufahrt: Von der Kreisstraße Richtung Biberbach nach Witzelsmühle abbiegen.

Die Böhmische Schwarzach durchfließt den **Perlsee**, unserem nächsten Ziel am nördlichen Stadtrand von Waldmün-

(131) WOMO-Campingplatz-Tipp: Waldmünchen-Perlsee

GPS: N49°23'43.8" E12°41'54.7"; Alte Ziegelhütte 6, 93449 Waldmünchen.

max. WOMOs: >20, maximale Länge 10 m.

Ausstattung: Ausgezeichneter, sauberer Platz mit Wasserver- und Abwasserentsorgung, Kassettenentleerung, Stromanschlüssen, Behälter für die Müllentsorgung, WLAN. Im Servicegebäude gibt es Dusche, WC, Waschmaschine und einen Trockner. Der Platz ist ganzjährig geöffnet. Sehr gutes Restaurant mit Oberpfälzer Spezialitäten.

Lage: Direkt am Perlsee, sehr ruhig.

Preise: Erwachsene Person 6,90 €, Wohnmobil 7,90 €, Kurtaxe 1,30 € p.P., Strom 0,50 pro kWh, Waschmaschine/Trockner 3,00 €.

Zufahrt: Auf der Hauptstraße von Waldmünchen nach Tiefenbach (St.2154) den Hinweisen zum Campingplatz folgen.

chen. Dazu fahren wir nach TREFFELSTEIN zurück und über die St2154 Richtung WALDMÜNCHEN. Es sind nur etwa 7 Kilometer zurückzulegen bis wir die Abzweigung zum **Perlsee** erreicht haben. Was sofort auffällt: Er ist sehr viel stärker frequentiert, hat sehr viel mehr Besucher, was sicher nicht zuletzt auf den großen Campingplatz am westlichen Seeufer zurückzuführen ist. Wer den Campingplatz nicht nutzen möchte und auch nicht im See baden will, der kann am Südufer sein Fahrzeug abstellen [**132:** N49°23'23.0" E12°41'54.0"], um am See zu verweilen.

Was gibt es im Luftkurort WALDMÜNCHEN zu sehen? Nun, neben dem Spaßbad **Aquafit** [**133:** N49°23'05.3" E12°42'09.2"] ist das **Grenzland und Trenck Museum** interessant, das die Themen **„Leben an der Grenze"** sowie **„Trenck der Pandur"** aufgreift. Allerdings ist das Museum nur in den Sommermonaten an Dienstagen, Samstagen, und Sonn- bzw. Feiertagen jeweils zwischen 14:00 - 17:00 Uhr geöffnet. Trenck diente unter Kaiserin Maria Theresia und belagerte WALDMÜNCHEN während des österreichischen Erbfolgekrieges. Auf der Freilichtbühne der alten Burganlage wird alljährlich in den Sommermonaten an mehreren Tagen ein großes historisches Festspiel dazu aufgeführt. Die genauen Daten erfahren Sie auf der website der Stadt.

Parkplatz am Südufer des Perlsees.

Stadtpfarrkirche St. Stephan.

Neben der alten Burganlage ist auch die Stadtpfarrkirche in der Nähe des Marktplatzes interessant. Der sehr markante Turm war in früheren Jahren in erster Linie Stadtturm und erst in zweiter

Linie ein Kirchturm. Ein Türmer wachte noch bis 1923 über die Stadt und alarmierte die Bevölkerung bei Bränden und anderen Gefahren.

Wir verlassen WALDMÜNCHEN und fahren entlang der **Schwarzach** nach RÖTZ. Unser nächstes Ziel ist der Ortsteil HILLSTETT am oberen Ende des aufgestauten **Eixendorfer Sees** mit seinem **Handwerksmuseum** [**134:** N49°20'34.5" E12°29'06.6"]. Dort angekommen sehen wir als erstes eine große alte Dampflok, die auf einem Rest der Schienentrasse steht, die einmal von NEUNBURG VORM WALD nach RÖTZ führte.

Früher befanden sich entlang der Schwarzach Handwerksbetriebe, die die Wasserkraft des Flusses für ihre Gewerke

Dampflok am Eingang des Handwerkermuseums.

nutzten. Bevor der **Eixendorfer See** 1975 geflutet wurde, musste der **Seebarnhammer**, ein aus dem Mittelalter stammendes Hammerwerk, vor dem Untergang bewahrt werden. Die Demontage am Flusslauf und die Wiedererrichtung am höher gelegenen Ufer auf dem ehemaligen Bahnhofsgelände in HILLSTETT war der Grundstein für dieses Museum, das sich den alten Handwerkstechniken widmet. Zwei Holzsägewerke sind noch zu besichtigen sowie eine Reihe von zum Teil originalgetreu wiederauf-

Eixendorfer Stausee im Herbst.

gebauten Werkstätten von alten Handwerksberufen wie Wagner, Seiler, Gerber, Schmied und Sattler, um nur einige zu nennen. Das Museum ist nur in den Sommermonaten nachmittags geöffnet.

Um den rund 200 Hektar großen See führt ein Wanderweg von ca. 14 Kilometern Länge. Ein ganzjährig geöffneter Campingplatz befindet sich am Westende des Sees in GÜTENLAND [**135:** N49°20'12.4" E12°26'24.7"]. Ein schönen sonnigen Picknickplatz mit einem Badestrand und Liegewiese in der Nähe der Straßenbrücke, die über den See führt, gibt es hier [**136:** N49°20'44.8" E12°26'51.0"].

Bis zu unserem nächsten Ziel NEUNBURG VORM WALD ist es nur noch ein Katzensprung. Wir parken am **Freibad**, das ist sehr zentrumsnah und trotzdem relativ ruhig und gleichzeitig auch der offizielle Stellplatz der Stadt. Burghof, Altes und Neues Schloss sowie die Pfarrkirche St. Josef bilden ein schönes Ensemble auf dem Burgberg oberhalb der Schwarzach. Der Rundweg nimmt nicht sehr viel Zeit in Anspruch, die historische Altstadt ist nun mal überschaubar klein.

Durch das reizvolle Tal der **Ascha** fahren wir weiter, vorbei an Weilern und Dörfern über PRACKENDORF nach KULZ.

Neunburg vorm Wald, Burgberg mit Turm.

Tipp: Alljährlich finden im Burghof zwischen Mitte Juli und Mitte August die Festspiele zum Hussenkrieg statt. Thema ist die Schlacht bei Hiltersried im Jahre 1433. Hintergrund ist die reformatorisch-revolutionäre Bewegung, die in dieser Epoche durch den tschechischen Theologen und Reformator Jan Hus gegen die katholische Kirche in Gang gesetzt wurde, zu dessen Tod führte und danach Aufstände seiner Anhänger entfachte. Und es gibt den jährlichen Mittelaltermarkt mit ausgelassenem Markttreiben und „allerley Spectaculum und Kurzweyl“. Termine finden Sie auf der website der Stadt.

(137) Offizieller WOMO-Badeplatz: Neunburg vorm Wald – Freibad

GPS: N49°21'04.9" E12°23'00.6"; Scherrstr. 2, 92431 Neunburg vorm Wald.
max. WOMOs: 7, maximale Länge 10 m.
Ausstattung: Asphaltierter Platz mit Wasserver- und Abwasserentsorgung (mit Bodeneinlass), Kassettenentleerung, Stromanschlüssen, Behälter für die Müllentsorgung, ganzjährig geöffnet.
Lage: Direkt neben dem Freibad an der Schwarzach, relativ ruhig. Entfernung bis zur Stadtmitte 650 Meter.
Preise: Kostenlos, Über Münzautomaten gibt es Frischwasser für 0,50 €, Strom für 0,50 € pro kWh.
Zufahrt: Von der St2040 Richtung Nabburg gleich hinter der Schwarzachbrücke rechts abbiegen.

Kurz hinter dem Ortseingang biegen wir rechts ab in die Moosstraße, fahren dann noch ca. einen Kilometer und sind in der Moorlandschaft des **Kulzer Mooses**.

Der Parkplatz [**138:** N49°23'47.1" E12°27'23.5"] liegt am Rande, etwas abseits des Moores. Ein gut ausgeschilderter Lehrpfad mit einer Libelle als Zeichen führt durch diese urwüchsige Landschaft. Der Rundweg ist etwa 3 Kilometer lang und führt durch den zentralen Teil des etwa 80 ha großen Naturschutzgebietes. Er geht durch Birken-Moorwald, durch Niedermoor, durch kleine Graslandschaften und durch Erlenbruchwald. Ein schöner und spannender Spazierweg für Naturliebhaber.

Nach diesem Naturgenuss geht es zurück nach KULZ und von dort über WINKLARN weiter nach OBERVIECHTACH. In dieser Stadt wurde 1663 **Johann Andreas Eisenbarth**

Birkenmoorwald im Kulzer Moos.

geboren, der zu Lebzeiten je nach Sichtweise, entweder als Wunderheiler oder als Kurpfuscher galt. Das Spottlied, das über ihn verfasst wurde, wird nach letztem Kenntnisstand seiner Leistung nicht gerecht. Zwar trat er marktschreierisch

Doktor Eisenbarth Spottlied

Ich bin der Doktor Eisenbarth
kurier die Leut´ nach meiner Art
Kann machen daß die Blinden gehn
Und daß die Lahmen wieder sehn

Zu Köln kuriert‘ ich einen Mann,
Daß ihm das Blut in Strömen rann,
Er wollt immun vor Pocken sein,
Ich impft‘s ihm mit dem Bratspieß ein.

Zu Potsdam trepanierte ich,
Den Koch des Großen Friederich:
Ich schlug ihm mit dem Beil vor‘n Kopf,
Gestorben ist der arme Tropf.

Des Pfarres Sohn in Donaulm,
Dem gab ich zehn Pfund Opium,
Drauf schlief er Jahre, Tag und Nacht,
Und ist bis jetzt noch nicht erwacht.

Es hatt‘ ein Mann in Langensalz
Ein zentnerschweren Kropf am Hals,
Den schnürt ich mit dem Heuseil zu:
was denkst du wohl, der hat jetzt Ruh!

..... und etliche Strophen weiter

auf, war aber in der Wundheilung und in Operationen, seinen Kollegen und seiner Zeit weit voraus. Im **Doktor-Eisenbarth- und Stadtmuseum** kann man mehr darüber erfahren.

Der Parkplatz am Freibad eignet sich gut für eine Besichtigungstour durch OBERVIECHTACH. Bis zum Zentrum sind nur rund 1000 Meter zu gehen. Es ist auch gleichzeitig der offizielle örtliche Wohnmobilstellplatz.

Wer von den Festspielen in Waldmünchen und Neunburg noch nicht genug hat, der kann sich auch noch das **Doktor-Eisenbarth-Festspiel** anschauen, das ebenfalls in den Som-

(139) Offizieller WOMO-Badeplatz: Oberviechtach - Freibad

GPS: N49°27'10.7" E12°25'29.6"; Im Wiesengrund, 92526 Oberviechtach.
max. WOMOs: 10, maximale Länge 12 m.
Ausstattung: Asphaltierter Platz mit Wasserver- und Abwasserentsorgung, Kassettenentleerung, Stromanschlüssen, Behälter für die Müllentsorgung, ganzjährig geöffnet.

Lage: Direkt neben dem Freibad, ruhig. Entfernung bis zur Stadtmitte etwas mehr als 1 Kilometer.
Preise: Kostenlos, auch Ver- und Entsorgung sowie Strom.
Zufahrt: Über die Straße „Im Wiesengrund"; der Beschilderung zum Freibad folgen.

Der Mühlweiher im Oberviechtach-Lukahammer.

mermonaten an mehreren Abenden aufgeführt wird. Wer der Eisenbarthschen Medizin vertraut, der kann das Eisenbarth-Elixier, ein Oberviechtacher Magenbitter in der Eisenbarth Apotheke in der Teunzer Straße 6 käuflich erwerben. Mittlerweile gibt es dazu sogar einen online-shop.

Was Doktor Eisenbarth zu Wanderungen mitzuteilen hatte, wissen wir nicht. Zu seiner Zeit wanderte man auch noch nicht zum Freizeitvergnügen. In Oberviechtach gibt es für die geschichtsorientierten Wanderer einen **Gold-Lehrpfad** mit drei verschiedenen Wanderrouten. Die Stadt bietet dazu auch geführte Wanderungen an. Näheres gibt es dazu bei der Tourist-Info der Stadt.

Der größte Bierkrug der Welt.

Wer den größten Bierkrug der Welt sehen möchte, der ist in Oberviechtach richtig. 4718 Liter fasst das Ungetüm, das mit Motiven aus bayerischen Landen bemalt ist. Es steht vor Witterungseinflüssen geschützt in einem Gebäude, nicht so offen wie auf dem Foto. Besichtigt werden kann der Bierkrug im Ortsteil LUKAHAMMER bei der **Hammerschänke**, ein Gasthof, auf dessen relativ kleinen Parkplatz man nach einer Einkehr sein müdes Haupt im WOMO niederlegen darf. Strom gibt es gratis dazu [**140:** N49°29'24.6" E12°27'12.5"].

Im Stadtteil OBERMURACH liegt die gleichnamige Burgruine auf einer Granitkuppe. Vorläufer dieser Anlage wurden bereits im 12. Jh. gebaut. Die jetzt noch sichtbaren Teile der Burg widerstanden den kriegerischen Angriffen über die Jahrhunderte. Zerstörungen verursachten Abbrucharbeiten im 19. Jahrhundert, die allein dem Ziel dienten, Steine für den Hausbau zu gewinnen. Das wurde gestoppt, die Burg gesichert und vor weiterem Verfall bewahrt. Der gut erhaltene Bergfried ist begehbar. Von der Aussichtsplattform kann man sogar die **Burg Leuchtenberg** erkennen, die auf der folgenden Seite abgebildet ist.

Burgruine in Obermurach.

Weiter geht es nach TÄNNESBERG. Wir nehmen die B22 und schon nach 12 Kilometern haben wir den Ort erreicht. Wir fahren hoch zum Schlossberg und stellen das Womo auf dem Parkplatz [**141:** N49°32'00.0" E12°19'59.6"] ab. Zwei Lehrpfade starten hier. Ein 7 km langer Obstlehrpfad, der in KÖSING, einem Ortsteil von VOHENSTRAUSS, endet und ein etwa 1,5 Kilometer langer **Geologischer Lehrpfad**. Wir nehmen den didaktisch gut aufgebauten **Geologischen Lehrpfad**. So wie wir auf dem **Planetenweg** (Tour 6, Seite 121) unser Sonnensystem durchschritten haben, so durchlaufen wir nun in einem schönen herbstlichen Wald die Erdgeschichte vom Präkambrium (Erdfrühzeit) bis ins Quartär (Erdneu-

Auf dem Geologischen Lehrpfad.

zeit). Wer mag, kann sich beim Tourismusbüro in TÄNNESBERG Audioguides ausleihen und damit an den 15 Stationen auf dem Lehrpfad die Hintergrundinformationen zu den erdgeschichtlichen Epochen abrufen.

Bevor wir nach LEUCHTENBERG aufbrechen noch ein Hinweis zur **Trausnitztalsperre**, die 6 Kilometer von TÄNNESBERG entfernt liegt. Die Pfreimd ist hier zu einem See aufgestaut und dient der Elektrizitätsgewinnung. Ein Pumpspeicherwerk und Hochspeicher können besichtigt werden. Am See liegt auch ein ganzjährig geöffneter Campingplatz.

(142) WOMO-Campingplatz-Tipp: Trausnitz

GPS: N49°31'15.0" E12°16'41.6"; Campingplatz 1, 92555 Trausnitz.
max. WOMOs: >10, maximale Länge 10 m.
Ausstattung: Ausgezeichneter, sauberer Platz mit Wasserver- und Abwasserentsorgung, Kassettenentleerung, Stromanschlüssen, Behälter für die Müllentsorgung. Im Servicegebäude gibt es Dusche, WC, Waschmaschine und einen Trockner. Gutes Restaurant am Platz.
Lage: Direkt an der Trausnitz-Talsperre, sehr ruhig.
Preise: Erwachsene Person 6,00 €, Wohnmobil 6,50 €, Strom pauschal 2,50 €.
Zufahrt: Von der St2157 Tännesberg-Pfreimd nach Trausnitz abbiegen und den Hinweisschildern zum Campingplatz folgen.

Ein kleines Schmankerl haben wir noch zum Ende dieser Tour anzubieten. Von TÄNNESBERG fahren wir über die B22 Richtung WEIDEN. Nachdem wir die Autobahn unterquert haben, sind es noch ungefähr 3 Kilometer bis zur Abzweigung nach LEUCHTENBERG. Der beschauliche Ort ist schnell erreicht, die Burgruine von weitem sichtbar. Um zu dem schönen Plätzchen [**143**: N49°35'54.9" E12°15'20.5"] hinter der Ruine zu gelangen, fahren wir rechts über den kleinen Busparkplatz und wählen das schmale Sträßchen „Hinter der Burg". Nach einigen Metern Buschwerk geht es dann links eine sehr schmale Einfahrt hinauf und voilà: schon öffnet sich ein großer befestigter Platz.

Burgruine Leuchtenberg.

Wir haben den Platz für uns allein. Glück gehabt, denn die „Akropolis der Oberpfalz" wie die Burg auch genannt wird, dient in den Sommermonaten als Freilichttheater, dann wird es eng auf diesem Areal.

Parallel zur Autobahn geht es weiter nach WERNBERG-KÖBLITZ, hier endet diese Tour. Wer dringend entsorgen muss: Der **Autohof Wernberg** an der A93 [**144:** N49°31'58.3" E12°08'08.5"] bietet entsprechende Einrichtungen.

TOUR 10 (ca. 165 km)

Wernberg-Köblitz – Hirschau – Amberg – Theuern Sulzbach-Rosenberg – Hersbruck – Velden – Neuhaus a.d. Pegnitz – Auerbach i.d. Opf. – Pegnitz

Freie Übernachtung:	Theuern, Hellberg, Velden, Neuhaus an der Pegnitz, Auerbach i.d. Opf., Pegnitz.
Offizielle Stellplätze:	Amberg, Sulzbach-Rosenberg, Hersbruck, Velden, Auerbach i.d. Opf.
Campingplätze:	Hirschau.
Ver-/Entsorgung:	Wernberg-Köblitz, Amberg, Sulzbach-Rosenberg, Hersbruck, Velden.
Besichtigungen:	Hirschau (Monte Kaolino), Amberg (Altstadt), Theuern (Bergbau- und Industrie-Museum), Sulzbach (Altstadt), Hersbruck (Altstadt), Velden (Schloss Hartenstein), Neuhaus an der Pegnitz (Burg und Maximilliansgrotte), Auerbach i.d. Opf. (Bergbaumuseum), Pegnitz (Altstadt).
Wandern:	Velden, entlang der Pegnitz, Petershöhle.
Baden/Wellness:	Hirschau (Freibad), Amberg (Kurfürstenbad), Hersbruck (Therme), Pegnitz (CabrioSol).

WERNBERG-KÖBLITZ ist durch die Lage am Schnittpunkt der A6 und A93 ein guter Standort, um eine Tour zu starten oder zu beenden. Wirkliche sehenswert ist in WERNBERG-KÖBLITZ nur die **Burg Wernberg** oberhalb der Stadt. Nach einer langen Geschichte mit unterschiedlichen Nutzungen wurde sie Ende des letzten Jahrhunderts von Grund auf saniert und in ein Hotel mit Spitzengastronomie umgewandelt.

Unser erstes Ziel auf der Reise nach PEGNITZ ist der **Monte Kaolino**. Hört sich italienisch an, aber nein, es ist kein Berg in Italien, sondern ein ganz besonderer in der Oberpfalz.

Um dorthin zu kommen fahren wir von der A93 (Abfahrt Wernberg-Köblitz) auf die B14 nach HIRSCHAU. Wir kommen zunächst am Autohof [**144:** N49°31'58.3" E12°08'08.5"] mit einer Ver- und Entsorgungsstation vorbei und fahren dann noch 14 Kilometer bis nach HIRSCHAU, hier folgen wir dem Hinweisschild zum **Monte Kaolino**.

Wir befinden uns jetzt in einer Bergbaulandschaft, in der im Tagebau Kaolin

Monte Kaolino, 32 Mio. Tonnen Quarzsand.

gewonnen wird, der Rohstoff für die Porzellan- und Papierherstellung, der im Hirschauer Kaolinwerk aufbereitet wird. Quarzsand ist der Abfall bei dem Verarbeitungsprozess und da sich nicht genügend Verwendungsmöglichkeiten finden, wird er einfach aufgeschüttet und abgelagert. So ist der **Monte Kaolino** entstanden, und so wächst er auch noch weiter, nicht in die Höhe aber in die Breite.

Equipment wie im Skigebiet,Pistenraupe am Monte Kaolino.

Inzwischen wurde um den Berg eine große Freizeitanlage angelegt. Hauptattraktion ist die 260 Meter lange Abfahrt, die mit Sandskiern und Sandboards befahren werden kann. Eine Sommerrodelbahn ist hinzugekommen, dazu ein Freibad, ein Campingplatz und ein Hochseilgarten. Es ist mächtig was los in dieser Freizeitanlage als wir dort eintreffen. Wer dem Trubel entgehen will, der kann sich im **GeoPark Kaolinrevier** auf einem Lehrpfad über die Geschichte und die Landschaftsentwicklung rund um den Kaolinabbau informieren.

(145) WOMO-Campingplatz-Tipp: Monte Kaolino

GPS: N49°31'49.0" E11°57'47.2"; Wolfgang Drossbachstr. 114, 92242 Hirschau.
max. WOMOs: >20, maximale Länge 10 m.
Ausstattung: Ausgezeichneter, sauberer Platz mit Wasserver- und Abwasserentsorgung, Kassettenentleerung, Stromanschlüssen, WLAN, Behälter für die Müllentsorgung, Freibad, Spielplatz. Im Servicegebäude gibt es Dusche, WC, Waschmaschine und einen Trockner. Der Platz ist ganzjährig geöffnet.
Lage: Direkt am Monte Kaolino.
Preise: Erwachsene Person 8,00 €, Wohnmobil 9,50 €, Waschmaschine/ Trockner 2,00 €, Strom 0,40 pro kWh. Wer den Platz nur für eine Entsorgung nutzen will, zahlt dafür 10,00 €.
Zufahrt: Wie zum Monte Kaolino beschrieben.

Wir machen uns auf den Weg zu unserem nächsten Etappenziel. AMBERG wollen wir uns anschauen, dazu fahren wir zunächst nach HIRSCHAU zurück, fahren ein kurzes Stück die B14 Richtung SULZBACH-ROSENBERG und nehmen dann mit der St2238 den direkten Weg nach AMBERG. Der Stellplatz ist schnell gefunden, er liegt in der Nähe des Zentrums, ist aber trotzdem ruhig. Ein sehr eng angelegter Asphaltplatz mit einem hohen Zaun drumherum. Wirkt wie eine Käfighaltung für Wohnmobile. Macht aber nix, um die Stadt zu besuchen ist der Platz OK, denn bis zum Marktplatz sind nur 600 Meter zu gehen. Um AMBERG auch nur halbwegs zu erkunden, sollte mindestens ein ganzer Tag eingeplant werden. Ohne zu übertreiben darf man sagen, dass AMBERG

Amberg „Stadtbrille“ Wassertorbau über der Vils im Süden der Altstadt.

(146) Offizieller WOMO-Stellplatz: Amberg

GPS: N49°26'25.07" E11°51'43.93"; Schießstätteweg, 92224 Amberg.
max. WOMOs: 16, maximale Länge 12 m, max. Aufenthalt 3 Tage.
Ausstattung: Asphaltierter Platz mit Wasserver- und Abwasserentsorgung mit Bodeneinlass, Kassettenentleerung, Stromanschlüssen, Behälter für die Müllentsorgung, ganzjährig geöffnet. Kurfürstenbad in unmittelbarer Nähe.
Lage: Zentrumsnah, zwischen der Feuerwehr und der Vils.
Preise: Kostenlos, mit Münzeinwurf gibt es Frischwasser für 2,00 €, Strom für 0,50 € pro kWh.
Zufahrt: Über den Kurfürstenring. Der Schießstätteweg zweigt in der Nähe der Brille von dem Ring ab.

zu den wunderbarsten mittelalterlichen Städten Europas zählt. Beginnen wir mit der fast vollständig erhaltenen Stadtmauer: An ihr entlang zu gehen ist einfach ein Genuss, auch am Abend, wenn die künstliche Beleuchtung die Architektur durch Licht und Schatten besonders gut zur Geltung kommen lässt. Vier Stadttore gibt es noch, der fünfte Zugang ist eine Brückenkonstruktion über die Vils. Die Spiegelung der Brückenbögen im Wasser hat diesem markanten Bauwerk den Namen **„Stadtbrille“** eingetragen. Sie ist das Wahrzeichen der Stadt. Neben der mittelalterlichen Stadtmauer sind eine ganze Reihe bemerkenswerter Gebäude zu besichtigen. Das **Kurfürstliche Schloss** (heute Sitz des Landratsamtes), das schöne Renaissancegebäude der kurfürstlichen **Regierungskanzlei** (heute Landgericht), das schnuckelige nur 2,5 Meter Breite **Eh'häusl** (heute nach Angabe der Betreiberin das kleinste Hotel der Welt) und natürlich das gotische **Rathaus** am Marktplatz sowie die Basilika **St. Martin** mit ihrem 92 Me-

Amberg, Brunnen vor dem Rathaus.

Gastronomiebrauerei Schloderer.

ter hohen Glockenturm und dem barocken Hochaltar.

AMBERG ist auch eine Stadt des Bieres, von den einst mehr als 30 Brauereien dieser Stadt sind allerdings nur noch vier übrig geblieben. Eine weitere spezielle Brauerei ist die **Schloderer Bräu**, ein Gastronomiebetrieb, dessen sauber polierte Braukessel in der Gaststube stehen.

Für den, der sich in der Stadt die Füße müde gelaufen hat noch ein Tipp: Das **Kurfürstenbad**, ganz in der Nähe des Stellplatzes, ein moderner Badetempel mit vielfältigen Einrichtungen, verschafft sicher Linderung. Damit wollen wir die sehr knappe Beschreibung von AMBERG beenden und uns sogleich dem nächsten Ziel zuwenden.

Wir fahren über KÜMMERSBRUCK in südöstliche Richtung nach THEUERN und besuchen dort das **Bergbau- und Industriemuseum Ostbayern**, das in einem alten Schloss untergebracht ist [**147:** N49°23'14.2" E11°54'34.0"]. Darüber hinaus gibt es in den Außenanlagen regionaltypische Industriedenkmäler wie ein Eisenhammerwerk, ein Glasschleifwerk und anderes mehr. Ein Museumsdorf der Schwerindustrie Ostbayerns sozusagen. Wer also wissen will, wie sich Bergbau und Industrie in diesem Raum entwickelt haben, der findet hier eine gute Zusammenstellung und Übersicht. Es ist unter anderem deshalb interessant, weil in unserem Reisegebiet immer wieder einzelne Industriekomplexe, Ruinen, Bergbaustollen etc. erscheinen, die man nach einem Besuch dieses Museums besser in einen Zusammenhang stellen kann.

Nun wollen wir nicht oberlehrerhaft werden, aber wenn man nichts aus der Region weiß, dann sieht man auch nichts und

Sitz des Bergbau- und Industriemuseums.

erschrickt um so mehr beim Anblick der stillgelegten **Maxhütte** in ROSENBERG, an der wir vorbeifahren. Düster und trostlos (besonders an einem regnerischen Tag) sehen die Anlagen dieser Industrieruine aus.

Die stillgelegte Maxhütte in Rosenberg.

SULZBACH zeigt dagegen ein sehr freundliches Gesicht. Die Altstadt ist klein, die Reste der Stadtmauer sind sorg-

(148) Offizieller WOMO-Stellplatz: Sulzbach-Rosenberg
GPS: N49°30'19.8" E11°44'41.5"; Bayreuther Str. 8, 92237 Sulzbach-Rbg.
max. WOMOs: 4, maximale Länge 12 m, max. Aufenthalt 3 Tage.
Ausstattung: Befestigter Platz mit Wasserver- und Abwasserentsorgung, Kassettenentleerung, Stromanschlüssen, Behälter für die Müllentsorgung. Der Platz ist ganzjährig geöffnet.
Lage: Zentrumsnähe 600 Meter vom Luitpoldplatz entfernt, ruhig.
Preise: Alles kostenlos.
Zufahrt: Der Platz liegt an einer Nebenstraße der Bayreuther Str.

Das Rathaus in Sulzbach.

fältig restauriert und zeigen zusammen mit dem **Rosenberger Tor** wo die Altstadt beginnt ein malerisches Ensemble. Im Zentrum des Ortes liegt der **Luitpoldplatz**. Um ihn gruppieren sich alle sehenswerten Gebäude der Stadt wie das **Schloss**, das **gotische Rathaus** und die **Marienkirche**. Im 16. Jh. war das Sulzbacher Schloss Wittelsbacher Residenz und eines der größten Schlösser der Wittelsbacher in Nordbayern. Im Inneren kann man die Reste eines romanischen Bergfrieds besichtigen, ansonsten wird das Schloss heute für die Stadtbibliothek und die Sing- und Musikschule genutzt. Nach einer Übernachtung geht es weiter nach HERSBRUCK.

Über die gut ausgebaute B14 erreichen wir bequem unser nächstes Etappenziel. Auf dem Großparkplatz „Plärrer" [N49°30'23.6" E11°26'05.3"] stellen wir das Fahrzeug ab. Von hier aus sind es nur wenige Meter in die mittelalterliche Altstadt. Wir überqueren die Brücke, durchschreiten das **Wassertor**, eines der drei historischen Tore dieser Stadt, halten

Schloss Hersbruck, erbaut im 16. Jh. mit Türmen aus dem 17. Jahrhundert.

uns links und stehen nach wenigen weiteren Metern vor dem Schloss, das heute als Amtsgericht genutzt wird. Wir setzen den Altstadtbummel fort, vorbei an Fachwerkhäusern, vorbei an der Stadtkirche **St. Maria** mit ihrem spätgotischen Schreinaltar, wenden uns dem **Unteren Markt** zu, kommen am alten Rathaus vorbei und sind auf dem **Oberen Markt**. Wir sehen beim weiteren Rundgang das **Nürnberger Tor**, wenden uns nach rechts, kommen am **Hirtenmuseum** vorbei, gehen den Mauerweg und kommen zum **Spitaltor**, danach geht es an der Spitalkirche vorbei und wir nähern uns dem Ausgangspunkt des Rundgangs. Am Restaurant Schwarzer Adler lockt die Speisekarte mit **„Schäuferla"**; neben den Bratwürsten das fränkische Nationalgericht, das man unbedingt probieren sollte. Es ist ein ungeräuchertes Schulterstück vom Schwein, das mit Knochen und Schwarte gegart wird. Man bekommt es in der Regel mit Klößen und Sauerkraut serviert. Dazu passt natürlich nur ein Bier. Es schmeckt ausgezeichnet! Für die Verdauungsruhe braucht man natürlich einen guten Stellplatz. Der befindet sich

Hersbruck, Spitaltor.

(149) Offizieller WOMO-Badeplatz: Hersbruck – Fackelmann Therme

GPS: N49°30'41.1" E11°26'33.2"; Amberger Str. 76, 91217 Hersbruck.

max. WOMOs: 6, maximale Länge 10 m.

Ausstattung: Befestigter Platz mit Wasserver- und Abwasserentsorgung, Kassettenentleerung, Stromanschlüssen, Behälter für die Müllentsorgung, ganzjährig geöffnet.

Lage: Zwischen Finanzamt und Therme, relativ ruhig. Entfernung bis zur Stadtmitte 1 Kilometer.

Preise: 6,00 € für eine Fahrzeug mit 2 Personen. Anmeldung und Bezahlung erfolgt an der Kasse der Therme. Entsorgung kostenlos, Über Münzautomaten gibt es Frischwasser für 1,00 €, Strom für 1,00 € pro kWh.

Zufahrt: Über die Amberger Straße, gut ausgeschildert, vor dem Finanzamt rechts abbiegen.

übrigens an der **Fackelmann Therme** rund 1 Kilometer vom Zentrum entfernt. Die Therme ist eine große und moderne Anlage, eine Mischung aus Wellnessoase und Spaßbad.

Wanderweg an der Pegnitz.

Kanutour auf der Pegnitz.

Von der Therme fahren wir die Straße in Richtung AMBERG weiter, biegen aber dann in HOHENSTADT nach VELDEN ab. Das Tal ist zu Beginn noch relativ breit, wird aber schnell schmaler je weiter wir flussaufwärts fahren. Kurvenreich geht es entlang der **Pegnitz** mit einzelnen Felsvorsprüngen voran. Viele Parkmöglichkeiten entlang der Straße sehen wir nicht. In RUPPRECHSTEGEN haben wir Glück, hier gibt es sogar gleich zwei Möglichkeiten, einmal am Bahnhof mit einem zum Restaurant umgebauten Eisenbahnwaggon und einmal an der Straße mit einer Fußgängerbrücke über die Pegnitz. Man kann entlang der **Pegnitz** wandern, mit dem Rad fahren oder auch Kanutouren unternehmen. Zwischen LUNGSDORF und VELDEN gibt es einen Kanuverleih, von dort kann man in einer Tagestour rund 16 km flussabwärts fahren und wird anschließend zum Ausgangsort zurückgebracht. Von hier aus lassen sich viele weitere Wanderungen unternehmen und wer Klettern kann, der findet hier auch Kletterfelsen. Das ist nun allerdings nicht unser Sport. Wir belassen es bei einem Spaziergang entlang der **Pegnitz** und fahren nach VELDEN weiter.

Bevor wir jedoch auf unserer Hauptroute nach VELDEN weiterfahren, unternehmen wir noch einen kleinen Abstecher zur **Burg Hartenstein**. Kurz vor VELDEN biegen wir rechts ab und folgen den Hinweisen nach HARTENSTEIN. Es geht den Berg hinauf, vorbei an einer großen Industrieanlage und nach 2 Kilometern haben wir HARTENSTEIN auch schon erreicht. Der Anstieg zur Burg ist steil und eng, lässt sich aber mit kleineren Fahrzeugen gut befahren. Wer mit einem großen Fahrzeug unterwegs ist, sollte diese Straße besser meiden und kurz hinter dem Ortseingang parken. Auf dem kleinen Parkplatz am Fuße der Burg stellen wir das Womo ab [**150:** N49°35'50.5" E11°31'19.4"] und gehen in die Anla-

Blick von der Burg Hartenstein.

ge hinein. Die Anlage im Stile einer klassischen Ritterburg aus dem 13. Jh. beherbergt eine Ausstellung über das Rittertum in Franken (nur an den Wochenenden geöffnet) und ein kleines Restaurant mit Biergarten, das täglich geöffnet hat. Regionale Spezialitäten gibt es hier nicht, die Küche ist international ausgerichtet und hat eine umfangreiche Steakkarte.

Die kleine Stadt VELDEN mit weniger als 2000 Einwohnern wirkt romantisch-verträumt. Keine Sommerrodelbahn, kein Freizeitpark oder dergleichen „ergänzt“ hier das touristische Angebot wie in vielen anderen Orten dieser Region. Der Ort hat sich seine Authentizität in einer sehr schönen Naturlandschaft bewahrt. Das macht ihn sehr charmant. War es lange ein Problem für den Wohnmobilfahrer einen geeigneten Parkplatz zu finden, so ist das mit dem vor einiger Zeit neu angelegten, einfach gehaltenen Stellplatz kein Problem mehr.

(151) Offizieller WOMO-Stellplatz: Velden

GPS: N49°37'04.4" E11°30'49.0"; Toni-Wolf-Platz, 91235 Velden.
max. WOMOs: 15, maximale Länge 12 m, max. Aufenthalt 3 Tage.
Ausstattung: Befestigtes leicht abschüssiges Gelände mit Wasserver- und Abwasserentsorgung, Kassettenentleerung, Behälter für die Müllentsorgung. Der Platz ist ganzjährig geöffnet, die Wasserversorgung im Winter abgestellt.
Lage: Am nördliche Ortsrand, ruhig, 650 Meter bis zur Ortsmitte.
Preise: Kostenlos, Frischwasser gibt es über einen Münzautomaten für 1,00 €.
Zufahrt: Der Platz liegt am Ortsausgang in Richtung Pfaffenhofen nah am Friedhof.

Wir wählen für den Spaziergang in den Ort den Scheunenweg, der am Friedhof vorbeiführt und nähern uns damit dem Städtchen sozusagen von hinten.

Das Mühltor in Velden an der Pegnitz.

Spaziergang Velden

Nach rund 700 Metern sind wir bereits am Mühltor angelangt. Wir setzen den Spaziergang fort, gehen durch das **Mühltor**, werfen einen Blick in den Schlosshof und sind dann auch schon auf dem Marktplatz, der von einigen Gasthäusern umgeben ist. Die Brücke über die Pegnitz ist schon in Sichtweite, wir überqueren diese und gehen der Straße entlang bis wir zu einer Fußgängerbrücke über die **Pegnitz** kommen. Die überqueren wir. Nun geht es am Fuße eines steilen Felsen entlang einer Fluss-Schleife zu einer alten Mühle. Einfach nur malerisch! Das Mühlrad an dem kleinen Wehr ist zwar nicht in Betrieb und auch nicht sofort zu erkennen, aber die Kombination mit Fachwerk, plätscherndem Wasser, quakenden Enten und dem satten Grün der Bäume ergibt ein schönes Bild. Fast könnte man glauben, man sei hier in einem Museumsdorf gelandet. Aber dem ist nicht so. Die Häuser sind bewohnt und sehr gepflegt, die Gärten mit Blumen- und Gemüsebeeten angelegt. Wir gehen die Mühlgasse weiter und gelangen wieder zum Mühltor. Nun geht es zurück zum Stellplatz.

Rosenfenster in Velden.

Eine längere Rundwanderung führt vom Bahnhof in Velden über die **Petershöhle** zur **Burg Hartenstein** und von dort wieder zum Bahnhof zurück. Folgen Sie dabei der blau-weißen Markierung über den "Rosstritt" und der Beschilderung zur **Petershöhle** und nach **Hartenstein**. Im ersten Viertel gibt es einen steilen Anstieg zu bewältigen, danach geht es weitgehend anstrengungsfrei weiter. Nach dem ersten Viertel hat man auch schon die **Petershöhle** erreicht. Hier hat man zu Beginn des 20. Jahrhunderts Überreste eiszeitlicher Großsäugetiere (u.a. Bären, Hyänen, Wisente und Nashörner) entdeckt, sowie Steingeräte aus der Zeit des Neandertalers vor 80.000 Jahren. In der Altsteinzeit war diese Höhle eine Kultstätte. Die Höhle ist nur 70 Meter lang und frei zugänglich. Ohne Taschenlampe sehen Sie allerdings nichts, um eine ausgeleuchtete Schauhöhle handelt es sich hier nämlich nicht. Die Höhle ist ein mit kurzen Gängen verbundenes System von Hallen und Kammern.

Der weitere Weg nach Hartenstein verläuft teilweise auf dem **Naturlehrpfad Hartensteiner Oberberge**. Hier gibt es ein Baumtelefon, einen Barfußpfad und anderes, was insbesondere für Kinder diesen Waldspaziergang von rund 7,5 Kilometern noch interessanter werden lässt. Natürlich freut sich der Gaumen auf ein leckeres Steak im Biergarten auf der **Burg Hartenstein**, bevor es den Weg wieder hinunter geht. Diesmal aber etwas kürzer. Wenn Sie "Rundwanderweg Petershöhle" googeln, stoßen Sie bei outdooractive auf eine genauere Beschreibung und eine Wanderkarte.

Wir verlassen VELDEN und fahren weiter nach NEUHAUS AN DER PEGNITZ.

Hauptsehenswürdigkeit des Städtchens ist die **Burg Veldenstein**. Um an sie heranzukommen, fahren wir in den Ort hinein und über den Oberen Markt in die Burgstraße. Die Straße führt den Berg hinauf, an der rechten Seite finden wir einen Parkplatz [N49°37'46.2" E11°32'46.5"]. Die mächtige Anlage geht auf eine Gründung um das Jahr 1000 zurück. Die lange Geschichte der Burg wollen wir hier nicht wiedergeben. Zerstört wurde die Burg nie. Einzelne Beschädigungen im Laufe von kriegerischen Auseinandersetzungen wurden immer wieder repariert. Während der NS-Zeit war die Burg im Besitz von **Hermann Göring**, der hier einen Bunker anlegen ließ, und in den umliegenden Wäldern seiner Jagdlust nachging. Seit 1972 steht die Burg unter der Obhut der lokalen Brauerei Kaiser, die hier ein kleines Hotel und ein Restaurant betreibt. Im Burghof findet einmal jährlich ein Open-Air-Festi-

Einer der Türme der Burg Veldenstein.

Burg Veldenstein in Neuhaus an der Pegnitz.

Die Schatzkammer in der Maximiliansgrotte.

val mit Mittelaltermarkt statt, was aber bis 2020 hier ausfallen wird, denn z.Zt. wird die Anlage grundlegend renoviert und ist für Besucher geschlossen.

In NEUHAUS AN DER PEGNITZ ist nicht nur die **Burg Veldenstein** sehenswert. Im Ortsteil KROTTENSEE befindet sich eine der größten Höhlen der Fränkischen Alb, die **Maximiliansgrotte**. Die Tropfsteinhöhle am Waldrand ist ca. 1,2 Kilometer lang, jedoch ist nur ein kleiner Teil mit einer Führung zu besichtigen. Nacheinander betritt man den Leißnerdom, die Adlergrotte, die Orgelgrotte mit einem Sinterbecken, die Schatzkammer und die Schwarze Halle von der es wieder ins Freie geht. In einer Seitenkammer der Orgelgrotte befindet sich der „Eisberg"; ein mächtiger 6 Meter hoher Stalagmit mit einem Durchmesser von ca. 3 Metern, einer der größten Tropfsteine Deutschlands. Parken kann man hier [**152:** N49°37'42.0" E11°35'23.3"] und eine ruhige Nacht kann man hier ebenfalls verbringen. Die Höhle ist eine Station des karstkundlichen Wanderpfades, der an verschiedenen Grotten, Felsformationen und einer Doline vorbeiführt. Wer nach einer Wanderung und dem Höhlenbesuch Hunger bekommen hat, kann diesen in dem **Gasthaus Grottenhof** in unmittelbarer Nähe der Höhle stillen und eine Brotzeit mit in der Grotte gereiftem Käse genießen.

Parkplatz an der Maximiliansgrotte.

Wir wenden uns nun unserem nächsten Ziel zu und fahren nach AUERBACH IN DER OBERPFALZ. Wir durchqueren

KROTTENSEE, verlassen den Ort in nördliche Richtung und sind schon bald auf der St2162. Nun sind es nur noch 8 Kilometer. Schon von weitem ist der Kirchturm von **St. Johannes** zu sehen, er weist uns den Weg in das Zentrum der durchaus sehenswerten Stadt. Die Pfarrkirche ist von besonderem Interesse. Sie glänzt mit barocker Pracht in der Innengestaltung und im Chorraum mit einem Altar aus heimischen Eisenerz. Dass AUERBACH etwas mit dem Auerochsen zu tun hat, haben wir nicht vermutet, aber er prangt im Stadtwappen und mitten in der Innenstadt steht ein in Bronze gegossenes Exemplar. Lebend gibt es sie auch und zwar in den **Bruchfeldern** der ehemaligen Erzgrube Leonie. **Bruchfelder** deshalb, weil hier die Stollen des Untertagebaus teilweise zusammengesunken sind und zu Erdeinbrüchen geführt haben. Das Erz dieser Gruben wurde über Jahrzehnte in der Maxhütte in ROSENBERG verarbeitet. Als die Hütte 1987 in Konkurs ging, kam auch der Eisenerz-Bergbau in AUERBACH zum Erliegen.

Denkmal Förderturm Maffeischächte.

Zu dem hiesigen Stellplatz gibt es nicht viel zu sagen. Er ist Teil eines Groß-Parkplatzes und verfügt über keinerlei Einrichtungen für Wohnmobilisten. Wir betrachten ihn als reinen Parkplatz für eine Besichtigung der Stadt. Zum Verweilen lädt dieser Platz nicht ein. Sie finden ihn auf dem Franz-Josef-Strauß-Platz mit diesen Koordinaten [**153:** N49°41'29.2" E11°38'15.7"].

Aus den **Maffeischächten** im Stadtteil NITZLBUCH ist ein **Bergbaumuseum** geworden. Die beiden Fördertürme sind die ältesten dieser Art in Bayern. Die Maschinen und Gerätschaften, die während des Grubenbetriebs verwendet wurden,

Ungestört an den Maffeischächten.

können von Mai bis Oktober jeden ersten Sonntag des Monats besichtigt werden. Ungestört parken und übernachten kann man im hinteren Bereich der Anlage [**154:** N49°40'44.4" E11°38'55.4"].

Auf dem Weg zu unserer letzten Station dieser Tour fahren wir durch MICHELFELD, einem Stadtteil von AUERBACH. Wir halten an dem großen ehemaligen Benediktinerkloster an. Das Kloster wurde im 12. Jahrhundert gegründet und nach einer langen und wechselvollen Geschichte im Zuge der Säkularisierung zu Beginn des 19. Jahrhunderts aufgehoben. Die Räumlichkeiten des Klosters dienen heute der **Regens Wagner Stiftung** für die Betreuung von Erwachsenen mit Behinderungen und können deshalb nicht besichtigt werden, aber die Kirche steht Besuchern offen. Betritt man die Kirche durch das klassizistisch gehaltene Portal, so steht man sogleich in dem barock ausgestalteten Langhaus, das zu Beginn des 18. Jahrhunderts von den **Gebrüdern Asam** gestaltet wurde. Die Kirche ist von künstlerisch und kunsthistorisch hohem Wert, auch wenn das Gebäude mit seiner Architektur relativ einfach gehalten ist.

Das ehemalige Bendediktinerkloster Michelfeld.

Barock der Gebrüder Asam im Innenraum der Klosterkirche.

Nur 8 Kilometer sind es von MICHELFELD bis zur Stadt PEGNITZ, und der Quelle des Flusses, der uns auf dieser Tour in seinem attraktivsten Abschnitt begleitet hat. Einen offiziellen Wohnmobilstellplatz gibt es in dieser Stadt nicht. Wer nur die Stadt besuchen will kann das Fahrzeug auf dem Parkplatz an der Badstraße abstellen [**155:** N49°45'26.0" E11°32'39.8"]. Der Platz liegt relativ zentral am Rande der Innenstadt und ist trotzdem nicht übermäßig laut. Wer auch noch eine Runde schwimmen oder in die Sauna gehen möchte, der nutzt den Parkplatz vor dem **CabrioSol**, einem Schwimmbad mit einem überdimensionalem Cabrioverdeck in der Badstr. 4 [**156:** N49°45'33.74" E11°32'43.76"]. Der Platz ist allerdings etwas lauter, er liegt direkt an der Bundesstraße.

Historisches Rathaus in Pegnitz.

St. Bartolomäus in Pegnitz.

Stadtbummel Pegnitz

Wir unternehmen einen kleinen Stadtbummel in die unter Denkmalschutz stehende Innenstadt. Nach wenigen Metern sind wir in der verkehrsberuhigten Hauptstraße. Wir kommen zunächst über den Schweinemarkt an dem Denkmal eines Schweinehirten vorbei, dann am historischen Rathaus aus dem 16. Jahrhundert, das allerdings optisch wesentlich jünger aussieht, passieren die Stadtpfarrkirche St. Bartolomäus und gelangen an die noch sehr junge Pegnitz. Wir halten uns links und kommen in die Parkanlage Wiesenweiher, die von der Pegnitz durchflossen wird und gehen entlang des Flusses durch die Grünanlage zur Straße zurück, die uns wieder in die Innenstadt führt. Überragt wird die Stadt Pegnitz vom 544 Meter hohen Schlossberg, auf dem ein Aussichtsturm steht, der einen weiten Blick ins Umland ermöglicht. An seinem Fuße entspringt die Pegnitz, die hinter der Zaußenmühle in einem Springbrunnen eingefasst ist.

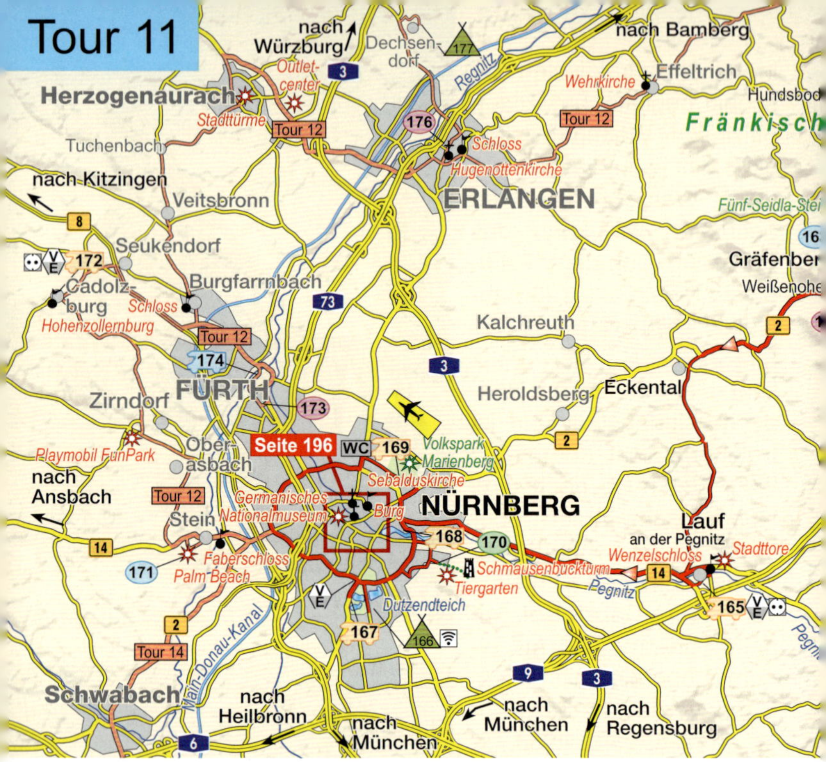

TOUR 11 (ca. 86 km)

Pegnitz – Betzenstein – Obertrubach – Egloffstein Gräfenberg – Lauf an der Pegnitz – Nürnberg

Freie Übernachtung:	Pegnitz, Betzenstein, Egloffstein, Hundshaupten, Mostviel, Nürnberg.
Offizielle Stellplätze:	Egloffstein, Lauf an der Pegnitz, Nürnberg.
Campingplätze:	Betzenstein, Nürnberg.
Ver-/Entsorgung:	Lauf an der Pegnitz, Nürnberg.
Besichtigungen:	Betzenstein (Ort, Klauskirche), Egloffstein (Burg), Hundshaupten (Wildpark), Lauf an der Pegnitz (Altstadt), Nürnberg (Altstadt, Kaiserburg, Dürerhaus, Christkindlesmarkt, Spielzeugmuseum, Germanisches Nationalmuseum, DB-Museum, Dokumentationszemtrum Reichsparteitaggelände, Tiergarten).
Wandern:	Rund um Betzenstein, Trubachtal, Gräfenberg (Fünf-Seidla-Steig).
Baden/Wellness:	Betzenstein (Freibad), Egloffstein (Freibad), Gräfenberg (Freibad).

Diese Tour ist relativ kurz, hat es aber in sich. Wir bewegen uns hier am Südrand der **Fränkischen Schweiz,** ein klassisches Wander- und Klettergebiet mit tiefen Tälern, vielen Felsen, einigen Burgen und Schlössern sowie großen Laubwäldern. Am Ende der Tour wartet die alte Reichsstadt NÜRNBERG mit ihren vielen Sehenswürdigkeiten.

Wir beginnen in BETZENSTEIN. Von der AB-Abfahrt Pegnitz haben wir 11 Kilometer bis zu diesem kleinen romantischen Ort zurückzulegen. Wir stellen das Womo auf dem Parkplatz am Freibad [**157:** N49°40'56.4" E11°24'33.1"] ab. Er ist mit hohen Sträuchern von der Straße abgetrennt und relativ nah an der Ortsmitte. Ein guter Übernachtungsplatz, wie wir meinen.

Auf einem 7 Kilometer langen Weg lässt sich BETZENSTEIN gut umwandern. Der Wanderweg ist mit einem offenen roten Kreis markiert und nicht zu verfehlen. Vom Park-

Tipp: Scheuen Sie sich nicht, diese Tour im Herbst zu machen. Bunte, farbenfrohe Wälder erwarten Sie. Wir sind diese Strecke auch einmal im Herbst gefahren und waren begeistert von dem „Indian Summer“ am Südrand der Fränkischen Schweiz.

Naturdenkmal Klauskirche.

platz geht es über die Straße, dann den Hang hinauf zum Naturdenkmal **Klauskirche**, einer 32 Meter langen Durchgangshöhle. Hat man sie durchschritten (Kopf einziehen!), passiert man den **Abenteuerpark**, ein in den Sommermonaten stark frequentierter Hochseilgarten und Kletterpark.

Schon spannend und prickelnd, gesichert an einem Seil über das Freibad zu sausen. Jugendliche stehen Schlange, um in luftiger Höhe auf die andere Seite des Klettergartens zu gelangen. Wir

Ein großes Freizeitgelände, Freibad und Abenteuerpark in Betzenstein.

schauen dem munteren Treiben eine Weile zu und setzen dann unseren Weg fort. Weiter geht es an einigen Felsfor-

(158) WOMO-Campingplatz-Tipp: Betzenstein

GPS: N49°41'09.1" E11°24'08.5"; Hauptstraße 69, 91282 Betzenstein.
max. WOMOs: >20, maximale Länge 12 m.
Ausstattung: Ausgezeichneter, sauberer Platz mit Wasserver- und Abwasserentsorgung, Kassettenentleerung, Stromanschlüssen, Behälter für die Müllentsorgung. Im Servicegebäude gibt es Dusche, WC, Waschmaschine und einen Trockner. Ganzjährig geöffnet. Sehr gutes Restaurant am Platz.
Lage: Ortsrand, nahe dem Freizeitpark mit Freibad, ruhig.
Preise: Hauptsaison für ein Fahrzeug mit 2 Personen 18,30 €.
Zufahrt: Ca. 1 km hinter dem Ortsausgang Richtung Leupoldstein.

Trubachtal, Felsformationen entlang des Trubachweges.

mationen vorbei und dann den Hang hinunter in den Ort. Uns empfängt ein denkmalgeschütztes Ensemble mit etlichen restaurierten Fachwerkhäusern. Reste der Stadtbefestigung sowie zwei Stadttore begrenzen den alten Ortskern. Die beiden Burgen oberhalb des Ortes befinden sich im Privatbesitz und können nicht näher besichtigt werden. Weiter geht es wieder einen Hang hinauf, vorbei an einer Aussichtsplattform und danach südlich des Ortes durch Wälder zurück zum Wohnmobil.

Wir fahren weiter über LEUPOLDSTEIN auf die B2 Richtung GRÄFENBERG und dann nach 2 Kilometern rechts ab nach OBERTRUBACH. Hier beginnt – ohne zu übertreiben – eines der schönsten Täler der **Fränkischen Schweiz**. Die Straße schlängelt sich parallel zum Bach, vorbei an etlichen ehemaligen Mühlen. Es geht durch eine schmale malerische Aue, die von zahlreichen Felsvorsprüngen gesäumt wird. Klettersportbegeisterte aus aller Welt geben sich hier ein Stelldichein. Wir können gar nicht so oft halten wie wir gerne möchten, denn die meisten der kleinen Parkbuchten entlang der Straße sind vollständig belegt. Das **Trubachtal** mit seinen Nachbartälern ist ein Wandergebiet par excellence. Über 200 Kilometer Wanderwege erschließen dieses Gebiet. Besonders hervorheben möchten wir den etwa 10 Kilometer langen **Trubachweg**, der in Obertrubach beginnt und endet. Das Fahrzeug kann man gut auf dem Parkplatz hinter dem Rathaus abstellen (auch wenn es ein wenig eng ist) [**159:** N49°41'43.2" E11°20'51.1"]. Der Wanderweg ist mit einem Schmetterling markiert und an 18 Stationen mit Tafeln ausgestattet, die Erklärungen liefern zur Geologie, zur menschlichen Besiedlung, zu Flora und Fauna. Um den Weg zu gehen, sollte man sich Zeit nehmen, vor allem dann, wenn man sich das Begleitbuch zu diesem Weg bei der Touristinformation im Rathaus besorgt hat. Ein wenig störend ist dabei allerdings, dass der Weg einige Zeit parallel zur Straße verläuft, er lohnt sich aber trotzdem.

Von OBERTRUBACH fahren wir weiter nach EGLOFFSTEIN, halten hier aber noch nicht, sondern fahren durch Richtung FORCHHEIM. Wir kommen nach MOSTVIEL. Hier gibt es einen praktisch gelegenen Parkplatz fast direkt am Bach neben einem Gasthaus mit Blick auf die Burg in EGLOFFSTEIN [**160:** N49°42'43.6" E11°15'24.1"]. Der Platz kann nach einer Einkehr in dem guten Restaurant für eine Übernachtung genutzt werden. Entlang des Trubachs kann man von hier aus auch bequem nach EGLOFFSTEIN wandern und kommt dabei an einem großen, stromproduzierenden Wasserrad vorbei.

Wisent im Wildpark Hundshaupten.

Wir fahren weiter. In SCHWEINTHAL biegen wir von der Hauptstraße ab und fahren über OBERZAUNSBACH zum **Wildpark Hundshaupten** [**161:** N49°43'16.0" E11°13'43.6"]. Der Wildpark ist eine sehr große Anlage mit zahlreichen Wild- und Haustieren. Rot- und Damwild sind am stärksten vertreten, es gibt aber auch Wisente, Elche, Luchse und viele andere Arten. Das Areal liegt am Hang, mächtige alte Bäume spenden Schatten für die Tiere in den großen Gehegen. Im Tal fließt ein Bächlein, am Weiher schnattern die Enten und im Haustierbereich warten die Kleinziegen auf fütternde Kinderhände.

Es ist ein interessanter, keineswegs langweiliger Tierpark mit einem weitverzweigten Wegenetz, für den man einen halben Tag Besuchszeit einplanen sollte.

Burg Egloffstein.

Vom Wildpark fahren wir weiter nach HUNDSHAUPTEN. Wer den Hinweisschildern zum **Schloss Hundshaupten** folgt, sei gewarnt. Das Schloss kann nicht besichtigt werden, die Fahrt dorthin führt in eine enge Sackgasse und das Wendemanöver am Ende der Straße treibt auch dem erfahrenen und geübten Wohnmobilfahrer die Schweißperlen auf die Stirn.

Weiter geht es über HUNDSBODEN nach EGLOFFSTEIN. Dieser Ort bietet mehrere Wanderwege zur Erkundung des näheren Umfeldes an. **Kulturweg Egloffstein** nennen sich diese Wege, die von der Gemeinde markiert wurden und deren kurze Beschreibung auf der website der Gemeinde zum download bereitsteht. Als Wanderparkplatz wird darin der Platz am Ortsausgang Richtung GRÄFENBERG empfohlen. Sehr viel schöner ist jedoch der Parkplatz des Freibades [**162:** N49°42'08.2" E11°15'43.3"]. Er ist sehr viel ruhiger, man kann das Freibad nutzen und das Schönste, man hat diesen wunderbaren Blick auf die Burg (siehe Foto auf der linken Seite). Die Burg kann nicht jederzeit besichtigt werden. Besuchsmöglichkeiten sind unter der Telefonnummer 09197-87 80 zu erfragen.

Wir fahren weiter nach GRÄFENBERG und gleich danach zur Nachbargemeinde WEISSENOHE. Beide Orte verbindet der **Fünf-Seidla-Steig**, der Bierwanderweg der südlichen **Fränkischen Schweiz**. Fünf Brauereien haben sich hier zusammengeschlossen und diesen Weg zusammengestellt. Er beginnt in WEISSENOHE bei der Klosterbrauerei. Der Ort ist eine der Keimzellen der fränkischen Bierbraukunst, denn die Benediktiner begannen hier schon bald nach der Gründung des hiesigen Klosters im 11. Jahrhundert Bier zu sieden. Die Klosterkirche ist natürlich jünger, sie stammt aus dem 18. Jahrhundert. Im Zuge der Säkularisation wurde das Kloster zu Beginn des 19. Jahrhunderts aufgehoben und teilweise abgerissen, die Braurechte gingen in private Hände über. Der **Fünf-Seidla-Steig** ist insgesamt 15 Kilometer lang, er bezieht auch die Teilorte HOHENSCHWÄRZ und THUISBRUNN mit ein. In WEISSENOHE stellt

Weißenohe, Klosterkirche.

man das Fahrzeug übrigens am besten in der Weiherstraße in unmittelbarer Nähe des Klosters ab **[164:** N49°37'42.4" E11°15'14.1"].

Gräfenberg, Stadttor Bayreuther Str.

In GRÄFENBERG ist die Parkplatzsuche mit einem Wohnmobil nicht ganz einfach. Mit einem Kastenwagen ist man hier im Vorteil und kann vielleicht irgendwo in den Straßen parken. Mit einem größeren Fahrzeug aber geht das kaum. Am Freibad **[163:** N49°39'04.1" E11°14'55.9"] sehen wir die einzige Möglichkeit unbehelligt stehen zu können. Von hier aus sind es rund 700 Meter bis zum Marktplatz und weitere 500 Meter bis zum Bahnhof. Fährt man eine Station weiter bis nach WEISSENOHE, ist man am Startpunkt des **Fünf-Seidla-Steigs**, folgt man dann den Wegweisungen, ist man nach 2,5 Kilometern wieder in GRÄFENBERG. Auch wenn Sie den Bierwanderweg nicht gehen, sollten Sie sich den Biergarten zum **Bergschlößchen** hoch über dem Ort nicht entgehen lassen. Hier lässt sich (allerdings nur am Wochenende) die Brotzeit und das Bier mit einem herrlichen Blick über die **Fränkische Schweiz** genießen. Es dürfen aber auch Getränke ohne Alkohol sein, denn wir wollen ja noch weiterfahren. Das tun wir jetzt auch und zwar nach LAUF AN DER PEGNITZ.

(165) Offizieller WOMO-Stellplatz:
Lauf an der Pegnitz – Pegnitzwiese

GPS: N49°30'32.3" E11°17'01.6";
Altdorfer Str./Briver Allee, 91207 Lauf an der Pegnitz.
max. WOMOs: >5, maximale Länge 12 m.
Ausstattung: Gepflasteter Platz mit Wasserver- und Abwasserentsorgung, Kassettenentleerung, 4 Stromanschlüssen, Behälter für die Müllentsorgung. Der Platz ist ganzjährig geöffnet.
Lage: Am Ortsrand direkt an der Briver Allee, nicht ruhig.
Preise: Kostenlos, Frischwasser und Strom (8 Stunden) gibt es über Münzautomaten für jeweils 1,00 €.
Zufahrt: Von der Altdorfer Str. den Hinweisschildern zu den Pegnitzwiesen folgen.

Wir fahren die B2 bis ECKENTAL und biegen hier nach LAUF ab. Nach insgesamt rund 20 Kilometern kommen wir an und fahren zum Parkplatz Pegnitzwiesen. Es ist der ideale Platz um die Altstadt zu besuchen.

Lauf an der Pegnitz, Hersbrucker Tor.

Lauf an der Pegnitz

Vom Parkplatz auf der Pegnitzwiese gehen wir nicht über die Straßenbrücke sondern wählen den Fußgängerweg durch die Grünanlagen, sehen auf der linken Seite die **Kaiserburg**, überqueren die Pegnitz und kommen an dem **Glockengießerspital** vorbei. Der eigenwillig erscheinende Turm ist die erhaltene Ruine der **Leonhardskirche**, die bereits 1553 zerstört wurde. Über die Barthstraße gelangen wir auf den **Marktplatz** und sehen auf der rechten Seite das **Hersbrucker Tor**, auf der linken Seite das **Alte Rathaus**, das typisch für diese Region, freistehend den Marktplatz in zwei Hälften teilt. Die **Johanniskirche** am westlichen Ende der Altstadt hat ihr heutiges Aussehen zu Beginn des 18. Jahrhunderts erhalten. Dahinter befindet sich das **Nürnberger Tor** aus dem 16. Jahrhundert. Von hier aus ist es nur noch ein kurzer Weg bis zum **Industriemuseum**, das direkt an der Pegnitz liegt und in den Gebäuden der ehemaliger Eisen- und Hammerwerke untergebracht ist. Wir gehen den Weg zurück bis zum **Nürnberger Tor**, gehen an der **Johanniskirche** rechts die Johannisstraße hinunter, überqueren die Brücke und sind damit wieder am Schloss und am Parkplatz angelangt. Das Schloss auf der Pegnitzinsel kann man von innen leider nur nach Voranmeldung bei der Tourist-Information besichtigen. Wir begnügen uns mit dem Anblick von außen, verabschieden uns von dieser schönen Stadt und fahren nach Nürnberg weiter.

Das Wenzelschloss in Lauf an der Pegnitz.

Parken in Nürnberg

Es ist bekanntlich nicht immer einfach einen geeigneten Stellplatz in einer Großstadt zu finden. Deshalb stellen wir erst einmal die Plätze vor, die sich für Übernachtungen eignen, bevor wir uns den Sehenswürdigkeiten Nürnbergs widmen.

Auf den offiziellen Stellplätzen geht es sehr eng zu, für größere Fahrzeuge ist bei starker Belegung das Rangieren schon schwierig. Der ruhigste Platz unter ihnen ist sicher der an der Kilianstraße, bei allen anderen ist der Verkehrslärm mehr oder minder deutlich zu hören. Nachdem unser bisheriger Lieblingsplatz am Luitpoldhain für Wohnmobile mit Durchfahrtshöhenbeschränkungen gesperrt worden ist, haben wir nach einer Alternative zu den engen offiziellen Stellplätzen gesucht und mit dem Parkplatz am Tiergarten auch gefunden. Der ist zwar tagsüber sehr belebt, aber Nachts ist es hier absolut ruhig. Mit der Tram ist man schnell in der Innenstadt. Nürnberg lässt sich übrigens auch sehr gut mit dem Fahrrad erkunden, das Radwegenetz innerhalb der Stadt ist sehr umfassend.

(166) WOMO-Campingplatz-Tipp: Nürnberg – Knaus Campingpark

GPS: N49°25'22.1" E11°07'17.9"; Hans-Kalb-Straße 56, 90471 Nürnberg.
max. WOMOs: >20, maximale Länge 10 m.
Ausstattung: Sauberer Platz mit Wasserver- und Abwasserentsorgung, Kassettenentleerung, Stromanschlüssen, Behälter für die Müllentsorgung, WLAN. Im Servicegebäude gibt es Dusche, WC, Waschmaschine und einen Trockner. Der Platz ist ganzjährig geöffnet.

Lage: Am Dutzendteich, nah am Messegelände, sehr ruhig. 6 km bis zu Innenstadt, gute Anbindung durch Radwege und U-Bahn.
Preise: Für eine Womo mit 2 Personen 32,30€, Strom 3,50 für 24h, Abwasserentsorgung 4,00 €, Kassettenentleerung kostenlos.
Zufahrt: Über die Hans-Kalb-Str. zwischen Stadion und der Messe.

(167) Offizieller WOMO-Stellplatz: Nürnberg – Münchener Straße

GPS: N49°25'22.1" E11°06'25.9";
Münchener Straße / Alfred Hensel Weg, 90471 Nürnberg.
max. WOMOs: 8, maximale Länge 7 m, max. Aufenthalt 3 Tage.
Ausstattung: Asphaltierter Platz, keinerlei Serviceeinrichtungen, ganzjährig geöffnet.
Lage: Etwas abseits der Münchener Straße in der Nähe vom Silbersee und

Dutzendteich, laut. Mit der U1 + U11 (500 m bis zur Haltestelle Bauernfeindstraße) geht es zum Hauptbahnhof.
Preise: Kostenlos.
Zufahrt: Im Süden Nürnbergs an der Münchener Straße.
Ver- und Entsorgung: An der Shell-Tankstelle in der Frankenstraße, ca. 1,2 km in Richtung Doku-Zentrum. **GPS:** N49°25'51.7" E11°06'02.6".

(168) Offizieller WOMO-Stellplatz: Nürnberg – Dr. Gustav-Heinemann-Straße

GPS: N49°27'32.9" E11°06'45.6"; Dr. Gustav-Heinemann-Str., 90471 Nürnberg.
max. WOMOs: 8, maximale Länge 7 m, max. Aufenthalt 3 Tage.
Ausstattung: Befestigter Platz, keinerlei Serviceeinrichtungen, ganzjährig geöffnet.
Lage: Am Nordufer des Wöhrder Sees. Mit der Tram Nr. 8 (600 m bis zur Haltestelle Tafelhalle) geht es zum Rathenauplatz und zum Hauptbahnhof.

Preise: Kostenlos.
Zufahrt: Im Osten Nürnbergs an der Dr.-Gustav-Heinemann-Straße.
Ver- und Entsorgung: An der Shell-Tankstelle in der Frankenstraße, ca. 4 km in Richtung Doku-Zentrum. **GPS:** N49°25'51.7" E11°06'02.6".

(169) Offizieller WOMO-Stellplatz: Nürnberg – Kilianstraße (Volkspark Marienberg)

GPS: N49°28'29.0" E11°05'39.2"; Kilianstraße 183, 90425 Nürnberg.
max. WOMOs: 8, maximale Länge 7 m, max. Aufenthalt 3 Tage.
Ausstattung: Asphaltierter Platz, WC, sonst keinerlei Serviceeinrichtungen, ganzjährig geöffnet.
Lage: Am Volkspark Marienberg, relativ ruhig. Mit der U2 und U21 (800 m bis zur Haltestelle Nordostbahnhof) zum Rathenauplatz und Hauptbahnhof.
Preise: Kostenlos.
Zufahrt: Im Norden Nürnbergs, vom Nordring in Richtung Heroldsberg fahren (B2), dann nach der Unterquerung der Eisenbahnbrücke die erste Straße links abfahren.

Ver- und Entsorgung: An der Shell-Tankstelle in der Frankenstraße, ca. 8 km in Richtung Doku-Zentrum über die Ringstraße. **GPS:** N49°25'51.7" E11°06'02.6".

(170) WOMO-Wanderparkplatz: Nürnberg – Tiergarten

GPS: N49°27'11.7" E11°08'23.8"; Schmausenbuckstraße, 90480 Nürnberg.
max. WOMOs: >5, maximale Länge 10 m, max. Aufenthalt 24h.
Ausstattung: Gepflastert ohne Serviceeinrichtungen, ganzjährig geöffnet.
Lage: In einer Sackgasse im Wald am Rande des Tiergartens, sehr ruhig. Bis zum Eingang des Tiergartens sind es 300 Meter. Von dort fährt die Tram zum Hauptbahnhof.

Preise: Kostenlos.
Zufahrt: Einfach der Beschilderung zum Tiergarten folgen.
Ver- und Entsorgung: An der Shell-Tankstelle in der Frankenstraße, **GPS:** N49°25'51.7" E11°06'02.6".

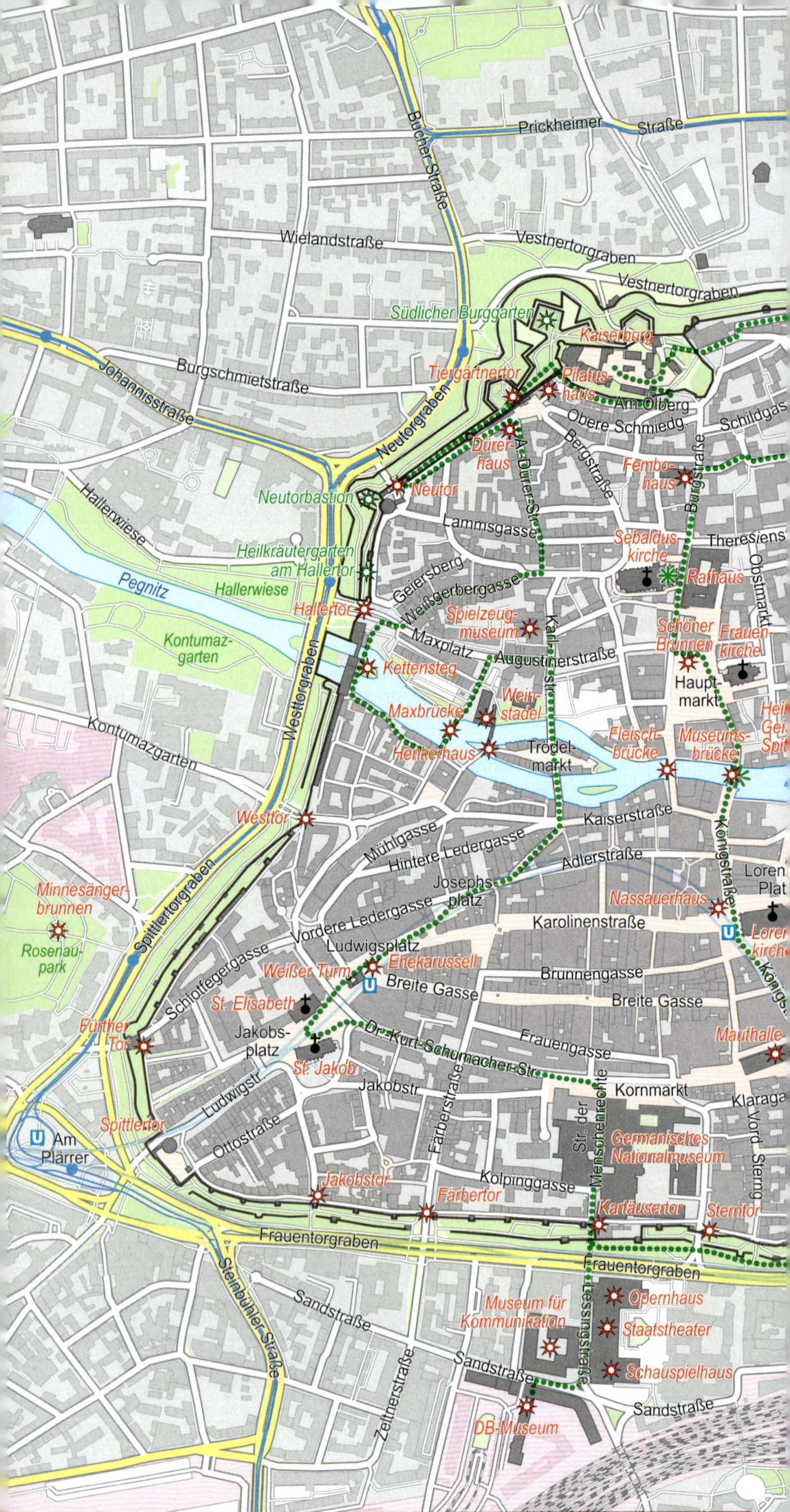
Prickheimer Straße
Bucher-Straße
Wielandstraße
Vestnertorgraben
Vestnertorgraben
Südlicher Burggarten
Kaiserburg
Johannisstraße
Burgschmietstraße
Tiergärtnertor
Pilatus-haus
Am Ölberg
Obere Schmiedg.
Schildgas
Neutorgraben
Dürer-haus
A.-Dürer-Str.
Bergstraße
Fembo-haus
Burgstraße
Neutorbastion
Neutor
Hallerwiese
Lammsgasse
Sebaldus-kirche
Theresienst
Obstmarkt
Rathaus
Heilkräutergarten am Hallertor
Pegnitz
Hallerwiese
Geiersberg
Weißgerbergasse
Hallertor
Spielzeug-museum
Karlstr.
Schöner Brunnen
Frauen-kirche
Kontumaz-garten
Maxplatz
Augustinerstraße
Kettensteg
Haupt-markt
Westtorgraben
Wein-stadel
Maxbrücke
Kontumazgarten
Henkerhaus
Trödel-markt
Fleisch-brücke
Museums-brücke
Westtor
Kaiserstraße
Königstraße
Mühlgasse
Hintere Ledergasse
Adlerstraße
Spittlertorgraben
Minnesänger-brunnen
Josephs-platz
Nassauerhaus
Rosenau-park
Vordere Ledergasse
Karolinenstraße
Ludwigsplatz
Schlotfegergasse
Weißer Turm
Ehekarussell
Breite Gasse
Brunnengasse
Breite Gasse
St. Elisabeth
Fürther Tor
Jakobs-platz
Dr.-Kurt-Schumacher-Str.
Frauengasse
Mauthalle
St. Jakob
Jakobstr.
Färberstraße
Str. der Menschenrechte
Kornmarkt
Ludwigstr.
Spittlertor
Ottostraße
Germanisches Nationalmuseum
Vord. Sterng.
Am Plärrer
Kolpinggasse
Jakobstor
Färbertor
Kartäusertor
Sterntor
Frauentorgraben
Frauentorgraben
Steinbühler Straße
Sandstraße
Opernhaus
Museum für Kommunikation
Staatstheater
Lessingstraße
Zeltnerstraße
Sandstraße
Schauspielhaus
Sandstraße
DB-Museum

Nürnberg – Innenstadt

Durch die Altstadt von Nürnberg

Wir wenden uns nun der Altstadt zu. Hier stehen wir vor dem Dilemma, dass der Platz in diesem Buch nicht reicht, um allem gerecht zu werden. Den Stadtrundgang können Sie mit der grün gepunkteten Linie auf dem Stadtplan verfolgen, wenn Sie einmal zurückblättern.

Handwerkerhof am Königstor.

Heilig-Geist-Spital über der Pegnitz.

Vom Hauptbahnhof gehen wir zum **Königstor**, das von einem der typischen dicken Türme der Nürnberger Stadtbefestigung flankiert wird und haben an der linken Seite den **Handwerkerhof**. Es ist ein mittelalterliches Anwesen mit allerlei Kunstgeschäften und Gastronomiebetrieben. Wir gehen hindurch und danach über die Königstraße an der **Klarakirche** vorbei zur **Mauthalle**, einem ehemaligen Getreidespeicher mit vielen Dachgauben und einer bemerkenswerten Fassade. Im Kellergewölbe dieses Hauses gibt es eine kleine Brauerei mit rustikalem Gasthaus und fränkischer Küche. Auf dem Weg hinunter zur Pegnitz beeindruckt uns die hochgotische Basilika **Sankt Lorenz**. Ihr gegenüber steht das schmucke **Nassauerhaus**, ein sehr gut erhaltenes mittelalterliches Turmhaus.

Wir gehen weiter und kommen auf die Museumsbrücke. Unser

Blick vom Turm der Sebalduskirche auf die Burg.

Lorenzkirche.

Nürnberg, Nassauerhaus.

Blick fällt auf das **Heilig-Geist-Spital**, ein Brückenbauwerk, das einst für Alte und Bedürftige errichtet wurde und heute ein Restaurant beherbergt. Nun sind es nur noch wenige Meter bis zum **Hauptmarkt**, auf dem der berühmte Nürnberger **Christkindlesmarkt** stattfindet.

Am Rande des **Hauptmarktes** steht der **Schöne Brunnen**, eine 19 Meter hohe Pyramide, die einer gotischen Kirchturmspitze ähnlich sieht. Mit vierzig Steinfiguren aus dem 14. Jahrhundert zeigt sie das Weltbild des Heiligen Römischen Reiches. Wir gehen weiter, kommen an dem palastähnlich erscheinenden **Alten Rathaus** vorbei und gelangen zur **Sebalduskirche**, in der u.a. auch Turmführungen angeboten werden. Nachdem wir uns schon über die website der Kirche für eine Führung angemeldet hatten, nehmen wir an einer Turmbesteigung teil. Oben angekommen, haben wir einen fantastischen Blick über die **Altstadt.** Nachdem wir die Treppen wieder abgestiegen sind,

Schöner Brunnen. Sebalduskirche.

folgen wir der Steigung der Burgstraße und kommen am **Fembohaus**, Nürnbergs größtem erhaltenen Bürgerhaus der Renaissance vorbei, das heute als Stadtmuseum dient. Bevor wir zur **Kaiserburg** gelangen, unternehmen wir noch einen kleinen Abstecher an der Kirche **St. Egidien** vorbei zum **Tucherschloss** mit dem **Hirsvogelsaal**. Die Familie **Tucher** zählte zu den reichsten Kaufmannsfamilien der Stadt. Ihren Reichtum gewann sie durch den Import von Gewürzen, Stoffen und vielerlei anderem, später auch mit Bier. Das heute zum Oetker-Konzern gehörende Tucher Bräu gehörte lange Zeit dieser Familie. Jeden Sonntagnachmittag führt die ehemalige Hausherrin Katharina Tucher übrigens höchstpersönlich mit kleinen Anekdoten aus ihrer Familie durch die Räume. Mag die Außenfassade des Schlosses auch schlicht wir-

Fembohaus. Tucherschloss, Hirsvogelsaal.

ken, die Innenräume sind prachtvoll ausgestaltet. Die Eingangshalle mit dem beeindruckenden Kreuzrippengewölbe weist eines der schönsten gotischen Maßwerkfenster Nürnbergs auf, im oberen Geschoss sind u.a. wertvolle Möbel

Vorhof der Kaiserburg mit Heidenturm und tiefem Brunnen.

zu bewundern. Im Nebengebäude ist das Deckengemälde des Dürerschülers Georg Pencz im **Hirsvogelsaal** besonders beeindruckend. Der Saal gilt als der bedeutendste Renaissance-Innenraum nördlich der Alpen.

Am **Maxtor** vorbei (hier gibt es keinen Torturm mehr) gehen wir nunmehr zur Burganlage. Sie ist eine der bedeutendsten Kaiserpfalzen des Mittelalters und das Wahrzeichen Nürnbergs. Reichs- und Hoftage wurden hier abgehalten. Alle Kaiser des Heiligen Römischen Reiches residierten hier zumindest zeitweilig zwischen 1050 und 1571.

Platz vor dem Tiergärtnertor mit Pilatushaus (links) und der Burg.

Der imposante Baukomplex gliedert sich in drei Teile. In der Mitte der Anlage befinden sich die Reste der **Burggrafenburg**, im Westen die **Kaiserburg** und im Osten die **Reichsstädtischen Bauten** mit dem Turm Luginsland. Neben den beeindruckenden Gebäuden können auch die kaiserlichen Wohn- und Repräsentationsräume im Palast besichtigt werden. Ein sehr lohneswerter Besuch.

Nach eingehender Betrachtung verlassen wir die Burg und gehen am Fuße der Festungsmauern über die Gasse “Am Ölberg” entlang der Handwerkerhäuschen durch ein Tor der Festungsmauer in den Burggarten.

Tiergärtnertor am Dürerhaus.

Dürerhaus.

Über den Burggarten gehen wir auf der Burgmauer Richtung **Neutor**. Wir werfen noch einen Blick von der Mauer zurück auf die Burg, sehen das **Pilatus**- und das **Dürerhaus** und gehen dann bis zum **Neutor**, dort die Treppen hinunter zur Straße und gelangen entlang der Neutormauer auf den Platz vorm **Tiergärtnertor,** den wir soeben noch von oben betrachtet haben. Der Platz zeigt mit dem **Dürerhaus**, dem **Tiergärtnertor**, dem **Pilatushaus**, einem der wenigen Fachwerkhäuser Nürnbergs aus der Spätgotik eine malerische Kulisse mit der Burg im Hintergrund. Ein guter Ort für eine Rast. An Lokalen rund um den Platz mangelt es hier nicht.

Frisch gestärkt verlassen wir den Platz über die A.-Dürer-Straße, kreuzen nach ca. 200 Metern den Weinmarkt, sehen links die hohen Türme der **Sebalduskirche** und wenden uns halbrechts der **Weißgerbergasse** zu. Etwa zwanzig historische Häuser haben den Krieg unbeschadet überstanden und vermitteln einen Eindruck, wie die Altstadtstraßen Nürnbergs einmal ausgesehen haben. Am Ende dieser Gasse überqueren wir die Straße, die durch das **Hallertor** führt und gelangen zum **Kettensteg**. Diese freischwebende

Malerische Weißgerbergasse mit historischer Bausubstanz.

Hängebrücke aus dem 19. Jh., führt über die Pegnitz und gewährt einen schönen Blick auf die **Maxbrücke** und den **Henkersteg**.

Weinstadel, Wasser- und Henkersturm.

Von der Maxbrücke haben wir einen wunderbaren Blick auf **Weinstadel**, **Wasser-** und **Henkersturm**. Der 48 Meter lange **Weinstadel** ist eines der größten Fachwerkhäuser Deutschlands. Einst als Siechenhaus für Leprakranke errichtet, diente es lange Zeit als Weinlager und wurde in den 50er Jahren des letzten Jahrhunderts zu einem Studentenwohnheim umgebaut.

Wir gehen weiter in Richtung **Sebalduskirche** und suchen in der Karlstraße das **Hallersche Haus** auf, das in seinen Mauern das **Spielzeugmuseum** beherbergt. In einer umfangreichen Sammlung wird gezeigt, wie sich Spielzeug von der Antike bis zur Gegenwart im Laufe der Jahrhunderte entwickelt hat.

Das Ehekarussell.

Vom **Hallerschen Haus** geht es nun über die Karlstraße, die Karlsbrücke und den **Trödelmarkt** nach Süden in die Kaiserstraße. Diese gehen wir bis zum Ende durch, treffen auf den Josephsplatz, überqueren diesen und gelangen auf den **Ludwigsplatz**, an dessen Ende der **Weiße Turm** steht, der einst Teil der alten Stadtbefestigung Nürnbergs war. Davor befindet sich das **Ehekarussell**, ein außergewöhnlicher Brunnen, den sich zukünftige Eheleute etwas genauer anschauen sollten. Zeigt er doch in sechs sehr plastischen Darstellungen das Auf und Ab des Ehelebens in Anlehnung an das Gedicht *"Das bittersüße ehlich Leben"* von Hans Sachs, dem bekannten Meistersinger aus dem frühen 16. Jahrhundert.

Wenige Meter entfernt steht am **Jakobsplatz** der markante klassizistische Kuppelbau von **St. Elisabeth.** Im Inneren der Kuppel stehen auf halber Höhe – kreisförmig angeordnet – Statuen der 12 Apostel. Eine sehr interessante Kirche.

Ihr gegenüber steht die evangelische Kirche **St. Jakob**. Der Jakobsplatz ist Ausgangspunkt für den mittelfränkischen Jakobsweg der nach Rothenburg ob der

Weißer Turm und St. Elisabeth.

Eingang des Germanischen Nationalmuseums.

Kreuzgang des Kartäuserklosters.

Salonwagen König Ludwig II.

Originalgetreuer Nachbau des Adlers.

Tauber sowie Speyer führt und von dort über viele weitere Stationen nach Santiago de Compostela.

Zum Ende unseres Rundgangs in der Altstadt haben wir noch zwei erstklassige Museen auf dem Programm. Das spätmittelalterliche **Kartäuserkloster**, bildet den zentralen Teil des **Germanischen Nationalmuseums**, dem größten kulturhistorischen Museum Deutschlands. Der Umfang der gezeigten Sammlungen zur Kunst- und Kulturgeschichte des deutschsprachigen Raumes von der Vor- und Frühgeschichte bis zur Gegenwart ist ganz einfach überwältigend. Für den Besuch dieses Museums benötigt man sehr viel Zeit. Einen verregneten Tag kann man hier bequem verbringen.

Das **Verkehrsmuseum** oder **DB Museum Nürnberg**, wie es offiziell heißt, zeigt die Geschichte der Eisenbahn von ihren Anfängen bis zur heutigen Zeit. Vor 175 Jahren begann das Eisenbahnzeitalter in Deutschland, 1835 fuhr der Adler, eine in England gebaute Lokomotive, von Nürnberg nach Fürth. Ein originalgetreuer Nachbau ist im Museum, neben vielen anderen Exponaten zu sehen. Aber nicht nur die Ausstellungsstücke wie der Adler, der Salonwagen König Ludwigs, so eine Art Versailles auf Rädern oder die vielen anderen Lokomotiven und Waggons machen das Museums interessant. Es ist auch die Darstellung der mit der rasanten Ausweitung des Eisenbahnnetzes verbundenen Entwicklung der Mobilität und Industriegeschichte.

Für das Kind im Manne gibt es dann noch im ersten Stock des Museums eine große Modellbahnanlage auf der gleichzeitig bis zu 30 Züge auf etwa 500 Meter Gleislänge verkehren.

Damit beenden wir den den Rundgang durch Nürnberg, schauen uns nun noch das **Doku-Zentrum und das Reichsparteitaggelände** an und kommen zum Abschluss in der Adventszeit noch mal hierher und besuchen den **Christkindlesmarkt**. Mit der Tram geht es zurück zum Tiergarten, der natürlich auch einen Besuch lohnt, ebenso wie eine Wanderung zum Schmausenbuckturm mit seiner Aussichtsplattform.

Kongresshalle und Doku-Zentrum Reichsparteitaggelände

Außenansicht der Kongresshalle.

Ein in Stein erhaltenes Relikt des Größenwahns ist der Torso der nie vollendeten **Kongresshalle**. Der größte noch erhaltene Monumentalbau nationalsozialistischer Architektur in Deutschland sollte Kongresse der NSDAP mit mehr als 50.000 Teilnehmern möglich machen. Das Kolosseum in Rom diente als Vorbild für den Bau mit dem hufeisenförmigen Grundriss, der nach Fertigstellung eine Höhe von 68 Metern erreichen sollte. Es war beabsichtigt den offenen Innenhof durch eine freitragende Dachkonstruktion zu schließen, dies gelang jedoch nicht mehr, bei einer Höhe von ca. 40 Metern wurden die Bauarbeiten 1940 eingestellt.

Heute dienen die Räumlichkeiten verschiedenen Zwecken. In einem der Kopfbauten ist das **Dokumentationszentrum Reichsparteitaggelände** untergebracht (umgangssprachlich **Doku-Zentrum**), das zum einen die Entwicklung des Nationalsozialismus vom Ende des 1. Weltkrieges 1918, bis zu den Nürnberger Kriegsverbrecherprozessen 1945/46 zeigt.
Zum anderen dokumentiert es die Geschichte und den Bau des Reichsparteitaggeländes sowie die gesamte widerwärtige Scheußlichkeit nationalsozialistischer Gewaltherrschaft. Der Bezug zu Nürnberg wird dabei in besonderer Weise berücksichtigt. Mit Audioguides, Tonbildschauen und Schautafeln kann man die eigenen Geschichtskenntnisse auffrischen und vertiefen. Auf dem Gelände rund um den Dutzendteich und Luitpoldhain werden des Weiteren mit großen Schautafeln die historischen Begebenheiten erläutert, die an diesen Orten stattgefunden haben. Das **Doku-Zentrum** ist vom Stellplatz an der Münchener Straße bequem zu Fuß zu erreichen.

Nürnberger Christkindlesmarkt

Er ist einer der größten Weihnachtsmärkte in Deutschland und weltweit bekannt. Er beginnt am Freitag vor dem 1. Advent und endet an Heiligabend. Traditionell wird der Markt mit dem Prolog des Christkindes von der Empore der Frauenkirche eröffnet. Jedes Jahr zieht der **Christkindlesmarkt** ca. 2 Millionen Besucher an, die sich durch die Budengassen drängen und nach Weihnachtsgeschenken oder Schmuck für den Christbaum suchen. Spielwaren in allen Variationen werden angeboten. Unzählige Rostbratwürste und Unmengen Glühwein finden ihren Absatz, und den berühmten Nürnberger Lebkuchen in den verschiedensten Darbietungsformen findet man an vielen Ständen. Mit der großen Kulisse der Altstadt zeigt sich Nürnberg im Advent von seiner romantischten Seite. Wer mag kann das auch mit einer alten Postkutsche erleben, die während des Marktes durch die Gassen fährt.

Tour 12

N
5 km
Hallstadt
Memmelsdorf
079
Schloss Seehof
076
Litzendorf
Tour 5
Kloster Michaelsberg
Altes Rathaus
Seite 106
BAMBERG
Dom
Altenburg
077
Schloss Greifenstein
Heiligenstadt
22
78
Main-Donau-Kanal
Strullendorf
Burgebrach
Fränkische
Unterleinleitner
Frensdorf
Hirschaid
73
Buttenheim
Schweiz
Regnitz
505
Pommersfelden
Schloss Weißenstein
Eggolsheim
Ebermannstadt
nach Würzburg
181
Aischgrund
Pretzfeld
Kirchehrenbach
179
178
Forchheim
Höchstadt an der Aisch
WC
180
Kellerwald
Walberla
Adelsdorf
514 m
Wiesent
Wiesenthau
470
Heroldsbach
Schloss Thurn
3
Main-Donau-Kanal
Röttenbach
Effeltrich
Wehrkirche
177
Weisendorf
Dechsendorf
Schloss
176
ERLANGEN
Freizeitbad Atlantis
Outlet-center
Hugenottenkirche
175
Herzogen-aurach
Stadttürme
Eckental
Kalchreuth
2
Tuchenbach
Heroldsberg
Veitsbronn
nach Kitzingen
73
4
3
Seukendorf
Burgfarrnbach
Schloss
8
174
173
WC
169
Volkspark Marienberg
172
14
Seite 196
Tour 11
168
Cadolzburg
FÜRTH
Sebalduskirche
Burg
Pegnitz
Hohenzollernburg
170
Zirndorf
Tiergarten
Playmobil FunPark
Germanisches Nationalmuseum
Dutzendteich
Ober-asbach
Stein
166
Faberschloss
167
Palm Beach
171
NÜRNBERG
9
Tour 14
6
14
2
nach Ansbach
nach Heilbronn
nach München

TOUR 12 (ca. 180 km)

Nürnberg – Stein – Cadolzburg – Fürth – Herzogenaurach – Erlangen – Effeltrich – Forchheim Kirchehrenbach – Pommersfelden – Bamberg

Freie Übernachtung:	Nürnberg, Stein, Fürth, Forchheim, Kirchehrenbach, Pommersfelden.
Offizielle Stellplätze:	Nürnberg, Cadolzburg, Herzogenaurach, Forchheim, Bamberg.
Campingplätze:	Nürnberg, Erlangen, Bamberg.
Ver-/Entsorgung:	Nürnberg, Cadolzburg, Herzogenaurach, Forchheim, Bamberg.
Besichtigungen:	Stein (Faberschloss), Cadolzburg (Altstadt, Burg), Fürth (Altstadt), Herzogenaurach (Altstadt), Erlangen (Barockstadt, Schlossgarten), Effeltrich (Wehrkirche), Forchheim (Altstadt, Kellerwald), Pommersfelden (Schloss Weißenstein).
Wandern:	Kirchehrenbach (Walberla).
Baden/Wellness:	Stein (Therme Palm Beach), Herzogenaurach (Therme), Erlangen-Dechsendorf (Bischofsweiher), Bamberg (Bambados).

Wir verlassen NÜRNBERG über die Frankenstraße und über die B14 in Richtung ANSBACH. Das erste Ziel dieser Tour ist STEIN. Die Stadt schließt nahezu nahtlos an RÖTHENBACH, einem Stadtteil NÜRNBERGS an. Gleich am Eingang der Stadt sehen wir das **Faberschloss** [N49°25'02.8" E11°01'13.1"], ein prächtiges Gebäude im Stil der Neorenaissance. Das im Volksmund auch **„Bleistiftschloss“** genannte Bauwerk, ist eine Anwesen, das die Familie **Faber-Castell** zu Beginn des 20. Jahrhunderts errichten ließ. Einen Blei- oder Buntstift mit dem Namen

Turm des „Bleistiftschlosses“.

Thermal-, Kur- und Freizeitbad Palm Beach.

Faber-Castell hat sicher schon jeder einmal in den Händen gehabt. Wie sie produziert werden und welche Geschichte damit verbunden ist, kann man jeden dritten Sonntag im Monat mit einer Führung im Schloss und Museum erfahren.

Therme, Wellness, Sauna, Freizeitbad mit großen Rutschen und mehreren Außenbecken, die Kristalltherme **Palm Beach** ist eine dieser neuzeitlichen großen Anlagen, die alles auf einem Areal anbietet. Wir erreichen sie, indem wir auf der B14 Richtung Ansbach ca. 1,5 Kilometer weiterfahren und dann die Ausfahrt zum Mühlloheweg nehmen. Der Parkplatz [**171:** N49°24'24.1" E11°00'16.3"] hinter der Anlage ist zwar kein ausgewiesener Wohnmobilstellplatz, aber dennoch für eine Übernachtung geeignet, wenn die Hochspannungsleitung nicht als störend empfunden wird. An den Wochenenden ist die Anlage bis Mitternacht geöffnet.

Auf dem Weg nach CADOLZBURG passieren wir ZIRNDORF. Wer mit Kindern unterwegs ist, für den ist vielleicht ein Stopp beim **Playmobil Funpark** von Interesse. Es ist ein großer Park zum Toben und Klettern und weniger zum Spielen mit den kleinen Plastikfiguren. Der über viele Jahre angebotene Wohnmobilstellplatz wurde geschlossen, man kann hier an der Carl-Benz-Straße nur noch tagsüber parken [N49°25'46.53" E10°56'12.07"].

Aussichtsturm in Cadolzburg.

Den nächsten „Bleistift" entdecken wir in CADOLZBURG. Der Aussichtsturm im Süden der Stadt wird im Volksmund so genannt. Er steht an der Brandstätterstraße [N49°27'20.9" E10°51'16.6"], ist bei Tageslicht frei zugänglich und bietet eine weit reichende Sicht ins Umland.

Wer CADOLZBURG besuchen will, der stellt sein Fahrzeug am besten auf dem Stellplatz **„Am Höhbuck“** ab, der allerdings nicht genutzt werden kann, wenn eine Veranstaltung auf der danebenliegenden Festwiese stattfindet. Der Platz ist nah an der Ortsmitte und an der Burg, die in Sichtweite liegt und nur durch ein Tal vom Platz getrennt ist. Der Weg zur Burg und zum historischen Marktplatz, der das Zentrum des alten Ortskernes bildet, ist leicht

Tor zum Innenhof der Hohenzollernburg.

(172) Offizieller WOMO-Stellplatz: Cadolzburg – Am Höhbuck

GPS: N49°27'40.3" E10°51'06.3"; Am Höhbuck 6, 90556 Cadolzburg.
max. WOMOs: 8, maximale Länge 12 m, max. Aufenthalt 3 Tage.
Ausstattung: Asphaltierter Platz mit Wasserver- und Abwasserentsorgung mit Bodeneinlass, Kassettenentleerung, Stromanschlüssen, Behälter für die Müllentsorgung, ganzjährig geöffnet. Bei Veranstaltungen auf dem Festplatz ist die Anlage geschlossen.
Lage: Ortsrand, sehr ruhig. 500 Meter bis zur Ortsmitte, 500 Meter bis zur Burg, rund 900 Meter bis zum Aussichtsturm.
Preise: Kostenlos, Frischwasser 1,00 € (80l), Strom 1,00 € pro kWh.
Zufahrt: Von der Ortsmitte über Nürnberger und Sudetenstraße in die Straße Am Höhbuck fahren.

durch die Beschilderung zu finden. Ein Bummel durch das ruhige Städtchen, vorbei an Fachwerk- und Natursteinhäuschen bis zum **Oberen Tor** und ein Besuch der mächtigen **Hohenzollernburg,** nimmt nicht sehr viel Zeit in Anspruch. Führungen durch die Burg werden nur in den Sommermonaten an Sonn- und Feiertagen angeboten. Über die Geschichte der Stadt und der Region ist im Rangau-Heimathaus am Pisendelplatz 1 mehr zu erfahren.

Der nächste Ort auf unserer Reiseroute ist FÜRTH. Wir verlassen CADOLZBURG in Richtung SEUKENDORF, fahren vor dem Ort auf die B8, und verlassen diese wieder nach 4 Ki-

Prachtfassaden in der Hornschuhpromenade.

lometern über die Abfahrt nach FÜRTH. Wir parken auf dem Parkplatz Fürther Freiheit **[173:** N49°28'16.7" E10°59'35.5"] im Zentrum der Stadt. Am Wochenende ist dies kein Problem, unter der Woche ist die Höchstparkdauer auf 2 Stunden begrenzt. Der Parkplatz ist für Mobile über 8 Metern Länge nicht geeignet. Von hier ist es nicht weit in die Altstadt. Die Stadt **Ludwig Erhards** und **Henry Kissingers** soll die höchste Denkmaldichte pro Kopf aller deutschen Großstädte haben. Nun, das haben wir weder nachgezählt noch überprüft, aber dass es hier sehr viel Baudenkmäler gibt und schöne dazu, das ist keine Frage. Dabei steht nicht unbedingt immer das einzelne Baudenkmal im Vordergrund, sondern das Ensemble mehrerer Gebäude wie zum Beispiel in der **Hornschuhpromenade** und der **Königswarterstraße**, zwei parallel verlaufende Straßen nur 300 Meter östlich unseres Parkplatzes beginnend. *„Die Architektur der beiden Prachtpromenaden besticht durch repräsentative Sandsteinfassaden, die stilistisch vom Neubarock bis zum Jugendstil reichen. Mit prächtigen Hauseingängen, schmiedeeisernen Balkongittern, üppigem Fensterschmuck und reich verzierten Erkern spiegeln die stattlichen Wohnungen den Reichtum und das Geltungsbedürfnis ihrer großbürgerlichen Bauherren wieder. Bis heute hat sich in diesen beiden Straßen ein geschlossenes architektonisches Gesamtbild erhalten, das vor über hundert Jah-*

Gründerzeitfassade in der Schwabacher Straße.

Gauklerbrunnen auf dem Grünen Markt.

ren organisch gewachsen ist.“ So heißt es in einer offiziellen Beschreibung der Stadt. Das können wir aus unserer Sicht nur bestätigen.

Aber nicht nur dort sehen wir die Prachtfassaden, auch an anderen Orten in der Stadt. Auf unserem Weg zum **Grünen Markt**, den wir über die Schwabacher und Königstraße erreichen, sehen wir ansprechende Häuserfassaden aus der Gründerzeit. Nur nicht in der geschlossenen Form wie in der Hornschuhpromenade und nicht immer so prachtvoll. Rund um den **Grünen Markt** liegt die Altstadt mit restaurierten mittelalterlichen Bauten, Fachwerkhäusern und barocken Gebäuden entlang schmaler Gassen. Insgesamt ein bunter Architekturmix, der eine ebenso bunte Mischung an Nutzungsarten mit Kneipen, Cafés und Restaurants hervorgebracht hat. Die Gaukler, die auf dem **Grünen Markt** in ihrem Tun verharren, passen in dieses Stadtbild.

Rathaus, Wahrzeichen der Stadt Fürth.

Wahrzeichen der Stadt ist das Rathaus, dessen Turm an den **Palazzo Vecchio** in Florenz erinnert. Das insgesamt sehr gut erhaltene alte Stadtbild ist darauf zurückzuführen, dass im letzten Weltkrieg die Stadt von Bombenangriffen weitgehend verschont blieb. Mit laufenden Sanierungs- und Instandsetzungsmaßnahmen der alternden Bausubstanz wird darauf geachtet, dass dieses schöne städtebauliche Erbe auch erhalten bleibt.

(174) Offizieller WOMO-Badeplatz: Fürthermare

GPS: N49°28'35.0" E10°58'38.7"; Scherbsgraben 15, 90766 Fürth.

max. WOMOs: 5, maximale Länge 7 m, max. Aufenthalt 2 Tage.
Ausstattung: Asphaltierter Platz ohne Versorgungseinrichtungen, ganzjährig geöffnet.
Lage: Direkt neben der Therme, nicht ruhig. Entfernung bis zur Stadtmitte 1,5 Kilometer.
Preise: Kostenlos.
Zufahrt: Von der B8 in Richtung Neustadt hinter der Brücke über den Scherbsgraben rechts in die Cadolzburger Straße abbiegen.

Für eine Entspannung sorgt das **Fürthermare**, ein Erlebnis- und Thermalbad auf der linken Seite der Pegnitz. Hier finden sich auch die einzigen offiziellen Wohnmobilparkplätze der Stadt. Es geht eng zu und man muss damit rechnen, dass PKW-Fahrer die Beschilderung ignorieren und man keinen freien Platz findet.

Der Fehnturm in Herzogenaurach.

Wir fahren weiter über VEITSBRONN und TUCHENBACH nach HERZOGENAURACH. Wer über Nacht bleiben will, dem empfehlen wir den Stellplatz am **Freizeitbad Atlantis**, das mit Wellenbecken, Wasserrutschen, Sauna u.a. aufwartet und für Wohnmobilfahrer nach Entrichtung der Stellplatzgebühr einen ermäßigten Eintritt anbietet. Von hier sind es 1,5 Kilometer bis zum Zentrum der Stadt. Wer nur die Innenstadt besuchen will, kann auch in Altstadtnähe das Fahrzeug abstellen. Parkplatz „An der Schütt“ [N49°34'03.2" E10°53'00.2"].

Laue Sommernacht im Straßenrestaurant am Rathaus von Herzogenaurach.

(175) Offizieller WOMO-Badeplatz: Herzogenaurach – Atlantis

GPS: N49°34'23.7" E10°51'56.5"; Würzburger Str. 35, 91074 Herzogenaurach.
max. WOMOs: 12, maximale Länge 10 m.
Ausstattung: Asphaltierter Platz mit Wasserver- und Abwasserentsorgung, Kassettenentleerung, Stromanschlüssen, Behälter für die Müllentsorgung, ganzjährig geöffnet.
Lage: Direkt neben der Therme an einem Wiesengelände, sehr ruhig. Entfernung bis zur Stadtmitte 1,5 Kilometer.
Preise: 9,00 € für eine Fahrzeug mit 2 Personen. Anmeldung und Bezahlung erfolgt an der Kasse der Therme. Entsorgung kostenlos, über Münzautomaten gibt es Frischwasser für 1,00 €, Strom für 0,50 € pro kWh.
Zufahrt: Am Ortsausgang Richtung Aurachtal/Emskirchen.

Den Stadtbummel starten wir vom Parkplatz „An der Schütt". Über die Ritzgasse gehen wir in die Hauptstraße und wenden uns nach links und sehen sogleich den **Fehnturm,** einen Wach- und Verteidigungsturm mit markanten Erkern. Sein Pendant, der **Türmersturm**, steht 300 Meter entfernt und bewacht den westlichen Eingang der Stadt. Dazwischen befindet sich das **Alte Rathaus**, ein schönes altes Fachwerkgebäude, das heute als Restaurant genutzt wird. Dahinter liegt der Marktplatz mit einem Brunnen, dann sind wir auch schon am Schloss. Hierin befinden sich das Rathaus und die Touristinformation. Wir wenden uns nach rechts, gehen zur hochgotischen Stadtpfarrkirche **St. Magdalena**, die mit barocker Innenausstattung glänzt, kommen dann am Pfründerspital vorbei, einem Fachwerkhaus, das einst als Bürgerspital diente und heute das Stadtmuseum beherbergt. Damit sind wir auch schon fast wieder am Ausgangspunkt angelangt. Wir gehen weiter, werfen noch einmal einen Blick auf den Fehnturm und kehren zum Womo zurück.

Bevor wir nach ERLANGEN weiterfahren, wollen wir noch den Hinweis geben, dass die beiden berühmten Sportartikelhersteller **Puma** und **Adidas** aus HERZOGENAURACH stammen und hier Outletcenter betreiben. Beide befinden sich an der Nordumgehung.

Nach ERLANGEN ist es nur ein Katzensprung, wir unterqueren die A3, überqueren wenig später den **Main-Donau-Kanal**, die **Regnitz** sowie die A73 und folgen der Beschilderung zum Bahnhof. Hier stellen wir das Fahrzeug zwischen dem Bahnhofsgelände und der Autobahn auf dem großen Parkplatz ab [**176:** N49°35'43.2" E10°59'57.5"]. Um sich die Sehenswürdigkeiten der Universitätsstadt anzuschauen, ist der Platz gut geeignet, für eine Übernachtung wäre er uns zu laut. In DECHSENDORF, einem Stadtteil von ERLANGEN fernab des Zentrums (ca. 8 km), befindet sich am Großen Bischofsweiher ein schön angelegter Campingplatz als ruhige Alternative.

Erlangen

Dass Erlangen am Reißbrett entworfen wurde und sich nicht aus einem mittelalterlichen Kern ins Umland entwickelt hat, merkt man schnell, wenn man sich in das Zentrum rund um das Schloss begibt. Die Meister des rechten Winkels haben mit ihrem Grundriss ganze Arbeit geleistet und so zählt Erlangen zu den wenigen Städten in Deutschland, die den Städtebau des Barock umfassend präsentieren können.

Wir beginnen unseren kleinen Stadtrundgang am Bahnhofsvorplatz, den wir durch die Unterführung vom Parkplatz schnell erreichen und sehen die Rückseite der **Hugenottenkirche**. Über die Calvinstraße gehen wir an ihr vorbei und stehen nun auf dem **Hugenottenplatz**.

Der Paulibrunnen auf dem Marktplatz.

Der Hugenottenbrunnen im Schlossgarten.

Auf der Hauptstraße gehen wir weiter und kommen auf den quadratischen **Markt-** bzw. **Schlossplatz**. Auf der einen Seite des Platzes steht der **Paulibrunnen**, auf der anderen Seite, vor dem markgräflichen Schloss, das heute die Verwaltung der Universität beherbergt, die **Statue des Markgrafen Friedrich von Brandenburg-Bayreuth**, dem Gründer der Universität. Das Schloss nimmt die östliche Seite des Platzes vollständig ein. Wir gehen an diesem Gebäude vorbei und haben nunmehr den weitläufigen barocken Schlossgarten vor uns. Links sehen wir die Orangerie, rechts den großen **Hugenottenbrunnen**, dahinter eine große Liegewiese mit schattigen Bäumen, die von zahlreichen Studenten bevölkert ist.

Alljährlich veranstaltet die Universität ein **Schlossgartenfest**, mit Livemusik und großem Feuerwerk. Es ist ein besonderer Höhepunkt im Verlauf des Jahres für die Stadt und mit gewöhnlich mehr als 6000 Gästen, eines der größten Gartenfeste Europas, an dem auch gern die wirtschaftliche und politische Prominenz Bayerns teilnimmt, die dann auch mal das Tanzbein in dem "Ballsaal" unter freiem Himmel schwingt.

Den **Markgrafen Christian Ernst**, der sowohl als oberste Figur auf dem Hugenottenbrunnen, wie auch als Reiterstandbild in der Mitte des Schlossgartens verewigt ist, würde dieses bunte Treiben nicht gestört haben. Achtete er doch neben seiner militärischen Karriere auch immer auf die Förderung der Kunst und Kultur. Das Standbild zeigt ihn übrigens in voller Rüstung über einen daniederliegenden Türken hinweg reiten und soll an seine Teilnahme an der Befreiung Wiens von der türkischen Herrschaft erinnern.

Reiterstandbild des Markgrafen Christian Ernst in der Mitte des Schlossgartens.

In den schmalen Straßen und Gassen rund um die Universität finden sich zahlreiche Restaurants, Cafes und Kneipen. Das ganze Viertel hat studentisch-akademisches Flair, die Zahl der jüngeren Leute im Straßenbild überwiegt gegenüber anderen, Nicht-Universitätsstädten. Da muss man nicht nachzählen, es fällt einfach auf in unserer überalterten Gesellschaft. Es ist aber auch nicht verwunderlich, schließlich sind an der Hochschule ca. 40.000 Studenten immatrikuliert. Sie ist eine der größten Universitäten Deutschlands.

Hugenotten in Erlangen

Die Hugenotten spielen eine besondere Rolle in Erlangen. Ihr Glaube, geprägt von den Lehren Calvins, wurde in Frankreich vom Klerus der katholischen Kirche und vom König nicht geduldet. Der Glaubensfreiheit beraubt, flüchteten sie in andere Länder. **Markgraf Christian Ernst** sah durch die Ansiedlung der Glaubensflüchtlinge die Chance, die marode wirtschaftliche Situation in seinem Herrschaftsbereich zu verbessern und bot ihnen an, sich in Erlangen niederzulassen. Der Zustrom an siedlungswilligen Hugenotten ließ die Kleinstadt schnell aus allen Nähten platzen. Nach dem Muster einer idealen barocken Stadt wurden Pläne mit einem rechtwinkeligen Grundriss für eine neue Siedlung gefertigt, die den Siedlern Platz bieten sollte. Dieser Grundriss besteht bis heute fort. Diese **Hugenottenkirche** ist eines der ersten Gebäude, das in dieser neuen Stadt fertiggestellt wurde.

(177) WOMO-Campingplatz-Tipp: Erlangen-Drechsendorf, Camping-Club Rangau

GPS: N49°37'53.2" E10°56'52.1"; Campingstraße 44, D-91056 Erlangen.
max. WOMOs: >20, maximale Länge 10 m.
Ausstattung: Ausgezeichneter, sauberer Platz mit Wasserver- und Abwasserentsorgung, Kassettenentleerung, Stromanschlüssen, Behälter für die Müllentsorgung, Hundedusche. Im Servicegebäude gibt es Dusche, WC, Waschmaschine und einen Trockner. Geöffnet von Anfang April bis Ende September. Gutbürgerliches Restaurant mit fränkischen Spezialitäten am Platz.
Lage: Am Dechsendorfer Weiher, direkter Zugang zum See, sehr ruhig.
Preise: Erwachsene Person 7,50 €, Wohnmobil 8,50 € incl. Entsorgung, Strom 3,50 € pro Tag, Waschmaschine und Trockner jeweils 3,50 €.
Zufahrt: Vom Großparkplatz in der Nähe des Parkhauses unter der AB-Brücke durchfahren, dann scharf rechts, dann auf die Dechsendorfer Straße nach Dechsendorf, dort den Hinweisschildern zum Campingplatz folgen.

Auf unserem weiteren Weg nach FORCHHEIM nehmen wir die Route über EFFELTRICH. Zu bestaunen gibt es hier eine **1000-jährige Linde** und eine **Kirchenburg**. Die Linde hat einen Umfang von 9 Metern, ist aber nur 8 Meter hoch. Stützen sichern die weit ausladenden Äste vor einem Bruch. Die Kirchenburg wurde als Schutz- und Trutzburg angelegt und sollte als Fliehburg den Bürgern Schutz gewähren. Sie ist nicht vollständig erhalten, Teile wurden zerstört, Teile wurden abgerissen, als sie in der Funktion einer Burg nicht mehr benötigt wurde. Dennoch ist sie immer noch eine schön anzuschauende Wehrkirche.

Effeltrich, 1000-jährige Linde und Wehrkirche.

Weiter geht die Fahrt über WIESENTHAU nach KIRCHEHRENBACH zur **Ehrenbürg** besser bekannt als **Walberla**.

Geomorphologisch betrachtet ist die **Walberla** nur ein Zeugenberg, ein Überbleibsel aus der abgetragenen und zurückverlagerten Schichtstufe der **Fränkischen Alb**. Von den zwei Plateaugipfeln in 514 und 532 Metern Höhe kann man schön ins Wiesenttal und ins Regnitztal hinunterschauen, wenn das Wetter entsprechend mitspielt, was bei unserem ersten Besuch leider nicht so war. Aber die **Walberla** ist nicht nur eine geologische Formation, nein, sie ist ein mystisch-magischer Ort und neben dem **Staffelstein** ein besonderer Berg für die Franken.

Die **Walberla** war ein Kultplatz der Kelten, dann ein germanisches Heiligtum und nach der Christianisierung eine geweihte Stätte der Christen. Vor der Walburgiskapelle oben auf dem Plateau steht die Bronzestatue der **Heiligen Walburga**, von der sich der Name **Walberla** vermutlich ableitet. Ihr zur Ehren fand an jedem 1. Sonntag im Mai eine Wallfahrt statt, aus der

Die Heilige Walburga.

sich schnell ein **Frühlingsfest** entwickelte, das zu den ältesten Festen dieser Art in Deutschland gehört. Zehntausende kommen jedes Jahr zu diesem Fest, das am Freitag vor dem ersten Sonntag im Mai mit dem traditionellen Aufstellen des Maibaumes und anschließendem Bieranstich beginnt und am Sonntagabend endet. Die **Walberla** ist das ganze Jahr über einen Ausflug wert, allein schon wegen der Morphologie des Berges und der hier versammelten Pflanzengesellschaften mit Kalkmagerrasen und der Fränkischen Mehlbeere, die nur hier vorkommt. Als Park- und auch Übernachtungsplatz eignet sich [**178**: N49°43'41.5" E11°08'44.5"] der Parkplatz, der leicht von der Ortsmitte aus zu finden ist. Man muss nur der Beschilderung zur **Walberla** folgen. Er liegt sehr ruhig am Fuße des Berges.

Nun geht es weiter nach FORCHHEIM. Zunächst steuern wir den **Kellerwald** an, von dem wir schon soviel gehört hatten. Er ist leicht zu finden, er liegt an der Unteren Kellerstraße und ist gut ausgeschildert. Auf dem großen Parkplatz [**179:** N49°43'46.7" E11°04'20.4"] am Rand des Waldes lässt es sich gut parken und bei Bedarf auch übernachten.

Der Kellerwald

Es ist tatsächlich ein Wald voller Keller, genauer **Bierkeller**. In den Sandstein hatten einst Forchheimer Bierbrauer Gänge getrieben, um dort unter relativ konstanten Temperaturen ihr Bier zu lagern. Schon im 18. Jahrhundert führten moderne Brau- und Lagertechniken dazu, dass die Keller ihre Funktion einbüßten. Dafür begann man Schankwirtschaften einzurichten, die sich einer stetig wachsenden Beliebtheit erfreuten. Heute ist der Kellerwald ein übergroß dimensionierter Biergarten mit 24 Schankwirtschaften und tausenden von Sitzplätzen. Preiswerte Gerichte der fränkischen Küche werden angeboten, dazu die verschiedenen Biere aus Forchheim und der Region. Am 10-tägigen **Annafest**, das jährlich Ende Juli stattfindet, ist der Besucherandrang besonders groß, dann werden noch einige Bänke mehr aufgestellt. Bis zu 30.000 Besucher finden dann einen Sitzplatz und lassen sich Bier und Schäuferla schmecken.

Der offizielle Stellplatz der Stadt FORCHHEIM liegt auf der Sportinsel, von hier aus ist die sehenswerte **Altstadt** über eine Fußgängerbrücke, die über den **Main-Donau-Kanal** und die A73 führt, bequem zu erreichen.

(180) Offizieller WOMO-Stellplatz: Forchheim – Sportinsel

GPS: N49°43'15.0" E11°03'00.0"; An der Regnitzbrücke, 91301 Forchheim.
max. WOMOs: >10, maximale Länge 12 m, max. Aufenthalt 3 Tage.
Ausstattung: Befestigter Platz mit Wasserver- und Abwasserentsorgung mit Bodeneinlass, Kassettenentleerung, Stromanschlüssen, Behälter für die Müllentsorgung, WC, ganzjährig geöffnet.

Lage: Ortsrand direkt an der Regnitz und dem Main-Donau-Kanal, sehr ruhig.
Preise: Einen Parkschein gibt es am Kassenautomaten für 9,00 € mit Münzeinwurf oder EC-Karte. Über Münzautomaten gibt es Strom für 0,50 € pro kWh. Frischwasser und Entsorgung ist kostenlos.
Zufahrt: Auf der B470 Richtung Höchstädt nach der Regnitzbrücke dem Womo-Zeichen folgen.

Nimmt man diese Brücke und folgt den Hinweisen zur Innenstadt, so erreicht man als erstes die von den Forchheimern **„Kaiserpfalz“** genannte **Fürstbischöfliche Residenz,** die mit spätgotischen Wandmalereien und dem Pfalzmuseum im Inneren aufwarten kann. Das Museum widmet sich der Archäologie Oberfrankens und der Stadtgeschichte.

Magistrats- und Frechshaus mit der Martinskirche im Hintergrund.

Folgt man der Kapellen- und Sattlertorstraße weiter in die Innenstadt, so gelangt man zur **Martinskirche** und im weiteren Verlauf zum **Rathaus**, das mit dem **Magistrats- und Frechshaus** ein schönes Fachwerkensemble bildet. Geht man die Hauptstraße entlang bis zum Paradeplatz und darüber hinaus, so gelangt man über die Torstraße zum **Nürnberger Tor**. Zurück geht es über den Paradeplatz und Marktplatz ins Lohmühlgässchen und von dort durch die Wiesentstraße

Kammerer's Mühle, das Schiefe Haus.

entlang des Flusses zur **Kammerer's Mühle**, einem alten Fachwerkhaus, das sich durch die abgesunkenen Fundamente der Wiesent zuneigt und deshalb auch das **„Schiefe Haus"** genannt wird. Hier lässt es sich übrigens angenehm Tafeln, denn die ehemalige Mühle ist heute ein nettes Restaurant.

Nachdem wir zum Stellplatz zurückgekehrt sind, verlassen wir FORCHHEIM und fahren über einen kleinen Umweg nach BAMBERG. Dieser Umweg führt uns nach POMMERSFELDEN zum **Schloss Weißenstein**. Auf dem Parkplatz unterhalb des Schlosses steht ausreichend Raum für Reisemobile zur Verfügung [**181:** N49°45'41.5" E10°49'13.1"].

Dieses Schloss, das der **Kurfürst Lothar Franz von Schönborn** zu Beginn des 18. Jahrhunderts fernab größerer Orte errichten ließ, ist ein Juwel des fränkischen Barock. Es ist von einer weitläufigen Gartenanlage umgeben, die ursprünglich als Barockgarten angelegt war, dann aber dem damaligen Zeitgeist folgend, Ende des 18. Jahrhunderts im Stile eines englischen Landschaftsparks umgewandelt wurde.

Schloss Weißenstein in Pommersfelden.

In den kunstvoll ausgeschmückten Räumen des Schlosses ist von Mai bis Oktober eine der größten Barockgemäldesammlungen Deutschlands zu besichtigen (nur mit Führung). Die prachtvolle Barockarchitektur gipfelt ohne Zweifel im Treppenhaus, das praktisch den gesamten vorstehenden Teil des Hauptgebäudes einnimmt. Die mit zwei breiten Läufen angelegte Treppe ist von hohen offenen und reich verzierten Galerien umgeben und wird durch ein phantastisches Deckengemälde gekrönt. Das ist Barockarchitektur in edelster Form und diente so manch anderem Bauherrn als Ideenvorlage, wurde aber in dieser Vollendung sonst nirgendwo erreicht. Es lohnt sich also schon allein wegen des Treppenhauses dieses Schloss zu besichtigen. Das Fotografieren ist in den zum Teil noch privat genutzten Innenräumen nicht gestattet. Das Foto hat uns die Presseabteilung des Schlosses zur Verfügung gestellt.

PrachtvollesTreppenhaus.

Von POMMERSFELDEN fahren wir weiter nach BAMBERG. Was diese Stadt besonders interessant macht lesen Sie auf den Seiten 105 bis 113.

Tour 13

nach Würzburg
5 km
N
ANSBACH
Residenz
Altstadt
Hofgarten
nach Heilbronn
Herrieden
Heilsbronn
nach Nürnberg
Lichtenau
Petersaurach
Burgoberbach
Altmühl
Fränkische Rezat
Neuendettelsau
Weidenbach
184
WC
Altstadt
Merkendorf
Wolframs-Eschenbach
Altstadt
185
Windsbach
Altstadt
183
Arberg
Ornbau
nach Schwabach
466
Muhr am See
Haundorf
Wassermungau
Aben-berg
Ritterburg
Hopfenhaus
186
Altstadt
Altmühlsee
S. 236
Blasturm
Fränkisches Seenland
187
188
Kornhaus
Gunzenhausen
Färberturm
Spalt
Georgens-gmünd
Absberg
nach Nördlingen
Langlau
Enderndorf
Gr. Brombachsee
Allmannsdorf
Röttenbach
S. 235
Ramsberg
nach Schwabach
Hahnenkamm
628 m
Pleinfeld
Schwäbische Rezat
St2230
Limes
Altmühl
nach Hilpoltstein
Markt Berolzheim
Residenz
Ellingen
Tour 14
Weißenburg
Kastell Biriciana
Stadtmauer
201
Wülzburg
600 m
Fossa Carolina
Tour 14
202
Treuchtlingen
199
Burgsalach
Burgus (Römerkastell)
200
Römerturm
Altmühltherme
Limes
210
nach Donauwörth
Weidenkirche
Burg
Pappenheim
Langenaltheim
209
Limeswanderweg
Monheim
Altmühltal
Bürgermeister-Müller-Museum
Solnhofen
Eichstätter Alb
Römerturm
12 Apostel
Erkertshofen
Mühlheim
Tour 15
Fossilien-Besucher-steinbruch
Pollenfeld
nach Eichstätt

TOUR 13 (ca. 170 km)

Ansbach – Ornbau – Merkendorf – Wolframs-Eschenbach – Windsbach – Abenberg – Spalt Brombachsee – Altmühlsee – Gunzenhausen Treuchtlingen

Freie Übernachtung:	Merkendorf, Spalt.
Offizielle Stellplätze:	Ansbach, Wolframs-Eschenbach, Windsbach, Abenberg, Spalt, Brombachsee, Altmühlsee, Treuchtlingen.
Campingplätze:	Brombachsee, Altmühlsee.
Ver-/Entsorgung:	Ansbach, Wolframs-Eschenbach, Windsbach, Abenberg, Spalt, Brombachsee, Altmühlsee, Treuchtlingen.
Besichtigungen:	Ansbach (Altstadt, Residenz und Hofgarten), Ornbau (Altstadt), Merkendorf (Altstadt), Wolframs-Eschenbach (Altstadt), Windsbach (Altstadt), Abenberg (Altstadt und Ritterburg), Spalt (Altstadt), Gunzenhausen (Altstadt), Fossa Carolina, Treuchtlingen (Kurpark).
Wandern:	Brombachsee, Altmühlsee.
Baden/Wellness:	Ansbach (Aquella), Abenberg (Badeweiher), Brombachsee, Altmühlsee, Treuchtlingen (Altmühltherme).

Wir beginnen diese Tour, die uns durch romantisch anmutende fränkische Städte und eine große künstliche Seenlandschaft führen wird, in ANSBACH. Der hiesige Stellplatz ist leicht zu finden, die Innenstadt in 15 Min. zu Fuß zu erreichen.

(182) Offizieller WOMO-Badeplatz: Ansbach - Am Stadion
GPS: N49°18'15.3" E10°33'27.4"; Am Stadion 2, 91522 Ansbach.
max. WOMOs: 12, maximale Länge 12 m, max. Aufenthalt 3 Tage.
Ausstattung: Asphaltierter Platz mit Wasserver- und Abwasserentsorgung, Kassettenentleerung, Stromanschlüssen, Behälter für die Müllentsorgung, ganzjährig geöffnet. Das Freizeitbad bietet eine Reihe verschiedener Innen- und Außenbecken, einer Röhren-Wasserrutsche und eine Sauna.
Lage: Direkt neben dem Aquella Freizeitbad, starker, deutlich hörbarer Eisenbahnverkehr. Entfernung bis zur Stadtmitte 1,5 Kilometer.
Preise: Kostenlos, über Münzautomaten gibt es Frischwasser für 0,50 € und Strom für 0,50 € pro kWh. Die Entsorgung ist kostenlos.
Zufahrt: Über die B14, im Westen der Stadt, gut ausgeschildert.

Bachdenkmal hinter der Johanniskirche.

Ansbach, Herrieder Tor.

Ansbach

Sankt Johannis ist eine der sehenswerten Kirchen der Stadt, eine weitere ist **Sankt Gumbertus**. Die beiden Kirchen stehen nur 100 Meter voneinander entfernt am Martin-Luther-Platz.

Sankt Gumbertus gilt mit ihren drei Türmen als das Wahrzeichen Ansbachs und ist das älteste Gebäude der Stadt. Der barocke Saalbau der Kirche ist lichtdurchflutet und von schlichter Eleganz. Hier einem Bachkonzert während der **Bachwochen** zu lauschen ist sicher ein Vergnügen. Wen es interessiert: Unter www.bachwoche.de gibt es die Termine dazu. Neben der Gumbertuskirche steht das **Geburtshaus von Theodor Escherich**, dem weltberühmten Kinderarzt und Entdecker der Kolibakterien (Escherichia coli), an dem wir auf dem Weg zum **Herrieder Tor** vorbeigehen.

Das 47 Meter hohe, achteckige Gebäude wurde Mitte des 18. Jahrhunderts auf den Grundmauern eines alten Turmes errichtet. Der Torturm wird von Bürgerhäusern flankiert, dies ist ein sehr bemerkenswertes Barockensemble der Residenzstadt. Sehenswert sind ebenfalls der **Behringershof** neben der Kirche St. Gumbertus sowie das **Markgrafen-Museum** am Kaspar-Hauser-Platz.

Die **Markgräfliche Residenz** kann nur im Rahmen von Führungen besucht werden, die in den Sommermonaten zwischen 9.00 und 17.00 Uhr stündlich stattfinden. Prunkräume, doppelgeschossiger Festsaal, Spiegelkabinett und Kachelsaal mit Fliesen aus der ehemaligen Ansbacher Fayencemanufaktur warten darauf bewundert zu werden. **Hofgarten** und **Orangerie** sind räumlich von der Residenz getrennt und bilden eine eigenständige Anlage, auch wenn sie eigentlich zur Residenz gehören. Bei der Architektur ließen sich die Baumeister von französischen Vorbildern inspirieren. Die Südfassade der Orangerie ist dem Grand Trianon in Versailles nachempfunden, die Nordfassade den Kolonnaden des Louvre. Die großen Räume des schlossähnlichen Gebäudes werden heute für Veranstaltungen und Ausstellungen genutzt. Ein Restaurant und ein Café sind im Seitenflügel untergebracht. Neben dem Kräutergarten sind der Park und die Hauptachse des Hofgartens mit der langen Reihe der Lindenbäume besonders attraktiv. Im Park erinnert eine Büste an **Kaspar Hauser**, dessen geheimnisumwitterter Tod in Ansbach wohl nie vollends geklärt werden kann. In den **Kaspar-Hauser-Festspielen** widmet man sich in Ansbach diesem Thema alle zwei Jahre. Die Kaspar-Hauser-Festspiele finden in den Jahren mit gerader Jahreszahl statt, die Bachwochen in den Jahren mit ungerader Jahreszahl.

Von ANSBACH fahren wir über die B13 in südliche Richtung. Die Hinweise auf das **Fränkische Seenland** sind auffallend häufig zu sehen und soll die Besucher dieser Region nicht im unklaren darüber lassen, wie diese Ferienregion erreicht werden kann. Aber die Seenlandschaft muss noch ein wenig auf uns warten. Wir fahren nicht auf dem direkten Weg dorthin, sondern machen einige Umwege, um die wahrhaft malerischen und romantischen Städte dieser Region zu besuchen.

Als erstes Städtchen haben wir uns ORNBAU ausgesucht. Es liegt ein wenig abseits der B13 direkt an der **Altmühl**. Eine wirklich gute Parkmöglichkeit können wir für diesen kleinen Ort nicht empfehlen. Die beste Möglichkeit sehen wir noch am Südufer der **Altmühl**. Dazu muss man sich dem Ort aber über die Umgehungstraße von Süden her nähern. Mit dem Wohnmobil kommt man durch die Stadttore nicht durch, da führen die GPS-Koordinaten [N49°10'24.7" E10°39'18.7"] unter Umständen in die Irre.

Ornbau, steinerne Brücke über die Altmühl.

Merkendorf, Unteres Tor.

Es gibt keine hervorzuhebenden Sehenswürdigkeiten in dem Ort, der Ort selber ist sehenswert. Die Patina, die Stadtmauer und die Stadttore sowie die Brücke über die Altmühl wirken als ein romantisches Gesamtensemble. ORNBAU wäre, ohne Umbauten vornehmen zu müssen, eine schöne mittelalterliche Kulisse für einen Film.

Ähnlich ist es in MERKENDORF, dem nächsten kleinen Ort dieser Tour unmittelbar an der B13. Nur können wir hier mit dem Wohnmobil die Stadttore durchfahren und wir haben auch eine Parkempfehlung außerhalb der nicht ganz vollständigen, aber dennoch schön anzuschauenden Stadtmauer [**183:** N49°12'14.1" E10°41'58.2"]. Wenn man von dem Parkplatz der Straße folgt, am **Unteren Tor** vorbeigeht, dem Stadtgraben folgt und den Ort erst durch das **Taschentor** betritt, hat man gleich den schönsten Teil der Stadtmauer gesehen. Es sind nur rund 600 Meter. Geht man dann durch

Merkendorf, Stadtmauer und Stadtgraben.

das **Taschentor,** ist man nach wenigen Metern auf dem **Marktplatz**. Hier stehen das spätgotische Rathaus, Krautbrunnen und die ehemalige Zehntscheuer, in der heute ein Heimatmuseum untergebracht ist, dicht beieinander.

Das nächste Städtchen auf unserer Reise hat nicht nur romantisches Flair, sondern auch eine ganz besondere Verbindung zur mittelhochdeutschen Dichtkunst. Den Vornamen des berühmten Sohnes der Stadt hat man schon 1917 dem Ortsnamen vorangestellt. Die Rede ist von WOLFRAMS-ESCHENBACH, der alten Minnesängerstadt, Heimatort des Parzivaldichters **Wolfram von Eschenbach**, der noch ohne Stellplatz auskam. Über den inzwischen sehr komfortabel ausgestatteten Platz würde er staunen.

(184) Offizieller WOMO-Stellplatz: Wolframs-Eschenbach

GPS: N49°13'31.02" E10°43'10.86";
Waizendorfer Str. 15, 91639 Wolframs-Eschenbach.
max. WOMOs: 24, maximale Länge 12 m, max. Aufenthalt 5 Tage.
Ausstattung: Befestigte, mit Grünstreifen und Buschwerk abgegrenzte Parzellen. Wasserver- und Abwasserentsorgung mit Bodeneinlass sowie die Möglichkeit die Bordtoilette zu entleeren gibt es am Rande des Platzes.Darüber hinaus steht ein Servicegebäude mit Dusche, WC, Waschmaschine und Trockner zur Verfügung. WLAN steht ebenfalls zur Verfügung. In der Nähe gibt es Liegewiese, Beachvolleyball, Naturbad, Grillplatz. Der Platz ist ganzjährig geöffnet

Lage: Am Ortsrand, 500 Meter bis zur Ortsmitte, sehr ruhig.
Preise: Einen Parkschein gibt es am Kassenautomaten für 5,00 €. Waschmaschine und Trockner wollen an Münzautomaten gefüttert werden. Über Münzautomaten gibt es Frischwasser für 1,00 € und Strom für 1,00 € pro kWh..
Zufahrt: Von Merkendorf in W.-E. die dritte Ausfahrt vom 1. Kreisverkehr nehmen, dann nach 250 Metern links in die Waizendorfer Straße abbiegen.

Die Wehrmauern der Stadt sind vollständig erhalten. Nur durch zwei mittelalterliche Tore kann die Stadt betreten oder verlassen werden. Zwischen diesen beiden Toren verläuft die Hauptstraße, an der zahlreiche große Fachwerkhäuser stehen. Am Marktplatz befindet sich das Denkmal des Parzivaldichters. Er blickt auf sein Museum, das in dem **Alten Rathaus** untergebracht wurde. Daneben stehen das **Deutschordenschloss** und dahinter das **Liebfrauenmünster** aus dem 13. Jahrhundert, das spätromanische und frühgotische Architekturmerkmale in sich vereint. Es wurde vom Deutschen Orden errichtet, der die Geschichte der Stadt über 600 Jahre bis zum Beginn des 19. Jahrhunderts bestimmte. Im **Liebfrauenmünster** fand **Wolfram von Eschenbach** seine letzte Ruhestätte.

Wolframs-Eschenbach, Museum im Alten Rathaus und Liebfrauenmünster.

Zwischen den vielen Fachwerkhäusern will die Architektur des **Deutschordensschlosses** auf den ersten Blick so gar

Wolfram von Eschenbach

Der Versroman des Parzival ist eines der Hauptwerke der mittelhochdeutschen Dichtkunst. Berühmt geworden ist es auch durch Richard Wagners gleichnamiger Oper. Worum es dabei geht, ist in einer Broschüre der Stadt Wolframs-Eschenbach prägnant zusammengefasst. Wir erlauben uns das zu zitieren: „Das Epos des »Parzival« ist das *umfangreichste Werk des Autors. Es handelt davon, die ritterlichen Ideale von Mut, Tapferkeit und Freude an der Welt zur Geltung zu bringen und gleichzeitig mit den christlichen Werten der Demut und Nächstenliebe zu verbinden. Parzival zieht in jungen Jahren unbekümmert und draufgängerisch in die Welt hinaus, übernimmt fremde Lebensregeln, ohne selbst über sie nachzudenken, verstrickt sich in Schuld und zweifelt an der Güte Gottes. Erst als er dazu übergeht, sich über die eigene Person und die Lebenszusammenhänge mehr Klarheit zu verschaffen, als er beginnt, mehr Verantwortung auf sich zu nehmen und besonnener zu handeln, kommt ihm umgekehrt die Güte des Lebens entgegen. Er wird nach vormaligem Scheitern zum Gralskönig berufen und nun Hüter des edlen Steins, der als Quelle des Lebens erscheint und an bestimmten Tagen wie ein Tischleindeckdich für Speis und Trank, für Jugend und Schönheit sorgt.*“

Wolfram Denkmal auf dem Marktplatz

nicht in das Ensemble passen. Ende des 16. Jahrhunderts war es modern im Renaissancestil zu bauen und da es im Bestreben des Deutschen Ordens lag, das Zentrum des Ortes repräsentativ zu erneuern, wurde das Schloss eben in diesem Stil errichtet. Wobei Schloss eigentlich übertrieben klingt, es ist eher ein Bürgerhaus, das dort errichtet wurde.

Wolframs-Eschenbach, Oberes Tor.

Zahlreiche Wanderwege bieten sich an, die nähere Umgebung zu erkunden. Einer dieser durchnummerierten „Minnesängerwege“ führt nach WINDSBACH unserem nächsten Ziel.

Wir nehmen aber nicht die Wanderschuhe, sondern das Womo, obwohl es nur 8 Kilometer sind. Der Ortskern ist dem von MERKENDORF vergleichbar, von der Stadtmauer gibt es allerdings nur noch Reste und von den ehemals fünf Tortürmen stehen nur noch zwei. Durch das **Brückentor** fahren wir hinein und durch das **Obere Tor** wieder hinaus. Eine Parkmöglichkeit eröffnet sich auf dem kleinen Stellplatz vor dem **Brückentor** an der **Fränkischen Rezat**.

Windsbach, Hauptstraße mit Oberen Tor am Ausgang des Ortskerns.

(185) Offizieller WOMO-Stellplatz: Windsbach

GPS: N49°14'46.58" E10°49'29.31", Ansbacher Str. 3, 91575 Windsbach.
max. WOMOs: 3, maximale Länge 7 m, max. Aufenthalt 3 Tage.

Ausstattung: Gepflasteter Platz mit Wasserver- und Abwasserentsorgung, Kassettenentleerung, Stromanschlüssen, Behälter für die Müllentsorgung. Der Platz ist ganzjährig geöffnet.
Lage: Ortsrand, vor dem Brückentor links am Flussufer der Fränkischen Rezat, nicht ruhig.
Preise: Alles kostenlos, nur Strom kostet über Münzautomaten 1,00 € pro kWh.

Der malerische Ort in seiner Gesamtwirkung ist schon eine Sehenswürdigkeit. Hervorzuheben ist noch die **Gottesruhkapelle**, die wegen eines fast vollständig erhaltenen Freskenzyklus kunstgeschichtlich sehr bedeutend ist. Sie steht aber nicht in der Stadt, sondern außerhalb an der Straße nach WOLFRAMS-ESCHENBACH.

Unser nächstes Ziel ist ABENBERG. Von der Stadtbefestigung sind die beiden Stadttore erhalten gebleiben. Die Durchfahrtshöhe von 2,7 Metern reicht für unser Fahrzeug nicht aus, um in das Zentrum hineinfahren zu können. Deshalb nehmen wir im Kreisverkehr weit vor der Stadt die erste Ausfahrt, fahren die Straße hinunter, bis wir wieder auf einen Kreisverkehr treffen. Hier befindet sich der offizielle Stellplatz der Stadt an einem Badeweiher.

(186) Offizieller WOMO-Badeplatz: Abenberg – Badeweiher

GPS: N49°14'7.91" E10°57'18.43", Spalter Straße, 91183 Abenberg.
max. WOMOs: 6, maximale Länge 8 m.
Ausstattung: Asphaltierter Platz mit Wasserver- und Abwasserentsorgung mit Bodeneinlass, Kassettenentleerung, Stromanschlüssen, Behälter für die Müllentsorgung, Bäcker schräg gegenüber, ganzjährig geöffnet. Nebendran: Naturbad, Kinderspielplatz, Wald-/Naturlehrpfad.

Lage: Direkt am Weiher, aber auch direkt an der Straße. Entfernung bis zur Stadtmitte 1 Kilometer.
Preise: Kostenlos. Frischwasser 1,00 €, Strom 1,00 € pro kWh.
Zufahrt: Wie im Text beschrieben.

Hier stellen wir das Womo ab und gehen mehr als einen Kilometer zur Burg hoch, die über die Stadt wacht. Die mittelalterliche Anlage ist eine Ritterburg mit einem Turnieranger, den schon **Wolfram von Eschenbach** in seinem **Parzival** beschrieben hat. Eine lebensgroße Bronzeskulptur erinnert

Burg Abenberg, Turm Luginsland, Burgscheune und Schottenturm.

daran. In einer Nische der Festungsmauer sehen wir ihn mit einer Laute ein Lied vortragen.

Abenberg, Oberes Tor und Rathaus.

Die sehenswerte Burg erfüllt heute mehrere Funktionen. Sie ist Hotel, Restaurant und ein Museum, in dem das **Haus der fränkischen Geschichte** untergebracht ist. Auf dem Burghof gegenüber befindet sich das **Klöppelmuseum** in der alten Burgscheune. Der Turm links davon heißt **„Luginsland“** und kann bestiegen werden. Darüber hinaus finden Musik-Veranstaltungen, Festivals und auch ein Ritterturnier auf dem Burggelände statt. Wer gern bei einem spannend vorgespielten Krimi an einem Galadinner teilnehmen möchte, der kann dies im Burgrestaurant an ausgewählten Abenden tun.

Bevor wir uns dem **Fränkischen Seenland** widmen, statten wir der Hopfen- und Bierstadt SPALT noch einen Besuch ab. Auf dem Weg in die Hopfenmetropole Frankens treten die hohen, mit starken Drähten verbundenen Stangen, die für den Anbau des Hopfens verwendet werden, immer häufiger in Erscheinung. In SPALT angekommen, parken wir hinter dem **Kornhaus** [**187:** N49°10'30.6" E10°55'41.0"] an der Obeltshauser Straße. Für eine Übernachtung bietet sich auch der Stellplatz in unmittelbarer Nachbarschaft an.

Im **Kornhaus**, ein Fachwerkgebäude aus dem 15. Jahrhundert befindet sich die **Erlebniswelt Bier** mit Degustation und Handwerksbrauerei.

(188) Offizieller WOMO-Stellplatz: Spalt – Wohnmobilpark Rezattal

GPS: N49°10'30.20" E10°55'45.68"; Obeltshauserstraße 3, 91174 Spalt.
max. WOMOs: 15, maximale Länge 12 m.
Ausstattung: Befestigter Platz mit Wasserver- und Abwasserentsorgung mit Bodeneinlass, Kassettenentleerung, Stromanschlüssen, Behälter für die Müllentsorgung, WC, alles ein wenig eng auf einem umzäunten Hofgelände. Ganzjährig geöffnet.
Lage: Am Ortsrand, 300 Meter bis zum Kornhaus, relativ ruhig.
Preise: 8,50 € für ein Fahrzeug mit 2 Personen, Strom wird vom Betreiber des Platzes nach Verbrauch abgerechnet.
Zufahrt: Die St2223 Richtung Friedrichsgmünd fahren. Kurz nach der Ortsmitte nach links in die Obeltshauserstr. abbiegen, dann sind es noch 100 m.

Das Kornhaus in Spalt.

Hopfenhaus Mühlreisig.

Die Hopfenlagerung hat in SPALT recht eigenwillige Dachkonstruktionen hervorgebracht. Die **Hopfenhäuser** zeichnen sich durch oft mehrfach gebrochene Steilsatteldächer mit mächtigen Fachwerkgiebeln aus. In den vier oder fünf Dachgeschossen wurde Hopfen getrocknet und gelagert, bevor es in den Verkauf kam. Heute haben sie diese Funktion durch andere Techniken längst verloren und sind zumeist für Wohnzwecke umgebaut worden.

Eine Reihe weiterer Sehenswürdigkeiten warten in SPALT darauf betrachtet zu werden. Dazu gehören die ehemalige Stiftskirche **St. Nikolaus** mit prächtigen Fresken und die schlichte Pfarrkirche **St. Emmeram**, die eine umgebaute romanische Basilika ist. Weiterhin der 1422 erbaute **Torturm**, der **Drechsler-** und der **Diebsturm** sowie einige Fachwerkhäuser, die an der Stadtmauer zu kleben scheinen.

Ein besonders prächtiges Exemplar eines Hopfenhauses ist das **Hopfengut Mühlreisig** außerhalb von SPALT. Um dieses zu sehen, muss man Richtung WASSERMUNGAU entlang der Fränkischen Rezat flussaufwärts begeben, dies lässt sich gut mit dem Rad fahren.

Das Fahrrad ist für unser nächstes Ziel übrigens auch ein sehr gutes Verkehrsmittel. Jetzt geht es nämlich an den **Großen** und den **Kleinen Brombachsee** ins **Fränkische Seenland,** die sich ausgezeichnet mit dem Fahrrad erkunden lassen. Eine wunderbare Abwechslung zu den Bade-, Segel- oder Surftagen.

Es sind keine natürlichen Seen. Sie wurden angelegt, um das relativ regenarme Nordbayern mit Wasser zu versorgen und die Wassermenge für den **Main-Donau-Kanal** sicherzustellen. Dazu wird aus der **Altmühl** und der **Donau** dem Regnitz-/Maingebiet bei Bedarf Wasser zugeführt und in den Seen gespeichert. Die Brombachseen, der Altmühlsee und der Rothsee sind somit in erster Linie ein Verbund von Ausgleichsbecken für die Wasserwirtschaft.

Ramsberg, Bootshafen am Südufer des Großen Brombachsees.

Das **Fränkische Seenland** wurde aber auch zu einer perfekt organisierten Tourismusregion entwickelt, die seit Jahren beworben wird und die sich offensichtlich großer Beliebtheit erfreut. Das Angebot an Freizeitmöglichkeiten ist nahezu unüberschaubar. Baden, Segeln, Surfen, Radfahren, Wandern, alles ist bis auf wenige Ausnahmen in den Naturschutzgebieten rund um die Seen möglich. Es gibt zahlreiche Stell- und Campingplätze, alle sind **gebührenpflichtig**. Bei den vielen Stellplatzmöglichkeiten hat man also die Qual der Wahl. In den Sommermonaten ist insbesondere rund um den **Großen Brombachsee** „die Hölle los"; wie man so schön sagt.

(189) Offizieller WOMO-Badeplatz: Enderndorf – Panoramaplatz

GPS: N49°09'01.9" E10°54'39.0"; RH13, 91174 Enderndorf.

max. WOMOs: 60.

Ausstattung: Befestigter Platz mit Behälter für die Müllentsorgung, Stromanschlüsse für alle Plätze. Geöffnet von April – Nov.

Lage: Oberhalb des Igelsbachsees mit Blick auf den Großen Brombachsee.

Preise: 8,00 €, für ein Fahrzeug mit 2 Personen, Strom 0,50 € pro kWh.

Zufahrt: Siehe Karte.

(190) Offizieller WOMO-Badeplatz: Enderndorf – Großparkplatz Freizeitanlage

GPS: N49°09'01.9" E10°54'39.0"; Zum Igelsbachsee 1, 91174 Enderndorf.

max. WOMOs: 23.

Ausstattung: Befestigter Platz mit Wasserver- und Abwasserentsorgung, Behälter für die Müllentsorgung, Stromanschlüsse für alle Plätze. Ganzjährig geöffnet.

Lage: Oberhalb des Igelsbachsees mit Blick auf den Großen Brombachsee.

Preise: 8,00 €, für ein Fahrzeug mit 2 Personen, Frischwasser 0,20 €, Strom 0,50 € pro kWh.

Zufahrt: Siehe Karte.

(191) Offizieller WOMO-Badeplatz: Absberg – Badehalbinsel

GPS: N49°08'15.6" E10°52'25.0"; Badehalbinsel 10, 91720 Absberg.

max. WOMOs: >150.

Ausstattung: Befestigter Platz mit Wasserver- und Abwasserentsorgung (mit Bodeneinlass), Kassettenentleerung, Behälter für die Müllentsorgung, Stromanschlüsse für alle Plätze, WC, Duschen, Brötchenservice, Biergarten, Bootsverleih, Badestrand. Geöffnet von Mrz. – Nov.

Lage: Am Nordufer des Kleinen Brombachsees.

Preise: 16,50 €, für ein Fahrzeug mit 2 Personen, Abwasserentsorgung kostenlos, Frischwasser 0,50 €, Strom 0,50 € pro kWh.

Zufahrt: Siehe Karte.

Von diesen drei Stellplätzen haben Sie nicht nur einen guten Zugang ans Wasser und Verbindung zu dem weit verzweigten Radewegnetz, sondern auch einen guten Zugang zu dem großen **Abenteuerwald** mit Hochseilgarten. Ein besonderer Nervenkitzel ist die ZIP-Line, mit der man in luftiger Höhe über den Igelsbachsee sausen kann.

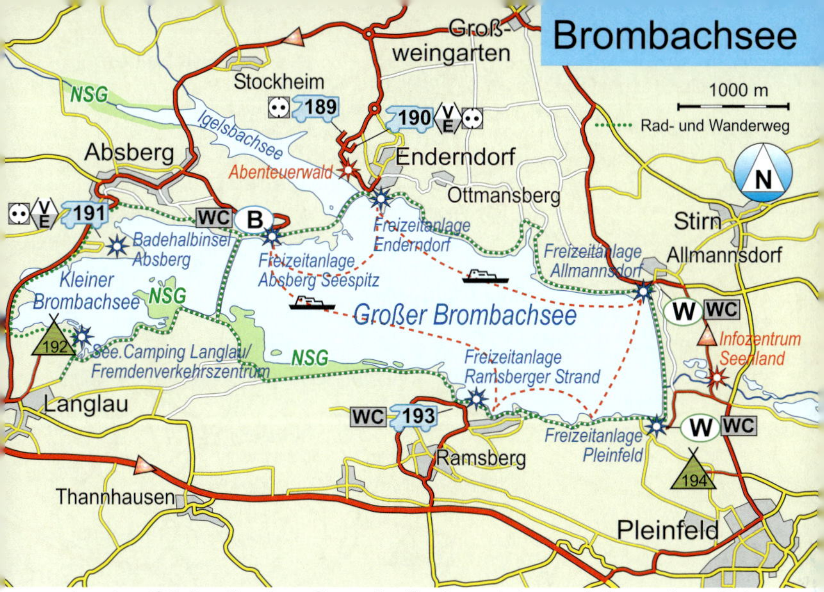

An der Südseite des Sees befinden sich zwei Campingplätze und nur ein Womo-Stellplatz.

(192) WOMO-Campingplatz-Tipp: Langlau

GPS: N49°07'37.4" E10°51'51.5"; Seestraße 30, 91738 Pfofeld - Langlau.
max. WOMOs: >20, maximale Länge 10 m.
Ausstattung: Ausgezeichneter, sauberer Platz mit Wasserver- und Abwasserentsorgung, Kassettenentleerung, Stromanschlüssen, Behälter für die Müllentsorgung. Im Servicegebäude gibt es Dusche, WC, Waschmaschine und einen Trockner. Der Platz ist vom 1.3. bis 15.11. geöffnet.
Lage: Direkt am Kleinen Brombachsee mit eigenem Badestrand, sehr ruhig.
Preise: Erwachsene Person 7,00 €, Wohnmobil 8,00 €, Waschmaschine und Trockner jeweils 2,50 €, Strom 0,50 pro kWh.
Zufahrt: Siehe Karte.

(193) Offizieller WOMO-Badeplatz: Freizeitanlage Ramsberg

GPS: N49°07'20.7" E10°55'41.5"; Am Segelhafen, 91785 Ramsberg.
max. WOMOs: 28, maximale Länge 12 m.
Ausstattung: Asphaltierter Platz mit Wasserver- und Abwasserentsorgung, Kassettenentleerung, Stromanschlüssen, Behälter für die Müllentsorgung. Geöffnet von April – Nov.

Lage: Direkt am Badestrand, sehr ruhig. So Leer wie auf dem Foto ist der Strand aber nur in der Nebensaison.
Preise: 12,00 € für eine Fahrzeug mit 2 Personen. Entsorgung und Frischwasser kostenlos, Strom 0,50 € pro kWh.
Zufahrt: Siehe Karte.

(194) WOMO-Campingplatz-Tipp: Pleinfeld-Waldcamping

GPS: N49°06'44.7" E10°58'14.5"; Sportpark 13, 91785 Pleinfeld.
max. WOMOs: >20, maximale Länge 10 m.
Ausstattung: Mit allem Komfort ausgestatteter Platz. Ganzjährig geöffnet.
Lage: Im Wald, sehr ruhig, 2 Kilometer Fußweg zum Großen Brombachsee.
Preise: Ab 24,95 € für 2 Personen.
Zufahrt: Siehe Karte.

Altmühlsee

Wer gern Rad fährt ist hier bestens aufgehoben. Nicht nur die Wege entlang der Seen sind gut zu fahren, sondern auch die Wege zwischen den Seen oder entlang der **Altmühl**. Auf den Seen verkehren von Mai bis Oktober Schiffe (die Routen sind in den beiden Karten markiert). Auf dem **Altmühlsee** ist es ein kleines bescheidenes Boot, auf dem **Großen Brombachsee** ein großer Trimaran mit über 700 Plätzen und Gastronomiebetrieb. Am **Altmühlsee** sind die Anlagen alle ein bis zwei Nummern

kleiner. Naturbeobachtung steht hier im Vordergrund. Für ornithologisch Interessierte ist das **Vogelschutzgebiet** auf der Vogelinsel von großem Interesse. Auch **Biber** lassen sich beobachten, die hier längst wieder heimisch geworden sind und deren Spuren man auf der Vogelinsel anhand der umgenagten Bäume deutlich erkennen kann.

Dieser Stellplatz [**195:** N49°08'46.3" E10°43'35.7"] liegt der Vogelinsel am nächsten (Parkgebühr 8,00 €). Der weiter südlich gelegene Platz am Surfzentrum ist deutlich größer und verfügt über Versorgungseinrichtungen für Wohnmobile.

(196) Offizieller WOMO-Badeplatz: Gunzenhausen – Surfzentrum Schlungenhof

GPS: N49°07'55.1" E10°44'08.6"; Ansbacher Str. 99, 91710 Gunzenhausen.
max. WOMOs: 80, maximale Länge 12 m.
Ausstattung: Befestigtes Wiesengelände mit Wasserver- und Abwasserentsorgung, Kassettenentleerung, Stromanschlüssen, Behälter für die Müllentsorgung, WLAN, Brötchenservice, ganzjährig geöffnet.

Lage: Nur durch Gebüsch und Liegewiese vom Altmühlsee getrennt.
Preise: 14,00 € für eine Fahrzeug mit 2 Personen. Entsorgung und Strom kostenlos, Frischwasser 0,20 €.
Zufahrt: Von der B13 Gunzenhausen – Ansbach dem Hinweis „Surfzentrum“ folgen.

Noch etwas weiter südlich gibt es einen weiteren Platz am Seezentrum [**197:** N49°07'32.5" E10°44'23.9"]. Hier gibt es einen Hundestrand und ein gutes Restaurant. Dieser Platz eignet sich auch gut, um mit dem Rad oder zu Fuß das rund 2 Kilometer entfernte GUNZENHAUSEN zu besuchen.

Abendstimmung am Großen Brombachsee.

(198) WOMO-Campingplatz-Tipp: Wald-Seezentrum – Zum Fischer-Michl

GPS: N49°07'32.0" E10°43'00.2"; Wald-Seezentrum 4, 91710 Gunzenhausen.
max. WOMOs: >20, maximale Länge 12 m.
Ausstattung: Befestigtes Wiesengelände mit Wasserver- und Abwasserentsorgung, Kassettenentleerung, Stromanschlüssen, WLAN, Behälter für die Müllentsorgung. Im Servicegebäude gibt es Dusche, WC, Waschmaschine und Trockner. Der Platz ist von April bis Oktober geöffnet. Biergarten und kleines Restaurant am Platz.
Lage: An der Südwestseite des Altmühlsees, sehr ruhig.
Preise: Pro erwachsene Person 6,20 €, Wohnmobil 7,80 €, Kurtaxe p.P. 1,50 €, Strom 2,50 € für 24 Stunden.
Zufahrt: An der Straße von Gunzenhausen nach Oettingen gut ausgeschildert.

Die Altmühl bei Muhr am See.

Der Blasturm in Gunzenhausen.

Gunzenhausen

Größte Stadt in dieser Seenlandschaft ist Gunzenhausen, ein charmanter Ort mit rund 16.000 Einwohnern, der einige sehenswerte Gebäude rund um den historischen Marktplatz aufzuweisen hat.

Besonders hervorzuheben ist die **Evangelische Stadtkirche**, die an der Stelle errichtet wurde, an der sich einst ein römisches Kastell befand und Teil des Limes war. Sie bildet mit dem **Färberturm** und den Resten der **Stadtmauer** mit dem mittelalterlichen Wehrgang ein harmonisches städtebauliches Bild. Der Färberturm wurde früher als **Pulverturm** und Gefängnis genutzt, heute ist er in den Sommermonaten ein beliebter Aussichtspunkt der einen schönen Blick in das Umland bietet. Mit ein wenig Glück können Sie von hier aus einem Storchenpaar bei der Brutpflege zuschauen, das sich auf einem ausgedienten Fabrikschornstein ihr Nest eingerichtet hat.

Von den vier Tortürmen der ehemaligen Stadtbefestigung ist nur noch der Blasturm erhalten. Er ist über 400 Jahre alt und diente als Beobachtungsposten. Nach Feinden wurde ebenso Ausschau gehalten wie nach Feuer, das im ausgehenden Mittelalter so häufig ganze Städte vernichtet hat. Die Wohnung des Türmers kann nur im Rahmen einer Stadtführung besichtigt werden. Die Tourist-Info befindet sich in der Rathausstraße 12.

Wir beenden unseren Aufenthalt im **Fränkischen Seenland** und fahren entlang der **Altmühl** nach TREUCHTLINGEN weiter.

Kurz vor unserem Ziel nehmen wir den Abzweig nach GRABEN und werfen einen Blick auf die **Fossa Carolina**, auch Karlsgraben genannt. Dieser kleine unscheinbare Kanal ist der Rest des ersten Versuchs unter **Karl dem Großen** die Fluss-Systeme der **Donau** und des **Mains** miteinander zu verbinden. Erst mehr als 1000 Jahre später ist dies mit dem **Ludwig-Donau-Main-Kanal** in der Mitte des 19. Jahrhunderts gelungen (siehe Seite 277).

Die Fossa Carolina bei Treuchtlingen.

Die **Altmühltherme** in unmittelbarer Nähe des Stellplatzes ist bei Wohnmobilfahrer sehr beliebt. Ob es am Salz aus dem Toten Meer liegt, mit dem eine Grotte der Therme ausgestaltet ist? Wir wissen es nicht.

In der offenen Auenlandschaft entlang der **Altmühl** wurde der Kurpark angelegt. Der Baumbestand ist noch relativ jung, die offenen Flächen noch relativ groß. Skulpturen und ein Barfußpark sollen die Attraktivität der Anlage stärken.

Neben der **Therme** und dem **Kurpark** lohnt ein Besuch des **Stadtschlosses**. In dem Renaissancegebäude ist neben einem Museum das **Informationszentrum Naturpark Altmühltal** untergebracht. Hier kann man einiges über die Geschichte des oberen Altmühltales erfahren. Eine informative Vorbereitung für die Tour 15, die durch den schönsten Teil des Altmühltales führt.

(199) Offizieller WOMO-Badeplatz: Treuchtlingen- Altmühltherme

GPS: N48°57'37.5" E10°55'04.3"; Kästleinsmühlenstr., 91757 Treuchtlingen.
max. WOMOs: 56.

Ausstattung: Befestigter Platz mit Wasserver- und Abwasserentsorgung (mit Bodeneinlass), Kassettenentleerung, Behälter für die Müllentsorgung, Stromanschlüsse an allen Plätzen, WC, Duschen, Waschmaschine. Ganzjährig geöffnet außer 10.01. - 28.02.
Lage: Am Kurpark in unmittelbarer Nähe der Altmühltherme.
Preise: 11,00 €, für ein Fahrzeug mit 2 Personen, Abwasserentsorgung kostenlos, Frischwasser 1,00 €, Strom 0,50 € pro kWh (Münzautomat für jeden Platz). Anmeldung an der Shell-Tankstelle Hauselt 200 Meter vor dem Platz erforderlich.
Zufahrt: Von der B2 nach ca. 2 Kilometern rechts abbiegen.

Tour 14

N
5 km
FÜRTH
173
WC
169
Volkspark Marienberg
3
14
168
Tour 11
Sebalduskirche
Burg
Germanisches Nationalmuseum
170
Tiergarten
Seite 196
Dutzendteich
Zirndorf
Playmobil FunPark
Ober-asbach
Stein
Tour 12
Faberschloss
166
Tour 16
167
9
171
Palm Beach
NÜRNBERG
14
2
Feucht
Heilsbronn
6
Wendelstein
Schwabach
Rathaus
nach Ansbach
6
208
9
nach Heilbronn
Schwan-stetten
Rednitz-hembach
466
Main-Donau-Kanal
Neuendettelsau
2
185
nach München
Altstadt
207
Windsbach
Altstadt
Ritterburg
Roth
Fränkische Rezat
Schloss Ratibor
186
Abenberg
206
Rednitz
Historischer Eisenhammer
Rothsee
Wassermungau
Eckersmühlen
Tour 13
WC
205
187
188
WC
Georgens-gemünd
Burgruine
Haundorf
466
Hilpoltstein
Kornhaus
Fränkische Rezat
204
Spalt
203
2
Fränkisches Seenland
Absberg
Enderndorf
Röttenbach
Allmannsdorf
Schwäbische Rezat
Gr. Brombachsee
Heideck
Langlau
Ramsberg
Tour 13
Pleinfeld
S. 235
Thalmässing
Limes
nach Gunzenhausen
13
Residenz
Ellingen
Kastell Biriciana
201
Altmühl
Tour 13
Weißenburg
Wülzburg
Burgsalach
Markt Berolzheim
Stadtmauer
Römerturm
202
Burgus (Römerkastell)
200
Limes
Hahnenkamm
St2230
Fossa Carolina
2
13
600 m
Limeswanderweg
Römerturm
199
Erkertshofen
Treuchtlingen
Altmühltherme
Tour 15
Burg
210
Pollenfeld
Pappenheim
Weidenkirche
209
Eichstätter Alb
2
St2230
Altmühltal
nach Donauwörth
Langenaltheim
Solnhofen
Ebers-wang
214
12 Apostel
Altmühl
Willibaldsburg
Eichstätt
Bürgermeister-Müller-Museum

TOUR 14 (ca. 105 km)

Treuchtlingen – Burgsalach – Weissenburg – Ellingen – Heideck – Hilpoltstein – Roth – Schwabach Nürnberg

Freie Übernachtung:	Burgsalach, Roth.
Offizielle Stellplätze:	Treuchtlingen, Weißenburg, Hilpoltstein, Schwabach, Nürnberg.
Campingplätze:	Keine.
Ver-/Entsorgung:	Treuchtlingen, Weißenburg, Hilpoltstein, Roth, Nürnberg.
Besichtigungen:	Burgsalach (Limes), Weißenburg (Kastell Biriciana, Altstadt und Wülzburg), Heideck (Altstadt), Hilpoltstein (Altstadt und Burg), Eckersmühlen (Historischer Eisenhammer), Roth (Altstadt), Schwabach (Altstadt).
Wandern:	Limeswanderweg.
Baden/Wellness:	Treuchtlingen (Altmühltherme), Weißenburg (Freibad), Rothsee, Schwabach (Freibad).

Von TREUCHTLINGEN fahren wir in Richtung NÜRNBERG. Auf der Umgehungsstraße von WEISSENBURG nehmen wir die Ausfahrt Richtung EICHSTÄTT (B13) und biegen nach ca. 1,5 km links ab in Richtung **Wülzburg** und BURGSALACH. Wir fahren die Straße hinauf und folgen nach ca. 1 km der Wegweisung zur **Wülzburg**. Diese im ausgehenden 16. Jh. angelegte Zitadelle liegt auf der mit 630 Metern höchsten Kuppe der südlichen **Frankenalb**. Der Grundriss der sehr eindrucksvollen Renaissancefestung bildet ein nicht ganz regelmäßiges Pentagon (Fünfeck) mit mächtigen Bastionen. Zur Wasserversorgung wurde seinerzeit ein Brunnen von 133 Metern Tiefe angelegt, einer der tiefsten Brunnen Deutschlands. Entlang des „Gedeckten

Eingangsportal der Wülzburg.

Festungsmauern der Wülzburg.

Weges“ lässt sich die Festung auf einem ca. 1 km langen Weg umrunden. Die Anlage ist auch innen begehbar, an den Wochenenden werden Führungen angeboten.

Den Resten bzw. Rekonstruktionen einer wesentlich älteren Verteidigungsanlage wollen wir uns nun widmen. Dazu fahren wir nach BURGSALACH. Dort angekommen folgen wir innerhalb des Ortes dem Hinweis eines kleinen Schildes zum **Römerturm** und **Burgus**. Achtung, an dem Schild ist man schnell vorbeigefahren, denn es befindet sich in einer scharfen Kurve unweit der Ortsmitte. Auf dem Parkplatz am Waldrand [**200:** N49°01'33.0" E11°05'28.5"] stellen wir das Womo ab und schnappen uns die Fahrräder für die 12 km lange Strecke auf dem **Limeswanderweg** bis nach ERKERTSHOFEN.

Der obergermanisch-rätische Limes

Als Grenzbefestigung des römischen Reiches wurde der Limes in den Jahren zwischen 159 und 260 mit Kastellen, Wachtürmen, Mauern und Palisaden angelegt, um die hochentwickelte Kultur der römischen Antike vor den barbarischen Germanenstämmen zu schützen. Er reicht über eine Länge von ca. 550 Kilometern von Rheinbrohl (südlich von Bonn) bis Hienheim an der Donau (südwestlich von Regensburg). Etwa 900 Wachtürme und 120 Kastelle wurden entlang dieser Linie errichtet. Seit 2005 gehört das längste Bodendenkmal Europas zusammen mit dem Hadrianswall in Großbritannien zum Welterbe der UNESCO.

Wir radeln hier also auf besonderem historischen Boden. Nach ca. 600 Metern haben wir den hölzernen Limesturm erreicht, er ist nicht begehbar. Über die bequem zu fahrenden Feld- bzw. Waldwege passieren wir nach einigen Kilometern den sehr staubigen Steinbruch zwischen Petersbuch und Erkertshofen. Kurz danach erreichen wir den einzigen in Stein rekonstruierten Limesturm Bayerns. Er ist begehbar und wir dürfen die Position eines römischen Legionärs einnehmen. Nach einem kurzen

Steinerner Turm bei Erkertshofen und Hölzerner Turm bei Burgsalach.

Rundgang geht es denselben Weg wieder zurück. Bevor wir mit dem Womo weiterfahren, besuchen wir noch kurz die Ruine des Kleinkastells **Burgus**, das eine einmalige Anlage am ober-germanisch-rätischen Limes darstellt, denn diese Form der Architektur wählten die Römer sonst nur für Kastelle in Nordafrika.

Ruine des Kleinkastells Burgus.

Mit der römischen Geschichte können wir in WEISSENBURG sogleich fortfahren. Im westlichen Teil der Stadt liegt das ehemalige **Kastell Biriciana** auf einer Anhöhe oberhalb der **Schwäbischen Rezat**. Das Kastell diente vermutlich ei-

Kastell Biriciana, Innenansicht der Porta decumana.

ner Ala, einer Reitereinheit von 500 bis 1000 Mann, als Standort. Es ist damit sehr viel größer als das **Kleinkastell Burgus**. Es hatte vier Tore, vier Eck- und acht Zwischentürme. Das rückwärtige Tor, die **Porta decumana**, wurde rekonstruiert. Ansonsten ist nur der Grundriss der nicht überbauten Anlage freigelegt bzw. rekonstruiert und zeigt damit die Größe der nahezu quadratischen Anlage mit einer Kantenlänge von ca. 176 Metern.

Westlich des Kastells wurden 1977 die Fundamente einer großen **römischen Bäderanlage** entdeckt. Eine Überdachung schützt die gut erhaltenen Reste dieser in ein Museum umgewandelten Anlage, die in den Sommermonaten besichtigt werden kann. Der dazugehörende Parkplatz an der Gunzenhausener Straße ist relativ klein. Die bei den Ausgrabungen gefundenen Gegenstände wie Gefäße, Spielsteine und auch Schmuck können im **Römermuseum** am Martin-Luther-Platz neben der **Andreaskirche** angeschaut werden.

Am Rande der Innenstadt gibt es ausgezeichnete Parkmöglichkeiten. Der offizielle Stellplatz liegt am Rande der Stadtmauer, der große Park- und Festplatz liegt 500 Meter südlich am **Limesbad**.

(201) Offizieller WOMO-Stellplatz:
Weißenburg – Seeweiher

GPS: N49°01'35.5" E10°58'26.7"; An der Hagenau, 91781 Weißenburg.

max. WOMOs: 30, maximale Länge 12 m, max. Aufenthalt 3 Tage.

Ausstattung: Gepflasteter Platz, ganzjährig geöffnet.

Lage: Am Rande der Altstadt, relativ ruhig.

Preise: Gebührenfrei.

Zufahrt: Von der Umgehungsstraße (B2) über den Römerbrunnenweg in die Straße „An der Hagenau“ fahren.

(202) Offizieller WOMO-Badeplatz:
Weißenburg – Limesbad

GPS: N49°01'28.5" E10°58'22.6"; Badstrasse 5, 91781 Weißenburg.
max. WOMOs: 10, maximale Länge 12 m, max. Aufenthalt 3 Tage.
Ausstattung: Sehr schlichter asphaltierter Platz mit Wasserver- und Abwasserentsorgung, Kassettenentleerung (direkt vor dem Badgebäude), Stromanschlüssen, Behälter für die Müllentsorgung, ganzjährig geöffnet.
Lage: Großparkplatz direkt neben dem Freibad, relativ ruhig. Entfernung bis zur Stadtmitte 1 Kilometer.
Preise: Kostenlos, über Münzautomaten gibt es 80 l Frischwasser für 1,00 €, Strom für 0,50 € pro kWh.
Zufahrt: Von der Umgehungstraße (B2) über den Römerbrunnenweg in die Wiesenstraße fahren.

Die Stadtmauer von Weißenburg mit breitem Wassergraben.

Stadtmauer mit „trockenem" Wassergraben.

Nachdem die Römer das Kastell verließen, zerfiel die Anlage im Laufe der folgenden Jahrhunderte. Nach einer merowingischen Neugründung des Ortes (die **Merowinger** sind das älteste bekannte Königsgeschlecht der Franken, 5-8. Jh.) und der Errichtung eines Königshofes, entwickelte sich der Ort in karolingischer Zeit zur **Reichsstadt**. Die erste Stadtmauer entstand während des 12. und 13. Jahrhunderts, die zweite im 14. Jahrhundert. Sie schützte auch das nach Süden erweiterte Gebiet der Handelsstadt und wurde noch mit einem 30 Meter breiten Graben eingefasst, der teilweise mit Wasser gefüllt wurde. Diese Stadtmauer mit 38 Türmen ist heute noch weitgehend erhalten.

Wir gehen an dieser imposanten Stadtbefestigung entlang, bis uns ein kleines Tor am Ende des Wassergrabens Durchschlupf in die Innenstadt gewährt. Durch schmale Gassen gelangen wir auf die breite Luitpoldstraße, an deren Ende das Rathaus mit dem sehr schönen Renaissancegiebel steht. Von hier aus betrachten wir auch noch einmal die **Wülzburg**, die hoch über der Stadt sehr gut zu sehen ist.

Das Ellinger Tor am Nordrand der Stadt.

Die Residenz in Ellingen.

Durch die Rosenstraße, die hinter dem Rathaus beginnt, nähern wir uns dem mächtigen Turm der **Andreaskirche**, gehen vor dem Turm in die Ellinger Straße und sehen bereits den rückwärtigen Teil des **Ellinger Tors**. Es ist das einzige mittelalterliche Tor der Stadt und zählt laut der Stadtverwaltung zu den schönsten Stadttoren der Bundesrepublik. Dem wollen wir gar nicht widersprechen, es ist tatsächlich schön anzuschauen.

Vom **Ellinger Tor** bis zur **Residenz Ellingen** sind es nur etwas mehr als 3 Kilometer. Diese mächtige Schlossanlage wurde in der ersten Hälfte des 18. Jahrhunderts errichtet und wird heute von der Bayerischen Schlösserverwaltung unterhalten. Das Schloss kann nur im Rahmen einer Führung besichtigt werden. Gezeigt werden zeitgenössisch eingerichtete Schauräume mit Deckengemälden, Intarsienkabinette (kunstvolle Wandvertäfelungen), Seidentapeten und anderes.

Dem Schloss gegenüber liegen das Fürstliche Brauhaus sowie das Schloßbräustübl. Im Biergarten dieses zur Residenz gehörenden Gebäudeensembles verführen die fränkischen Spezialitäten des Restaurants zum Verweilen. Der Schlosspark ist nicht sonderlich groß, hat aber einen sehr schönen alten Baumbestand und reicht für einen kleinen Verdauungsspaziergang, bevor es nun durch die hügelige Landschaft über HEIDECK nach HILPOLTSTEIN geht.

Heideck, Rathaus und Stadtpfarrkirche.

In HEIDECK halten wir uns nicht lange auf, das Rathaus und die Stadtpfarrkirche sind schnell angeschaut. Für Pferdefreunde ist vielleicht das **Schloss Kreuth** interessant, ein schlossähnlicher Gutshof, der zu einem Reiterhof umgebaut wurde und vielfältige Angebote rund um den Reitsport bereithält. Wir fahren weiter nach HILPOLTSTEIN und an den **Main-Donau-Kanal**.

In HILPOLTSTEIN angekommen parken wir auf dem Parkplatz in der Bahnhofstraße [**203:** N49°11'19.1" E11°10'56.9"] unweit des Bahnhofs. Wir queren zu Fuß den Altstadtring und gehen durch den Park bis zur Stadtmauer mit dem **Döderleinsturm**, dem einzigen noch erhaltenen der ehemals acht Stadtmauertürme. Von dort geht es weiter durch die Marktstraße, vorbei an dem Museum **„Schwarzes Roß"**; das sich alten Handwerkstechniken widmet, bis zum **Rathaus**. Es wurde 1417 erbaut und ist eines der ältesten Fachwerkgebäude des Ortes. Es gibt noch einige andere sehenswerte Fachwerkhäuser. Das im Privatbesitz befindliche **Jahrsdorfer Haus** in der

Das Rathaus in Hilpoltstein.

Blick vom Aufgang zur Burgruine auf St. Johannes und das Messnerhaus.

Die Burgruine Hilpoltstein.

Nähe des Stadtweihers gehört dabei zu den besonders schönen und repräsentativsten alten Gebäuden. Wir gehen vom Rathaus weiter, kommen an **St. Johannes** vorbei. Die barockisierte Kirche zeigt im Inneren prachtvolle Stuckarbeiten eines italienschen Baumeisters. Auf dem weiteren Weg zur Burg geht es an dem ehemals herrschaftlichen Getreidekasten vorbei, der auf uns einen etwas klotzigen Eindruck macht. Hier im „Haus des Gastes" ist heute die Touristinformation untergebracht sowie Teile der Stadtverwaltung. Die über 1000 Jahre alte Burganlage ist nur in den Sommermonaten begehbar. Nach dem Tod der letzten Besitzerin in der Mitte des 18. Jahrhunderts war sie dem Verfall preisgegeben und wurde teilweise abgebrochen. Erst sehr viele Jahre später stoppten Sicherungs- und Sanierungsmaßnahmen den weiteren Verfall der Ruine. Heute ist sie Schauplatz eines jährlich rund um den ersten Sonntag im August stattfindenden Festes mit einem Schauspiel in historischen Kostümen und einem eigens für das Fest gebrauten Burgfestbier.

Bevor wir den weiteren Weg nach NÜRNBERG verfolgen, machen wir noch einen kleinen Abstecher zum **Rothsee**. Kurz vor der Brücke über den **Main-Donau-Kanal** führt ein schmales Sträßchen hinunter ans Ufer. Hier ist ein großes Areal als Wohnmobilstellplatz ausgewiesen, auf dem man längere Zeit

(204) Offizieller WOMO-Stellplatz: Hilpoltstein, Main-Donau-Kanal

GPS: N49°12'18.8" E11°11'13.2"; Am Main-Donau-Kanal, 91161 Hilpoltstein.

max. WOMOs: 30, maximale Länge 12 m, max. Aufenthalt 5 Tage.

Ausstattung: Befestigter Platz, ganzjährig geöffnet.

Lage: Am Ufer des Main-Donau-Kanals.

Preise: Einen Parkschein gibt es am Kassenautomaten für 6,00€.

Zufahrt: Direkt neben der Straße nach Allersberg, Richtung Autobahn.

ruhig stehen kann. Hier lohnt es sich Tisch und Stühle herauszukramen, um den vorbeifahrenden Schiffen zuzuschauen und die nächsten Tourziele zu planen.

Blick auf den größeren Teil des Rothsees..

(205) Offizieller WOMO-Badeplatz: Rothsee, Seezentrum Heuberg

GPS: N49°12'31.3" E11°11'22.7"; Am Rothsee, 91161 Hilpoltstein.
max. WOMOs: 50, maximale Länge 12 m.
Ausstattung: Mit Sträuchern abgetrennte Wiesenplätze mit Stromanschlüssen, Behälter für die Müllentsorgung. Wasserver- und Abwasserentsorgung sowie Kassettenentleerung befindet sich in einem getrennten Bereich. Am Seeufer befinden sich Toilettenanlagen und Duschen sowie ein Restaurant.
Lage: Direkt am Rothsee. Entfernung bis zur Ortsmitte von Hilpoltstein 2,5 Kilometer.
Preise: 8,00 € für eine Fahrzeug mit 2 Personen. Frischwasser und Entsorgung ist kostenlos, Strom gibt es für 0,50 € pro kWh.
Zufahrt: An der Straße nach Allersberg, kurz hinter dem Main-Donau-Kanal.

Der **Rothsee** ist nur wenige Meter vom **Main-Donau-Kanal** entfernt. Der in erster Linie für die Wasserwirtschaft des Kanals angelegte See ist zweigeteilt. Auf dem größeren Teil drehen Surfer und Segler ihre Runden, der kleinere Teil bleibt den Badegästen vorbehalten. Drei Gastronomiebetriebe versorgen die Gäste rund um den See. Das Gasthaus am **Seezentrum Heuberg** mit dem großen Wohnmobilstellplatz ist ganzjährig geöffnet. Wer nicht Schwimmen, Surfen oder Segeln mag, der kann auf den zahlreichen gut ausgeschilderten Rad- und Wanderwegen die Umgebung erkunden. Ein Weg führt z.B. zur Schleuse Eckersmühlen am **Main-Donau-Kanal** und weiter entlang der Wasserstraße zum **Historischen Eisenhammer** am Ortsrand von ECKERSMÜHLEN.

Diese Schmiede ist eine Rarität. Über fünf Generationen befand sie sich im Familienbesitz. Hier wurden Geräte für

Gebäude des Hist. Eisenhammers.

die Landwirtschaft handgeschmiedet hergestellt. 1974 musste der Betrieb jedoch geschlossen werden, industriell gefertigte Erzeugnisse sind einfach billiger. Als lebendiges Museum besteht der **Eisenhammer** aber fort. Interessierten Besuchern wird die Kunst des Schmiedehandwerks vorgeführt.

Schloss Ratibor und das Riffelmacherhaus in Roth.

Weiter geht es nach ROTH. Am Ortseingang befindet sich ein großer Parkplatz [**206:** N49°14'25.9" E11°06'26.1"] mit einem großen Bodeneinlass für die Entsorgung und einer kleinen Säule mit einem Wasserhahn für die Versorgung. Beides ist kostenfrei. Für eine Übernachtung scheint uns der Platz nicht geeignet, durch die nah vorbeiführende B2 ist es hier einfach zu laut. Für einen Besuch der Innenstadt ist der Parkplatz am Festplatz geeignet [**207:** N49°14'35.8" E11°05'42.8"], der über die Ratiborer Straße zu erreichen ist.

Die Altstadt ist relativ klein, die sehenswerten Gebäude liegen dicht beieinander. Das **Riffelmacherhaus** am Marktplatz zählt zu den schönsten Fachwerkhäusern Frankens. Neben einigen weiteren Fachwerkhäusern ist jedoch das **Schloss Ratibor** mit seinem Prunk- und Speisesaal besonders hervorzuheben und einen Besuch wert. Es kann täglich (außer montags) zwischen 10.00 und 17.00 Uhr besichtigt werden.

Wir fahren weiter in die Goldschlägerstadt SCHWABACH.Abstellen lässt sich das Womo am Besten am Freibad in der Angerstrasse 28, in der Nähe des Stadtparks [**208:** N49°19'21.8" E11°01'43.0"]. Hier stehen vier Plätze für Wohnmobile zur Verfügung.

Vergoldetes Dach am Rathaus.

Die Blütezeit des Goldschlägerhandwerks ist zwar vorbei, dennoch dreht sich auch heute noch sehr viel um dieses zu hauchdünnen Plättchen verarbeitete Edelmetall. Das Denkmal des **Goldschlägers** an der Ludwigstraße kündet davon und die vergoldete Dacheindeckung der bunten Rathaustürmchen am Marktplatz ebenso. Gab es zu Beginn des 20. Jahrhunderts noch 130 Betriebe, die Blattgold herstellten, so sind es heute nur noch sechs. Wer mag, kann entlang der **Goldenen Meile**, einem Kulturpfad innerhalb der Stadt, an verschiedenen Orten mehr über Blattgold und dessen Verwendung erfahren. Die Stationen sind mit ca. 1,80 Meter hohen Stelen markiert. Die erste Station ist der **„Goldschläger".**

Wenn Sie einmal „goldig" essen möchten haben wir folgen Tipp für Sie: Der Gasthof **„Goldener Stern"** am Rande des Marktplatzes bietet ein speziell mit Blattgold hergerichtetes Menü für 29,00 € an (Stand 2018). Gar nicht so teuer für ein „goldenes Menü".

Ein Besuch der Kirche **St. Johannes** mit dem **Schwabacher Altar** (natürlich mit Blattgold) steht noch auf dem Programm und ein Gang entlang der nur noch teilweise erhaltenen **Stadtmauer** mit auffälligen, nur ein Zimmer tiefen Häusern, die an der Mauer zu kleben scheinen.

Gasthof Goldener Stern.

Damit ist diese Tour fast beendet. Zum Abschluss fahren wir nach NÜRNBERG weiter. Die Beschreibung zu dieser Stadt finden Sie auf den Seiten 194 bis 205.

Tour 15

TOUR 15 (ca. 120 km)

Treuchtlingen – Pappenheim – Solnhofen – Dollnstein – Eichstätt – Pfünz – Arnsberg – Kipfenberg – Denkendorf – Kinding – Greding

Freie Übernachtung:	Pappenheim, Dollnstein, Eichstätt, Pfünz, Arnsberg.
Offizielle Stellplätze:	Treuchtlingen, Pappenheim, Dollnstein, Eichstätt, Greding.
Campingplätze:	Pappenheim, Kipfenberg.
Ver-/Entsorgung:	Treuchtlingen, Pappenheim, Eichstätt, Kipfenberg, Greding.
Besichtigungen:	Pappenheim (Burg und Weidenkirche), Solnhofen (Bürgermeister-Müller-Museum), Dollnstein, Eichstätt (Altstadt und Willibaldsburg), Pfünz (Römerkastell und mittelalterliche Brücke), Denkendorf (Dinosaurier-Park Altmühltal, Greding (Altstadt).
Wandern:	Entlang des Altmühltales, Kipfenberg (Kanutour auf der Altmühl).
Baden/Wellness:	Treuchtlingen (Therme), Greding (Hallenbad).

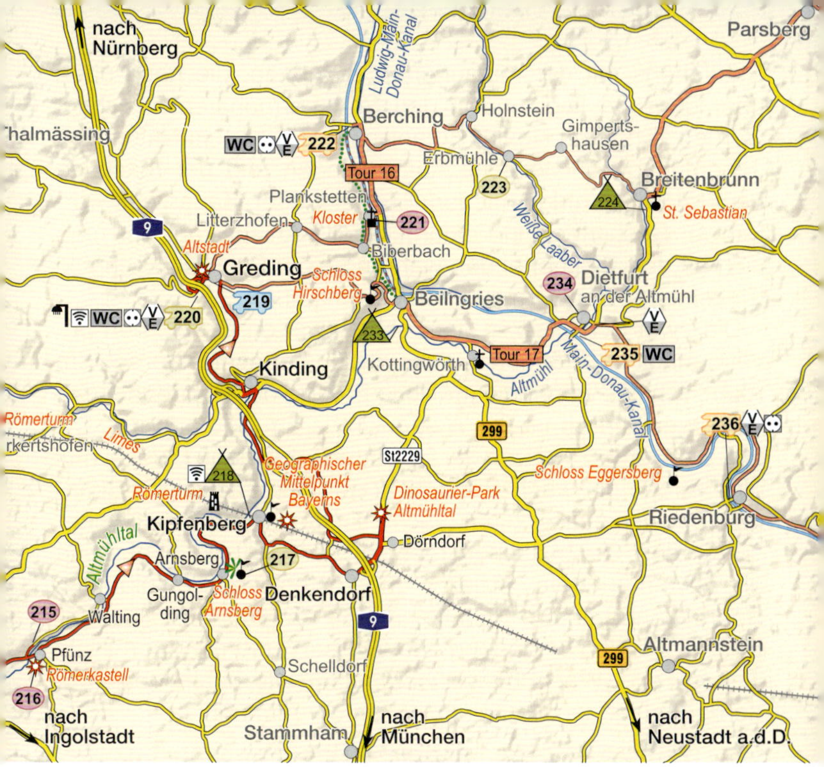

Wir verlassen TREUCHTLINGEN über die St2230 in Richtung SOLNHOFEN und EICHSTÄTT. Auf dieser Tour wird die **Altmühl** unsere ständige Begleiterin sein. Hier fließt sie noch weitgehend unberührt durch eine schöne Auenlandschaft, die von steilen Flanken mit zum Teil sehr markanten Felsvorsprüngen eingefasst ist.

Als ersten Ort haben wir PAPPENHEIM auf dem Programm. Die **Altmühl** umfließt in einer Schleife den alten Kern des

Hoch über Pappenheim liegt die Burgruine mit einem mächtigen Bergfried.

Städtchens mit der restaurierten Burgruine, die hoch oben über dem Ort liegt und in den Sommermonaten besichtigt werden kann. Ein kleiner Botanischer Garten, ein Natur- und Jagdmuseum, historische Ausstellungen und der mächtige begehbare Bergfried mit dem Buckelquader-Mauerwerk warten auf Besucher. Eine eindrucksvolle Anlage, auf der man sich an den Wochenenden während einer Führung auch alle Einzelheiten der Burg erklären lassen kann.

Die zwei Schlösser in dem sehenswerten Ort werden privat genutzt und können nur von außen betrachtet werden. Im Alten Schloss wohnt die gräfliche Familie der Pappenheimer. Außergewöhnlich ist die Weidenkirche am Südrand des Ortes. Sie wurde 2007 von der ev. Jugend angelegt. Endlich mal eine Kirche die wächst und nicht durch irgendwelche Skandale auf sich aufmerksam macht, fiel uns spontan dazu ein.

Wer den Ort besuchen möchte, der stellt das Fahrzeug am besten auf dem offiziellen und kostenlosen Parkplatz am Sportgelände an der Schützenstraße ab [**209:** N48°55'49.6" E10°58'21.8"]. Die angebotene Wasserversorgung am Platz ist kostenlos. Wer schöner übernachten will, nimmt den wunderbar gelegenen Campingplatz an der Altmühl.

(210) WOMO-Campingplatz-Tipp: Pappenheim

GPS: N48°56'04.9" E10°58'10.3"; Badweg 1, 91788 Pappenheim.
max. WOMOs: >5, maximale Länge 10 m.
Ausstattung: Schöner Wiesenplatz mit Wasserver- und Abwasserentsorgung, Kassettenentleerung, Stromanschlüssen, Behälter für die Müllentsorgung. Im Servicegebäude gibt es Dusche, WC, Waschmaschine und einen Trockner.

Geöffnet von Anfang April bis Ende Oktober.
Lage: Direkt an der Altmühl, sehr ruhig.
Preise: 16,50 € für ein Fahrzeug mit 2 Personen, Strom 2,00 € für 24h.
Zufahrt: Den Ort durchfahren, die Altmühlbrücke überqueren, dann nach ca. 200 Metern links abbiegen und nach weiteren 500 Metern in die Wehrwiesenstraße, bzw. Badweg fahren.

Ich kenne meine Pappenheimer ...
... wer kennt ihn nicht, diesen Spruch. Aber welche Bedeutung hat er? Schiller lässt Wallenstein in seinem gleichnamigen Drama ausrufen: *"Daran erkenn ich meine Pappenheimer"* womit er den Mut, die Treue und die Zuverlässigkeit der unter **Gottfried Heinrich Pappenheim** dienenden Kürassiere lobte, einem Feldmarschall, der aus **Pappenheim** stammte.Es handelte sich um ein Regiment, die unter Wallensteins Heer tatsächlich gekämpft haben und eine Art Elitekampftruppe waren. Diese positive Bedeutung hat der Spruch heute nicht mehr. Im Laufe der Zeit hat sich die Bedeutung geändert, geradezu ins Gegenteil verkehrt. Wer heute diesen Spruch benutzt, stellt vielmehr die Zuverlässigkeit der gemeinten Personen in Frage.

Pterodactylus, das Wappentier des Museums.

Wir fahren weiter entlang der **Altmühl** nach SOLNHOFEN. Die Stadt ist berühmt für das Vorkommen des feinkörnigen Plattenkalks, der seit Jahrhunderten in allerlei Form für den hochwertigen Innenausbau von Häusern und öffentlichen Gebäuden Verwendung findet. Als Fossilienlagerstätte haben die Solnhofener Plattenkalke eine außergewöhnliche Stellung in der Welt. Der Urvogel **Archaeopteryx** (gefiederter Dinosaurier) wurde hier neben einer Vielzahl anderer 150 Millionen Jahre alter Fossilien aus der Jurazeit gefunden. Die erhaltenen Details der präparierten und im **Bür-**

Perfekt erhaltene Schildkröte.

Tipp: Wer nach dem Besuch des Museums die Lust verspürt, selbst auf Fossiliensuche gehen zu wollen, der kann sein Glück in der Nähe von Mühlheim in dem **Fossilien-Besuchersteinbruch Mühlheim** hoch über dem Tal der Altmühl versuchen [N48°51'17.2" E10°59'10.8"]. Das dafür notwendige Werkzeug kann dort ausgeliehen werden, eine kleine Anleitung gibt es obendrein. Die Zufahrt ist ab Mühlheim gut ausgeschildert. Auch wenn die letzten Meter nur über befestigte Feldwege gehen, lässt sich die Strecke doch gut fahren. Der Laie mag bei Ankunft nur die große Schutthalde sehen, der Fossilienexperte wird schnell die Vertiefungen erkennen, die Schicht um Schicht mit der Hoffnung auf einen interessanten Fund freigelegt werden.

Der hohe Burgfelsen bei Dollnstein.

germeister-Müller-Museum präsentierten Ausstellungsstücke sind schon sehr verblüffend.

Das Museum befindet sich in der Bahnhofstraße 8 [N48°53'32.0" E10°59'32.8"], Parkplätze gibt es an der Straße.

Wir fahren von SOLNHOFEN entlang der **Altmühl** nach DOLLNSTEIN weiter. Etwa einen Kilometer hinter dem Ortsausgang treffen wir auf die markante Felsformation der **12 Apostel**. Es sind die verwitterten Reste eines ehemaligen Riffs und wie die Fossilien 150 Millionen Jahre alt. Die Hänge sind bewachsen mit Halbtrockenrasen und Wacholder, eine Vegetationsform, die entlang der Altmühl vielfach zu beobachten ist und durch ihre offene Struktur die Felsen erst so richtig zur Geltung kommen lässt. Besonders schön lässt sich dies während einer Fahrrad- oder Bootstour beobachten. Apropos Fahrrad: Der **Altmühlradweg** ist ausgezeichnet beschildert, man kann sich hier nicht verirren, auch wenn man keine Radwanderkarte dabei hat. Da stellen wir doch gleich das Womo auf den gebührenfreien Stellplatz am Friedhof in DOLLNSTEIN ab [**211:** N48°52'40.9" E11°04'26.5"] und genie-

ßen den Sonnenuntergang mit einem kleinen Radausflug. Auch der Wanderparkplatz neben einem Weiher im **Wellheimer Tal** [**212:** N48°51'17.6" E11°04'43.2"] bietet Platz und Ruhe, um das Womo abzustellen und Rad- oder Wandertouren auf diesem Streckenabschnitt zu unternehmen. Von DOLLNSTEIN nach SOLNHOFEN sind es nur ca. 12 km, nach EICHSTÄTT, unserem nächsten Ziel, nur ca. 15 km. Mit dem Rad sind diese Etappenziele auf den fast topfebenen Wegen bequem zu erreichen. Ist das **Altmühltal** bis DOLLNSTEIN noch relativ schmal, so wird es ab dem Zusammentreffen mit dem **Wellheimer Tal** recht breit. Bevor die **Donau** ihren Weg zum Schwarzen Meer durch die **Weltenburger Enge** bei KELHEIM abkürzte, floss sie hier entlang und schuf mit ihren Wassermaßen diese breite Tallandschaft.

Dollnstein, Stadttor und Stadtmauer.

Wir fahren nunmehr in diesem breiten Tal, der **Altmühl** folgend, weiter nach EICHSTÄTT. Wer nur die Barockstadt besuchen will, dem empfehlen wir den Großparkplatz in der Nähe des Bahnhofs [**213:** N48°53'36.6" E11°10'49.9"]. Er ist zentrumsnah. Wenn man am Bahnhof vorbeigeht, dann die Spitalbrücke überquert, ist man nach 250 Metern schon in der äußerst sehenswerten Barockstadt. Vom offiziellen Stellplatz zum Zentrum sind es 1,5 km.

Die Bischofsstadt EICHSTÄTT ist mit 10 Klöstern bzw. Klostergemeinschaften, 12 kath. Kirchen, zwei Priesterseminaren

Felsformation 12 Apostel in der Abendsonne.

Willibaldsbrunnen auf dem Marktplatz und der Dom in Eichstätt.

und der Katholischen Universität ein Hort des katholischen Glaubens. Die Liste der religiösen Bauwerke, die es zu besichtigen gilt ist lang, vorausgesetzt man mag sakrale Bauwerke. Innerhalb und am Rande der Altstadt sind das der **Dom**, der spätgotische **Kreuzgang und das Mortuarium** im Diözesanmuseum, die **Schutzengelkirche**, dann **Notre Dame du Sacré Coeur,** eines der schönsten Barockbauwerke der Stadt, dann die Kirche des **Kapuzinerklosters** mit der Nachbildung des Heiligen Grabes sowie die Klosterkirche **St. Walburg**.

(214) Offizieller WOMO-Stellplatz: Eichstätt – Schottenwiese

GPS: N48°53'03.0" E11°11'52.8"; Pirkheimer Straße, 85072 Eichstätt.
max. WOMOs: 70, maximale Länge 12 m, max. Aufenthalt 7 Tage.
Ausstattung: Befestigter Wiesenplatz mit Wasserver- und Abwasserentsorgung, Kassettenentleerung, Stromanschlüssen, Behälter für die Müllentsorgung. Im Servicegebäude gibt es eine Dusche und ein WC. In unmittelbarer Nähe gibt es einen Grillplatz, eine Liegewiese und einen Wald-/Naturlehrpfad. Der Platz ist von Mitte März bis Mitte November geöffnet.

Lage: Direkt am Ufer der Altmühl, Bootsanlegestelle.
Preise: Parkschein am Kassenautomaten für 10,00 €. Strom für 0,50 € pro kWh. Ver- und Entsorgung ist kostenlos.
Zufahrt: Von der B13 auf der Pirkheimer Straße über die Altmühlbrücke fahren, dann links über den Volksfestplatz zum Altmühlufer.

Im Halbrund aufgereihte Barockhäuser am Residenzplatz.

Das Barockensemble rund um den **Residenzplatz** gehört zu den eindrucksvollsten Plätzen, die in Europa aus dieser Stilepoche zu finden sind. Residenz, Kavalierhöfe, Brunnen und die geschlossene im Halbrund angeordnete Häuserfront sind stilvoll vereint.

Nach der Besichtigung der Bauwerke in der Altstadt fahren wir noch hoch zur **Willibaldsburg**, die über EICHSTÄTT thront. Der kleine Parkplatz [N48°53'37.7" E11°10'15.8"] im Burghof ist für Kastenwagen und kleinere integrierte Womos erreichbar. Wer mit einem Fahrzeug über 3 Meter Höhe unterwegs ist, muss hochlaufen, sonst besteht die Gefahr in der Tordurchfahrt hängen zu bleiben. Vor dem Tor zu parken ist nicht möglich.

Nordteil der Willibaldsburg.

Ausgang des Bastionsgartens.

Mittelalterliche Brücke über die Altmühl bei Pfünz.

Die Burganlage wurde im 14. Jh. errichtet. Bis zum 18. Jh. residierten hier die Eichstätter Bischöfe. Heute ist hier das **Jura-Museum** untergebracht, das unter anderem zahlreiche Fossilien zeigt. Hier wird auch der in SOLNHOFEN gefundene **Archaeopteryx** präsentiert.

Ein Kleinod ist der Bastionsgarten **„Hortus Eystettensis"**; ein kleiner Botanischer Garten, der an mediterrane Länder erinnert. Von hier hat man einen sehr schönen Blick hinunter nach EICHSTÄTT. In der Burgschänke und dem Biergarten die es hier oben auch gibt, haben wir keine Rast gemacht, sondern sind weiter gefahren nach PFÜNZ.

Hier haben wir gleich zwei schöne Übernachtungsplätze. Einen an dem oft fälschlicherweise Römerbrücke genannten

Panoramablick von Schloss Arnsberg über das Tal der Altmühl.

Rekonstruiertes Nordtor des Römerkastells Vetoniana in Pfünz.

mittelalterlichen Übergang an der **Altmühl** [**215:** N48°53'25.4" E11°15'32.7"], der sich als Ausgangsort für Radtouren oder Wanderungen auf dem **Altmühltal Panoramaweg** wunderbar eignet und einen neben dem rekonstruierten **Kastell** [**216:** N48°53'03.4" E11°15'44.6"], auf der Höhe hinter dem Ort am Römersteig. Der Römersteig ist eine schmale Straße mit 20% Steigung und kann nur bis zum **Kastell** befahren werden. Er liegt am Waldrand, es ist himmlisch ruhig hier.

Einen schönen Blick in das **Altmühltal** hat man von **Schloss Arnsberg** [**217:** N48°55'38.5" E11°22'49.2"]. Das Schloss ist kein Prachtbau, wie die Residenz in Ellingen, Schloss Weißenstein in Pommersfelden oder andere. Es ist jedoch eine kleine, sehr gepflegte Anlage. Die Ruine des Bergfrieds und

Biergarten auf Schloss Arnsberg.

die Reste einer Wehranlage geben dem ehemaligen Vogthaus, in dem ein stilvolles Restaurant untergebracht ist, einen schönen Rahmen. Wir haben uns hier gleich wohl gefühlt. Der Biergarten steht in den Sommermonaten Besuchern lange offen. Auch wir Womofahrer können es uns hier am Abend gemütlich machen und den Tag mit einem Glas Wein oder Bier abschließen. Weiterfahren müssen wir nicht. Auf dem Parkplatz lässt es sich wunderbar übernachten.

Burg Kipfenberg.

Auch wer kein leidenschaftlicher Kanu- oder Kajakfahrer ist, wird irgendwann die Lust verspüren, die Altmühl vom Wasser her zu erleben, wenn er die ruhig vorbeifahrenden Boote bei einer Wanderung oder einer Radtour entlang des Flusses beobachtet.

Es gibt viele Bootsverleiher an der Altmühl, die auch immer den Rücktransport organisieren. Wir müssen nun aber immer unsere große Kiste irgendwo abstellen, das klappt nun mal dummerweise nicht überall.

Bootstour auf der Altmühl.

Ideal für uns ist KIPFENBERG. Hier liegen an der Försterstraße ein Campingplatz (kostpflichtige Womostellplätze vor dem Haupttor), ein Bootsverleih und ein großer Parkplatz direkt nebeneinander. Von hier aus können wir zu einer mehrtägigen Tour, einer Tagestour oder auch nur zu einem mehrstündigen Ausflug aufbrechen.

(218) WOMO-Campingplatz-Tipp: Kipfenberg – AZUR Camping Altmühltal

GPS: N48°56'58.8" E11°23'20.6"; Campingstr. 1, 85110 Kipfenberg.
max. WOMOs: >20, maximale Länge 10 m.
Ausstattung: Großer älterer Platz mit Wasserver- und Abwasserentsorgung, Kassettenentleerung, Stromanschlüssen, Behälter für die Müllentsorgung. Im Servicegebäude gibt es Dusche, WC, Waschmaschine und einen Trockner, Campinggasverkauf, WLAN, Gemütliches Bistro mit Sonnenterrasse, Kanu- und Bootsverleih mit Transfer gleich nebenan. Der Platz ist von Anfang April bis Ende Oktober geöffnet.
Lage: Direkt an der Altmühl, sehr ruhig.
Preise: Wohnmobil zwischen 9,00 und 18,00 € je nach Saison und Lage, Erw. Person zwischen 6,50 und 9,00 €, Strom ist im Preis enthalten.
Zufahrt: In der Ortsmitte der Beschilderung zum Campingplatz folgen.

Der **Limes** begegnet uns in KIPFENBERG übrigens auch wieder. Der **Limeswanderweg** führt durch diesen Ort. Wer mag, kann sich auch hier einen rekonstruierten Römerturm aus Holz, ähnlich dem auf Seite 242 anschauen oder gar ein größeres Stück auf dem **Limeswanderweg** per Rad oder zu Fuß zurücklegen. Die Burg oberhalb von KIPFENBERG ist zwar nicht zu besichtigen, aber die Vorburg, in der sich das **Römer und Bajuwaren Museum** befindet. Zentrales Ausstellungsstück ist der **„erste Bajuware"**; ein mit vielen Beigaben versehenes Grab eines germanischen Kriegers aus dem 5.Jahrhundert. Nur 500 Meter davon entfernt ist mit einem Stein der **geographische Mittelpunkt Bayerns** markiert.

Von KIPFENBERG geht die Fahrt weiter nach DENKENDORF. Wir durchfahren den Ort und folgen den Hinweisen zur Autobahn, unterqueren diese und haben nach wenigen Kilometern auf der St2229 den **Dinosaurier-Park Altmühltal** erreicht. Der Parkplatz [N48°57'07.4" E11°28'05.9"] ist groß genug, um das Fahrzeug bequem abstellen zu können.

Seit dem Sommer 2016 gibt es diesen Park. Wir wundern uns darüber, dass es so lange gedauert hat bis hier im Altmühltal ein Themenpark dieser Art entstanden ist. Im **französi-**

Furchteinflößend!

Lebensgroß und echt aussehend.

schen Jura gibt es einen ähnlichen Park schon seit langer Zeit. Den haben wir übrigens in unserem Jura-Buch (Band 90 der WOMO-Reihe) beschrieben. Hier im Altmühltal können Sie auf einem Rundweg von 1,5 Kilometern Länge eine sehr spannende Reise durch die Erdgeschichte machen. Die zahlreichen lebensgroßen Modelle der Dinosaurier wirken dabei sehr echt und teilweise auch furchteinflößend. Nur gut, dass diese riesigen Urviecher nicht in lebendiger Form auf einen zugetrabt kommen. Der Rundweg beginnt im **Erdaltertum**, und führt über die geologischen Epochen der **Trias**, des **Jura** und der **Kreide** in die **Erdneuzeit**. Das ist ein Spaziergang durch 400 Mio. Jahre Erdgeschichte, die man hier in einem schattigen Wald absolvieren kann. Mehr als 60 lebensgroße Modelle kann man dabei betrachten und so einiges über ihre Verbreitung, ihre Lebensbedingungen und ihre Fähigkeiten erfahren, soweit man das nach den letzten wissenschaftlichen Erkenntnissen beurteilen kann. Darüber hinaus werden präparierte Fossilien in Ausstellungsräumen gezeigt, der Urvogel **Archaeopteryx** fehlt dabei natürlich nicht. Und man kann auch selbst Fossilien aus Steinen klopfen, dafür ist eigens ein Bereich in dieser Anlage

(219) Offizieller WOMO-Badeplatz: Greding – Hallenbad

GPS: N49°02'39.5" E11°21'17.6"; Am Hallenbad 1, 91171 Greding.
max. WOMOs: 20, maximale Länge 10 m.
Ausstattung: Asphaltierter Platz ohne Versorgungseinrichtungen, ganzjährig geöffnet.
Lage: Direkt neben dem Hallenbad und anderen Sportanlagen. Entfernung bis zur Stadtmitte 300 Meter.
Preise: Kostenlos.
Zufahrt: Aus Kinding kommend vor dem Fürstentor links abbiegen, 200 Meter bis zum Platz.

(220) Offizieller WOMO-Gasthof-Stellplatz: Greding – Bauer-Keller

GPS: N49°2'26.76" E11°20'59.01"; Kraftsbucher Str. 1, 91171 Greding.
max. WOMOs: 80, maximale Länge 12 m.
Ausstattung: Komfortplatz mit Wasserver- und Abwasserentsorgung, Kassettenentleerung, Stromanschlüssen, Behälter für die Müllentsorgung. Im Servicegebäude gibt es Dusche und WC. Hinzu kommen Biergarten, gutes Restaurant, Frühstücksservice. Geschlossen von Anfang November bis Mitte Dezember..
Lage: In einer Sackgasse am Ortsrand in Autobahnnähe. Die Autobahn ist deutlich hörbar..
Preise: 12,50 € für ein Fahrzeug mit 2 Personen. Ver- und Entsorgung ist im Preis enthalten. Strom 3,00 € für 24 h.
Zufahrt: Fast direkt an der AB-Abfahrt Greding, von dort nicht zu verfehlen.

Der Markplatz in Greding mit dem Forsthaus (links) und dem Rathaus (Mitte).

angelegt. All die Eindrücke die hier gewonnen werden, lassen sich gut während einer Pause im Biergarten verarbeiten. Für das leibliche Wohl ist also auch hier bestens gesorgt. Eine neue Ausstellungshalle mit Originalskeletten wird noch hinzukommen, was diesen Themenpark noch interessanter machen wird, für den man 14,50 € Eintritt p.P. zahlen muss.

Über verschlungene Straßen geht die Fahrt zurück an die **Altmühl**. Über KINDING geht es kurvenreich nach GREDING, dem letzten Ort dieser Tour. Wir kommen am **Fürstentor** an, fahren links und stellen das Womo auf dem großen Parkplatz am Hallenbad ab. Wir ziehen diesen Platz dem Übernachtungsplatz in der Nähe der Autobahnanschlussstelle vor. Erstens ist er gebührenfrei, zweitens dröhnen hier die Geräusche der Autobahn nicht mehr so stark herüber und drittens liegt er direkt neben der von einer Stadtmauer eingefassten Altstadt. Die Sehenswürdigkeiten, die sich alle innerhalb der Stadtmauern befinden, sind also bequem zu Fuß zu erreichen. Neben dem Marktplatz, an dem das **Rathaus** aus dem 17. Jahrhundert steht, sind das die romanische **Basilika St. Martin**, das ehemalige **fürstbischöfliche Schloss**, das ehemalige fürstbischöfliche Forsthaus sowie die Stadtmauer mit ihren drei noch vorhandenen Stadttoren.

Das Fürstentor in Greding.

Tour 16
5 km
N
NÜRNBERG
Volkspark Marienberg
Sebalduskirche
Burg
Seite 196
Tiergarten
Dutzendteich
Tour 11
Lauf an der Pegnitz
Stadttore
Wenzelschloss
Pegnitz
Schnaittach
nach Bayreuth
Tour 10
Vorra
Pegnitz
Schloss, Stadttore
Therme
Hersbruck
Happurg
Happurger See
nach Amberg
nach Ansbach
Feucht
Wendelstein
Brückkanal
Schwarzenbruck
Schwarzachklamm
Altdorf
Altstadt
Schwanstetten
Burgthann
Schwarzenbach
Main-Donau-Kanal
Ezelsdorf
Ludwig-Donau-Main-Kanal
Kunst am Kanal
Pyrbaum
Postbauer-Heng
Berg
Lauterhofen
nach Amberg
Allersberg
Pilsach
nach Amberg
Rothsee
Residenz
St. Johannes
Ruine Wolfstein
Hilpoltstein
Burgruine
Neumarkt in der Opf.
Main-Donau-Kanal
Deusmauer Moor
Freystadt
Kirchenwinn
Deusmauer
König-Otto-Höhle
Deining
Rathaus
Velburg
Mühlhausen
Ludwig-Donau-Main-Kanal
Burggrießbach
Schwarze Laaber
nach Regensburg
Seubersdorf
Altstadt
Berching
Burg
Parsberg
Lupburg
Holnstein
Litterzhofen
Greding
Plankstetten
Erbmühle
Gimpertshausen
Altstadt
Kloster
Biberbach
Schloss Hirschberg
Breitenbrunn
Schwarze Laaber
Weiße Laaber
St. Sebastian
Beilngries
Kinding
Tour 17
Dietfurt an der Altmühl
Beratzhausen
Tour 15
Kottingwörth
Altmühl
Main-Donau-Kanal
Kipfenberg
Geographischer Mittelpunkt Bayerns
Hemau
Arnsberg
Dinosaurier-Park Altmühltal
Schloss Arnsberg
Denkendorf
nach München
Schloss Eggersberg
Riedenburg
Schelldorf
Painten

TOUR 16 (ca. 165 km)

Greding – Plankstetten – Berching – Erbmühle Breitenbrunn – Parsberg – Lupburg – Velburg Neumarkt/Opf. – Altdorf bei Nürnberg – Nürnberg

Freie Übernachtung:	Plankstetten, Erbmühle, Parsberg, Velburg, Altdorf bei Nürnberg, Nürnberg.
Offizielle Stellplätze:	Greding, Berching, Parsberg, Neumarkt/Opf.
Campingplätze:	Breitenbrunn, Velburg.
Ver-/Entsorgung:	Berching, Breitenbrunn, Velburg, Neumarkt/Opf., Nürnberg.
Besichtigungen:	Plankstetten (Kloster), Berching (Altstadt), Breitenbrunn (Wallfahrtskirche), Parsberg (Burg), Lupburg (Burg), Velburg (Altstadt und König-Otto-Höhle), Neumarkt/Opf. (Altstadt), Altdorf bei Nürnberg (Altstadt).
Wandern:	Berching (entlang des Main-Donau-Kanals mit Schiffstour), Neumarkt/Opf. (Rad- und Wandertour entlang des Ludwig-Donau-Main-Kanals).
Baden/Wellness:	Greding (Hallenbad) Breitenbrunn (Freibad), Velburg (Naturbad).

Von GREDING aus dem Tal der **Schwarzach,** geht es über schmale Straßen die **Fränkische Alb** hinauf nach LITTERZHOFEN und von dort hinunter über Biberbach nach PLANKSTETTEN in das **Sulztal**, mit dem **Main-Donau-Kanal** und seinem Vorläufer, dem **Ludwig-Donau-Main-Kanal**. Unser

Kloster Plankstetten oberhalb des Main-Donau-Kanals.

Barockes Kloster und romanische Kirche.

erstes Ziel ist das **Benediktinerkloster**, das sich gleich am Ortsrand von PLANKSTETTEN befindet. Wir parken auf dem großen Parkplatz unterhalb des Klosters am Rande einer Viehweide. [**221:** N49°04'07.3" E11°27'21.0"]. Das Kloster ist nicht nur aufgrund seiner barocken Anlage und der romanischen Kirche interessant. Es betreibt unter dem weltlichen Siegel **„Bioland"** und der religiösen Lehre des **hl. Benedikt** einen ökologischen Landbau, an den unter anderem eine Metzgerei, eine Brennerei und eine Bäckerei angeschlossen sind. Es gibt eine Schenke, einen Hofladen, sogar einen Onlineshop. Eine Ausstellung in der Klosteranlage erklärt die Philosophie dieser Form der nachhaltigen Landwirtschaft.

Wir schauen uns dies alles an, füllen im Hofladen unsere Vorräte auf und fahren weiter nach BERCHING. Der Stellplatz an der Bootsanlegestelle ist nicht schwer zu finden.

Stadtmauer und Türme in Berching.

(222) Offizieller WOMO-Stellplatz: Berching - Schiffsanlegestelle

GPS: N49°06'35.5" E11°26'19.1"; Uferpromenade, 92334 Berching.
max. WOMOs: 15, maximale Länge 12 m, max. Aufenthalt 2 Tage.
Ausstattung: Gepflasteter Platz mit Wasserver- und Abwasserentsorgung, Kassettenentleerung, Stromanschlüssen, WC, Behälter für die Müllentsorgung. Kiosk mit Brötchen und Getränken, Biergarten. Der Platz ist ganzjährig geöffnet.
Lage: Ortsrand, an der Brücke über den Main-Donau-Kanal, sehr ruhig.
Preise: In der Saison: 01. April bis 31. Oktober 5,00 € pro Tag am Kiosk zu zahlen. Übrige Zeit kostenlos, die Wasserversorgung abgestellt. Über Münzautomaten gibt es Frischwasser für 1,00 €, Strom für 1,00 € pro kWh.

Zufahrt: Von der B299 am Ende des Ortes in Richtung Burggrießbach fahren, dann vor der Brücke links abbiegen.

Berching

Dieses mittelalterliche Städtchen ist von einer vollständig erhaltenen Stadtmauer mit 13 Türmen und 4 Stadttoren eingefasst. Innerhalb der Stadtmauern finden sich rund um den Marktplatz einige preiswerte Restaurants, in denen man sehr gut essen kann. Neben einer Stadtbesichtigung und einem Gang entlang der Mauern dieses malerischen Örtchens, bietet sich eine kleine Wanderung oder Radtour entlang des **Main-Donau-Kanals** nach Beilngries an (ca. 10 km). Bis vor einigen Jahren konnte man noch mit dem Schiff von Beilngries nach Berching fahren und damit eine kombinierte Wander- und Schiffstour machen. Das geht heute leider nicht mehr, die Schiffsverbindung wurde ersatzlos gestrichen.

Berching, Mittleres Tor.

Der größere Teil dieses sogenannten Sulztalwanderweges geht durch Hochwald. Im Kloster Plankstetten kann man eine Rast einlegen. Danach geht es am Waldrand weiter nach Beilngries. Nach einer weiteren Rast geht es auf der anderen Seite des Kanals zurück nach Berching. Hier muss man zu Beginn nur schauen, dass man nach der Überquerung der Brücke über den Main-Donau-Kanal bei der ersten Möglichkeit (Schleusenweg) den Weg hinunter zum Kanal nicht verpasst. Dann geht es schattenlos immer dem Kanal entlang, bis man wieder am Stellplatz angelangt ist.

Noch zwei **Tipps** zu Berching: Einmal jährlich findet im Sommer die **Berchinale** statt. Lichtkünstler und Leuchtenhersteller verwandeln dann am Abend die Gebäude der Stadt mit Lichtobjekten und Projektionen in ein buntes Meer aus Licht und Farben. Ergänzend gibt es einen Künstlermarkt und Kunstausstellungen, die Nacht der Offenen Türme und kleine Musikstationen. Und weil das Spektakel so schön ist, gibt es mit dem **Kanal in Feuerzauber** eine weitere Veranstaltung in den Sommermonaten mit Fischerstechen, Paddelbootrennen, Fackelschwimmen, Barock- und Hochfeuerwerk. Die genauen Termin dieser Veranstaltungen finden Sie hier: http://www.berching.de/berchinale/ und hier: http://www.kanal-im-feuerzauber.de/.

Wir verlassen BERCHING und fahren über HOLNSTEIN in das Tal der **Weißen Laaber**. Es ist immer wieder beeindruckend, wie schnell man doch in dieser Region außerhalb der breitgetretenen Touristenpfade nur noch von bäuerlicher Kulturlandschaft umgeben ist. Der Weg von HOLNSTEIN ins Tal der **Weißen Laaber** Richtung ERBMÜHLE führt über schmale Straßen. Das wohnmobilfreundliche **Gasthaus Erbmühle** [**223:** N49°05'42.1" E11°32'25.3"] bietet als Spezialität Fleischgerichte vom Wasserbüffel aus eigener Zucht an. Direkt daneben befindet sich ein Forellenhof. Die **Weiße Laaber** ist entlang des gesamten Tales naturbelassen und schlängelt sich durch den Wiesengrund. Die vielen Wanderwege verlaufen zumeist im Wald, am Waldrand oder auf den Höhen des Jura. Es gibt schon fast verwirrend viele, hier ist eine Wanderkarte oder ein Outdoor GPS-Gerät hilfreich. Dies trifft auch für die Region um BREITENBRUNN zu. Das Wander- und Radwegenetz in der wunderbaren Naturlandschaft ist äußerst vielfältig. Wer das längere Zeit auskosten will, dem empfehlen wir den Campingplatz an der **Wissinger Laaber** direkt neben dem Freibad am Ortsausgang von Breitenbrunn [**224:** N49°04'43.4" E11°37'23.3"].

Wasserbüffel an der Erbmühle.

Sankt Sebastian in Breitenbrunn.

Wanderwege: Qual der Wahl.

Parsberg, Stadtansicht von Süden.

Wir fahren weiter nach PARSBERG. Schon von weitem ist die Burganlage über der Stadt deutlich sichtbar. Wir wählen den Parkplatz in der Lupburger Straße **[225:** N49°09'30.2" E11°43'32.8"] und überqueren nach dem Verlassen des Womos bei der ersten Gelegenheit die Straße, um in den Stadtpark zu kommen und die Burganlage von der Parkseite her zu betreten. Nach 500 Metern haben wir es schon geschafft, wir stehen vor dem Burgtor.

Die auf einer Jurakuppe stehende Burg geht auf eine mittelalterliche Gründung zurück. Nach dem Aussterben der Parsberger Ritter, wechselte die Burg mehrfach den Besitzer. Heute gehört sie dem Land Bayern und wird als Museum und als Freilichtbühne für die **Parsberger Burgspiele** genutzt, die in dem großen Innenhof der Anlage stattfinden.

Eingangsbereich der Burg Parsberg.

Pfarrkirche St. Andreas in Parsberg.

Das zu Beginn des 20. Jahrhunderts neu errichtete Schiff der **Andreaskirche** unterhalb der Burg zeigt einen neubarocken Stil. Mit dem Barockturm aus dem 18. Jh. und mit der Burganlage im Hintergrund prägt sie die Silhouette der Stadt ganz entscheidend.

Die Burgruine von LUPBURG, der Nachbargemeinde, fällt in der Silhouette schon deutlich weniger auf. Dafür hat man von ihr den besseren Rundumblick, wenn man die Ruine hinaufklettert. Der Ort ist in seinem Kern frisch renoviert und schön hergerichtet. Nur parken kann man praktisch nirgends, ohne jemand anderen zu behindern.

Fernsicht von der Burgruine Lupburg.

Über PARSBERG fahren wir weiter nach VELBURG. Der Wanderparkplatz an der Verlängerung der Burgstraße ist sowohl für den Besuch der Burgruine, wie für den Besuch der Innenstadt geeignet [**226:** N49°14'08.2" E11°40'32.2"].

Sehenswert ist der von farbenfrohen Häusern umgebene **historische Stadtplatz**, an dessen Ende das im neugoti-

Giebel des neugotischen Rathauses in Velburg.

schen Stil errichtete **Rathaus** steht. Von der ehemaligen Stadtbefestigung ist nicht mehr viel zu sehen. Die Burgruine rund 100 Höhenmeter oberhalb der Stadt, besteht hauptsächlich aus den Resten eines rekonstruierten Bergfrieds. Die Kuppe, auf der diese Ruine steht, ist eine der höchsten im Umland und gewährt eine weite Aussicht.

Naturbadesee Altenveldorf.

Im Ortsteil ALTENVELDORF wartet ein **Naturbad** auf Badegäste. Die rund 10000 Quadratmeter große Wasserfläche ist von einer großen Liegewiese umgeben. Gespeist wird der See durch Quellwasser. Ein ganzjährig geöffneter Campingplatz an der Seestraße [**227:** N49°13'02.5" E11°39'59.7"] liegt direkt daneben. Auch das Restaurant des Betriebes ist ganzjährig geöffnet.

Die größte Attraktion VELBURGS ist die **König-Otto-Höhle** nördlich der Stadt [**228:** N49°15'05.8" E11°41'23.1"].

Man schrieb das Jahr 1895 als die Höhle entdeckt wurde. Es war der 30. September, der Namenstag des Bayernkönigs Otto, nach dem die Höhle benannt wurde. Einige Jahrzehnte später, erst 1972, wurden weitere Höhlenräume entdeckt. Da dies im Dezember geschah, gab man dem neu entdeckten großen Raum den Namen „**Adventhalle**".

Den Unterschied bemerkt man schnell, wenn man an einer Höhlenführung teilnimmt (ohne Führung geht es nicht), denn die zuerst erschlossenen Höhlenräume sind durch Fackel- und Kerzenlicht rußgeschwärzt. Der Höhlenkomplex hat eine

In der König-Otto-Höhle bei Velburg.

In der Adventhalle.

Länge von 450 Metern, der Schaubereich, der wie auf den Bildern zu sehen gut ausgeleuchtet ist, ist 270 Meter lang. Es gibt unzählige Formen von Stalaktiten (die hängenden Tropfsteine), Stalagmiten (die von unten emporwachsenden Tropfsteine) und Stalagnaten, die aus den beiden vorangegangenen Formen zusammengewachsen sind. Vielfach bekamen diese Formen Namen aus der Märchen-, Comic- oder Tierwelt. So erkennt man Schneewittchen und die Sieben Zwerge ohne Mühe. Einen Besuch dieser Höhle sollten Sie nicht versäumen. Dass sie zu den schönsten Tropfsteinhöhlen Deutschlands zählt, wie es in den Tourismusprospekten geschrieben steht, wollen wir ausdrücklich bestätigen.

Aus der Tiefe in die Höhe. Vorbei am **Deusmauer Moor** geht es in Richtung NEUMARKT in der Oberpfalz weiter.

Ruine Wolfstein bei Neumarkt in der Oberpfalz.

Bevor es kurvenreich nach NEUMARKT hinuntergeht, folgen wir den Richtungshinweisen zur **Ruine Wolfstein**. Die letzten Meter verlaufen über eine schmale Straße, bis wir an dem Parkplatz vor der Ruine ankommen [**229:** N49°17'33.8" E11°29'29.4"]. Die Ruine ist frei zugänglich, wenn nicht gerade eine Veranstaltung auf dem Burggelände stattfindet. Über die Geschichte der Burg ist nur wenig bekannt. Bereits zu Beginn des 17. Jh. wurde sie dem Verfall preisgegeben. Ein sehr auffallendes Bauwerk ist der Bergfried, der als Wachturm diente, sowie der letzte Rückzugsort bei feindlichen Angriffen war. Erst in jüngerer Zeit führten Sicherungs- und Restaurierungsmaßnahmen dazu, die Ruine zu erhalten, von der man übrigens einen phantastischen Blick ins Umland hat, schließlich steht sie auf dem höchsten Punkt der näheren Umgebung.

Von oben (von der **Ruine Wolfstein**) haben wir uns ja schon einen Blick auf NEUMARKT gegönnt. Nun werden wir die Stadt etwas näher betrachten.

Der Wohnmobilstellplatz (hier nennt man ihn Wohnmobil-Hafen) liegt neben dem Volksfestplatz an der Woffenbacher Straße und ist gebührenfrei. Bei Veranstaltungen auf dem Festplatz kann es zu Einschränkungen kommen. Überquert man von hier aus zu Fuß den nahen **Ludwig-Donau-Main-Kanal**, so ist man in ca. 5 Min. im Zentrum.

Aus der Vogelperspektive ist die mittelalterliche Anlage der Stadt gut erkennbar. Klassisch, wie bei so vielen bayerischen Städten, ist der langgezogene Straßenmarkt die bestimmende Verkehrsachse der Altstadt. In der Mitte dieser Achse steht das **gotische Rathaus**, gleich daneben die gotische Hallenkirche **St. Johannes**.

An der breiten, nicht autofreien Marktstraße finden sich das für Innenstädte klassische Repertoire an Cafés, Restaurants, Eisdielen sowie kleinen und größeren Ladengeschäften.

Das gotische Rathaus an der Marktstraße in Neumarkt/Opf.

(230) Offizieller WOMO-Stellplatz:
Neumarkt i.d.Opf. – Wohnmobil-Hafen

GPS: N49°16'52.16" E11°26'45.36";
Woffenbacher Straße, 92318 Neumarkt in der Oberpfalz.
max. WOMOs: 50, maximale Länge 12 m.
Ausstattung: Geschotterte, mit Büschen voneinander getrennte Sandplätze, ganzjährig geöffnet. Eine Ver- und Entsorgungseinrichtung finden sich neben der Waschhalle auf dem Gelände der Fa. Fritz Berger, ca. 3 km in Richtung Autobahn. (**230b GPS:** N49°18'21.24" E11°29'0.51"). Hier hat man auch die Möglichkeit den riesigen Shop mit Caravanausrüstungen zu besuchen, oder kleine Reparaturen am Fahrzeug vornehmen zu lassen.
Lage: Großparkplatz an den Jura-Hallen/Festplatz, sehr ruhig.
Preise: Kostenlos.
Zufahrt: Der Beschilderung zum Festplatz folgen.

Schön anzuschauen ist der Residenzplatz mit dem **Pfalzgrafenschloss**, der **Hofkirche** und dem **Reitstadel**. Jedoch ist alles nur von außen zu besichtigen, denn die ehemalige Residenz dient heute als Amtsgericht und der Reitstadel für Kulturveranstaltungen. Edel wirkt das **Museum für historische Maybach-Fahrzeuge,** das einzige dieser Art weltweit. Es befindet sich in der Holzgartenstraße. Parkplätze gibt es unweit des Museums [N49°16'24.9" E11°27'40.0"] in der Ingolstädter Straße. Die ausgestellten Fahrzeuge sind Raritäten der Automobilgeschichte. Das Museum ist untergebracht in den ehemaligen Fabrikhallen der Express-Werke, die hier bis 1959 Fahr- und Motorräder herstellten.

Wer gern mit dem Fahrrad unterwegs ist oder wandert, für den bieten die Wege entlang des **Ludwig-Donau-Main-Kanals** erlebnisreiche Strecken.

Eine Radtour lässt sich von NEUMARKT bis an die Stadtgrenze NÜRNBERGS durchführen (hin- und zurück ca. 82 km). Als Startpunkt für Wanderungen bietet sich die Gaststätte Ludwigskanal am Dammweg in SCHWARZENBACH an, die ihren Parkplatz auch für eine Übernachtung zur Verfügung stellen, wenn eingekehrt wird. **[231**: N49°21'01.6" E11°20'33.7"]. Wer diesen Ort mit dem Womo anfahren will und nur dem Navi vertraut, sei jedoch gewarnt. SCHWARZENBACH lässt sich für uns nur von Norden erreichen, so, wie es auf der Karte Seite 266 verzeichnet ist. Wer von Süden kommt scheitert an der Brücke, die den Kanal über die Straße leitet, es sei denn, das Fahrzeug ist nicht höher als 2,5 Meter.

Eingangsportal der Kirche St. Johannes.

Ludwig-Donau-Main-Kanal (Ludwigskanal)

König Ludwig setzte mit dem Bau des nach ihm benannten Kanals, den über 1000 Jahre alten Plan eine schiffbare Verbindung zwischen Rhein und Donau zu schaffen, in die Realität um. 1846, nach 10-jähriger Bauzeit, wurde der Kanal mit einer Länge von 173 km eröffnet. Von Kelheim an der Donau bis Bamberg am Main konnten Schiffe bis zu einer Ladekapazität von 120 Tonnen und einem Tiefgang von ca. 1,20 m verkehren. Transportiert wurden Holz, Kohle, Steine und Agrarerzeugnisse. 100 Schleusen mussten auf dieser Strecke durchfahren werden. Die Schiffe wurden von Pferden auf den Treidelpfaden gezogen, die 5 Tage für einen Weg entlang des gesamten Kanals benötigten.

Bis 1863 wurde der Kanal genutzt, dann verlor er an Bedeutung. Gegenüber der schnelleren Eisenbahn war der Transport auf dem Kanal nicht mehr konkurrenzfähig.

Nach einer Phase des Verfalls wird der Kanal seit 1954 als Fischgewässer genutzt. Die Strecke zwischen Nürnberg und Berching ist in ihrem ursprünglichen Verlauf erhalten, die anderen Strecken sind durch den Bau des **Main-Donau-Kanals** verändert, aufgehoben oder überbaut worden.

Schleuse 33 am Ludwigskanal.

Radtour am Ludwigskanal

Wir starten mit den Rädern vom Stellplatz in Neumarkt. Wir überqueren den Festplatz, halten uns links und sind auch sogleich am Kanal. Wir folgen seinem Verlauf, kommen nachdem wir eine Straße überquert haben am alten Hafengelände vorbei, erreichen danach schnell den LSG-Park und radeln durch ein Waldstück Richtung Nürnberg. Begleitet uns zu Beginn noch ein wenig Straßenlärm, so ist das nach zwei bis drei Kilometern vorbei. Nun sind wir nur noch von Vogelgezwitscher umgeben. Wenn es nicht durch Waldstücke geht, so haben wir links und rechts an den Hängen der Dämme oder entlang der Wiesen und Felder zahlreiche Apfelbäume, die gerade leuchtend rot ihre Früchte tragen. Hier muss es im Frühjahr während der Blüte besonders schön sein.

Wir fahren vorbei an zahlreichen Brücken und Sicherungstoren, die nur hier auf der „Scheitelhaltung" zwischen Neumarkt und Burgthann anzutreffen sind. Immer wieder weisen Tafeln am Rand des Weges auf die Funktion und Bedeutung der einzelnen Bauwerke hin. Einschnitte und Dämme wechseln einander ab, einige Kunstwerke am Rande des Kanals, machen diesen ohnehin sehr reizvollen Weg noch attraktiver.

Radtour am Ludwigskanal.

Schleuse 49 zwischen Burgthann und Brückkanal.

Der Brückkanal über die Schwarzach.

Ab Burgthann geht es abwärts, nicht dramatisch aber kontinuierlich. Jetzt geht es nur noch durch ein Waldgebiet und in kurzen Abständen folgt nun Schleuse um Schleuse. Keine ist mehr in Funktion, die Auslasstore sind demontiert, die Einlasstore durch einen kleinen Damm ersetzt. Überschüssiges Wasser rauscht in kleinen Wasserfällen in die tiefergelegenen Schleusenbecken. So geht es laufend weiter, bis nach 23 Schleusen zunehmender Verkehrslärm unmissverständlich auf die nahe Autobahn hinweist. Wir nähern uns aber nicht nur der Autobahn sondern auch einem Meisterwerk der Ingenieurskunst. Der **Schwarzach-Brückkanal** überspannt mit einem hohen, aus Sandstein gemauerten Bogen den tiefen Taleinschnitt der Schwarzach. Ein sehr schönes, bewundernswertes Bauwerk aus der Mitte des 19. Jahrhunderts. Im direkt danebenliegenden Biergarten legen wir eine Rast ein, bevor wir uns auf den Rückweg machen. Wer gewandert ist, dem empfehlen wir auf dem Rückweg den kleinen Umweg durch die Schwarzachklamm zu nehmen.

Die Entfernungen:
Neumarkt - Schwarzenbach 16 km, Schwarzenbach - Brückkanal 11 km.

Von SCHWARZENBACH fahren wir mit dem Womo weiter nach ALTDORF. Die ehemalige Universitätsstadt bei NÜRNBERG hat einen sehr schönen Altstadtkern. In Altstadtnähe zu parken ist allerdings mit Womos etwas schwierig. Der große Parkplatz an der S-Bahnstation ist maximal für Kastenwagen geeignet. Größere Fahrzeuge können auf dem Parkplatz „Baudergraben" an der Schießhausstraße einen Platz finden **[232: N49°23'14.1" E11°21'31.4"]**. Auch wenn der Platz relativ klein ist, so lässt es sich einigermaßen gut darauf manövrieren. Von hier aus sind es ca. 300 Meter bis zu dem schönen **historischen Rathaus** am Marktplatz, der mit Wasserspielen und allerlei feinen Restaurants glänzt. **Rathaus, Laurentiuskirche** und die **Stadttore** an den Enden des Platzes machen mit den dazwischen liegenden Fachwerk- und Sandsteinhäusern einen romantischen Eindruck. Die Gebäude der ehemaligen Universität liegen versteckt in der Silbergasse am Rande des Altstadtkerns und werden heute für eine Behinderteneinrichtung genutzt. Alle drei Jahre finden hier im Innenhof an fünf Wochenenden die **Wallenstein-Festspiele** statt. Wir lassen uns noch ein wenig aus der fränkischen Küche verwöhnen, bevor wir nach NÜRNBERG weiterreisen und dort diese Tour abschließen. Die Beschreibung von NÜRNBERG finden Sie auf den Seiten 194 bis 205.

Laurentiuskirche in Altdorf.

Oberes Stadttor (Nürnberger Tor).

TOUR 17 (ca. 130 km)

Beilngries – Kottingwörth – Dietfurt an der Altmühl Riedenburg – Essing – Kelheim – Kloster Weltenburg – Bad Abbach – Regensburg

Freie Übernachtung:	Dietfurt, Riedenburg, Prunn, Weltenburg, Regensburg.
Offizielle Stellplätze:	Greding, Dietfurt, Riedenburg, Kelheim, Bad Abbach, Regensburg.
Campingplätze:	Beilngries.
Ver-/Entsorgung:	Dietfurt, Riedenburg, Kelheim, Bad Abbach.
Besichtigungen:	Kottingwörth (Wehrkirche), Dietfurt (Altstadt), Riedenburg (Burg und Falknerei), Schloss Eggersberg, Prunn (Schloss), Essing (Ruine Randeck, Höhle Schulerloch), Kelheim (Stadt und Befreiungshalle), Weltenburg (Kloster), Regensburg (Brücke, Altstadt, Dom).
Wandern:	Von Kelheim zum Kloster Weltenburg.
Baden/Wellness:	Bad Abbach (Kaiser-Therme).

Von GREDING nehmen wir den kürzesten Weg nach BEILNGRIES. Er führt uns über schmale Straßen entlang des Kaisinger Tales hoch auf die Fläche der **Fränkischen Alb**. Wir kommen an dem Dorf WIESENHOFEN und einem großen Dolomitsteinbruch vorbei und erreichen bald HIRSCHBERG, ein Stadtteil von BEILNGRIES hoch über der **Altmühl**.

Am Ortseingang sehen wir das Hinweisschild zum **Schloss Hirschberg** und folgen diesem. Nach wenigen Metern erreichen wir das Schloss, parken auf dem sehr kleinen Parkplatz [N49°02'12.9" E11°27'21.5"] am Rande der Anlage und wundern uns warum er so leer ist. Das Rätsel ist schnell geklärt, **Schloss Hirschberg** ist kein Besucherschloss im eigentlichen Sinn, sondern ein Exerzitien- und Bildungshaus der Diözese Eichstätt, das nur sehr eingeschränkte Besuchsmöglichkeiten bietet. Den Weg kann man sich also sparen.

Über eine kurvenreiche Straße geht es weiter, 130 Höhenmeter hinunter nach BEILNGRIES. Der große Parkplatz an der Schiffsanlegestelle des **Main-Donau-Kanals** wäre ein schöner Stellplatz, ein Hinweisschild der Stadt verweist uns Wohnmobilfahrer jedoch zum örtlichen Campingplatz oder zumindest zum Parkplatz in der Nähe des Campingplatzes. Übernachten ist am Schiffsanleger nicht gestattet. Wir parken hier aber trotzdem und gehen zu Fuß in die Innenstadt,

St. Walburga in Beilngries.

die außer der neubarocken Stadtpfarrkirche **St. Walburga** nicht so viele Sehenswürdigkeiten aufzuweisen hat. BEILNGRIES ist aber ein guter Standort, um die Umgebung mit Paddelboot, Fahrrad oder Wanderschuhen zu erkunden. Wer es gern etwas bequemer haben möchte, für den bieten sich die Fahrten mit dem Ausflugsschiff bis nach KELHEIM oder bis zum **Kloster Weltenburg** an (siehe Seite 290-291).

Auf dem weiteren Weg Richtung REGENSBURG fallen in KOTTINGWÖRTH die beiden mächtigen Türme einer Wehr-

(233) WOMO-Campingplatz-Tipp:
Beilngries – Naturama

GPS: N49°01'36.1" E11°28'15.7"; An der Altmühl 24, 92339 Beilngries.
max. WOMOs: >5, maximale Länge 8 m.
Ausstattung: Der Platz ist ein Zwitter, drinnen ein Wiesenplatz mit eigenem Bootsanleger, Wasserver- und Abwasserentsorgung, Kassettenentleerung, Stromanschlüssen, Behälter für die Müllentsorgung. Im Servicegebäude mit Dusche, WC, Waschmaschine und Trockner. Draußen vor dem Platz Abstellfläche für Wohnmobile auf Wiesengelände ohne irgendwelche Versorgungseinrichtungen. Der Platz ist ganzjährig geöffnet.
Lage: Wiesenplatz am Stadtrand direkt am Ufer der Altmühl, sehr ruhig.
Preise: Wohnmobil mit 2 Personen (draußen vor dem CP) 12,00 €.
Zufahrt: Die Stadt durchfahren und der guten Beschilderung zum Campingplatz folgen.

kirche auf. Diese Kirche, im Volksmund auch **„Kleiner Dom im Altmühltal"** genannt, ist im Inneren spätbarock ausgestaltet. Das ist nicht ungewöhnlich. Ungewöhnlich sind die romanisch-gotischen Fresken in der **Vituskapelle**, die sich im Ostturm der Kirche befinden. Entstanden sind sie im späten 13. Jahrhundert. Wer dieses Kreuzrippengewölbe ausgemalt hat, ist nicht bekannt.

Nach diesem Leckerbissen für Kunst- und Kirchenhistoriker fahren wir weiter nach DIETFURT.

Wir stellen das Womo in der Maxstraße [**234:** N49°02'02.9" E11°35'10.1"] ab und gehen von hier aus in den Ortskern, der sich mit farbenfrohen Häusern frisch herausgeputzt präsentiert. Ähnlich wie in BEILNGRIES ist die Umgebung der Stadt die eigentliche Attraktion. Radeln, Paddeln, Wandern. Die Möglichkeiten der Betätigung sind nahezu unbegrenzt, zumal

Frühgotische Fresken im Kreuzrippengewölbe der Vituskapelle.

Rastplatz für Radler, Marktplatz in Dietfurt.

man sich das Tal, in dem man Wandern oder Radeln möchte, aussuchen kann. Sieben Täler stehen zur Verfügung, jedenfalls zählen die Stadtväter die Täler rund um DIETFURT werbestrategisch so zusammen. Auch wenn wir an die Zählweise ein Fragezeichen setzen wollen, reizvoll ist die Landschaft rund um DIETFURT ganz unbestritten. Einen offiziellen Wohnmobilstellplatz gibt es am Schiffsanleger, der sich für eine Übernachtung anbietet.

(235) Offizieller WOMO-Stellplatz: Dietfurt – Schiffsanlegestelle

GPS: N49°01'39.2" E11°34'56.8"; 92345 Dietfurt an der Altmühl.

max. WOMOs: 10, maximale Länge 10 m, max. Aufenthalt 24h.

Ausstattung: Befestigter Platz mit WC am Kiosk des Schiffsanlegers, ganzjährig geöffnet.

Lage: An der Brücke über den Main-Donau-Kanal in Richtung Arnsdorf, nicht ruhig, ca 1 Kilometer bis zur Stadtmitte.

Preise: Kostenlos.

Zufahrt: In Dietfurt im ersten Kreisverkehr die Ausfahrt in Richtung Arnsdorf nehmen, danach gleich links abbiegen.

Ver- und Entsorgung: Beim Klärwerk in der Industriestraße 16, in etwa 1,5 Kilometern Entfernung.

Als nächsten Ort fahren wir RIEDENBURG an. Der Stellplatz ist leicht und bequem anzufahren, sollte er belegt sein, bietet der Campingplatz hinter dem Festplatz eine Ausweichmöglichkeit.

(236) Offizieller WOMO-Stellplatz: Riedenburg – Volksfestplatz

GPS: N48°57'53.2" E11°40'54.1"; Austraße, 93339 Riedenburg.
max. WOMOs: 60, maximale Länge 12 m.
Ausstattung: Befestigter Platz mit Wasserver- und Abwasserentsorgung, Kassettenentleerung, Stromanschlüssen, WC, Behälter für die Müllentsorgung, ganzjährig geöffnet.

Lage: Am Rande des Volksfestplatzes am Main-Donau-Kanal, ruhig.
Preise: Einen Parkschein gibt es am Kassenautomaten für 6,00 €. Frischwasser und Entsorgung kostenlos, Strom 1,0 € pro kWh..
Zufahrt: Von der St2230 die Bogenbrücke über die Altmühl nehmen, dann rechts über die Austraße zum Festplatz fahren.

Die Hauptattraktion RIEDENBURGS ist der **Falkenhof** auf **Schloss Rosenburg**. Um dorthin zu gelangen gibt es zwei Wege, der kürzeste ist der Wanderweg. Vom Stellplatz sind es nur 1000 Meter, der Weg ist steil, rund 100 Meter Höhenunterschied sind auf kurzer Distanz zu überwinden. Das geht allerdings nicht mit den „Sonntagsschuhen"; Wanderschuhe sind schon Voraussetzung, auch wenn der Weg nur kurz ist.

Schloss Rosenburg.

Falke im Landeanflug.

Der zweite Weg geht mit dem Womo über Asphaltstraßen. Es gibt eine, die direkt zum Schloss hochführt, sie ist allerdings nur mit Fahrzeugen bis zu einer Breite von 2 Metern befahrbar. Wir müssen einen kleinen Umweg machen, der uns über den Ortsteil Gleislhof führt. **Schloss Rosenburg** ist gut ausgeschildert und somit nicht zu verfehlen. Parkmöglichkeiten sind ausreichend vorhanden **[237:** N48°57'32.3" E11°40'34.6"].

Mäusebussard im Tiefflug, Flügelspannweite ca. 120 cm.

Die Falknerei auf Schloss Rosenburg

Das Schloss ließ ein Minnesänger aus dem Geschlecht der Grafen von Riedenburg im 12. Jahrhundert erbauen. Neben seiner Leidenschaft für das weibliche Geschlecht widmete er sich der Falknerei. Der seit 1978 bestehende Falkenhof hat also historische Vorläufer. Heute dient er allerdings nicht nur dem Freizeitvergnügen, sondern vor allem dem Artenschutz und als Forschungsstation.

Für den Besucher sind natürlich die täglich (außer montags) von März bis Oktober um 11.00 und 15.00 Uhr stattfindenden Flugvorführungen interessant. Mehrere Falkner präsentieren die Vögel, erklären ihre Bedeutung, ihre Herkunft und ihr Jagdverhalten. Anschaulich werden die Flugkünste demonstriert. Im Tiefflug und mit leichtem Flügelschlag ziehen die Vögel über die Köpfe der Besucher hinweg und haben dabei immer die zu erwartende „Beute" auf der Faust des Falkners fest im Blick.

Ein Falke wird zu Beginn der Flugvorführung freigelassen und steigt in die Höhe. So hoch, dass er am Himmel mit bloßem Auge nicht mehr auszumachen ist. Aber pünktlich zum Ende der Vorführung ist er wieder da und saust mit hoher Geschwindigkeit hinunter. Raunen und Staunen im Publikum. Phantastisch trainiert sind die Vögel, ein „Chapeau!" an die Falkner, die mit diesen Tieren so gut umzugehen wissen.

Der Eintrittspreis für die Vorführung ist moderat, wir meinen ein Besuch lohnt sich nicht nur, er ist sehr empfehlenswert!

Einen Biergarten und ein Restaurant gibt es auf Schloss Rosenburg auch, das wollen wir nicht unerwähnt lassen. Sie werden nach einer Vorführung gern aufgesucht. Wer seinen Kaffee jedoch in einer ruhigen Schlossatmosphäre trinken möchte, dem empfehlen wir Schloss Eggersberg, nur 3 km von Schloss Rosenburg entfernt.

Um dort hinzugelangen, fahren wir zunächst Richtung THANN und folgen dann den Hinweisen zum Schloss. Der geschotterte Parkplatz ist nicht sonderlich groß, absolut ruhig und liegt etwas abseits des Schlosses, das als Hotel und Restaurant genutzt wird. Dieser Parkplatz **[238:** N48°58'19.0" E11°38'48.1"] dient auch den Besuchern des im Hof des Schlosses eingerichteten und ganzjährig geöffneten **Hofmark-Museums**, das eine vielfältige Sammlung unterschiedlicher Kunst- und Kulturgegenstände aus der Region präsentiert.

Schloss Eggersberg mit Gartencafé.

Wer durch den kleinen Park spaziert und den Weg zur Ruine Untereggersberg geht, wird mit einem schönen Blick in das **Altmühltal** belohnt.

Um in das **Altmühltal** hinunterzuschauen, gibt es noch viele weitere Möglichkeiten. Eine ergibt sich gleich beim Besuch der **Burg Prunn**, dem nächsten Ziel in unserer Tourplanung. Dazu fahren wir wieder hinunter ins Tal, folgen der St2230 Richtung KELHEIM und achten auf die Hinweisschilder zur Burg.

Burg Prunn im Altmühltal.

Am Parkplatz angekommen [**239:** N48°56'59.5" E11°44'33.6"], haben wir die Burg und das **Altmühltal** direkt im Blick. In ihrem Inneren hat sie einige schlicht gehaltene und sorgfältig restaurierte Besucherräume aufzuweisen. Es ist eine sehr alte Anlage, die erste Erwähnung verweist auf das Jahr 1037.

Den nächsten Blick ins **Altmühltal** haben wir von der **Ruine Randeck**. Dazu fahren wir wieder weiter Richtung KELHEIM,

Aussicht vom Bergfried der Burgruine Randeck ins Altmühltal.

unterqueren die Holzbrücke **„Tatzelwurm"**; die kunstvoll geschwungen, Fußgängern und Radfahrern die Überquerung des **Main-Donau-Kanals** ermöglicht und fahren in den mit Anschlussohren ausgestatteten Kreuzungsbereich bei ESSING in Richtung der **Burgruine Randeck**. Es geht rasch aufwärts, 130 Höhenmeter sind auf der Strecke von rund einem Kilometer zu erklimmen, die Straße ist schmal, die Parkmöglichkeiten am Zielort sehr begrenzt. Mit unserem Womo mit einer Länge von 7,30 Metern ging es gerade noch, aber auch nur deshalb, weil der kleine Parkplatz [N48°56'14.4" E11°47'33.2"] unterhalb eines Restaurants nahezu unbesetzt war, als wir dort ankamen. Sonst wäre es eine echte Herausforderung an unsere Rangier- und Fahrkünste geworden.

Nachdem wir den kleinen Eintrittspreis entrichtet haben, erkunden wir die Ruine, erklettern den Bergfried und haben diesen wunderbaren Blick (siehe Foto unten) in das **Altmühltal** mit dem **Main-Donau-Kanal**, einem Altarm der **Altmühl** und der Holzbrücke **„Tatzelwurm"**.

Nun sind wir nacheinander an verschiedenen Orten immer hoch auf den Berg gefahren oder gegangen. Bei unserem nächsten Ziel gehen wir in den Berg hinein. Nur etwa 3 Kilometer weiter Richtung KELHEIM kommen wir zum Parkplatz der **Höhle Schulerloch** [N48°55'39.7" E11°49'03.4"]. Ein Schild weist uns darauf hin, dass man hier mit dem Wohnmobil nicht über Nacht stehen bleiben darf. Wir nehmen es zur Kenntnis und geben diese Information natürlich an Sie weiter. Dem Besuch der Höhle steht aber nichts entgegen.

Becherstalagmit in der Höhle Schulerloch.

Um zum Eingang zu gelangen, müssen wir noch einmal kräftig schnaufen, denn vom Parkplatz ist es noch ein ordentlicher Fußmarsch den Hang hinauf.

Oben angekommen, bietet sich von einer Aussichtsplattform ein schöner Blick ins **Altmühltal**. Von hier aus kann man auch noch Reste des **Ludwig-Donau-Main-Kanals** mit einer alten Schleuse erkennen, die beim Neubau der Wasserstraße erhalten geblieben sind.

Das **Schulerloch** ist eine Tropfsteinhöhle, die nur mit einer Führung besichtigt werden kann. Um die Namensgebung ranken sich allerlei Vermutungen, mit denen wir uns aber nicht weiter beschäftigen wollen. Bei konstant 9°C Innentemperatur betrachten wir lieber was durch eine Laune der Natur in dieser Tropfsteinhöhle im Jurakalk entstanden ist. Neben den üblichen Formen, die normalerweise in Tropfsteinhöhlen vorkommen, ist im Schulerloch der **Becherstalagmit** besonders hervorzuheben. Ein gleichartiges natürliches Wasserbecken dieser Art konnte bislang noch in keiner anderen Höhle dieser Erde gefunden werden.

Kelheim, Donautor.

Nicht so einzigartig sind die Musikaufführungen mit einer Lichtchoreographie, die in der großen Vorhalle der Höhle (die mit einer wunderbaren Akustik besticht) zum Abschluss dargeboten werden. Ähnliches gibt es auch in der **Sophienhöhle** bei **„Sophie at night“** (siehe Seite 93).

Vom **Schulerloch** bis zum Stellplatz in KELHEIM, einem Standort, an dem wir etwas länger verweilen wollen sind es nur noch 5 Kilometer.

(240) Offizieller WOMO-Stellplatz: Kelheim – Am Pflegerspitz

GPS: N48°54'53.6" E11°52'35.0"; Am Pflegerspitz 1, 93309 Kelheim.
max. WOMOs: 45, maximale Länge 12 m.
Ausstattung: Großer sonniger Platz mit Wasserver- und Abwasserentsorgung, Kassettenentleerung, Stromanschlüssen, Behälter für die Müllentsorgung, WC, ganzjährig geöffnet. Ausgezeichnete Pizzeria am Platz.
Lage: In einer Sackgasse am Ortsrand zwischen Donau und Main-Donau-Kanal, sehr ruhig.

Preise: Ein Parkschein kostet 8,50 € (passend einwerfen!). Über Münzautomaten gibt es Frischwasser für 1,00 €, Strom für 0,50 € pro kWh. Die Entsorgung ist kostenlos.
Zufahrt: Von der Osttangente, die mit Brücken über den Main-Donau-Kanal und die Donau führt, ist die Zufahrt gut ausgeschildert.

In und um KELHEIM gibt es eine Reihe von Sehenswürdigkeiten, die man an einem Tag sinnvoller Weise kaum alle betrachten kann. Dazu gehören die **Stadttore**, die Stadtapotheke, das **Archäologische Museum**, die **Stadtpfarrkirche** Mariä Himmelfahrt, das **Rathaus**, die **Ottokapelle** und die **Ziehbrücke** an der alten Schleuse des Ludwig-Donau-Main-Kanals. Für den kulinarischen Genuss sollte man sich einen Besuch des **Weißen Brauhauses**, der ältesten Weißbierbrauerei der Welt, nicht entgehen lassen.

Im Inneren der Befreiungshalle.

Überragt wird alles (und das im wahrsten Sinne des Wortes) von der **Befreiungshalle,** die König Ludwig I. auf exponierter Lage zwischen dem Zusammenfluss von Altmühl und Donau auf dem Mi-

Die Befreiungshalle auf dem Michelsberg in Kelheim.

chelsberg errichten ließ. **Befreiungshalle** deshalb, weil sie an die Befreiungskriege, die zwischen 1813 und 1815 gegen Napoleon geführt wurden, erinnern soll. Im großen Kuppelsaal im Inneren der Halle geben sich Siegesgöttinnen, die die Mitglieder des Deutschen Bundes symbolisieren, einträchtig die Hand. In der Mitte steht:

„Moechten die Teutschen nie vergessen, was den Befreiungskampf nothwendig machte und wodurch sie gesiegt".

Bevor wir aber nun das Geschichtsbuch herauskramen und uns die Napoleonischen Kriege mit Waterloo und allem was dazugehört nochmal vergegenwärtigen unternehmen wir lieber eine kleine Wanderung. Dazu geht es wieder hinunter, denn wir starten vom Stellplatz am Pflegerspitz.

Wanderung entlang der Donau zum Kloster Weltenburg

Vom Stellplatz gehen wir donauaufwärts. Am Schiffsanleger bahnen wir uns einen Weg durch eine große Gruppe von Menschen. Eine bunte Mischung aus Familien-, Betriebs- Seniorenausflüglern drängt auf eines der Schiffe, die fortlaufend zwischen **Kelheim** und dem **Kloster Weltenburg** pendeln. Den schmalen, zumeist schattigen Rad- und Wanderweg entlang der **Donau** nehmen die wenigsten. So wird es nach wenigen Metern hinter dem Schiffsanleger ruhig. Die Donau plätschert uns in schnellem Fluss und mit leichten Wellenschlag entgegen, sie hat es eilig hier in dem engen Tal. Boote sehen wir keine, aber gelegentlich ziehen die nahezu vollbesetzten Ausflugsschiffe an uns vorüber. Schifferklavier und klassische deutsche Volkslieder dringen an unser Ohr und übertönen das sonore Brummen der Schiffsmotoren. Schnell wird es aber auch wieder ruhig und wir setzen unseren Weg ungestört fort.

Nach etwa 2,5 km kommen wir zur **Einsiedelei Klösterl**. Sie geht auf die Gründung eines Eremiten im 15. Jh. zurück, der hier zu Ehren von St. Nikolaus, dem Patron der Schiffer, eine kleine Kapelle errichtete. Naturhöhlen wurden genutzt und weitere Räume in den Fels geschlagen. Die Kapelle besteht im Prinzip nur aus einer Mauer, die nach außen eine Felsgrotte begrenzt.

Die wechselvolle Geschichte wird vom Eigentümer, der diese Anlage als offenes Denkmal betreibt, gern erläutert. Im Biergarten werden allerlei Gerichte der regionalen Küche frisch zubereitet. Hier können wir leckere Schweinsbratwürstel mit Kraut in aller Ruhe genießen.

Frisch gestärkt geht es weiter bis zur engsten Stelle der Weltenburger Enge, an der die Ausflugsschiffe den Felsen sehr nahe kommen. Hier führt der Weg entlang der Donau nicht weiter. Wir gehen den Weg zurück, bis wir nach ca. einem Kilometer die Wegmarkierung zum **Kloster Weltenburg** sehen. Nun geht es im Wald den Berg hinauf. Wir folgen den Wanderwegmarkierungen und gelangen schließlich zu dem Aussichtspunkt, der einen phantastischen Blick auf das Kloster ermöglicht. Der Duft von gebratenen Schweinshaxen, der bis hierher hochzieht und die Aussicht auf ein kühles Bier der Klosterbrauerei, lässt so manchen Wanderer die Schritte für die letzte Etappe hinunter an die Donau und hinüber zum Kloster beschleunigen. Auf steilen und zum Teil glitschigen Stufen geht es hinunter. An einem kleinen Bootsanleger am felsigen Ufer bieten Fährmänner mit **Zillen** (das sind lange, schmale Boote) eine Überfahrt zum Kloster an. Wir nutzen diesen Service für ein kleines Entgelt und schnell haben wir das gegenüberliegende Ufer erreicht.

Bemalte Begrenzungsmauer der Kapelle.

Die schmalste Stelle der Weltenburger Enge.

Kloster Weltenburg vom Wanderweg betrachtet.

Ja, das Kloster ist als Ausflugsziel beliebt. Mehrere „Schiffsladungen“ sitzen im Innenhof der Klosterschänke und lassen es sich bei Schweinshaxen und Bier aus der ältesten Klosterbrauerei der Welt (schon wieder so ein Superlativ) gut gehen. Das Personal flitzt gestresst zwischen Küche und Innenhof hin und her. Den Innenraum der äußerst sehenswerten Klosterkirche sollten sie trotz all des Trubels draußen in Ruhe auf sich wirken lassen. Bei unserer ersten Erkundungsreise kamen wir in den Genuss eines abendlichen Konzerts, das wir in angenehmer Erinnerung haben. In diesem Zusammenhang haben wir festgestellt, dass das Kloster auch mit dem Womo angefahren werden kann, eine Übernachtung auf dem

Innenhof des Klosters Weltenburg.

Der Chor der Klosterkirche.

Parkplatz [N48°53'32.0" E11°49'22.7"] in WELTENBURG ist seit geraumer Zeit allerdings nicht mehr gestattet.

Auf dem Weg nach REGENSBURG kommen wir in BAD ABBACH an der **Kaiser-Therme** vorbei. Hier ist man auf den wohnmobilen Kurgast sehr gut eingerichtet.

(241) Offizieller WOMO-Badeplatz:
Bad Abbach – Kaiser-Therme

GPS: N48°55'39.1" E12°02'26.5"; Kurallee 4, 93077 Bad Abbach.
max. WOMOs: 34, maximale Länge 8 m, max. Aufenthalt 4 Tage.
Ausstattung: Rasengittersteinplätze mit Wasserver- und Abwasserentsorgung, Kassettenentleerung, Stromanschlüssen, Behälter für die Müllentsorgung, WC, Dusche, ganzjährig geöffnet.
Lage: Direkt neben der Therme, relativ ruhig. Entfernung bis zur Stadtmitte 1 Kilometer.
Preise: Für ein Fahrzeug mit 2 Personen 13,60 € incl. Kurtaxe. Anmeldung und Bezahlung erfolgt an der Kasse der Therme. Entsorgung kostenlos, Über Münzautomaten gibt es Frischwasser für 1,00 €, Strom kostenlos.
Zufahrt: Nach der Tunneldurchfahrt die erste Straße links fahren, in dem dann folgenden Kreisverkehr die erste Ausfahrt nehmen. Die Kaiser-Therme ist gut ausgeschildert.

Die Kelten und später die Römer nutzten bereits die heilsame Kraft des Schwefelwassers, das hier in Bad Abbach hochrein aus der Erde hervortritt. **Kaiser Karl V.** weilte hier gern und lies sich kurieren, wenn er es im Reiten, Fechten, Schießen und Jagen mal wieder übertrieben hatte. Das war im 16. Jahrhundert. Heute reichen einfach Kuranwendungen natürlich nicht mehr, die Vielfalt ist größer und auch die Architektur der Bäder eine andere. Mit zwei Thermal-Innenbecken und zwei Thermal-Außenbecken, Whirlpool, Massagedüsen und Strömungskanal, einer umfangreichen Saunawelt mit Panorama-Außensauna mit Keloholz, Vital-Sauna zur Entschlackung, Bio-Sauna mit Lichttherapie, Kräuteraroma-Sauna mit Farblicht, Finnischer Sauna, Dampfgrotte und Solarien hat man doch eine sehr große Auswahl, um dem müden Bewegungsapparat neue Kraft und neuen Schwung zu geben. Kraft, die man gut brauchen kann, wenn man nun, so wie wir, einen längeren Spaziergang durch eine der schönsten Städte unseres Reisegebietes unternehmen will. Die Rede ist von REGENSBURG. Bevor wir losfahren erledigen wir noch alle notwendigen Ver- und Entsorgungsmaßnahmen, denn bei den nächsten beiden Stellplätzen gibt es dazu keinerlei Einrichtungen.

Der **Dultplatz** [**242:** N49°01'35.7" E12°05'29.2"] ist der offizielle Stellplatz der Stadt REGENSBURG. Sollte er durch eine Veranstaltung belegt sein, kann man auf den Parkplatz **Unterer Wöhrd** [**243:** N49°01'14.4" E12°06'41.9"] ausweichen. Beide Plätze sind nicht sonderlich charmant. Mit dem Stadtplan auf den folgenden beiden Seiten können Sie unseren Rundgang anhand der grün gepunkteten Linie nachvollziehen.

Regensburg

Die Stadt gilt als die am besten erhaltene mittelalterliche Großstadt Deutschlands. Etwa 1500 denkmalgeschützte Gebäude zählt die Stadt, die fast alle während ihrer Blütezeit als europäisches Handelszentrum und als politisches Zentrum des Heiligen Römischen Reiches Deutscher Nation im Mittelalter entstanden sind. Das Ensemble von Patrizierhäusern und Sa-

Steinerne Brücke über die Donau mit Dom und Brückturm im Hintergrund.

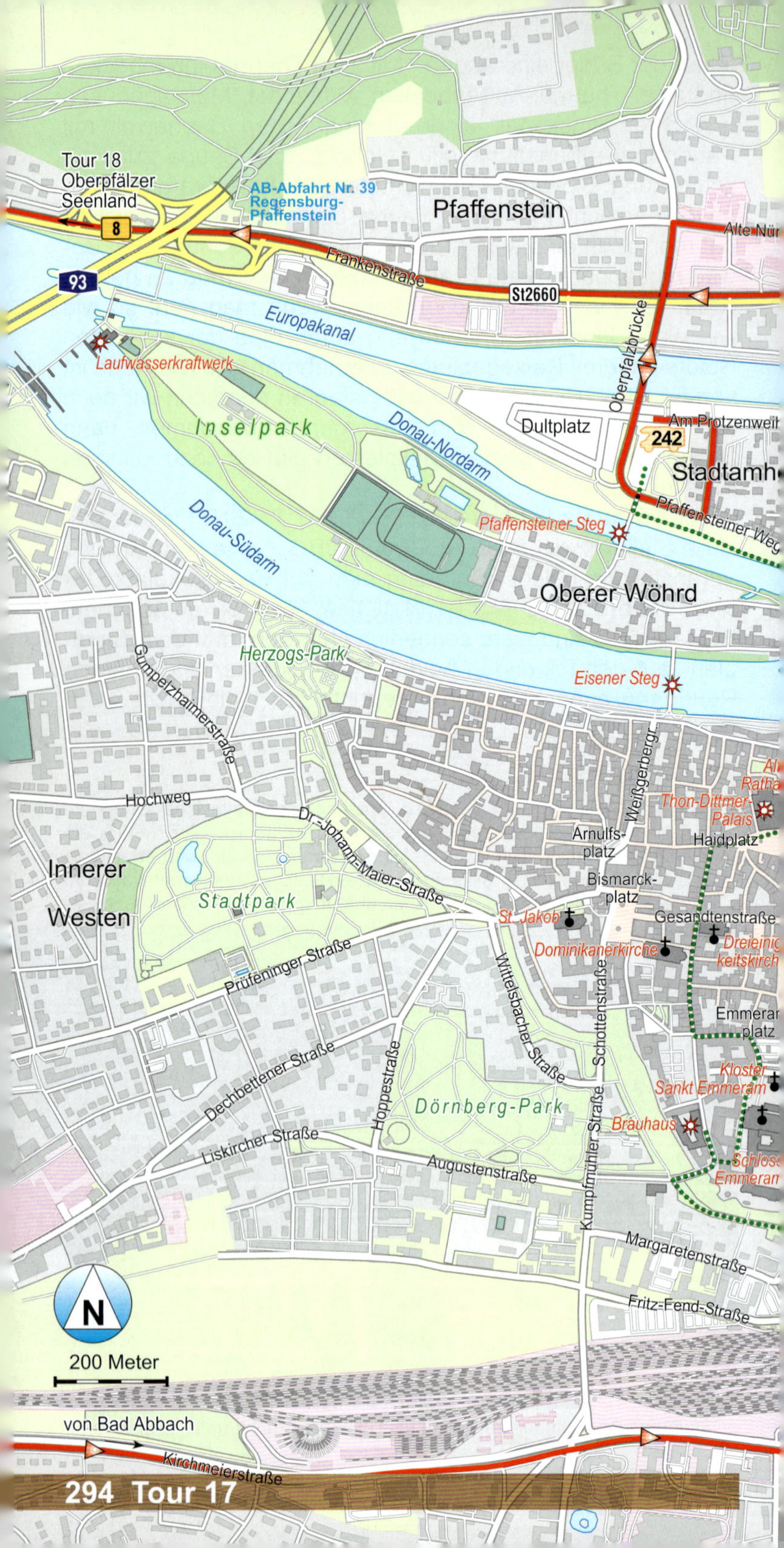
Tour 18
Oberpfälzer
Seenland
AB-Abfahrt Nr. 39
Regensburg-
Pfaffenstein
Pfaffenstein
Alte Nür
8
93
Frankenstraße
St2660
Europakanal
Laufwasserkraftwerk
Oberpfalzbrücke
Dultplatz
Am Protzenweih
242
Inselpark
Donau-Nordarm
Stadtamh
Pfaffensteiner Weg
Pfaffensteiner Steg
Donau-Südarm
Oberer Wöhrd
Herzogs-Park
Eisener Steg
Gumpelzhaimerstraße
Weißgerbergr.
Alt
Ratha
Thon-Dittmer-
Palais
Hochweg
Dr.-Johann-Maier-Straße
Arnulfs-
platz
Haidplatz
Innerer
Westen
Stadtpark
Bismarck-
platz
St. Jakob
Gesandtenstraße
Dominikanerkirche
Dreieinig
keitskirch
Prüfeninger Straße
Wittelsbacher Straße
Schottenstraße
Emmeran
platz
Dechbettener Straße
Hoppestraße
Kloster
Sankt Emmeram
Dörnberg-Park
Brauhaus
Liskircher Straße
Kumpfmühler Straße
Schloss
Emmeram
Augustenstraße
Margaretenstraße
Fritz-Fend-Straße
N
200 Meter
von Bad Abbach
Kirchmeierstraße

Regensburg

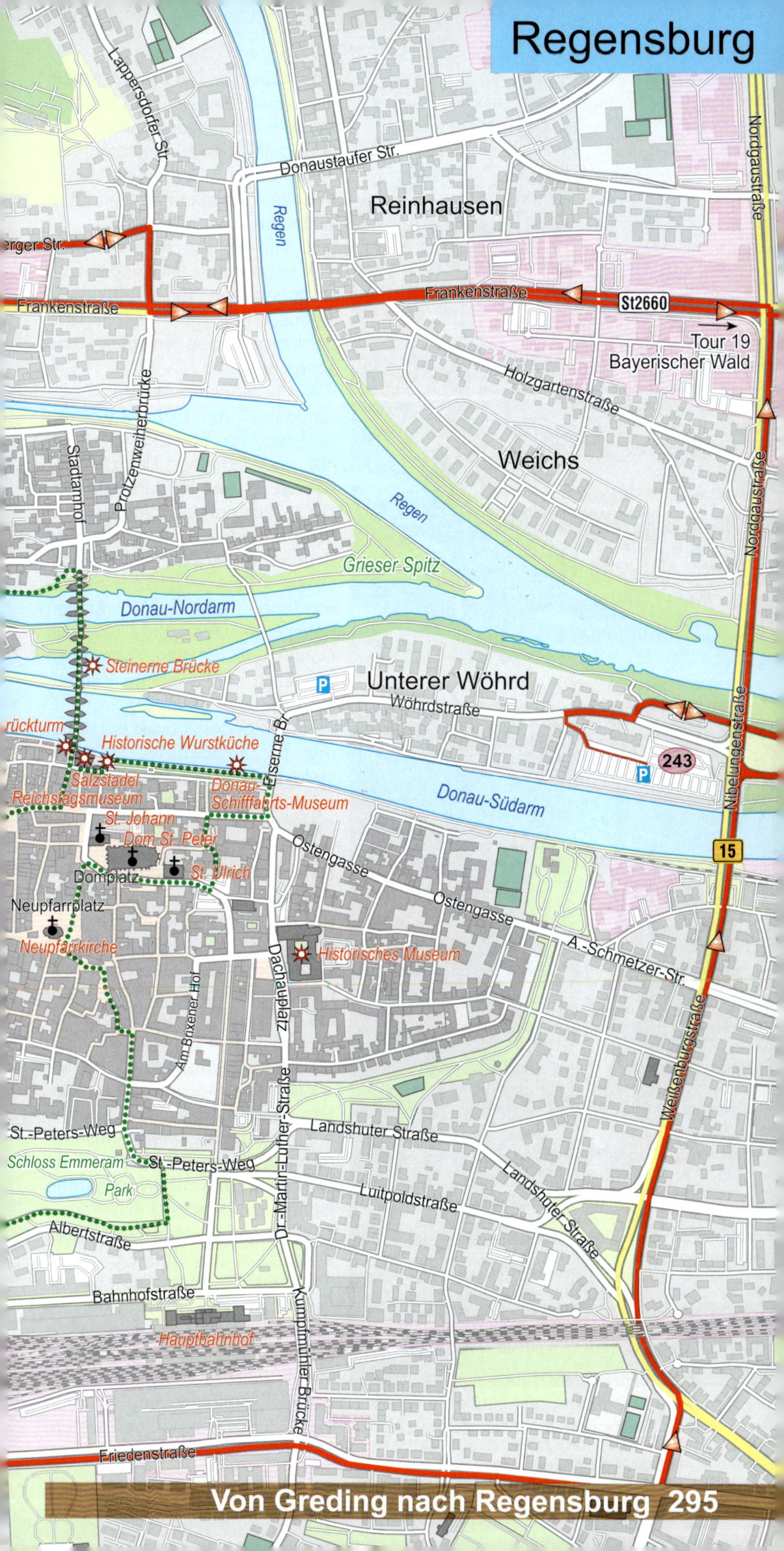

Lappersdorfer Str.
Donaustaufer Str.
Reinhausen
Regen
erger Str.
Frankenstraße
Frankenstraße
St2660
Tour 19
Bayerischer Wald
Nordgaustraße
Holzgartenstraße
Protzenweiherbrücke
Stadtamhof
Weichs
Regen
Grieser Spitz
Donau-Nordarm
Steinerne Brücke
Unterer Wöhrd
Wöhrdstraße
rückturm
Historische Wurstküche
Eiserne Br.
243
Salzstadel
Reichstagsmuseum
Donau-
Schifffahrts-Museum
Donau-Südarm
Nibelungenstraße
15
St. Johann
Dom St. Peter
Domplatz
St. Ulrich
Ostengasse
Ostengasse
Neupfarrplatz
Neupfarrkirche
Dachauplatz
Historisches Museum
A.-Schmetzer-Str.
Weißenburgstraße
Am Brixener Hof
Dr.-Martin-Luther-Straße
St.-Peters-Weg
Landshuter Straße
Schloss Emmeram
St.-Peters-Weg
Park
Luitpoldstraße
Albertstraße
Landshuter Straße
Bahnhofstraße
Kumpfmühler Brücke
Hauptbahnhof
Friedenstraße

Historische Wurstküche.

Nur für Fußgänger und Radler, eine der engen Gassen in der Innenstadt.

kralbauwerken in Kombination mit engen Gassen und Plätzen ist sehr außergewöhnlich. Seit 2006 zählt dieses wertvolle städebauliche Gesamtkunstwerk mit 984 Einzeldenkmalen zum **Welterbe der UNESCO**. Es gibt also einiges zu entdecken. Wir haben uns allerdings nicht vorgenommen alle Denkmäler aufzusuchen, aber einige der herausragensten wollen wir uns schon ansehen.

Wir beginnen unseren Stadtrundgang vom Parkplatz am Dultplatz im Stadtteil Stadtamhof, der mit seinen Patrizierhäusern auch zum Welterbe gehört. Die in der ersten Hälfte des 12. Jahrhunderts gebaute **Steinerne Brücke** ist bereits in Sichtweite. Diese Steinbogenkonstruktion war lange Zeit eine der wenigen befestigten Übergänge über die Donau und mit dem erhobenen Wegezoll eine wichtige Einnahmequelle der Handelsstadt.

Am Ende der Brücke empfängt uns der **Brückturm**. Daneben steht der **Salzstadel** mit seinen rot gestreiften Fensterläden. Donauabwärts befindet sich direkt neben dem Salzstadel die **Historische Wurstküche**. Dieses Gebäude diente während der Bauzeit der Brücke als Baubüro und wurde nach Vollendung der Bauarbeiten als Garküche umfunktioniert. Hafenarbeiter und die Arbeiter vom Bau des nahen Domes versorgten sich hier mit Mahlzeiten. Ob die Schlange an der Ausgabe dieses Vorläufers eines Fastfood-Restaurants auch so lang war wie bei unseren Besuch wissen wir nicht. Beliebt ist die **Historische Wurstküche** jedoch immer noch.

Die engen Gassen der Altstadt sind kaum mit einem PKW zu befahren. Viele sind so schmal, dass man mit ausgestreckten Armen fast von einer Häuserwand zur nächsten reichen kann. Sehr viel natürliches Licht fällt nicht in diese Schluchten, die Fassaden sind kaum richtig zu betrachten.

Das Alte Rathaus aus der Mitte des 14. Jahrhunderts mit dem Standerker.

Ohne einen Stadtplan findet man sich in den verwinkelten Gassen nur schwer zurecht, denn man findet keine oder nur selten Punkte, an denen man sich orientieren kann. Belebt sind die Gassen auch nicht, was man von den freien Plätzen und breiten Gassen nicht sagen kann. Hier finden sich Cafés, Eisdielen und Restaurants.

An schönen Tagen ist die Stadt sehr gut besucht, die Cafés am **Domplatz** waren bei unseren Besuchen immer bis auf den letzten Platz besetzt.

Brückturm und Salzstadel.

Aber wir gehen erst einmal weiter zum **Alten Rathaus**, einem frühgotischen Gebäude, das heute auf der linken Seite die Touristinformation beherbergt und auf der rechten Seite den Zugang zum **Reichstagsmuseum** gewährt. Der **Reichssaal**, in dem im Spätmittelalter zahlreiche Reichsversammlungen stattfanden, wird von dem Standerker aus der Mitte des 14. Jahrhunderts dominiert. Im **Reichssaal** findet sich auch ein grüner Tisch. Hier wurden Reichstagsbeschlüsse gefasst, die ihren Praxistest aber noch bestehen mussten. Wir sehen: Entscheidungen am **„grünen Tisch“** gab es schon im Mittelalter, oft waren sie so realitätsfern wie heute. Eine **„lange Bank“** auf der Akten gelagert und geschoben wurden, gibt es hier auch noch, was das im Sprachgebrauch heute bedeutet, muss man nicht erklären. Geblieben sind die Redewendungen aus dem Reichssaal zu Regensburg. Das diese Redewendungen hier ihren Ursprung haben, wußten wir vor unserem Besuch nicht. Wir wollen uns nun aber nicht mit der Lernfähigkeit von Entscheidungsträgern aufhalten, wir gehen lieber weiter und kommen zum **Haidplatz**.

Haidplatz mit der Neuen Waag (rechts) und dem Thon-Dittmer-Palais (Bildmitte).

Turm der Kirche St. Emmeram.

Schloss Thurn und Taxis.

Kirchenschiff der Basilika St. Emmeram.

Er ist einer der traditionsreichsten Plätze der Stadt Regensburg. Die kaiser- und königliche Prominenz gab sich hier in den Wirtshäusern, insbesondere im Gasthof **„Zum Goldenen Kreuz“** die Ehre. In der **„Herrentrinkstube"**; die in dem rötlichen Gebäude der **„Neuen Waag"**; der Stadtwaage, untergebracht war, schoben die Ratsherren ihren Bierkonsum nach ihren Sitzungen allerdings nicht auf die **„lange Bank“**, das wurde schnell erledigt.

Die Orgel im Regensburger Dom.

Der Chor des Domes.

Auf unserem weitern Stadtrundgang kommen wir am **Kloster der Dominikanerinnen** vorbei, dem ältesten in Bayern. Es besteht ununterbrochen seit seiner Gründung im Jahr 1233 an diesem Ort. Von hier aus ist es nicht mehr weit bis zum **Emmeramsplatz**, an dessen südlichem Rand sich die Basilika **Sankt Emmeram** und das **Schloss Emmeram** befinden. Hier residiert die fürstliche Familie von Thurn und Taxis.

Fassade des Regensburger Domes.

Die romanische Basilika geht auf einen karolingischen Kirchenbau aus dem 8. Jahrhundert zurück. Sie wurde im Laufe der Geschichte mehrfach umgebaut und erweitert, zuletzt in der ersten Hälfte des 18. Jahrhunderts mit Figuren und Malereien durch die **Gebrüder Asam**. Die Basilika war einst Teil eines Benediktinerklosters, das 1812 aufgelöst und an die Fürsten von Thurn und Taxis übergeben wurde. Das Kloster wurde zu einer Schlossanlage umgebaut. Heute residiert hier Fürstin Gloria von Thurn und Taxis mit ihren Kindern. Prunkräume, der ehemalige Kreuzgang des Klosters, die Schatzkammer sowie das Marstallmuseum können im Rahmen einer Führung besichtigt werden. Die Führungen finden täglich zwischen 11.00 und 17.00 Uhr statt. Abschließen lässt sich der Besuch im **Fürstlichen Brauhaus**, das mit allerlei bayrischen Spezialitäten aufwartet.

Weiter geht's! Wir gehen außerhalb der Schlossanlage durch den Park, dann über den Neupfarrplatz an der Neupfarrkirche vorbei und kommen zum **Dom St. Peter**, der einzigen gotischen Kathedrale Bayerns.

Mit dem Bau wurde in der zweiten Hälfte des 13. Jahrhunderts begonnen. Fertig gestellt wurde er allerdings erst 1872. Der Innenraum ist relativ dunkel, dunkler als es die mit moderner Digitaltechnik aufgenommenen Bilder vermuten lassen. Die außergewöhnlich kunstvollen Glasfenster aus dem 13. und 14. Jahrhundert lassen nicht soviel Licht herein. Neben den alten Kirchenfenstern ist der **silberne Hochaltar** besonders bemerkenswert und natürlich die 2009 installierte größte freihängende Orgel der Welt, die den berühmten Knabenchor der Regensburger Domspatzen musikalisch begleitet.

Nach dem ausgiebigen Besuch der Stadt geht es nun entweder mit der Tour 18 nach Norden weiter, die entlang der **Naab** in das **Oberpfälzer Seenland** und bis zum Autobahnkreuz bei WERNBERG-KÖBLITZ führt, oder mit der Tour 19, die in den nördlichen **Bayerischen Wald** geht. Sie reicht bis zum **Großen Arber**, dem höchsten Berg dieser Region und lässt uns unterwegs sehr viel Glaskunst entdecken.

Tour 18
5 km
N
Hirschau
Schnaitten-
bach
Tour 10
nach Hof
nach Waidhaus
Wernberg-
Köblitz
Autohof
Wernberg
144
Trausnitztalsperre
Trausnitz
Tour 9
Pfreimd
142
Pfreimd
St2238
Freudenberg
Perschen
254
Oberpfälzer
Freilandmuseum
Edelmannshof
Neusath
Altstadt
Nabburg
St2156
St. Martin
AMBERG
Stadtmauer
146
Tour 10
85
Schmidgaden
Stulln
6
93
147
nach
Nürnberg
Theuern
Bergbau- und Industrie-
museum Ostbayern
St2151
Schwarzenfeld
Schwarzach
Oberpfälzer
85
252
St2151
Murner See
Brückelsee
Schwandorf
Felsen-
keller
251
Rieden
Wallfahrtskirche
"Unsere Liebe Frau"
Seenland
253
Wackersdorf
Naab
WC
249
250
WC
Zielheim
85
Steinberger See
Steinberg am See
Schmidmühlen
15
Truppen-
übungsplatz
Hohenfels
248
Wildpark Höllohe
Teublitz
Hohenfels
247
Burglengenfeld
Regen
Nittenau
St2235
15
Fränkische Alb
246
Kallmünz
nach Nürnberg
Regenstauf
3
Naab
93
15
St2165
244
Dettenhofen
Hainsacker
Pielenhofen
245
16
REGENSBURG
Seite 294
8
242
243
Donaustauf
Walhalla
Nittendorf
8
Tour 19
Mariaort
Altes Rathaus
Steinerne Brücke
Donau
nach
Deggendorf/
Passau
Tour 17
3
nach München
16
93

TOUR 18 (ca. 125 km)

Regensburg – Pielenhofen – Kallmünz – Burglengenfeld – Teublitz – Oberpfälzer Seenland – Schwandorf – Nabburg – Neusath – Wernberg-Köblitz

Freie Übernachtung:	Pielenhofen, Kallmünz, Burglengenfeld, Teublitz, Schwandorf, Neusath.
Offizielle Stellplätze:	Regensburg, Steinberger See, Schwandorf.
Campingplätze:	Pielenhofen, Murner See.
Ver-/Entsorgung:	Pielenhofen, Steinberger See, Schwandorf, Wernberg.
Besichtigungen:	Pielenhofen (Klosterkirche), Kallmünz (Ort, Burgruine), Burglengenfeld (Altstadt), Teublitz (Wildpark), Schwandorf (Altstadt, Felsenkeller, Wallfahrtskirche), Nabburg (Altstadt), Neusath (Oberpfälzer Freilandmuseum).
Wandern:	Kallmünz, Oberpfälzer Seenland (Steinberger See, Murner See).
Baden/Wellness:	Burglengenfeld, Oberpfälzer Seenland (Steinberger See, Murner See).

Wir verlassen REGENSBURG in Richtung NITTENDORF über die B8, die als Autobahnzubringer zur A3 in Richtung NÜRNBERG fungiert, zunächst parallel zur **Donau** verläuft und ab MARIAORT entlang der **Naab** weitergeht. Nach ca. 3 Kilometern verlassen wir die Bundesstraße und fahren in Richtung PIELENHOFEN und KALLMÜNZ auf der St 2165 weiter. Von nun an wird uns die **Naab** auf dieser Tour begleiten.

Klosterkirche Pielenhofen.

Unser erstes Ziel ist das **Kloster Pielenhofen**, das wir nach weiteren 6 Kilometern erreichen. Wenn etwas fehlt in PIELENHOFEN, dann sind es Parkplätze. Mit etwas Glück finden Sie einen im Ort, ansonsten lässt es sich außerhalb des Ortes an der Dettenhofener Straße am Waldrand sehr gut parken. Dazu muss man die Naab überqueren und etwa 1 Kilometer in Richtung Dettenhofen fahren.

Kloster Pielenhofen im Naabtal.

[**244:** N49°04'32.1" E11°58'08.6"]. Der Platz eignet sich auch durchaus für eine Übernachtung, hat nur den Nachteil, dass man entlang der Straße in den Ort zurücklaufen muss.

Im Kloster ist ein Internat für die **Regensburger Domspatzen** untergebracht. Die Klosterkirche ist sehenswert und die Klosterwirtschaft mit dem Biergarten ein von Radlern gern angefahrener Ort. Apropos Radfahren: Entlang der **Naab** ist das auf den gut ausgebauten Radwegen mit zumeist ebenem Verlauf ein Vergnügen. Das Tal ist malerisch, die **Naab** ein sehr ruhiger Fluss und deshalb auch besonders gut für Familienausflüge mit dem Paddelboot geeignet. Nun gehört ein Kanu oder Paddelboot nicht zur Basisausstattung eines Wohnmobils. Wer keins hat, trotzdem aber eine Tour auf der Naab unternehmen möchte, der kann sich z.B. in Kallmünz beim "Kanuschorsch" ein Boot leihen. Weitere Infos gibt es dazu unter www.kanuschorsch.de. Wer deshalb einen längeren Aufenthalt plant, dem empfehlen wir den Campingplatz im Süden von Pielenhofen.

Paddeln auf der Naab bei Pielenhofen ...

... und in Kallmünz.

Idyllisch, das Städtchen Kallmünz mit seiner Burgruine am Ufer der Naab.

(245) WOMO-Campingplatz-Tipp:
Internationaler Campingplatz – „Naabtal-Pielenhofen“

GPS: N49°3'34.22" E11°57'39.14"; Distelhausen 2, 93188 Pielenhofen.
max. WOMOs: >20, maximale Länge 10 m.
Ausstattung: Schöner Platz mit Wasserver- und Abwasserentsorgung, Kassettenentleerung, Stromanschlüssen, Behälter für die Müllentsorgung. Im Servicegebäude gibt es Dusche, WC. Der Platz ist ganzjährig geöffnet. Sehr gutes Restaurant mit Biergarten am Platz.
Lage: Direkt an der Naab, Verkehr von der Straße am anderen Ufer hörbar.
Preise: Erwachsene Person 6,70 €, Wohnmobil 7,65 €, Strom 0,65 pro kWh.
Zufahrt: Von Pielenhofen der Naabstraße bis zum Ende folgen.

In KALLMÜNZ ist die Parkplatzsuche kaum erfolgreicher als in PIELENHOFEN. An der Straße nach SCHMIDMÜHLEN, 200 Meter von der Hauptstraße entfernt, findet sich an der Vils, einem Nebenfluss der **Naab,** ein Parkplatz, der sich bei Bedarf durchaus für eine Übernachtung eignet **[246:** N49°09'32.1" E11°57'07.1"]. In den alten Ortskern hineinzufahren empfiehlt sich nicht. Es geht eng zu in diesem malerischen Städtchen, das mit vielen Skulpturen in und um den Ort herum aufwartet. Alte, wie der **Heilige Nepomuk** an der Brücke über die Naab, aber auch neuere, wie eine Badenixe, die es sich an der Stromschnelle bequem gemacht hat sind darunter. Es lohnt sich, diesen Ort in aller Ruhe zu durchstreifen, es gibt viel zu entdecken. Kunst und Künstler haben hier einen hohen Stellenwert, **Wassily Kandinsky** und **Gabriele Münter** fanden hier in der Sommerfrische zueinander und eine kleine Künstlerkolonie etablierte sich hier zu Beginn des 20. Jahrhunderts. Eine künstlerische Aura umgibt also diesen Ort, der mit einigen Galerien die Schaffensfreude ortsansässiger und ortsfremder Künstler zeigt. Die **Burgruine** vervollständigt auf romantische Weise das malerische Ensemble dieses Ortes an der **Naab**.

Burglengenfeld: Georgsbrunnen und St. Vitus.

Während die Burgruine in KALLMÜNZ das ganze Jahr über frei begehbar ist, ist die mächtige Burganlage unseres nächsten Etappenziels BURGLENGENFELD fest verschlossen. Mächtig ist sie und man sieht sie schon aus großer Entfernung, diese zweitgrößte Burganlage Bayerns und größte der Oberpfalz. Doch den Weg dorthin können Sie sich sparen, eine Heilpädagogische Einrichtung ist in dieser Anlage untergebracht, Touristen haben keinen Zutritt. Nur einmal im Monat findet sonntags eine Führung für Besucher statt.

Die Stadt ist dennoch besuchenswert und bietet mit den Resten der Stadtmauer, dem **Örtlturm**, dem Rathaus und einigen anderen Gebäuden rund um den **Georgsbrunnen** und dem Marktplatz ein gepflegtes Ambiente.

Ein Parkproblem haben wir hier nicht. Am Eislaufplatz an der Schwandorfer Straße [**247:** N49°12'41.5" E12°02'34.4"] findet sich im hinteren Teil immer ein ruhiges Plätzchen. Der Platz ist gebührenfrei und zentrumsnah. Von hier aus sind es zu Fuß nur zwei Minuten bis zur Altstadt. Für Wasserratten ist sicher noch das **Bulmare** (Naabtalpark 44), ein neuer Badetempel mit Freibad, Riesenrutsche und Saunalandschaft von Interesse.

Die Burg der Stadt Burglengenfeld ist die größte Burganlage der Oberpfalz.

Ein Naturbad gibt es neben dem **Wildpark Höllohe** in TEUBLITZ, nur 5 Kilometer weiter Richtung SCHWANDORF. Der Parkplatz [**248:** N49°14'05.9" E12°05'11.1"] liegt zwischen dem Wildpark und der **Naab** und ist absolut ruhig. Das Naturbad haben wir nicht weiter erkundet, den Wildpark aber schon. Eintritt ist bei einem Besuch der Anlage nicht zu entrichten. Um eine Spende für die Pflege des Parks und die Versorgung der Tiere wird allerdings gebeten. Die geben wir gern, macht doch die Anlage einen sehr gepflegten Eindruck und die Tiere scheinen gut versorgt zu sein. Diese mustern uns beim Rundgang neugierig, sind nicht scheu, verstecken sich nicht und posieren bereitwillig vor der Kamera. Auch unsere Hunde, die wir an der Leine dabei haben, scheinen sie nicht zu stören.

Damwild im Wildpark Höllohe.

Nach unserem Spaziergang durch den Park fahren wir weiter auf der B15 Richtung SCHWANDORF und nach dem Ort ZIELHEIM rechts ab, unterqueren die Autobahn und gelan-

Sonnenuntergang am Steinberger See.

gen zum **Steinberger See** im Süden des **Oberpfälzer Seenlandes**. Er ist der größte dieser Seenlandschaft, die nahezu alle künstlich durch Braunkohletagebau oder Kiesabbau entstanden sind. Bis in die 80er Jahre des letzten Jahrhunderts wurde in dieser Landschaft Braunkohle abgebaut. Einige Seen wurden in den letzten Jahren für den Bade- und Wassersportbetrieb erschlossen. Die meisten jedoch, vor allem die kleineren Seen und Weiher, dienen der Fischzucht oder dem Naturschutz. Die gesamte Wasserfläche beträgt über 800 Hektar. Als wir vor rund 10 Jahren zum ersten Mal diese Seenlandschaft aufgesucht haben, konnte man sich noch ein freies Plätzchen am See suchen und unbehelligt fast direkt am Seeufer stehen. Das ist heute vorbei. Wer die Seenlandschaft besuchen will, muss sich wohl oder übel auf einem der Stellplätze oder auf den Campingplatz begeben, die wir hier aufführen. Die Attraktivität ist dadurch nicht wirklich eingeschränkt. Auf gut ausgeschilderten Wander- und Radwegen kann man diese große Seenlandschaft immer noch in aller Ruhe durchstreifen. An den Hot Spots der Stellplätze mit den Wassersportanlagen herrscht allerdings in den Sommermonaten ein großer Andrang und es geht recht trubelig zu.

(249) Offizieller WOMO-Badeplatz: Steinberger See – Wild Wake & Ski

GPS: N49°17'20.0" E12°09'33.8"; In der Oder 1, 92449 Steinberg am See.
max. WOMOs: 26, maximale Länge 12 m.
Ausstattung: Befestigter Platz mit Stromanschlüssen, Behälter für die Müllentsorgung, WLAN, Café mit Sonnenterasse, geöffnet von Anfang April bis Ende September. Es gibt eine Wakeboard- und eine Wasserskianlage sowie einen Badestrand.
Lage: Direkt am See mit freiem Blick auf die Wasserfläche.
Preise: 12,00 € für eine Fahrzeug mit 2 Personen incl. Stromversorgung. Anmeldung und Bezahlung erfolgt an der Wasserski-Theke.
Zufahrt: Wie im Text beschrieben.

Wir nutzen den Stellplatz **Wild Wake & Ski** nicht, sondern fahren weiter, halten uns rechts, folgen einem kleinen Sträßchen, das zwischen dem **Knappensee** und dem **Steinberger See** entlang führt und gelangen auf eine große Wiese mit der Freizeitanlage **Movin Ground**. Dieser Platz ist mit dem Fahrzeug nur über den beschriebenen Weg erreichbar, wer es über den Ort STEINBERG AM SEE versucht wird scheitern. Absperrungen verhindern eine Zufahrt aus dem Ort, wie wir bei unserer Wanderung rund um den See (ca. 6 km) gesehen haben. Hier ist in den Sommerferien schon einiges los. Wer es gern etwas ruhiger hat, sucht diesen Platz in der Vor- oder Nachsaison wochentags auf.

(250) Offizieller WOMO-Badeplatz: Steinberger See – Movin Ground

GPS: N49°16'54.5" E12°10'24.3"; 92449 Steinberg am See.
max. WOMOs: 27, maximale Länge 12 m, max. Aufenthalt 4 Tage.
Ausstattung: Geschotterte und Rasenplätze mit Wasserver- und Abwasserentsorgung, Kassettenentleerung, Stromanschlüssen, Behälter für die Müllentsorgung, WLAN, Brötchenservice, ganzjährig geöffnet. Die Freizeitanlage verfügt über eine großen Kinderspielplatz mit zahlreichen Spielgeräten, einem großen Drachenboot, Wasserkatapult, Wasserrutschen und einem großen Biergarten.
Lage: Direkt neben der Freizeitanlage.
Preise: 8,00 € für eine Fahrzeug mit 2 Personen. Anmeldung und Bezahlung erfolgt an der Kasse des Freizeitanlage. Entsorgung kostenlos, Frischwasser und Strom jeweils 2,00 €, Dusche 2,50 €.
Zufahrt: Wie im Text beschrieben.

Auf dem Weg zum **Murner See** kommen wir an WACKERSDORF vorbei, das in den 80er Jahren des letzten Jahrhunderts wegen des Widerstands gegen eine atomare Wiederaufarbeitungsanlage Berühmtheit erlangte.

(251) WOMO-Campingplatz-Tipp: CampingPark Murner See

GPS: N49°20'44.8" E12°12'30.7"; Sonnenrieder Straße 1, 92442 Wackersdorf.
max. WOMOs: >20, maximale Länge 12 m.
Ausstattung: Komfortplatz mit Wasserver- und Abwasserentsorgung, Kassettenentleerung, Stromanschlüssen, Behälter für die Müllentsorgung. Im Servicegebäude gibt es Dusche, WC, Waschmaschine und Trockner. Vom 01.April bis 31.Oktober geöffnet. Italienisches Restaurant und bayerischer Biergarten am Platz. Es gibt einen Badestrand, einen Tretbootverleih, die Möglichkeit eine Segelkurs zu absolvieren oder an einer Segway-Tour durch die Seenlandschaft teilzunehmen.
Lage: Auf einer Landzunge zwischen Murner- und Brückelsee.
Preise: Saisonal unterschiedlich, Erwachsene Person zwischen 5,50 € und 7,80 €, Wohnmobil zwischen 5,60 € und 9,50 €, Strom 0,50 pro kWh, Waschmaschine/Trockner 3,00 €.
Zufahrt: Von Wackersdorf der Industriestraße zum Campingplatz folgen.

Wanderweg am Ufer des Murner Sees.

Die Angebote, die in den Freizeitanlagen und auf dem Campingplatz gemacht werden, muss man natürlich nicht nutzen. Man kann auch ganz profan auf die eigenen Bordmittel wie Wanderschuhe und Fahrrad zurückgreifen und das weit verzweigte Wegenetz dieser Landschaft auf eigene Faust erkunden. Die Wege sind sehr gut ausgeschildert.

Nun geht es zum nächsten Ziel. Bis nach SCHWANDORF sind es 10 Kilometer. Dort angekommen, fahren wir über die Naabbrücke Richtung AMBERG, dann gleich links in den Angerring und gelangen auf den großen Volksfestplatz, der auch als Parkplatz und als Wohnmobilstellplatz genutzt wird.

(252) Offizieller WOMO-Stellplatz: Schwandorf – Volksfestplatz

GPS: N49°19'54.6" E12°06'06.2"; Angerring, 92421 Schwandorf.
max. WOMOs: 20, maximale Länge 12 m, max. Aufenthalt 2 Tage.
Ausstattung: Asphaltierte und Rasenplätze mit Wasserver- und Abwasserentsorgung (mit Bodeneinlass), Kassettenentleerung, Behälter für die Müllentsorgung, ganzjährig geöffnet. Stromanschlüsse gibt es nicht. Die Wasserversorgung ist auch in den Wintermonaten bis -5°C möglich.

Lage: Am Rande des Volksfestplatzes direkt am Ufer der Naab, sehr ruhig.
Preise: Kostenlos.
Zufahrt: Wie im Text beschrieben.

Schwandorf

Der Fußweg über die Brücke ins Zentrum ist kurz. Wir kommen an einer großen Hinweiskarte über das hiesige Radwegenetz vorbei, sehen kurz einer Gruppe bei der Vorbereitung für eine Paddeltour auf der Naab zu und gehen dann weiter. Die großen Wasserräder an der Naabuferstraße erregen unsere Aufmerksamkeit. Wir schlagen den Weg zum Marktplatz ein. Er ist weder besonders groß noch besonders auffällig. Farbenfrohe Häuser, in denen Cafés und Gasthäuser untergebracht sind, säumen den Markt und warten auf Kundschaft. Die Kirche steht am Ende des Platzes, der, als wir dort unterwegs waren, tatsächlich so menschleer war wie es auf dem Foto zu sehen ist.

Felsenkeller in Schwandorf.

Die Innenstadt ist also offensichtlich kein Touristenmagnet. Bei der Naturlandschaft in der Umgebung auch verständlich,

Stadtpfarrkirche am Marktplatz.

Vorbereitung für eine Paddeltour.

denn eine Rad- oder Paddeltour entlang der Naab oder im Seenland übt sicher einen größeren Reiz aus, als der Besuch eines Straßencafés am Markt. Der Stellplatz in Schwandorf ist für solche Touren ein ausgezeichneter Standort, der Naabtalradweg führt direkt am Platz vorbei und ein Kanuverleih ist in Sichtweite. Da kann man sich den Restaurantbesuch für den Abend aufheben.

Spannend ist eine Führung im **"Felsenkeller-Labyrinth"**, bestehend aus etwa 60 Räumen und Gängen. In der Kellergeschichte werden sämtliche Bau- und Nutzungsphasen erzählt, von der zweckgebundenen Gärung und Lagerung von Bier bis zum sekundären Gebrauch als "Kühlschränke", Luftschutzräume und "Müllhalden" ist alles dabei. Auskunft zu den Führungen gibt das Amt für Kultur und Tourismus, Kirchengasse 1, Tel. 09431 45-550.

Sollte der Stellplatz an der Naab durch eine Veranstaltung belegt sein, so bietet sich als Ausweichmöglichkeit in Schwandorf der Parkplatz an der Wallfahrtskirche auf dem Kreuzberg an [**253:** N49°19'13.0" E12°07'01.3"]. Es ist kein offizieller Stellplatz aber ein großes und ruhiges Areal inmitten eines Wäldchens mit einem Kloster. Wenn das unvermeidliche Glockenläuten nicht stört, eine gute Alternative. Das Kloster ist leicht zu finden, es liegt an der Kreuzbergstraße und ist gut ausgeschildert.

NABBURG steht als nächster Ort auf dem Tourplan. Dort angekommen fahren wir in die Altstadt hinein, die durch verbreiterte Nebentore in der alten Stadtmauer auch für größere Fahrzeuge bequem zugänglich ist und finden auf dem zentral gelegenen Marktplatz genügend Parkmöglichkeiten [N49°27'15.9" E12°10'50.3"].

Fast ausgestorben wirkt das Städtchen. Auf die Frage beim

Das Obertor in Nabburg.

Das Schmidt-Haus (rechts), Raum für Kultur und Kommunikation in Nabburg.

Bäcker, ob es in dieser Stadt immer so ruhig zugehe, bekamen wir zur Antwort: Ja, viel sei hier nicht los. Eigentlich unverständlich, denn die von einer sehr gut erhaltenen Stadtmauer umgebene Altstadt hoch über der **Naab** wirkt mit ihren bunt bemalten Häusern doch sehr reizvoll. Die Liste der Baudenkmäler dieser Stadt ist lang. Andererseits ist es natürlich auch sehr angenehm eine sehenswerte Stadt zu besuchen, ohne im Gedränge der Menschen unterzugehen.

Drangvolle Enge herrschte bei unserem Besuch im **Oberpfälzer Freilandmuseum** in NEUSATH, dem letzten Ziel auf dieser Tour, auch nicht. Es ist leicht zu finden. Wenn man in NABBURG zunächst den Hinweisen zur A93 folgt und sie dann überquert, braucht man nur noch der Beschilderung zum Museum zu folgen.

Die Rauberweihermühle stand ursprünglich in Pfaffengschwand.

Das Stiftlanddorf im Freilandmuseum Neusath.

Das Museum ist zweigeteilt. Keimzelle des Museums war der **Edelmannshof** in PERSCHEN, ein geschlossener Dreiseithof. Mit der daneben liegenden **Basilika St. Peter und Paul** ein sehenswertes Ensemble. Wir wollen die größere Anlage in NEUSATH etwas näher betrachten.

Der Parkplatz [**254:** N49°28'01.7" E12°13'04.0"] bietet insbesondere im oberen Bereich genug Platz und erscheint uns für eine Übernachtung gut geeignet, auch wenn Sie sicher die Auffahrkeile nutzen müssen.

In längst vergangene Zeiten werden wir bei dem Spaziergang durch das Dorf versetzt. Kleinbäuerliche Dörfer wurden hier zusammengetragen. Es gibt freilaufende Enten und Gänse, Koben mit lebenden Schweinen und den Misthaufen mit den scharrenden Hühnern drauf. Hier wird Getreide und Hopfen angebaut, Obstbäume säumen die Wege. Die Bauerngärten wirken absolut echt. Hier gibt es alles was kleinbäuerliche Wirtschaft der vergangenen Jahrhunderte einmal ausgemacht hat, nicht als Ausstellungsstücke sondern durchaus lebendig, so, als wären die Bauersleut nur mal eben kurz weggegangen. Die Mühsal der Arbeit, die muss man allerdings noch mit einem Schuss Fantasie hinzutun, um die Zeitreise komplett zu machen. Die Anlagen sind in den Wintermonaten von November bis Ende März geschlossen.

Blumen im klassischen Bauerngarten.

Die Reise geht nun weiter nach WERNBERG, von dort führt Sie auf den Seiten 170-185 die Tour 10 über AMBERG und HERSBRUCK nach PEGNITZ.

TOUR 19 (ca. 310 km)

Donaustauf – Wiesent – Falkenstein – Cham Furth im Wald – Neukirchen beim Heiligen Blut Lam – Lohberg – Bayerisch Eisenstein –Zwiesel Bodenmais – Arnbruck – Bad Kötzting – Viechtach – Sankt Englmar – Bogen – Straubing

Freie Übernachtung: Burg Falkenstein, Cham, Neukirchen, Lam, Bayerwald Tierpark, Großer Arber, Arnbruck, Bad Kötzting, Viechtach, Sankt Englmar-Maibrunn, Windberg, Straubing.

Offizielle Stellplätze: Cham, Furth im Wald, Großer Arber, Zwiesel, Bodenmais, Bad Kötzting, Bogen.

Campingplätze: Viechtach, Straubing.

Ver-/Entsorgung: Cham, Furth im Wald, Zwiesel, Bodenmais, Bad Kötzting, Viechtach, Bogen.

Besichtigungen: Donaustauf (Walhalla), Wisent (Nepal-Himalaya-Pavillion), Burg Falkenstein, Cham (Altstadt), Furth im Wald (Innenstadt, Drachenmuseum), Lam (Fürstenzeche), Lohberg (Bayerwald-Tierpark), Bayerisch Eisenstein (Localbahnmuseum), Zwiesel (Wald-

	museum), Arnbruck (Weinfurtner Glasdorf), Sankt Englmar (Waldwipfelweg), Klosterdorf Windberg, Bogen (Wallfahrtskirche), Straubing (Innenstadt).
Wandern:	Eschlkam (Kunstwanderweg), Großer Arber, Viechtach (Großer Pfahl), Sankt Englmar (Waldwipfelweg).
Baden/Wellness:	Lam, Bad Kötzting, Viechtach, Bogen.

Wir verlassen REGENSBURG und fahren entlang der **Donau** nach DONAUSTAUF. Erstes Ziel ist die **Walhalla**, die **König Ludwig I. von Bayern** in der ersten Hälfte des 19.Jahrhunderts nach dem Vorbild des **Parthenon** auf der Akropolis in Athen errichten ließ. Sie ist nicht schwer zu finden, die Beschilderung eindeutig. Am Parkplatz [N49°01'58.8" E12°13'34.5"] entrichten wir unsere Parkgebühr und gehen die letzten Meter durch alten Baumbestand und über Treppen zur **Walhalla** hinauf.

Walhalla

Zahlreiche Büsten warten im Inneren darauf betrachtet zu werden. Fast alle Namen und Gesichter, die damit verbunden sind, kennen wir. Einige Namen sagen uns allerdings nichts. Da muss der kleine Führer helfen, den es an der Kasse zu kaufen gibt. Die Halle beeindruckt nicht nur uns, zahlreiche Besucher stehen staunend mit gereckten Köpfen auf dem Marmorboden und betrachten die Büsten. Die Walhalla ist ein echter Touristenmagnet, da lockt

Standbild Ludwig I. im Innenraum.

die Burgruine die es in Donaustauf auch noch gibt weit weniger Besucher an.
Nach der Niederlage Preußens gegen Napoleon 1807 fasste **König Ludwig I.** den Beschluss für die **„rühmlich ausgezeichneten Teutschen"** einen Ehrentempel zu errichten. Deutschsprachige Geistes- und Geschichtsgrößen sollten hier versammelt werden, um das nationale Zusammengehörigkeitsgefühl zu stärken. 64 Gedenktafeln und bislang 129 Marmorbüsten von Staatsmännern, Dichtern, Komponisten und Gelehrten deutscher Sprache sind in 6 Gruppen jeweils um eine Siegesgöttin angeordnet.
Die Friese an den Brüstungen des Umgangs stellen die Urgeschichte der Germanen dar.

Die Walhalla, ein gern und viel besuchter Monumentalbau an der Donau.

WIESENT ist unser nächstes Ziel, hier befindet sich der **Nepal-Himalaya-Pavillon** [N49°01'17.0" E12°22'24.2"], der auf der expo 2000 in Hannover zu sehen war. Leider sind die Besichtigungsmöglichkeiten auf Samstag bis Montag beschränkt. Unter der Woche ist die Anlage nicht geöffnet. Wir müssen leider unverrichteter Dinge weiterziehen und können den Schau- und Sichtungsgarten mit seinen Staudenanlagen und die Pavillons nicht in Augenschein nehmen.

Wir fahren über WÖRTH AN DER DONAU nach FALKENSTEIN weiter. Über dem Ort thront die gleichnamige Burg auf einem Granitkegel. Die Zufahrt zum Fuße der Anlage ist eng, aber für geübte Fahrer kein Problem. Vom Parkplatz **[255:** N49°05'58.6" E12°28'59.3"] führen einige gut beschilderte Wanderwege in die nähere Umgebung. Zur Burg sind nur noch ca. 150 Meter bergauf zu gehen. Die Burg dient als Festspielort, Standesamt, Museum und hat ein gutes Restaurant sowie einen schönen Biergarten.

Burg Falkenstein über dem gleichnamigen Ort.

Wir fahren nach einer kurzen Erfrischung weiter durch die hügelige Landschaft des Vorderen Bayerischen Waldes Richtung CHAM. In RODING erreichen wir die breite Talaue des Flusses **Regen** und kommen kurze Zeit später in CHAM an. Der Parkplatz an der Florian-Geyer-Brücke (Adolph-Kolping-Straße) eignet sich für einen Besuch der Stadt **[256:** N49°13'05.0" E12°39'36.3"]. Er ist mit P5-Altstadt-West ausgeschildert. Um dort hinzukommen, müssen wir den Ort allerdings zunächst umfahren, denn die Hauptverbindung von der Innenstadt zu diesem Platz führt durch das **Biertor** und dort ist die Durchfahrtshöhe auf 2,3 Meter begrenzt, da kommen wir nicht durch. Wer einen längeren Aufenthalt plant, dem empfehlen wir den offizielen Stellplatz am Regen.

(257) Offizieller WOMO-Stellplatz: Kanu Club Cham

GPS: N49°13'20.3" E12°40'38.2"; Badstrasse 31, 93413 Cham.
max. WOMOs: 10, maximale Länge 12 m.
Ausstattung: Sandiger Platz mit Wasserver- und Abwasserentsorgung (mit Bodeneinlass), Kassettenentleerung, 8 Stromanschlüssen, Behälter für die Müllentsorgung. Im Servicegebäude gibt es Dusche und WC, ganzjährig geöffnet.
Lage: Sackgasse am Ortsrand direkt am Regen, sehr ruhig, trotz der Umgehungstraße in Sichtweite, 1 km bis zum Zentrum.
Preise: 10,00 € für ein Fahrzeug mit 2 Personen. Über Münzautomaten gibt es Frischwasser für 1,00 €, Strom kostet 2,00 € für 24 h.
Zufahrt: Die Badstraße bis zum Ende durchfahren.

Stadtbummel Cham

Wir starten unsern Stadtbummel vom Parkplatz P5 und gehen über die 1995 erbaute **Florian-Geyer-Brücke.** Sie ersetzte eine baufällig gewordene Brücke, die zusammen mit dem **Biertor** als Filmkulisse für den 1959 gedrehten Antikriegsfilm **„Die Brücke“** von **Bernhard Wicki** diente. Ein Metallband mit Szenen aus dem Film in unmittelbarer Nähe der Brücke erinnert daran. Hinter der Brücke befindet sich das **Museum SPUR** in dem ehemaligen Armenhaus der Stadt. Das Museum zeigt Werke der bereits verstorbenen Künstler Heimrad Prem, Helmut Sturm, Lothar Fischer und H.P. Zimmer. Vor dem Museum wenden wir uns nach rechts, überschreiten eine weitere Brücke und gelangen zum **Biertor.** Wir gehen hindurch, kom-

Das Biertor in Cham.

Marktplatz, mit Stadtpfarrkirche und Rathaus.

men an der Franziskanerkirche vorbei und erreichen nach rund 350 Metern den prächtigen **Marktplatz.** Hier sind die Hauptsehenswürdigkeiten der Stadt versammelt. Die Marien Apotheke, ein mächtiges Bürgerhaus mit Freskenbilder, das Café Krone, der Rathausbrunnen mit den Figuren des **Grafen Luckner**, der Waldhexe und dem **Bilmesschneider**, der der Sage nach den Bauern das Getreide abschnitt. Dann die Stadtpfarrkirche St. Jakob, der Rathausbrunnen und das Rathaus.

Sollten Sie zufällig mittags um 12.05 Uhr auf dem Marktplatz sein, so werden Sie wahrscheinlich überrascht sein, durch ein Glockenspiel die **Marseillaise** zu hören. Wie ist das zu erklären? **Nikolaus Graf von Luckne**r (*1722 in Cham; † 1794 in Paris), war ein Feldherr, der unterschiedlichsten Herrschaftshäusern diente. Während des **Siebenjährigen Krieges** (1756–1763) kämpfte er für das Kurfürstentum Hannover gegen die Franzosen und erwarb sich dabei große Anerkennung. Nachdem der Krieg beendet war, wurde er praktisch arbeitslos. Wie ein guter Fußballtrainer heute Angebote von vielen Vereinen bekommt, bekam er Angebote von verschiedenen Herrscherhäusern aus unterschiedlichen Ländern. Die Nationalität spielte keine Rolle. Das war in dieser Epoche nichts ungewöhnliches. 1789 brach die **Französiche Revolution** aus und er trat 1790 in die Dienste der **Französischen Nationalversammlung**. Er wurde zum **Marschall von Frankreich** und kurz darauf zum Chef der Rheinarmee ernannt. Ihm zu Ehren wurde das **Kriegslied der Rheinarmee** von Rouget de Lisle komponiert, aus dem später die französische Nationalhymne **Marseillaise** wurde. Glück hat ihm der Dienst in Frankreich nicht eingebracht. Auf Grund einer Intrige gelangte er vor das Revolutionstribunal, wurde verurteilt und 1794 per Fallbeil hingerichtet.

Im Gedenken an den berühmten Sohn der Stadt erklingt das Glockenspiel jeden Mittag um 12:05 Uhr auf dem Marktplatz.

Wir kehren zum Wohnmobil zurück und fahren nunmehr nach FURTH IM WALD weiter. Hier angekommen, schauen wir zunächst nach den zur Verfügung stehenden Stellplätzen und finden deren gleich zwei. Einen am Friedhof [**258:** N49°18'47.7" E12°50'39.9"], an der Hochstraße, der als P5 ausgeschildert ist und einen an der Festwiese an der Eschlkamer Str. [**259:** N49°18'18.0" E12°50'52.0"], den man als P9 findet. Ver- und Entsorgungseinrichtungen haben beide nicht, beide sind kostenlos. Das attraktive Städtchen ist für sein Festspiel **»Drachenstich«** bekannt. Nach Aussage der Stadtväter ist es das älteste Volksschauspiel in Deutschland und wird bereits seit 500 Jahren gespielt. Es wird alljährlich

Furth im Wald, Amtsgericht und Stadtturm.

im August aufgeführt. Wir müssen gestehen, das Drachenspiel bislang nicht gesehen zu haben. Aber nach allem was wir darüber gelesen und gehört haben, sollte es sich lohnen das einmal anzuschauen. Auf der website www.drachenstich.de gibt es Eindrücke von den Festspielen und natürlich die Aufführungstermine. Für alle die zum unpassenden Zeitpunkt kommen: Im **1. Deutschen Drachenmuseum** werden die Mythologien und die Geschichten rund um den Drachen ausführlich dargestellt. Wer einen angenehm ruhigen Platz mit Bewirtung sucht, dem empfehlen wir den Stellplatz am Landhotel Waldesruh.

(260) Offizieller WOMO-Gasthof-Stellplatz: Furth im Wald – Landhotel Waldesruh

GPS: N49°17'59.5" E12°46'36.7"; Kühberg 14, 93437 Furth im Wald.
max. WOMOs: 5, maximale Länge 10 m.
Ausstattung: Überwiegend schattige Rasenplätze mit Wasserver- und Abwasserentsorgung, Kassettenentleerung, Stromanschlüssen, Behälter für die Müllentsorgung. Der Platz ist ganzjährig geöffnet. Brötchen- und Frühstücksservice im Gastof, ausgezeichnetes Restaurant mit traditioneller bayerischer Küche.
Lage: Ortsrand, mit schöner Aussicht ins Umland, sehr ruhig.
Preise: 3,50 € für ein Fahrzeug mit 2 Personen. Ver- und Entsorgung kostenlos, Strom 0,45 € pro kWh.
Zufahrt: Über Arnschwang und Ränkam der Beschilderung zum Landhotel folgen.

Weiter geht es nach ESCHLKAM. Auf dem Weg dorthin erregt am Horizont auf einer Anhöhe eine Reihe von Windsäcken unsere Aufmerksamkeit. Die Windsäcke entpuppen sich bei näherer Betrachtung als Teil des Kunstwanderwegs **Grenzbegegnungen - Wege zwischen Ost und West** und symbolisieren Deutschlands geraden Weg (links) und Tschechiens weniger geradlinigen Weg (rechts) zu einem

Die Windsäcke in Eschlkam.

geeinten Europa. Weitere Kunstwerke zum Thema Grenze und Freiheit säumen den hier angelegten **Kunstwanderweg** der in Stachesried am Kunstpavillon endet. Parken können Sie hier [N49°17'31.4" E12°55'15.7"].

Weiter geht es nach NEUKIRCHEN BEIM HEILIGEN BLUT, einem der bedeutendsten Marienwallfahrtsorte Bayerns. Der Ort am Fuße des **Hohen Bogens** bietet mit dem **Sport- und Freizeitzentrum Hohenbogen** „Aktivurlaubern einiges, was die Ferien zu einem unvergesslichen Erlebnis werden lässt" wie es in der eigenen Werbesprache heißt. Wir sind hier in der vorletzten Woche der Sommerferien und das Ferienzentrum macht einen recht verwaisten Eindruck. Der große Parkplatz ist als Übernachtungsstandort [**261:** N49°14'38.6" E12°57'25.2"] ein äußerst ruhiges Plätzchen, bietet allerdings keinerlei Versorgungseinrichtungen. Als Start- und Zielpunkt für Wanderungen ist der Ort nicht schlecht. Ein dichtes Netz von Wanderwegen gibt es hier, um sich nicht zu verlaufen empfiehlt es sich bei der Touristinfo (Marktplatz 10) eine Wanderkarte zu besorgen.

Wallfahrtskirche Neukirchen b.H.B.

Wir verlassen den **Hohen Bogen**, fahren entlang der Glasstraße weiter Richtung LAM. Nach kurzer Fahrt geht es bergab, vor uns öffnet sich das breite Tal des **Lamer Winkels** mit den Gebirgszügen des **Kaitersberges** und des **Arberkammes**

Lam, Ortszentrum.

im Hintergrund. LAM präsentiert sich mit einem blumenreichen und schön angelegten Ortskern. Viel zu sehen gibt es jedoch darüber hinaus nicht. Für Freunde von Besucherbergwerken ist sicher die **Fürstenzeche** im Ortsteil Buchet [N49°11'56.1" E13°04'36.2"] interessant. Dieses ehemalige Silber- und Flussspatbergwerk kann von März bis November mit einer Führung täglich besichtigt werden. Als Übernachtungsstandort bietet sich in LAM der Parkplatz am **Osserbad** [**262:** N49°11'38.3" E13°02'42.4"] am Ginglmühler Weg an. Wer mag kann in der Sauna oder einem Dampfbad relaxen, wer sich austoben will, der nimmt die Riesenrutsche. Um 21.00 Uhr wird das Bad geschlossen, dann wird es sehr ruhig auf dem zentrumsnahen Parkplatz.

Unser nächstes Ziel ist der **Tierpark Bayerwald**, nur ca. 4 Kilometer von LAM entfernt. Dort angekommen, stellen wir unser Womo am Waldrand ab [**263:** N49°10'19.7" E13°05'21.2"]. Ein guter Übernachtungsplatz wie wir meinen, zumal ein Restaurant in kurzer Entfernung mit leckeren Menüs lockt. Der Tierpark hat sich zum Ziel gesetzt, einheimische Tiere, die man in freier Wildbahn kaum zu Gesicht bekommt, in einer natürlichen Umgebung zu zeigen. Über 400 Tiere gibt es hier, darunter Rehe, Hirsche, Wisente, Elche und auch Wölfe. Das Gelände liegt an einem Hang und ist recht weitläufig, doch die Gehege erscheinen uns relativ klein. Der Vorteil ist allerdings, dass man die Wildtiere auch tatsächlich zu Gesicht bekommt, sie nähern sich durchaus ganz neugierig dem Sicherheitszaun. Wölfe zu beobachten ist hier kein Problem. Wer im Nationalpark Bayerischer Wald diese Tiere sehen will, braucht dagegen sehr viel Geduld.

Einer der Wölfe im Bayerwald-Tierpark.

Wir fahren weiter nach BAYERISCH EISENSTEIN, dort angekommen, suchen wir das **Localbahnmuseum** [N49°07'17.9" E13°12'29.6"] in der Bahnhofstraße unweit der tschechischen Grenze auf.

In den 1877 fertig gestellten Lokschuppen stehen überwiegend Dampflokomotiven, aber auch einige andere Schienenfahrzeuge und Waggons der ehemaligen bayerischen Localbahnen. Schautafeln verschaffen einen Eindruck über das stillgelegte Streckennetz und geben Auskunft über technische Details. Die meisten der ausgestellten Lokomotiven

Im Lokschuppen des Localbahnmuseums.

sind betriebsbereit. Im Sommer wird die „gute alte Dampflokzeit“ wieder lebendig, dann verkehren Sonderzüge dieser Museumsbahn zwischen BAYERISCH EISENSTEIN und ZWIESEL.

Nur wenige Meter neben dem Museum befindet sich eine Schauglashütte mit einem Shop und einem Restaurant. Das Interessante ist, dass man dem Glasbläser bei der Arbeit zuschauen kann, während man im Restaurant eine Mahlzeit zu sich nimmt.

Zwiesel, Glaspyramide.

Unser nächstes Ziel ist die Glasstadt ZWIESEL. Vom Parkplatz an der Alten Langdorfer Straße [N49°00'36.7" E13°13'05.7"], sind es ca. 800 Meter bis zur Stadtmitte. Dort besuchen wir das **Waldmuseum**, das mit seinen Exponaten einen Eindruck über die Geschichte der Region vermittelt. Von der Waldwirtschaft über die Tierwelt bis hin zur Entwicklung des Glashandwerks reicht die Ausstellung. Die Modellandschaft eines Glasmacherdorfes macht auf eindrückliche Weise deutlich, welche Arbeitsschritte notwendig sind, um Glas zu produzieren und wie beschwerlich diese Arbeit im 18. Jahrhundert gewesen sein muss. Vitrinen, in denen kunstvoll gestaltete Gläser ausgestellt sind, zeigen die ganze Breite dieses

In Zwiesel gibt es Glas in allen Variationen.

Handwerks. Mit Glas geht es auch nach dem Verlassen des Museums weiter. Zahlreiche Firmen werben in ZWIESEL mit Direktverkäufen für Gebrauchsgegenstände aus Glas und bieten zwischen Kruscht und exzellentem Kunsthandwerk eine außerordentliche Vielfalt an Varianten an.

Wer ein wenig länger in Zwiesel verweilen will, dem empfehlen wir den **Tröpplkeller**.

(264) Offizieller WOMO-Gasthof-Stellplatz: Zwiesel – Tröpplkeller

GPS: N49°00'48.1" E13°12'32.2"; Tröpplkeller 48, 94227 Zwiesel.
max. WOMOs: 25, maximale Länge 8 m.
Ausstattung: Wiesenflächen mit hohem Baumbestand. Wasserver- und Abwasserentsorgung, Kassettenentleerung, Stromanschlüssen, Behälter für die Müllentsorgung. Im Servicegebäude gibt es Dusche und WC. Der Platz ist ganzjährig geöffnet. Brötchen- und Frühstücksservice im Gastof, Restaurant mit traditioneller bayerischer Küche.
Lage: Ortsrand, an der Straße nach Bodenmais, ruhig.
Preise: 13,90 € für ein Fahrzeug mit 2 Personen. Ver- und Entsorgung kostenlos, Strom 0,50 € pro kWh.
Zufahrt: An der Straße nach Bodenmais, kurz hinter dem Ortsausgang.

(265) Offizieller WOMO-Stellplatz: Bodenmais – Concorde-Reisemobil-Stellplatz

GPS: N49°04'16.2" E13°05'33.1"; Kötztinger Straße, 94249 Bodenmais.
max. WOMOs: 12, maximale Länge 12 m.
Ausstattung: Asphaltierter Platz mit Wasserver- und Abwasserentsorgung, Kassettenentleerung, Stromanschlüssen, Behälter für die Müllentsorgung, ganzjährig geöffnet.
Lage: Am Ortsausgang Richtung Kötzting, ruhig.
Preise: 11,00 € für ein Fahrzeug mit 2 Personen incl. Kurtaxe und incl. kostenloser Nutzung von Hallenbad, Saunalandschaft und Freibad. Zahlbar am Parkscheinautomaten. Über Münzautomaten gibt es Frischwasser für 0,50 € und Strom für 0,50 € pro kWh. Die Entsorgung ist kostenlos.
Zufahrt: Über die Kötztinger Straße, am Ortsausgang auf der linken Seite.

BODENMAIS, der nächste Ort an der **Glasstraße**, hat sich als Veredlungszentrum für Bleikristall entwickelt. Neben dem Outletcenter der Firma **Joska** und dem restaurantreichen Ortskern, der auch sonst alles hat, was eine Touristenhochburg ausmacht, ist das **Freizeitzentrum Silberberg** mit **Sommerrodelbahn** und **Besucherbergwerk** [N49°03'42.1" E13°07'03.4"] ein Anziehungspunkt. Wir suchen den Stellplatz auf, der sich am anderen Ortsende relativ nah am Zentrum befindet. Von hier aus kann man bequem auf Shopping-Tour gehen und den vielen **„Glasläden"** einen Besuch abstatten.

Nun zum „Höhepunkt" dieser Tour, zum 1456 Meter hohen **Großen Arber**. Von BODENMAIS fahren wir die kurvenreiche Strecke zu dem großen Parkplatz am Fuße des Berges hoch, der auch gleichzeitig als überdimensionaler Wohnmobilstellplatz dient [**266:** N49°07'19.6" E13°08'29.3"]. Ganz gleich wo man hier das Womo abstellt, der Platz ist gebührenpflichtig und die Parkscheinpflicht wird auch kontrolliert. Ver- und Entsorgungseinrichtungen gibt es nicht, Stromsäulen auch nicht.

Blick vom Parkplatz zum Großen Arber.

Der Fußweg zum Gipfel in 1456 Metern Höhe ist so beschwerlich nicht, denn der Parkplatz liegt schon auf einem Niveau von 1041 Metern. Die meisten Besucher wählen dennoch die Seilbahn, die ohne Unterbrechung fährt. Wir laufen hoch und fahren runter. Vom Gipfel hat man bei gutem Wetter einen phantastischen Blick ins Umland.

Vom **Großen Arber** fahren wir unsere Route weiter Richtung BAD KÖTZTING, passieren dabei erneut BODENMAIS und legen in ARNBRUCK [**267:** N49°07'41.5" E12°59'37.6"] einen Zwischenstopp ein. Wir besuchen das **Weinfurtner Glasdorf**. Hier locken wie in BODENMAIS und ZWIESEL große Läden mit bekannten Marken zum Einkauf. Von ganz gewöhnlichen Gebrauchsgläsern über Weihnachtsschmuck bis zur hochwertigen Glaskunst ist hier alles anzutreffen. Das große, frei zugängliche und parkähnliche Freigelände mit Glasskulpturen lockert das ganze Areal auf angenehme Weise auf. In den gastronomischen Betrieben kann man sich verwöhnen lassen.

Parkanlage im Weinfurtner Glasdorf.

Wir fahren weiter nach BAD KÖTZTING. Der Stellplatz ist leicht zu finden liegt zentrumsnah und ist die beste Möglichkeit das Womo für einen Besuch des Ortes abzustellen.

(268) Offizieller WOMO-Badeplatz: Bad Kötzting – Badewelt AQACUR

GPS: N49°10'30.4" E12°51'38.0"; Lamer Str. 4, 93444 Bad Kötzting.
max. WOMOs: 4, maximale Länge 8 m.
Ausstattung: Asphaltierter Platz mit Wasserver- und Abwasserentsorgung (mit Bodeneinalss), Kassettenentleerung, Stromanschlüssen, Behälter für die Müllentsorgung, ganzjährig geöffnet, Wasserversorgung in den Wintermonaten abgestellt.
Lage: Hinter der Therme am Rande eines PKW-Parkplatzes, relativ ruhig. Entfernung bis zur Stadtmitte 500 Meter, Kurpark 700 Meter.

Preise: 8,00 € für eine Fahrzeug mit 2 Personen incl. Kurtaxe. Bezahlung am Kassenautomat. Entsorgung kostenlos, Frischwasser für 1,00 €, Strom für 1,00 € pro kWh.
Zufahrt: Der Beschilderung zur Therme folgen.

Bad Kötzting

Die Hauptsehenswürdigkeit ist die **Kirchenburg** mit der **Stadtpfarrkirche Mariä Himmelfahrt**. Die Ursprünge dieser Anlage liegen in der Mitte des 12. Jahrhunderts. Sie wurde im Laufe der Jahrhunderte mehrfach umgebaut und erweitert. Neben diesem sehenswerten Bauwerk lohnt auch ein Besuch der **Innenstadt** und des **Kurparkes,** der sich in der Talaue des **Weißen Regen** befindet. Berühmt ist der **Pfingstritt zu Kötzting.** Er zählt zu den größten berittenen Bittprozessionen Europas und geht auf ein Gelöbnis aus dem Jahre 1412 zurück. Alljährlich ziehen am Pfingstmontag über 900 Reiter betend

Die Kirchenburg in Bad Kötzting.

Totenbretter am Rande des Kurparkes.

Die Sonne, Start des Planetenweges.

auf geschmückten Pferden und in Trachten gekleidet von Bad Kötzting durchs Zellertal in das 7 km entfernte Steinbühl. Eine Besonderheit, die in der Oberpfalz und im Bayerischen Wald immer wieder an Kirchen, Kapellen und Wegkreuzungen auffällt, sind die **Totenbretter**, die auch hier zu sehen sind. Früher wurde der Leichnam auf dem Brett aufgebahrt, das Brett nach dem Begräbnis beschriftet, verziert und am Wegrand aufgestellt. Zu sehen sind diese Bretter am Rande des schönen Kurparkes, eine weitläufige, 12 ha große Anlage mit großem See und einem 3,5 km langen Planetenweg. Die **„Chinesische Mauer“**, eine neuzeitliche Konstruktion aus Beton und Holz verbindet den Kurpark mit der Innenstadt

Wir fahren nunmehr den **Weißen Regen** hinunter, durchfahren MILTACH und steuern VIECHTACH an. Auf der Suche nach einem Übernachtungsplatz fahren wir zum ausgeschilderten Knaus Campingpark **[269:** N49°04'57.3" E12°51'11.0"] Waldfrieden 22, bleiben dort aber nicht, weil uns die Lage unter einer Hochspannungsleitung nicht gefällt. Der Parkplatz am Freibad in unmittelbarer Nähe erscheint uns für eine Übernachtung besser geeignet **[270:** N49°04'52.1" E12°51'35.6"]. Innenstadtnäher gibt es noch eine Möglichkeit in der Bierfeldstaße **[271:** N49°04'48.6" E12°53'18.2"].

Der **Große Pfahl** ist eine markante Gesteinsmauer aus milchigweißem Quarz, der über eine Distanz von 150 Kilometern Länge den Bayerischen Wald von Nabburg bis Passau durchzieht. Am deutlichsten sichtbar ist dieses geologische Gebilde hier bei Viechtach, wo er eine bis 30 Meter hohe und bis 120 Meter breite Wand ausgebildet hat. Der **Große Pfahl** lässt sich bequem umwandern und ist mit Schautafeln am Ort gut erklärt.

Überquert man vom Parkplatz am Freibad die B85, lassen sich nach einem kurzen Spaziergang die Quarzfelsen des **Großen Pfahls** bewundern, ein Naturdenkmal ersten Ranges.

Was gibt es sonst zu sehen in und um Viechtach? Der Marktplatz mit dem schönen Brunnen in der verwinkelten Innenstadt präsentiert sich als ein einziger Biergarten. Das **Kristallmuseum** und das **Nostalgiehaus** warten ebenso auf Besucher wie das **Handwerkermuseum**. Die Burgruinen **Alt-** und **Neunussberg** sowie die **Kollnburg**, die alle in unmittelbarer Umgebung liegen, sind kleine, frei zugängliche Anlagen, die es sich lohnt anzuschauen. Besonders interessant ist aber die **Gläserne Scheune** [N49°04'40.4" E12°55'08.8"], im Weiler Rauhbühl. (Adresse: Rauhbühl 3). Das Haus ist ein Gesamtkunstwerk, die Glasbilder innen spiegeln regionale Legenden wieder.

Von VIECHTACH fahren wir weiter nach SANKT ENGLMAR. In den dicht beieinander liegenden Ortsteilen GRÜN und MAIBRUNN locken gleich drei spektakuläre Freizeiteinrichtungen. Eine große **Bob- und Coasterbahnanlage** mit über 1000 Meter Fahrstrecke, eine **Bull-Cart**-Strecke und ein **Waldwipfelweg**.

Der **Waldwipfelweg** ist 370 Meter lang und verläuft in einer Höhe von bis zu 30 Meter über dem Erdboden. Der Weg ist das ganze Jahr gegen Eintritt begehbar. Bei gutem Wetter hat man einen weiten Blick in das Umland und man kann zwischen den Baumwipfeln spazieren gehen (siehe nächste Seite). Hier wird auch gezeigt, wie man ein Haus mal so richtig auf den Kopf stellt.

So stellt man ein Haus auf den Kopf.

Der kostenlose Parkplatz am **Waldwipfelweg** erweist sich als idealer Übernachtungsplatz, hier ist es in der Nacht absolut ruhig [**272:** N49°00'42.0" E12°47'00.6"].

Auf dem weiteren Weg fahren wir noch kurz ins Klosterdorf WINDBERG. Hier parken wir im hin-

Altar der Kirche auf dem Bogenberg.

teren Teil des Ortes in der Schulstraße **[273:** N48°56'26.0" E12°44'53.2"]. Das mehrfach ausgezeichnete Dorf schmiegt sich um ein **Prämonstratenserkloster**, dessen **Romanische Basilika** aus dem 12. Jahrhundert stammt.

(274) Offizieller WOMO-Badeplatz: Bogen – Am Freibad
GPS: N48°54'28.4" E12°41'16.0"; Kotaustraße 12, 94327 Bogen.
max. WOMOs: 5, maximale Länge 8 m.
Ausstattung: Geschotteter Platz mit Wasserver- und Abwasserentsorgung (mit Bodeneinlass), Kassettenentleerung, Stromanschlüssen, Behälter für die Müllentsorgung, ganzjährig geöffnet.

Lage: Direkt neben dem Freibad am Rande eines PKW-Parkplatzes, relativ ruhig. Entfernung bis zur Stadtmitte 1 Kilometer.
Preise: 10,00 € für eine Fahrzeug mit 2 Personen. Anmeldung und Bezahlung erfolgt an der Kasse des Freibades. Entsorgung kostenlos, Frischwasser kostet 2,00 €, Strom für 0,25 € pro Stunde.
Zufahrt: Der Beschilderung zum Freibad folgen.

Das nächste Sakralbauwerk erwartet uns auf dem 432 Meter hohen **Bogenberg** [N48°54'08.5" E12°41'50.0"]. Es ist die älteste Marienwallfahrtskirche Bayerns. Vom **Bogenberg** hat man einen sehr schönen Blick hinunter auf die Donau und den **Gäuboden**. In BOGEN gibt es am Freibad einen Wohnmobilstellplatz mit Ver- und Entsorgungseinrichtungen.

Auf dem weiteren Weg nach STRAUBING passieren wir die ehemalige **Abtei Oberalteich** und parken kostenlos in der Stadt mit den markanten Türmen auf dem riesigen Fest-

platz in der Straße Am Hagen [**275:** N48°53'06.1" E12°33'48.8"]. Das Zentrum ist nur 700 Meter von diesem Platz entfernt. Neben dem 68 Meter hohen Stadtturm, dem Wahrzeichen der Stadt, finden sich einige sehenswerte Baudenkmäler im Innenstadtbereich. Im November 2016 wurde das Rathaus bei einem Brand stark beschädigt, der Historische Rathaussaal vollständig zerstört. Ein Wiederaufbau wird angestrebt.

Der Stadtturm in Straubing.

Auf dem Theresien- und dem Ludwigsplatz vor und hinter dem Stadtturm, die verkehrsberuhigt, aber keine reinen Fußgängerzonen sind, gibt es zahlreiche Straßencafés, Marktstände und Restaurants. Das gesamte Ensemble macht einen sehr angenehmen Eindruck. Zünftiges bayerisches Essen können Sie u.a. im **Wirtshaus zum Geiss** und im **Straubinger Weißbierhaus** am Theresienplatz genießen. Wenn man auf dem Festplatz auch übernachten kann, der Campingplatz [**276:** N48°53'35.9" E12°34'33.2"] am Rande der Stadt im Wundermühlweg 9 ist sicher eine angenehmere, aber auch deutlich teurere Alternative (25,50 € für ein Fahrzeug mit 2 Personen).

Weit ins Umland reicht der Blick vom Waldwipfelweg in Sankt Englmar-Maibrunn.

Tour 20
10 km
N
Miltach
Bad Kötzting
1079 m
Hoher Bogen
Lamer Winkel
Kaitersberg
Neukirchen beim Heiligen Blut
Tour 19
Rodelbahn & Bull-Cart-Strecke
Großer Pfahl
Waldwipfelweg
Pröller 1048 m
Bogen
Windberg
Sankt Englmar
Viechtach
1133 m
Arnbruck
Lam
Buchet
Bayerwald Tierpark
Weinfurtner Glasdorf
Fürstenzeche
1238 m
Lohberghütte
Lohberg
Arberkamm
Hirschenstein 1095 m
Bernried
Patersdorf
Gotteszell
Ruhmannsfelden
Bodenmais
Großer Arber 1456 m
Bayerisch Eisenstein
Donau
Sommerrodelbahn
Schwarzer Regen
Silberberg 993 m
Localbahnmuseum
Geißkopf 1097 m
Haus zur Wildnis Tierfreigelände
Deggendorf
Regen
Bischofsmais
Burgruine Weißenstein
Zwiesel
1315 m
Großer Falkenstein
Zwieselau
Nationalpark Bayerischer Wald
Rinchnach
Buchenau
Abtei Niederalteich
Feng Shui Park
Lalling
Kirchberg
Frauenau
Hengersberg
Kirchdorf
TSCHECHIEN
Klingenbrunn
Großer Rachel 1453 m
Iggensbach
Spiegelau
Riedlhütte
Nationalpark Bayerischer Wald
Schöllnach
Schönberg
Waldhäuser
Grafenau
Lusen 1373 m
Thurmannsbang
Eging am See
Neuschönau
Hans-Eisenmann-Haus
Pullman City
Dreiburgensee
Saldenburg
Freilichtmuseum
Englburg
Keltendorf Gabreta
Schloss Fürstenstein
Museumsdorf Bayerischer Wald
Finsterau
Fürstenstein
Ringelai
Tittling
Mauth
Freyung
Seite 333
Philippsreuth
Tiefenbach
Stausee Oberilzmühle
Waldkirchen
Büchlberg
Haidmühle
Veste
Dom
Thyrnau
Jandelsbrunn
Passau
1333 m
Dreisesselberg
Hauzenberg
Neureichenau
1362 m
Plöckenstein
1321 m
Dreiländereck
Schardenberg
Breitenberg
Lackenhäuser
Obernzell
Kohlbachmühle
Wegscheid
ÖSTERREICH
ÖSTERREICH
Engelhartszell
Donau

TOUR 20 (ca. 450 km)

Deggendorf – Gotteszell – Regen – Zwiesel Nationalpark Bayerischer Wald – Grafenau Freyung – Plöckenstein – Obernzell – Passau Tittling – Lalling – Niederalteich

Freie Übernachtung:	Geißkopf, Dreisesselberg, Oberilzmühle, Dreiburgensee, Keltendorf Gabreta, Niederalteich.
Offizielle Stellplätze:	Deggendorf, Großer Arber, Zwiesel, Riedlhütte, Grafenau, Freyung-Solla, Waldkirchen, Obernzell, Passau, Lalling.
Campingplätze:	Regen, Zwieselau, Klingenbrunn, Finsterau, Lakkenhäuser, Kohlbachmühle.
Ver-/Entsorgung:	Deggendorf, Regen, Zwiesel, Zwieselau, Klingenbrunn, Grafenau, Finsterau, Freyung-Solla, Lackenhäuser, Obernzell, Kohlbachmühle, Passau, Lalling.
Besichtigungen:	Deggendorf (Altstadt), Gotteszell (Klosterkirche), Regen (Burgruine Weißenstein, Glaswald), Finsterau (Freilichtmuseum), Obernzell (Schloss), Passau (Altstadt, Dom, Veste), Tittling (Museumsdorf Bayerischer Wald), Ringelai (Keltendorf Gabreta), Lalling (Feng Shui Park), Niederalteich (Abtei Niederalteich).
Wandern:	Patersdorf (Panoramaweg), Nationalpark Bayerischer Wald, Dreisesselberg-Plöckenstein-Dreiländereck, Oberilzmühle, Dreiburgensee.
Baden/Wellness:	Deggendorf (elypso-Freizeitbad), Waldkirchen (Karoli-Badepark).

Die Tour durch den südlichen **Bayerischen Wald** starten wir in DEGGENDORF. Die **„Knödelstadt“** hat etliche Sehenswürdigkeiten aufzuweisen. Wir beschränken uns beim Besuch auf das Zentrum mit dem breiten Luitpoldplatz und dem Oberen Stadtplatz, die das historische **Alte Rathaus** voneinander trennt. Während der Obere Stadtplatz eine reine Fußgängerzone ist, ist der zentrale Teil des Luitpoldplatzes ein stark frequentierter PKW-Parkplatz. Man kann

auch mit dem Wohnmobil hierher fahren, es ist aber durch die dicht parkenden PKW sehr eng und deshalb nicht empfehlenswert. Vom offiziellen Stellplatz (nur für Fahrzeuge bis 7 Meter Länge geeignet) in der Konstantin-Bader-Straße **[277:** N48°49'35.7" E12°57'48.8"], sind es auch nur 800 Meter bis zum Alten Rathaus. Wenn man diesen Weg geht, kommt man zu Beginn des Luitpoldplatzes an der **Grabkirche** vorbei, einer Kirche mit einem der schönsten Barocktürme Deutschlands wie es heißt (siehe Foto auf der vorangegangenen Seite). Ob es tatsächlich einer der schönsten ist, wollen wir nicht beurteilen, sehenswert ist er in jedem Fall, ebenso das **Alte Rathaus**. Es lohnt sich also über die beiden Plätze zu schlendern. Sehenswert ist auch **Schloss Egg** [N48°52'53.26" E12°55'18.99"] etwa 8 Kilometer entfernt.

Schwimmbecken, Sauna, Massagen, Wasserrutschen und ein kleines Restaurant gibt es im **elypso-Freizeitbad** am Sandnerhofweg in Deggendorf-Natternberg **[278:** N48°49'13.81" E12°54'39.39"], praktischerweise gleich mit Womo-Stellplätzen und Versorgungseinrichtungen.

Tipp: Für alle die noch eine Gasflasche tauschen müssen oder bei denen eine Reparatur am Fahrzeug nicht aufschiebbar ist: Im Fritz Berger Freizeitmarkt, Wohnwagen Stieler in der Hengersberger Str. 88, hilft man gern weiter.

Wir verlassen DEGGENDORF, fahren über die B11 in nördliche Richtung. Schnell verlassen wir die Ebene des Gäubodens und fahren durch das Graflinger Tal den **Bayerischen Wald** hinauf. In dem eng verwinkelten Ort GOTTESZELL kommen wir an der ehemaligen querschifflosen Klosterkirche vorbei und fahren anschließend weiter durch RUHMANNSFELDEN Richtung PATERSDORF. Weiter geht es über schmale und kurvenreiche Straßen zum **Geißkopf.** Die Region rund um diesen 1097 Meter hohen Berg, mit dem benachbarten 1121 Meter hohen Einödriegel, dem höchsten Berg des Vorderen Bayerischen Waldes, ist Wandergebiet und Biker-Eldorado. Für Wohnmobile, Wohnwagen und Zelte ist vom Parkplatz **[279:** N48°56'02.3" E13°02'35.8"] ein Stellplatz abgetrennt, Stromanschlüsse sind vorhanden, eine Ver- und Entsorgungseinrichtung gibt es jedoch nicht, nur Toilettenanlagen.

Wir fahren weiter und passieren BISCHOFSMAIS mit seinen vielen Hotelanlagen. Der weitere Weg geht durch eine äußerst reizvolle Landschaft, die wie eine überdimensionale Modellbahnanlage aussieht. Die Straßen schlängeln sich bergauf und bergab. Es geht durch Wiesen, Weiden und Wälder, da ist die Fahrt recht kurzweilig bis wir am Campingplatz in **Regen** **[280:** N48°57'59.9" E13°06'46.6"] ankommen. Der Platz liegt

Burgruine Weißenstein.

zwischen dem Freibad und dem **Schwarzen Regen** und ist ein idealer Ort für Kanuten. Wer kein eigenes Kanu dabei hat, kann sich hier eines mieten den Fluss hinunterfahren und sich in VIECHTACH, 34 Kilometer flussabwärts wieder abholen lassen. Längere oder kürzere Strecken sind möglich.

Die Hauptattraktion der Stadt ist die **Burgruine Weißenstein** [N48°57'03.5" E13°08'36.2"] ca. 2 Kilometer südlich des Ortszentrums. Sie steht auf einer der höchsten Erhebungen des **"Pfahls"**; des Quarzrückens, der sich von NABBURG bis nach PASSAU durch den **Bayerischen Wald** zieht (Siehe S. 324).

Neben der Burgruine befindet sich das **"Fressende Haus"**; ein ehemaliger Getreidespeicher, der dem wenig bekannten Schriftsteller Siegfried von Vegesack als Wohnung diente und seit 1985 als Museum eingerichtet ist. Neben dem Museum wurde als Kunstinstallation ein **Gläserner Wald** angelegt, daneben befindet sich ein Biergarten. Unterhalb der Burg ist eine kleine Kapelle mit Totenbrettern an den Außenwänden zu besichtigen.

Gläserner Wald in Weißenstein.

Wir fahren weiter und nähern uns erneut der Stadt ZWIESEL, die wir schon in Tour 19 beschrieben haben. Wir wollen uns jetzt nicht erneut dem Ort widmen, sondern nehmen uns den **Nationalpark Bayerischer Wald** vor, den wir mehrmals besucht haben und nun zusammenfassend darstellen wollen.

Achtung: Übernachtungen mit dem Wohnmobil im Nationalpark und auf den Parkplätzen an den Rändern des Nationalparks **sind nicht gestattet!** Wer es versucht, muss damit rechnen, ermahnt zu werden und der Aufforderung folgen, einen offiziellen Stell- oder Campingplatz aufzusuchen. Um Ihnen diese Unannehmlichkeiten zu ersparen, haben wir die Stellplatzinfos hier zusammengetragen eine Karte gegenübergestellt, die Ihnen auf der einen Seite die Orientierung darüber erleichtern soll, wo Sie parken und wo Sie nächtigen können, auf der anderen Seite aber auch dazu dient, die Lage der einzelnen Attraktionen des Nationalparks zu zeigen.

(264) Offizieller WOMO-Gasthof-Stellplatz: Zwiesel – Tröpplkeller

GPS: N49°00'48.1" E13°12'32.2"; Tröpplkeller 48, 94227 Zwiesel.
max. WOMOs: 25, maximale Länge 8 m.
Ausstattung: Wiesenflächen mit hohem Baumbestand. Wasserver- und Abwasserentsorgung, Kassettenentleerung, Stromanschlüssen, Behälter für die Müllentsorgung. Im Servicegebäude gibt es Dusche und WC. Der Platz ist ganzjährig geöffnet. Brötchen- und Frühstücksservice im Gastof, Restaurant mit traditioneller bayerischer Küche.
Lage: Ortsrand, an der Straße nach Bodenmais, ruhig.
Preise: 13,90 € für ein Fahrzeug mit 2 Personen. Ver- und Entsorgung kostenlos, Strom 0,50 € pro kWh.
Zufahrt: An der Straße nach Bodenmais, kurz hinter dem Ortsausgang.

(266) WOMO-Wanderparkplatz: Großer Arber

GPS: N49°07'19.6" E13°08'29.3". **max. WOMOs:** 50, maximale Länge 12 m.
Ausstattung/Lage: Alle Parkplätze entlang der St2137 in der Nähe der Seilbahnstation, ganzjährig anzufahren.
Preise: 5,00 €.
Zufahrt: Der Beschilderung zum Großen Arber folgen.

(281) WOMO-Campingplatz-Tipp: Zwieselau – Green Village

GPS: N49°00'31.2" E13°16'33.9"; Zwieselau 13, 94258 Frauenau.
max. WOMOs: 35, maximale Länge 12 m.
Ausstattung: Relativ neue Anlage, eben, naturbefestigt, parzelliert durch Büsche und Bauminseln mit Wasserver- und Abwasserentsorgung, Kassettenentleerung, Stromanschlüssen, Behälter für die Müllentsorgung. Im Servicegebäude gibt es Dusche, WC, Waschmaschine und Trockner. Der Platz ist von Mai - Oktober geöffnet.
Lage: Am Kleinen Regen zwischen Frauenau und Zwiesel, sehr ruhig.
Preise: Erwachsene Person 4,90 €, Wohnmobil 4,40 €, Kurtaxe 1,70 €, Strom 0,50 pro kWh.
Zufahrt: An der Staatsstraße 2132, ca. 2,5 km von der B11 entfernt.

(282) WOMO-Campingplatz-Tipp: Klingenbrunn – Camping am Nationalpark

GPS: N48°55'02.6" E13°19'53.4"; Bergstr. 44, 94518 Klingenbrunn/Spiegelau.
max. WOMOs: 100, maximale Länge 12 m.
Ausstattung: Idyllisch am Waldrand mit Wasserver- und Abwasserentsorgung, Kassettenentleerung, Stromanschlüssen, Behälter für die Müllentsorgung, WLAN. Modernen Sanitäranlagen mit Dusche, WC, Waschmaschine

und Trockner. Ein gemütliches Wirthaus mit Biergarten sorgt für das leibliche Wohl. Der Platz ist ganzjährig geöffnet.
Lage: Direkt an der Grenze des Nationalparks zwischen den Orten Klingenbrunn und Spiegelau, sehr ruhig.
Preise: Erwachsene Person 6,50 €, Wohnmobil 8,00 €, Kurtaxe 1,60 €, Strom 0,60 pro kWh.
Zufahrt: In Klingenbrunn von der Staatsstraße 2132 in die Bergstraße abbiegen, dann noch ca. 700 Meter.

(283) Offizieller WOMO-Gasthof-Stellplatz: Riedlhütte – „Zum Friedl"

GPS: N48°54'29.0" E13°23'20.8"; Kirchstrasse 28, 94566 Riedlhütte.
max. WOMOs: 3, maximale Länge 8 m.
Ausstattung: Einfacher Parkplatz am Hotel, ganzjährig geöffnet. Brötchen- und Frühstücksservice im Gasthof, Restaurant mit traditioneller bayerischer Küche. Bord-WC-Entsorgung auf einer Toilette hinter dem Hotel möglich.

Lage: Ortsrand, sehr ruhig.
Preise: 5,00 € ohne Restaurantbesuch, 2,50 € mit Restaurantbesuch, Strom wird nach Verbrauch abgerechnet.
Zufahrt: Am östlichen Rand von Riedlhütte.

(284) Offizieller WOMO-Stellplatz: Grafenau – Am KurErlebnispark BÄREAL

GPS: N48°51'16.8" E13°24'11.6"; Freyunger Str. 31, 94481 Grafenau.
max. WOMOs: 18, maximale Länge 12 m.
Ausstattung: Gepflasterte Plätze mit Wasserver- und Abwasserentsorgung (mit Bodeneinlass), Kassettenentleerung, Stromanschlüssen, Behälter für die Müllentsorgung, ganzjährig geöffnet.

Lage: In einer Sackgasse zwischen dem Volksfestplatz und dem Kurpark BÄREAL, sehr ruhig.
Preise: Einen Parkschein gibt es am Kassenautomaten für 13,90 € für ein Fahrzeug mit 2 Personen incl. Kurtaxe. Frischwasser und Entsorgung ist kostenlos, Strom gibt es mit Münzeinwurf für 0,70 € pro kWh.
Zufahrt: Von der B533 in die Freyunger Straße abbiegen.

(285) WOMO-Campingplatz-Tipp: Finsterau – Camping-Nationalpark-Ost

GPS: N48°56'27.8" E13°34'20.6"; Buchwaldstraße 52, 94151 Finsterau.
max. WOMOs: >20, maximale Länge 12 m.
Ausstattung: Schlichter Platz mit Wasserver- und Abwasserentsorgung, Kassettenentleerung, Stromanschlüssen, Behälter für die Müllentsorgung. Im Servicegebäude gibt es Dusche, WC, Waschmaschine und einen Trockner. Der Platz ist ganzjährig geöffnet.
Lage: Direkt am Böhmerwald/Bayerischer Wald, am Fuße des Lusens, sehr ruhig.
Preise: Gestaffelte Komplettpreise je nach Saison und Aufenthaltsdauer ab 11,80 € pro Person.
Zufahrt: Hinter Finsterau an der St 2127.

(286) Offizieller WOMO-Stellplatz: Freyung – Freizeitanlage Solla

GPS: N48°48'04.4" E13°32'26.8"; Solla 2A, 94078 Freyung.
max. WOMOs: 12, maximale Länge 10 m.
Ausstattung: Rasengittersteinplätze mit Wasserver- und Abwasserentsorgung, Kassettenentleerung, Stromanschlüssen, Behälter für die Müllentsor-

gung. Kneippbecken, Spielplatz, Eishalle und Skilift in der Nähe. Ganzjährig geöffnet.
Lage: In einer Sackgasse an der Eishalle.
Preise: 6,00 € für ein Fahrzeug mit 2 Personen incl. Kurtaxe. Gebühr wird vor Ort kassiert. Entsorgung ist kostenlos, Frischwasser kostet 1,00 € und Strom gibt es mit Münzeinwurf für 0,50 € pro kWh.

Zufahrt: Vom Ortszentrum Richtung Geyersberg fahren.

Nationalpark Bayerischer Wald

Die **Igelbusse** sind sehr hilfreich, um im Nationalpark größere Strecken zurückzulegen. Sie verbinden die Orte am Rande des Nationalparks miteinander und fahren in die Wandergebiete und zu den Sehenswürdigkeiten. Ein Tagesticket kostet p.P. 5,00 €. Fahrräder werden kostenlos mitgenommen.

Wildbach im Nationalpark.

Die Wanderwege im Nationalpark sind zahlreich und vorbildlich ausgeschildert. Wir umreißen die einzelnen Gebiete und gehen dabei von Nord nach Süd vor, werfen Sie dazu auch noch einmal einen Blick auf die Karte.

Unweit von **Bayerisch Eisenstein** liegt der **Urwald-Erlebnisweg**, hier können die ältesten Urwaldreste Mitteleuropas durchwandert werden. Etwa 5 Kilometer entfernt liegt das Haus zur Wildnis, das von einem großen Tier-Freigelände mit Gehegen für Wildpferde, Urrinder, Luchse und Wölfe umgeben ist. Wildpferde und Urrinder lassen sich gut beobachten. Um Luchse und Wölfe zu sehen, braucht man allerdings sehr viel Geduld, wir haben sie hier leider nicht gesehen. Weiterhin ist die Nachbildung einer Steinzeithöhle im Rundweg integriert. Ein großer Aussichtsturm bietet einen Blick über den Nationalpark und auf den Großen Arber.

Aussichtsturm am Haus zur Wildnis.

Das **Haus zur Wildnis** selbst bietet allerlei Information über die Vorgänge in der Natur und

Der Baumturm am H.-Eisenmann-Haus.

ist für Kinder besonders gut eingerichtet. Im Restaurant kann man sich die Kraft für die nächste Wanderung holen. Zum Beispiel für den **Erlebnisweg Schachten und Filze**. Dazu müssen wir aber bis nach Buchenau oder bis zum Parkplatz an der Trinkwassertalsperre fahren und von dort aus in das Gebiet wandern. Was sind Schachten und was sind Filze? Nun, Schachten sind ehemalige Waldweiden, die nur einen geringen Baumbestand haben, und Filze sind Moore oder Moorkomplexe. Für die Wanderung in dieses Gebiet sollten Sie einen ganzen Tag einplanen.

Das **Waldspielgelände** bei Spiegelau ist ein 2 Kilometer langer Naturerlebnispfad, der dem Motto „Spielend die Natur begreifen" folgt und in erster Linie für Kinder gestaltet wurde. Aber auch Erwachsene können hier noch etwas lernen und erleben.

Das Wandergebiet rund um das Dorf **Waldhäuser** zeigt unter anderem mit einem **Bachlehrpfad** und dem **Hochwaldsteig**, wie sich der Wald nach dem intensiven Borkenkäferbefall in den neunziger Jahren erholt hat. Zwischen entwurzelten, kreuz und quer liegenden toten Baumstämmen sprießt frisches Grün und wächst zu einem neuen, wilden Wald heran. Es sieht zuweilen abenteuerlich aus, aber im Nationalpark läßt man der Natur ihren Lauf. Hier wird der Wald nicht „aufgeräumt"; umgestürzte Bäume bleiben liegen und verrotten nach einigen Jahren. Es ist nicht ratsam - und darauf wird immer wieder hingewiesen - bei starkem Wind diese Wanderwege zu gehen, denn abknickende Äste und umstürzende Bäume können schon eine Gefahr für den Wanderer darstellen.

Uhu in einer Voliere des Tierfreigeländes am Eisenmann-Haus.

Oberhalb des Dorfes **Waldhäuser** ist ein kleiner **Skulpturenpark** mit Plastiken von Heinz Theuerjahr zu sehen, darauf sei noch hingewiesen, bevor wir uns der schon nicht mehr wirklich neuen Attraktion des Nationalparks zuwenden.

Am **Hans-Eisenmann-Haus**, das als Informationszentrum alles Wissenswerte über den Nationalpark und allgemein über Naturgeschichte bereithält, wurde ein 1300 Meter langer Baumwipfelpfad errichtet. Der 44 Meter hohe **Baumturm** hat die Form eines überdimensionalen Eies und ist das neue Wahrzeichen des Nationalparks. In diesem Turm kann man eine Baumgruppe bis zur Spitze umrunden. Da kann man sogar mit dem Kinderwagen oder dem Rollstuhl hochfahren. Oben angekommen hat man einen schönen Blick über den Nationalpark.

An diesem architektonischen Kunstwerk ist ein **Baumwipfelpfad** angeschlossen, der in einer Höhe zwischen 8 und 25 Metern über den Waldboden führt.

Das **Tierfreigelände** am Hans-Eisenmann-Haus ist recht weitläufig und hügelig. Der gesamte Rundweg ist 7 Kilometer lang. Neben sehr großen Gehegen für Rotwild, Wildschweine, Wölfe, Luchse und Wisente gibt es auch einige Volieren für Waldvögel. Bei einem Besuch in der Abenddämmerung oder am frühen Morgen hat man die größte Chance die Tiere in den Gehegen auch tatsächlich beobachten zu können. Ein Luchs ist am Abend ziemlich dicht an uns vorbeigestrichen, Wölfe haben wir jedoch nicht entdecken können. Wisente konnten wir dagegen in einiger Entfernung dabei beobachten, wie sie auf einer Lichtung ihr „Abendgras“ zu sich nahmen.

Fensterschmuck im Freilichtmuseum Finsterau.

Zwei Wandergebiete sind noch zu erwähnen, das **Felswandergebiet** im Süden des Nationalparks und das **Waldgeschichtliche Wandergebiet** an der Tschechischen Grenze. Im Felswandergebiet führt ein 3 Kilometer langer Weg durch große Felsblöcke mit unterschiedlichsten Formen. Das Waldgeschichtliche Wandergebiet ist ein grenzüberschreitendes Projekt, das auf ausgewiesenen Rundwegen mit zahlreichen Hinweistafeln die Nutzungsgeschichte des Waldes, die Entwicklung der Kulturlandschaft und die Siedlungsgeschichte dieser Region zu erklären versucht. Hierzu paßt auch ein Besuch des **Freilichtmuseums Finsterau**, das mit alten Gebäuden aus dem Bayerischen Wald Geschichte lebendig werden läßt, auch deshalb, weil u.a. Korbflechter, Schuhmacher, Bäcker und der Dorfschmied in den Sommermonaten ihr traditionelles Handwerk vorführen.

Das war jetzt ein Parforceritt durch den Nationalpark. Um alles in Ruhe anschauen, durchwandern und erleben zu können, sollten Sie drei oder vier Tage für diesen Park einplanen, besser sogar eine ganze Woche. Wir fahren jetzt weiter.

Der Petzi-Hof im Freilichtmuseum Finsterau.

Abendstimmung im BÄREAL Grafenau.

GRAFENAU hatten wir als Standort für einen Besuch des Nationalparks schon genannt. Die **Bärenstadt**, wie sie sich selber nennt, ist durchaus interessant, und einen Gang durch die Stadt und vor allem durch den Kurpark sollten Sie nicht versäumen. Der Bär wird ihnen immer wieder begegnen, im Stadtwappen, als Skulptur oder in Wortkombinationen wie mit dem BÄREAL getauften Kurpark. Nur leibhaftig werden Sie ihn nicht sehen. Das er hier einmal heimisch war, ist an verschiedenen Stellen in dieser Stadt zu lesen. Das BÄREAL ist für einen Abendspaziergang geradezu ideal, da muss man nur aus dem Womo heraustreten und wenige Meter gehen und schon ist man mittendrin, in diesem wunderschönen Landschaftspark. Ihre Kinder werden sich über die vielen Spiel- und Entdeckungsmöglichkeiten in diesem Areal freuen.

Marktplatz in Waldkirchen.

Radabweiser in Waldkirchen.

Unser nächstes Etappenziel ist WALDKIRCHEN, ein schmuckes Städtchen, 30 Kilometer von GRAFENAU entfernt. Rund um den Marktplatz fallen die aus Granit gehauenen und farbig gestalteten Figuren der Radabweiser auf. Sie heißen „Stoanerne Gretl"; „Stoanerne Hans"; ein Kaufmann ist dabei, ebenso ein Wirt und noch einige andere. In WALDKIR-

CHEN gibt es ein großes Freizeitbad, mit einigen Wellnesseinrichtungen, Wasserrutschen und in dem Mediterraneum auch ein Salzwasserbecken. Für uns Wohnmobilfahrer ist der Stellplatz vor der Tür natürlich ungemein praktisch.

(287) Offizieller WOMO-Badeplatz: Waldkirchen – Karoli-Badepark

GPS: N48°43'19.68" E13°36'11.57"; VdK-Heim-Straße, 94065 Waldkirchen.
max. WOMOs: 16, maximale Länge 12 m.
Ausstattung: Befestigter, bei langer Trockenheit staubiger Platz mit Wasserver- und Abwasserentsorgung (mit Bodeneinlass), Kassettenentleerung, Stromanschlüssen, Behälter für die Müllentsorgung, ganzjährig geöffnet.

Lage: Direkt neben dem Badepark, sehr ruhig. Entfernung bis zur Stadtmitte 1 Kilometer.
Preise: Kostenlos, Frischwasser 1,00 €, Strom 0,50 € pro kWh.
Zufahrt: Der Beschilderung zum Karoli-Badepark folgen.

Unser nächstes Ziel ist das Dreiländereck am **Plöckenstein**. Über JANDELSBRUNN fahren wir weiter durch Neu-

Tipp: Knaus-Fahrer (natürlich nicht nur die) können eine Werksbesichtigung des Knaus-Tabbert Werkes in der Helmut-Knaus-Straße 1 in Jandelsbrunn unternehmen. Eine Anmeldung ist über die website der Fa. Knaus erforderlich. Es gibt nur Termine im Frühjahr und im Herbst.

reichenau und erreichen den Anstieg zum **Dreisesselberg,** dem Nachbarn des **Plöckensteins** und stellen unser Womo auf dem Parkplatz unterhalb des Berges ab.

(288) WOMO-Wanderparkplatz: Dreisesselberg

GPS: N48°46'51.5" E13°47'57.5"; Dreisesselhaus 1, 94089 Neureichenau.
max. WOMOs: >5, maximale Länge 10 m.
Ausstattung/Lage: Asphaltierter Parkplatz unterhalb des Dreisesselberges, Entfernung zum Bergrestaurant 500 Meter. Nachts absolut ruhig. Hanglage, zum Ausrichten werden Keile benötigt.

Preise: Kostenlos.
Zufahrt: Von der St2130 aus Haidmühle kommend vor Frauenberg links abbiegen.

Wanderung zum Plöckenstein

Vom Parkplatz des Dreisesselberges laufen wir den Weg hoch und erreichen nach kurzer Zeit den Hochkamm, auf dem die Grenze zwischen Tschechien und Deutschland verläuft. Der Blick hinunter ins Tal ist phantastisch, der Blick auf die abgestorbenen Bäume erschreckt uns. Die Borkenkäfer hatten offensichtlich ein übergroßes Festmahl, abgestorbene und umgestürzte Bäume säumen den Weg. Ein schwer zu beschreibender Geruch liegt in der Luft, es riecht süßlich herb, irgendwie eine Mischung aus frischer und ab-

Plöckenstein, Steinplatten wie von Riesenhand aufeinandergelegt.

gestorbener Waldluft. Wir laufen über Stock und Stein, mal rauf, mal runter, mal in Tschechien mal in Deutschland. Die Grenzmarkierungen stehen mitten auf dem Wanderweg. Tschechische und erkennbar österreichische Wortfetzen von entgegenkommenden Wanderern dringen ans Ohr. Der Weg ist von allen Anrainerländern gut erreichbar und offenbar auch beliebt. Nach einiger Zeit erreichen wir auf 1362 Metern Höhe ein mehrschichtiges Felsgebilde, den Bayerischen **Plöckenstein**, der uns eine gute Aussicht ins Umland bietet. Nach einer kurzen Rast geht es weiter in Richtung Dreiländereck, das durch einen Grenzstein aus Granit markiert wird. Den Rückweg treten wir über den unterhalb des Kammes verlaufenden Wanderweg durch das **Steinerne Meer** an. Wir durchqueren dabei drei gewaltige Felsenmeere, die gar nicht so einfach zu bezwingen sind. Nach vier Stunden sind wir am Ausgangspunkt zurück.

Weiter geht die Fahrt nach OBERNZELL und dann nach PASSAU. Wir kommen an dem **Knaus Campingpark** Lackenhäuser vorbei [**289:** N48°44'56.8" E13°48'59.9"], der Wasserver- und Entsorgung auch für Durchreisende kostenlos anbietet. Ein kleiner Obolus für die Kaffeekasse wird natürlich gern gesehen.

Auf dem weiteren Weg nach OBERNZELL an der Donau durchfahren wir eine hügelige, bäuerliche und malerische Kulturlandschaft mit beschaulichen Orten. In OBERNZELL angekommen, suchen wir den traumhaft gelegenen Stellplatz an der Donau auf.

(290) Offizieller WOMO-Stellplatz: Obernzell – Am Donauhafen

GPS: N48°33'28.2" E13°37'21.0"; Am Hafen, 94130 Obernzell.
max. WOMOs: 15, maximale Länge 8 m, max. Aufenthalt 7 Tage.
Ausstattung: Befestigter Platz mit Wasserver- und Abwasserentsorgung, Kassettenentleerung, Stromanschlüssen, WLAN, Behälter für die Müllentsorgung. Im Servicegebäude gibt es Dusche und WC. Der Platz ist von Anfang April bis Ende Oktober geöffnet.

Lage: In einer Sackgasse am Ortsrand direkt an der Donau, sehr ruhig.
Preise: 11,00 € für eine Fahrzeug mit 2 Personen, Entsorgung und Frischwasser ist kostenlos, Strom 2,00 € für 24h.
Zufahrt: An der B388 Richtung Passau am Ortsausgang links.

Das fürstbischöfliche **Renaissance-Schloss** muss man nicht unbedingt gesehen haben. Es ist eine umgebaute spätmittelalterliche Burg und ist dienstags bis sonntags, von 10 bis 17 Uhr geöffnet. Hier ist eine **Zweigstelle des Bayerischen**

Nationalmuseums untergebracht. Gezeigt werden Keramiken von der Jungsteinzeit bis zur Gegenwart. In OBERNZELL gibt es eine Fährverbindung auf die andere Seite der **Donau** nach Österreich und der Ort hat eine Anlegestelle für Ausflugschiffe, die zwischen PASSAU und LINZ in Österreich verkehren. Den **Donauradweg** mit dem Fahrrad ein Stück hinunterzufahren und abends mit dem Schiff zurückzukehren, ist eine gute Möglichkeit, diesen Abschnitt des Donautals von diesem Standort aus zu erkunden. Wer nicht das Glück hat, auf dem Stellplatz an der Donau sein Womo abstellen zu können, der findet mit dem Campingplatz am **Landgasthof Kohlbachmühle** eine gute Alternative [**291:** N48°32'18.5" E13°39'48.3"].

PASSAU, die **„Drei-Flüsse-Stadt"**; ist unser nächstes Ziel. Hier klären wir zunächst die Park- und Stellplatzmöglichkeiten. Gleich drei offizielle Stellplätze werden angeboten. Für eine Besichtigung der Stadt und der **Veste** ist der Platz an der Ilzbrücke zu empfehlen. Wenn dieser belegt ist, ist der am Güterbahnhof eine weitere Option, aber nur zum parken.

(292) Offizieller WOMO-Stellplatz: Passau – Parkdeck Ilzbrücke

GPS: N48°34'42.2" E13°28'25.6"; Halser Str. 2, 94034 Passau.
max. WOMOs: 13, maximale Länge 8 m, max. Aufenthalt 24 h.
Ausstattung: Asphaltierter Platz mit Wasserver- und Abwasserentsorgung, Kassettenentleerung, Stromanschlüssen, Behälter für die Müllentsorgung, ganzjährig geöffnet.
Lage: An der Mündung der Ilz in die Donau.
Preise: 8,00 € für ein Fahrzeug, Frischwasser kostet 1,00 €, Strom 0,50 € pro kWh.
Zufahrt: Über die B12 in Richtung Freyung.

(293) Offizieller WOMO-Stellplatz: Passau – Güterbahnhof

GPS: N48°34'25.9" E13°26'42.7"; Halser Str. 2, 94034 Passau.
max. WOMOs: 15, maximale Länge 8 m, max. Aufenthalt 72 h.
Ausstattung: Asphaltierter Platz mit Wasserver- und Abwasserentsorgung, Kassettenentleerung, Behälter für die Müllentsorgung, ganzjährig geöffnet.
Lage: Neben einem Parkhaus am Güterbahnhof ca. 1,5 km von der Altstadt entfernt. Der Platz ist nicht leise, er liegt eingekeilt zwischen Bahnlinie und Autobahnzubringer.
Preise: 13,00 € für ein Fahrzeug, Frischwasser und Entsorgung ist kostenlos.
Zufahrt: Über die Regensburger Straße (B8), Autobahnzubringer.

(294) Offizieller WOMO-Stellplatz: Passau – Am Winterhafen

GPS: N48°34'27.3" E13°25'38.8"; Regensburger Str. 14, 94036 Passau.

max. WOMOs: 30, maximale Länge 12 m, max. Aufenthalt 5 Tage.

Ausstattung: Ganzjährig nutzbarer Platz ohne Versorgungseinrichtungen, bei Hochwasser gesperrt.

Lage: Direkt an der Donau.

Preise: Kostenlos.

Zufahrt: An der Regensburger Straße (B8), Autobahnzubringer.

Die Veste Oberhaus in Passau.

Das Alte Rathaus in Passau.

Passau

Die Stadt in der **Inn** und **Ilz** in die **Donau** fließen, hat immer wieder mit Hochwasser zu kämpfen. Dies geht schon seit Jahrhunderten so und ist ein ganz natürlicher Vorgang, wenn ungünstige Witterungsverhältnisse alle drei Flüsse durch heftige Niederschläge gleichzeitig anschwellen lassen und die nur wenige Meter über den Flussspiegel liegende Altstadt überfluten. Am **Alten Rathaus** sind die Wasserstände markiert. Am höchsten war der Wasserstand im Jahre 1501.

Die **Altstadt** liegt auf einer Landzunge zwischen Donau und Inn, reicht vom Dom bis zum Dreiflüsseeck und ist ca 1 km lang und 200 Meter breit. In der Altstadt von Passau einen ganzen Tag zu verbringen fällt nicht schwer. Hier sind die wichtigsten Baudenkmale der Stadt konzentriert und hier finden sich auf den Plätzen und in den schmalen Gassen zahlreiche Restaurants, Cafés und Eisdielen. Sehenswert sind die **Alte Residenz**, das **Opernhaus**, das **Alte Rathaus** mit seinem 38 Meter hohen Turm, die Jesuitenkirche **St. Michael**, die **neue Bischöfliche Residenz** mit dem Domschatz- und Diözesanmuseum. An Bedeutung und Glanz wird alles überragt vom **Stephansdom**. Er ist der größte Barockdom nördlich der Alpen und hat mit 233 Registern und 17974 Pfeifen die größte **Domorgel** der Welt.

Aber es ist nicht nur die Größe des Domes die überwältigt, sondern auch die Ausgestaltung mit den Stuckarbeiten und den Gemälden, die dieses Kirchengebäude in besonderer Weise interessant machen.

Von der **Altstadt** zur **Veste Oberhaus** gibt es einen Fußweg von rund 1 km Länge. Der Höhenunterschied beträgt fasst 100 Meter. Wenn man die Prinzregent-Luitpold-Brücke überquert hat, geht es rasch bergan. Von der Veste hat man einen wunderbaren Blick auf die Altstadt und man kann den Zusammenfluss der drei Flüsse in ihren unterschiedlichen Farben betrachten. In der Veste ist das zeitgeschichtliche **Oberhausmuseum** untergebracht und beherbergt ein Restaurant mit Biergarten und Panoramablick.

Der Stephansdom in Passau.

Die Orgel im Passauer Dom.

Wir verlassen PASSAU. Bevor wir die letzte Etappe dieser Tour in Angriff nehmen, machen wir noch einen kleinen Ausflug zu einem Stausee und übernachten dort in himmlischer Ruhe.

(295) WOMO-Wanderparkplatz: Stausee Oberilzmühle

GPS: N48°36'24.0" E13°26'51.2"; Oberilzmühle 1A, 94121 Salzweg.

max. WOMOs: 5, maximale Länge 10 m.

Ausstattung/Lage: Befestigter Parkplatz 200 Meter von der Staumauer entfernt. Nachts absolut ruhig, Gasthaus am Parkplatzrand.

Preise: Kostenlos.

Zufahrt: Von Passau über die B12 in Richtung Freyung fahren, nach ca. 5 km die B12 verlassen und der Beschilderung zum Stausee folgen.

TITTLING ist der nächste Ort den wir besuchen. Hier befindet sich eines der bedeutendsten Freilichtmuseen in Europa und liegt in unmittelbarer Nähe des **Dreiburgensees** [N48°44'31.2" E13°20'57.2"]. Über 100 Gebäude, die an ihren Ursprungsorten zwischen dem 16. und 19. Jh. erbaut wurden, stehen hier auf engem Raum beieinander, darunter auch die älteste Volksschule Deutschlands aus dem Jahre 1666. Neben den für Freilichtmuseen üblichen Ausstellungsgegenständen, werden in den Sommermonaten allerlei zusätzliche Ausstellungen, Handwerkervorführungen, Konzerte und Theaterveranstaltungen angeboten.

Die Rothaumühle im Museumsdorf Bayerischer Wald in Tittling.

Der **Dreiburgensee** lässt sich leicht umrunden, er ist nur ca. 700 Meter lang und maximal 200 Meter breit. Namengebend für den See ist das Dreiburgenland, bestehend aus den ehemaligen Ländereien der **Saldenburg**, der **Englburg** und dem **Schloss Fürstenstein**. Übernachten lässt es sich bequem auf einem Wanderparkplatz am Ostufer des **Dreiburgensees** [**296:** N48°44'35.4" E13°21'23.2"], ein Restaurant befindet sich in unmittelbarer Nähe.

EGING AM SEE mit seiner Westernstadt **„Pullmann City"** ist von TITTLING nur ca. 10 km entfernt. Wir haben den Ort nicht besucht, wollen den Westernfans unter Ihnen diesen Hinweis aber nicht vorenthalten.

Wir fahren weiter gen Norden. Über kleine Sträßchen erreichen wir die Gemeinde RINGELAI und schauen uns das **Keltendorf Gabreta** beim Dorf LICHTENAU an. Es ist ein kleiner Archäologischer Erlebnispark mit acht Gebäuden, der überregionale Keltenfeste veranstaltet und ein reichhaltiges Veranstaltungsprogramm anbietet. Wir schauen einem Schmied eine Weile bei seinem Handwerk mit Hammer und Amboss zu und durchstreifen das Gelände auf dem Hügel. Würden keine Veranstaltungen angeboten, wäre das Besuchsprogramm in dieser Anlage schnell absolviert. Aber man kann hier Töpfern, Bogenschießen, mit Lanzen werfen und etliches andere mehr. Das ist nicht nur für Kinder spannend. Nur wird nicht immer alles zu jeder Zeit

Das Herrenhaus im Keltendorf Gabreta.

angeboten. Unter www.keltendorf.com kann man sich vorab informieren. Der Parkplatz [**297:** N48°48'39.1" E13°26'48.8"] eignet sich übrigens auch sehr gut für eine Übernachtung. Des Nachts ist es hier still, einsam und sehr ruhig.

Von den Kelten zu Feng Shui. Im 32 km entfernten LALLING gibt es einen **Feng Shui Park** [N48°50'29.6" E13°08'22.9"]. Schautafeln erklären die einzelnen Gestaltungselemente der Parkanlage. Der große See im zentralen Teil hat die Form einer liegenden Acht, darin enthalten zwei voneinander getrennte Holzstege, die Yin und Yang symbolisieren. Spazierwege verbinden Themengärten, Organweg, Qi-Punkt, Chakraweg und anderes mehr miteinander. Eine interessante Anlage! Den Bogen zu den Kelten bekommen wir auch noch geschlagen, denn in dem kleinen Themengarten wird ein keltisches Haus mit seinem Grundriss und einem Garten dargestellt, um zu zeigen, dass fernöstliche Weisheit und westliches Urwissen gar nicht so weit auseinander liegen.

Der große See im Feng Shui Park.

Zwei Stellplätze mit Wasserver- und Entsorgung gibt es am Pfarrweg [**298:** N48°50'37.4" E13°08'28.6"]. Die netten Restaurants des Ortes sind von hier aus bequem zu Fuß zu erreichen.

Zum Abschluss dieser Tour schauen wir uns noch die **Abtei Niederalteich** an. Die Ausstattung der Basilika reicht natürlich nicht an den Dom in Passau heran, ist aber dennoch sehenswert. Wer Klosterleben erfahren will, kann das hier tun. Im „Kloster auf Zeit" können Männer mit Mönchen leben und arbeiten.

Der Parkplatz an der Hengersberger Straße in 94557 Niederalteich [**299:** N48°45'56.7" E13°01'50.9"] ist groß und ruhig genug, um einer Übernachtung dienen zu können und die nah gelegene Klosterschänke lockt mit einer reichhaltigen Speisekarte.

Nach einem leckeren Essen und einer ruhigen Übernachtung geht es heim. Die letzte Tour dieses Buches ist abgeschlossen und wir hoffen, dass ihnen dieses Buch bei Ihren Reisen behilflich war oder ist.

In der Basilika der Abtei Niederalteich.

Tipps und Tricks – alphabetisch sortiert

Baden/Wellness
Campingplätze
Freies Camping/Freies Übernachten
Gasversorgung
Gaststätten und Spezialitäten
Geologie/Höhlen und Bergwerke
GPS/Naviagtion
Grenzen
Kartenmaterial und Literatur
Kleingeld/Münzen
Toiletten/Toilettenentsorgung
Trinkwasserversorgung/Grauwasserentsorgung
Wandern und Radwandern
Wassersport
Wintersport
Zum Schluss: Die große Wohnmobilfahrerfamilie

Baden/Wellness

Die Hanglagen und Täler der Mittelgebirgslandschaften schufen günstige Voraussetzungen für das Auffangen hoher Niederschlagsmengen und den Bau von Talsperren und Speicherbecken. Die große Ausnahme bildet hier die **Fränkische Alb**, die aufgrund ihres wasserdurchlässigen Kalkgesteins den Bau von Wasserspeichern nicht zulässt. Anderenorts haben wir zahlreiche künstlich angelegte Seen und Teiche die zum Teil touristisch stark erschlossen sind wie das **Fränkische Seenland**, weniger stark erschlossen sind wie das **Oberpfälzer Seenland** oder gar ein ganz verträumtes Dasein genießen wie der **Förmitzspeicher** bei Schwarzenbach an der Saale oder wie viele andere kleinere Seen die wir in diesem Buch beschrieben haben.

Es gibt darüber hinaus eine große Summe an Frei- und Hallenbädern auf die wir immer wieder hingewiesen haben ohne jedoch dabei den Anspruch auf Vollständigkeit erheben zu wollen.

Ein großes Thema sind in den letzten Jahren die Kurbäder geworden, die sich in der Regel nicht nur verordnete Kuren durchführen, sondern ihre Angebote auch auf das Thema **Wellness** ausgerichtet haben. Fast alle haben einen Wohnmobilstellplatz in unmittelbarer Nähe, manche so nah, dass man theoretisch im Bademantel vom Womo in das entsprechende Bad gehen kann. Wir haben sie aufgenommen und sie im Stichwortverzeichnis aufgeführt.

Campingplätze

Die Zahl der Campingplätze ist groß im Nordosten Bayerns. Wir haben nicht alle aufgenommen, sondern sehen sie als Alternative zu nicht vorhandenen Stellplätzen. Wir wählen einen Campingplatz aber auch dann, wenn er besonders schön an einem Fluss oder einem See liegt, während der ausgewiesene Stellplatz nur eine Ecke auf einem Großparkplatz an einer viel befahrenen Straße ist oder in der Nähe einer viel befahrenen Bahnstrecke liegt.

Freies Campen/Freies Übernachten

Nicht jeder traut sich auf einem Waldparkplatz oder an einem still verschwiegenen See ohne eine Menschenseele um sich herum sein Womo abzustellen und zu übernachten. Uns stört es nicht, wenn des Nachts der Waldkauz ruft oder es im Gebüsch auch einmal knackt. Unter Sicherheitsaspekten betrachtet erscheint uns dies sogar besser, denn Spitzbuben, die auf Diebestour sind, gehen eher dort hin, wo sie nicht lange suchen müssen.

Außerdem haben wir immer unsere drei treuen Begleiter dabei, die schlagen jeden in die Flucht, wenn es denn sein muss.

Wichtig ist natürlich – und darum bitten wir auch sie liebe Leser – nichts anderes zu hinterlassen als ein paar Reifenspuren. Wir hatten bislang mit dieser vorgehensweise nirgendwo ein Problem, nicht in Bayern und auch in keiner anderen Ecke Europas, in der wir uns aufgehalten haben.

Gasversorgung

Graue Campinggasflaschen werden in fast allen Baumärkten zu den üblichen Ladenöffnungszeiten zum Tausch angeboten. LPG-Tankstellen gibt es mittlerweile sehr viele. Sie aufzuführen würde den Rahmen dieses Büchleins sprengen.

Gaststätten und Spezialitäten

Kulinarisch hat die Region einiges zu bieten. In der fränkischen Küche ist die **Rostbratwurst** beliebt. Kaum größer als ein kleiner Finger und aus reinem Schweinefleisch gemacht, wird sie gern ab einem halben Dutzend aufwärts mit Sauerkraut und Klößen verzehrt. An Bratwurstständen gibt es sie auch als „Zwaa in an Weckla"; als Mahlzeit für den kleinen Hunger zwischendurch. Dabei müssen es nicht zwangsläufig immer nur zwei in einem Brötchen sein.

Wer es gern besonders deftig mag, der wählt die **Fränkische Schlachtplatte**. Blut-, Leber- und Bratwurst kombiniert mit Sauerkraut und Kartoffeln sind allerdings nichts für Leute, die auf ihren Cholesterinspiegel achten müssen. Lecker ist das **Schäufala**, ein knusperig gebratenes Stück aus der Schweineschulter, das man in der Regel mit Sauerkraut und Klößen serviert bekommt. Schweinebraten gibt es in mehreren Variationen und auch die Krautwickla sind nicht zu verachten. Das ist aber noch nicht alles, es gibt noch einiges mehr.

Je weiter man sich der tschechischen Grenze und damit Böhmen nähert, desto bedeutender werden die **Knödel** in den verschiedensten Variationen, als Beilage zu Fleischgerichten oder auch als süße Nachspeise. Und wo wir nun schon bei den süßen Teigwaren sind, dürfen die **Lebkuchen** nicht fehlen, für die das fränkische Nürnberg berühmt ist, aber das Oberpfälzer Waldsassen die bessere Qualität liefern soll. Ob dies auch tatsächlich so ist, können und wollen wir nicht beurteilen.

Bier ist eine besondere Spezialität dieser Region, auf die wir in den Tourenbeschreibungen ausreichend hingewiesen haben.

Geologie/Höhlen und Bergwerke

Ein geologisch-geographisches Seminar wollen wir nicht veranstalten. Bewusst oder unbewusst, fallen aber jedem, der diese Region bei der Durchreise mit aufmerksamen Augen betrachtet, die doch sehr unterschiedlichen Oberflächenformen auf. Rückgrat dieser Region ist die **Fränkische Alb**, die sich als markante, steil aufragende Schichtstufe präsentiert, aus harten Kalken besteht und vom **Nördlinger Ries** in einem Bogen an Regensburg vorbei bis zum **Frankenwald** zieht. Die Steilhänge weisen oft bizarre Formen auf, einzelne Zeugenberge sind der Stufe vorgelagert. Die leicht gewellte Hochfläche ist äußerst trocken und durch Trockentäler gegliedert. Am Trauf der Schichtstufe finden sich oft Burgen. Die Besiedlung geht teilweise auf die Kelten zurück und manch einem Berg wird – wie dem Staffelberg – eine mystische Wirkung zugeschrieben. Östlich der Alb folgt das Naabbecken, das zu den kristallinen altbayerischen Grenzgebirgen des **Oberpfälzer** und **Bayerischen Waldes** übergeht. Die langgestreckten Rücken und Kämme dieser Regionen sind von schier endlos erscheinenden Nadelwäldern und Hochmooren bedeckt. Hier ist der **Große Arber** zu finden, der höchste Punkt unseres Reisegebietes.

Der Fränkischen Alb vorgelagert ist das **Fränkische Keuper-Lias-Land**, das aus einer Mischung aus Ton- und Sandstein besteht. Die Senken der **Regnitz** und der **Rednitz** sind hier besonderes markant. Hier liegen die großen Städte von Nürnberg bis Bamberg.

GPS/Navigation

Ohne ein Navigationsgerät ist heute kaum noch jemand unterwegs. Wir halten diese Geräte für äußerst nützlich, nur blind vertrauen sollte man ihnen nicht. Hinter jeder Programmierung und Datenerfassung steht ein Mensch und der macht nun einmal Fehler, falsche Wegweisung ist deshalb nicht ausgeschlossen. Navigationsgeräte führen zwar zielgenau zu den eingegebenen Koordinaten, eine Übersicht bieten sie jedoch nicht und eine räumliche Orientierung vermitteln sie auch nicht. Nehmen Sie ergänzend zu Ihrem Navi eine gute Landkarte zur Hand, damit Sie ein Gefühl dafür bekommen, in welcher Lage sich die einzelnen Städte oder Sehenswürdigkeiten zueinander befinden.

Grenzen

Wir befinden uns hier im Grenzgebiet zu Thüringen und Tschechien und damit an den Grenzen zur ehemaligen DDR und ČSSR. Heute kein Problem mehr, nach dem Schengener Abkommen, dem auch Tschechien beigetreten ist noch weniger. Kunst und Museen haben sich der Geschichte dieser alten Grenzen angenommen. Wir haben uns bemüht, dies zu berücksichtigen.

Kartenmaterial und Literatur

Ergänzend zu Ihrem Navi sollten Sie gutes Kartenmaterial mit sich führen. Wir waren mit Kartenmaterial im Maßstab 1:200.000 vom ADAC-Verlag unterwegs und haben auch immer Kartenmaterial aus dem Kunth-Verlag an Bord. Aus den jeweiligen Verlagsverzeichnissen lassen sich die Karten und Autoatlanten für Ihr Zielgebiet gut entnehmen.

Für die Planung der Wanderungen bevorzugen wir die Bücher aus dem Bergverlag Rother. Darüber hinaus haben wir uns auch mit den Produkten eingedeckt, die regional an den Kiosken oder Tourist-Infos angeboten werden.

Natürlich macht auch eine Internetrecherche zu den jeweiligen Zielgebieten Sinn. Auch wenn jede Tourist-Info ihre „Website“ anders aufbaut und man sich immer wieder neu in den Seiten zurechtfinden muss, lassen sich doch einige nützliche Informationen gewinnen. Man sollte nur immer daran denken, dass diese Informationen nicht uneigennützig ins Netz gestellt werden.

Kleingeld/Münzen

Die Parkautomaten, die Münzautomaten an den Stromsäulen und an den Sanitärstationen verlangen nach Kleingeld. Achten Sie darauf, immer einen Vorrat an 50 Cent und 1-Euro-Münzen mitzuführen. Wir haben uns dazu eine kleine Schachtel im Handschuhfach bereitgelegt, die immer wieder mit dem Wechselgeld nach Einkäufen gefüttert wird.

Toiletten/Toilettenentsorgung

Auf unseren Touren haben wir darauf geachtet eine Vielzahl von Plätzen zu finden, die sachgerechte Ver- und Entsorgungseinrichtungen haben. Die Entsorgung ist kein Kostenfaktor und es sind genügend Stationen in diesem Buch genannt. Es gibt also wirklich keinen Grund den Inhalt der Bordtoilette hinter irgendeinem Busch zu entleeren. Die Stationen sind in den Tourenkarten gut erkennbar. Vielleicht müssen Sie mal auf eine Station aus einer Nachbartour ausweichen, auch diese Möglichkeit ist in den Tourenkarten gut ablesbar.

Für den Notfall haben wir uns eine zweite Kassette zugelegt, die bei Bedarf gegen die volle getauscht wird. Ansonsten gilt: Vorausschauend Ver- und Entsorgen und nicht bis auf den letzten Drücker warten.

Trinkwasserversorgung/Grauwasserentsorgung

Hier gilt das gleiche wie für die Toilettenver- und entsorgung. Erfahrungsgemäß ist die Toilette schneller voll als der Abwassertank. Wir arbeiten die Frischwasseraufnahme, Grauwasser- und Toilettenentsorgung immer an einer Service-Station nacheinander ab, egal wie dringend notwendig das eine oder andere gerade auch ist.

Wandern und Radwandern

Die gesamte Region ist zum Wandern und Radeln ideal. Wir haben uns bemüht, einige der interessantesten Routen im Buch zu berücksichtigen. Es gibt jedoch noch wesentlich mehr Wege, die entdeckt, durchschritten bzw. durchfahren werden wollen. Um diese zu erkunden, empfehlen wir u.a. die Wanderführer aus dem Rother-Verlag.

Wassersport

Altmühl, Regen, Naab sowie die vielen Seen bieten Wassersportlern alle Möglichkeiten. Auch hier haben wir uns bemüht, auf die interessantesten und schönsten Strecken bzw. Seen zu verweisen.

Wintersport

Bei entsprechenden Schneelagen ist alpiner Wintersport im Bayerischen Wald, insbesondere am Großen Arber möglich. Langlaufloipen gibt es in den Höhenlagen sehr viele, wir haben allerdings nicht immer darauf hingewiesen.

Zum Schluss: Die große Wohnmobilfahrerfamilie

Urlaub mit dem Wohnmobil ist etwas ganz besonderes. Man kann die Freiheit genießen, ist ungebunden, dennoch immer zu Hause und lebt mitten in der Natur. Seit mehr als 25 Jahren geben wir Ihnen mit unseren Reiseführern eine Anleitung für diese Art Urlaub mit auf den Weg. Außer den umfangreich recherchierten Touren haben wir viele Tipps allgemeiner Art zusammengetragen, unter ihnen auch solche, die für einen Womo-Urlauber eigentlich selbstverständlich sein sollten. Weil wir als Wohnmobiler die Natur in ihrer ganzen Schönheit und Vielfalt zu schätzen wissen, haben wir auch eine besondere Verantwortung ihr gegenüber, die wir nicht einfach auf andere abwälzen dürfen.

Jährliche erhalten wir viele Zuschriften, Grüße von Lesern, die mit unseren Reiseführern einen schönen Urlaub verbracht haben und sich herzlich bei uns bedanken. Wir erhalten Hinweise über Veränderungen an den beschriebenen Touren, die von uns bei der Aktualisierung der Reiseführer helfen.

Aber: Wir erhalten auch Zuschriften über das Verhalten von Wohnmobilfahrern, die sich egoistisch, rücksichts- und verantwortungslos der Natur und ihren Mitmenschen – Urlaubern und Einheimischen – gegenüber verhalten. In diesen Briefen geht es um die Themen Müllbeseitigung, Abwasser- und Toilettenentsorgung. Es soll immer noch Wohnmobilurlauber geben, die ihre Campingtoilette nicht benutzen, dafür lieber den nächsten Busch mit Häufchen und Toilettenpapier „dekorieren"; die den Abwassertank nicht als Tank nutzen, sondern das Abwasser einfach durchfließen lassen, die ihren Müll neben dem Wohnmobil „vergessen“ und sich davon machen.

Liebe Leser!

Wir möchten Sie im Namen der gesamten Womo-Familie bitten: Helfen Sie aktiv mit, diese Schweinereien zu unterbinden! Jeder Wohnmobilurlauber trägt eine große Verantwortung und sein Verhalten muss dieser Verantwortung auch gerecht werden. Bestimmt hat mancher, dem Sie auf Ihrer Tour begegnen und sich unwürdig verhält, das gleiche Büchlein in der Hand wie Sie. Er weiß zumindest jetzt worum es geht. Sprechen Sie ihn an und weisen Sie ihn auf sein Fehlverhalten hin.

Der nächste freut sich, wenn er den Stellplatz sauber vorfindet, denn auch er hat sich seinen Urlaub verdient!

Vor allem aber: Wir erhöhen damit die Chance, dass uns unsere über alles geliebte Wohnmobil-Freiheit noch lange erhalten bleibt.

Helfen Sie mit, den guten Ruf unserer Womo-Familie zu wahren! Tragen Sie dazu bei, dass einzelne ihn nicht in den Schmutz ziehen!
Wir danken Ihnen im Namen aller Womo-Freunde –

Ihr WOMO-Verlag

Stichwortverzeichnis

1. Deutsches Drachenmuseum 317
12 Apostel 256
1000-jährige Linde 217

A
Abenberg 230
Absberg 234
Abtei Niederalteich 345
Abtei Oberalteich 326
Abtei Waldsassen 142
Altdorf 279
Alte Hofhaltung Bamberg 111
Altenveldorf 273
Altes Rathaus Bamberg 110
Altmühlsee 236
Altmühltal Panoramaweg 261
Altmühltherme 239
Altstadt von Nürnberg 198
Amberg 173
AMF-Museum 50
Annafest Forchheim 218
Ansbach 224
AQUARIA Coburg 14
AquaRiese 118
Archaeopteryx 255
Armeemuseum Friedrich der Große 66
Armesberg 127
Atzmannsee 158
Auerbach in der Oberpfalz 182
Aufseß 99

B
Bachwochen 224
Bad Abbach 292
Bad Alexandersbad 49
Bad Berneck 55
Bad Kötzting 323
Bad Staffelstein 116
Bad Steben 26
Baille-Maille-Allee Himmelkron 58
Bambados 108
Bamberg 105
Bamberger Reiter 111
Bamberg Stadtplan 107
Bärnau 139
Basilika in Waldsassen 142
Baumturm 336
Bayerische Bäckereimuseum 66
Bayerisch Eisenstein 319
Bayerisches Brauereimuseum 66
Bayreuth 76
Bayreuth Stadtplan 79
Becherstalagmit 288
Befreiungshalle 290
Beilngries 282
Benediktinerabtei auf dem Michaelsberg 112
Berchinale 269
Berching 268
Bergbau-Museum Kupferberg 63
Bergbau- und Industriemuseum Ostbayern 174
Besucherbergwerk Friedrich-Wilhelm-Stollen 26
Besucherbergwerk Silbereisen 52
Betzenstein 187
Biertor Cham 315
Binghöhle 98
Bischofsgrün 53
Bischofsmais 330
Blechschmidtenhammer 25
Bocklweg 155
Bodenmais 322
Bogenberg 326
Breitenbrunn 270
Brombachsee 235
Burg Egloffstein 190
Bürgermeister-Müller-Museum 255
Burg Falkenberg 149
Burg Falkenstein 315
Burg Gößweinstein 97
Burg Hartenstein 179
Burg Kipfenberg 262
Burgkunstadt 66
Burglengenfeld 304
Burg Neuhaus 152
Burg Parsberg 271
Burg Pottenstein 95
Burg Prunn 286
Burg Rabenstein 91
Burgruine Epprechtstein 44
Burgruine Flossenbürg 136
Burgruine Hilpoltstein 248
Burgruine in Obermurach 168
Burgruine Leuchtenberg 169
Burgruine Lupburg 272

Burgruine Randeck 287
Burgruine Waldeck 126
Burgruine Weißenstein 331
Burgsalach 242
Burg Veldenstein 181
Burg Zwernitz in Sanspareil 73

C

CabrioSol 185
Cadolzburg 208
Cham 315
Christkindlesmarkt 205
Coburg 9
Coburg Stadtplan 11
Creußen 124

D

DB Museum Nürnberg 204
Deggendorf 329
Deusmauer Moor 274
Deutsch-Deutsches Museum Mödlareuth 33
Deutsches Dampflokomotivmuseum 59
Deutsches Gewürzmuseum 66
Deutsches Korbmuseum 69
Deutsches Zinnfigurenmuseum 65
Die Eremitage Bayreuth 83
Dietfurt 283
Dietrich Bonhoeffer 137
Dinosaurier-Park Altmühltal 263
Döbraberg 23
Doktor Eisenbarth 166
Dokumentationszentrum Reichsparteitaggelände 205
Dollnstein 256
Donauradweg 341
Donaustauf 313
Drachenstich 316
Drachenturm 161
Dreiburgensee 343
Dreisesselberg 339
Dürerhaus 202

E

Eckersdorf-Donndorf 87
Edelmannshof 311
Effeltrich 217
Egloffstein 191
Ehekarussell 203
Eichstätt 258
Einsiedelei Klösterl 290
Eixendorfer See 163
Ellingen 246
Ellinger Tor 245
Enderndorf 234
Erbmühle 270
Erkertshofen 242
Erlangen 214
Eschenbach in der Oberpfalz 129
Eschlkam 317
Eslarn 158
Eugen Gomringer 46
Europäische Museum für Modernes Glas 17
Europäisches IndustrieMuseum für Porzellan 41
Europäisches Museum für Technische Keramik 41

F

Faber-Castell 207
Faberschloss 207
Fackelmann Therme 177
Falkenberg 149
Falkenstein 314
Falknerei auf Burg Rabenstein 92
Falknerei auf Schloss Rosenburg 285
Feisnitz-Stausee 145
Felsenbad 95
Felsenkeller in Schwandorf 308
Felsenlabyrinth Luisenburg 49
Fembohaus 200
Feng Shui Park 345
Fernwehpark 38
Festung Rosenberg 20
Fichtelberg 50
Fichtelgebirgsmuseum 47
Fichtelsee 52
Fischhofpark 150
Flossenbürg 136
Förmitzspeicher 39
Fossa Carolina 239
Fossilien-Besuchersteinbruch Mühlheim 255
Frankenwaldsee 29
Fränkische Bierakademie 110
Fränkische Krone 13
Fränkisches Brauereimuseum Bamberg 112
Fränkische Schweiz 90
Fränkisches Seenland 233
Freilichtmuseum Finsterau 337
Freizeitzentrum Silberberg 322
Friedenfels 147
Friedrichsburg 156
Fünf-Seidla-Steig 191

Fürstenzeche 319
Fürth 210
Furth im Wald 317

G

Gaisweiher 138
Geißkopf 330
Geologisch-bergbaulichen Lehrpfad Bad Steben 28
Geologischer Lehrpfad Kemnather Land 126
Geologischer Lehrpfad Tännesberg 168
GeoPark Kaolinrevier 172
GEO-Zentrum an der KTB 152
Germanisches Nationalmuseum 204
Giechburg 115
Gläserne Lebkuchenmanufaktur 142
Gläserner Wald in Weißenstein 331
Gläserne Scheune 325
Goldbergbau-Museum 53
Goldene Meile 251
Goldkronach 54
Gold-Lehrpfad 167
Gößweinstein 97
Gotteszell 330
Gräfenberg 191
Graf Luckner 316
Greding 265
Grenzlandturm 140
Grenzland und Trenck Museum 162
Großer Arber 322
Großer Pfahl 324
Großer Rußweiher 129
Großer Waldstein 45
Größter Bierkrug der Welt 167
Grüner Markt Fürth 211
Gügelkirche 115
Gunzenhausen 238

H

Handwerkerhof 198
Handwerkermuseum 163
Hans-Eisenmann-Haus 336
Haus der fränkischen Geschichte 231
Haus zur Wildnis 335
Heideck 246
Heilige Walburga. 217
Heilig-Geist-Spital 198
Hermann Göring 181
Hersbruck 176
Herzogenaurach 212
Hildweinsreuth 138
Hilpoltstein 247
Himmelkron 58
Hirschau 171
Hirsvogelsaal 200
Historischer Eisenhammer 249
Historische Wurstküche 296
Hof an der Saale 35
Hofgarten Bayreuth 81
Hohenhard 148
Hohenmirsberger Platte 94
Hohenzollernburg 209
Hoher Bogen 318
Höllental 25
Höllentalbahn 25
Holzweg 131
Hopfenhaus Mühlreisig 232
Hornschuhpromenade 210
Hugenotten in Erlangen 216

J

Jura-Museum 260

K

Kaiserdom in Bamberg 111
Kaiser-Therme Bad Abbach 292
Kaiserweg 42
Kallmünz 303
Kammerer's Mühle 220
Kanal in Feuerzauber 269
Kappl 144
Kaspar-Hauser-Festspiele 225
Kastell Biriciana 243
Katharinenberg 48
Kelheim 289
Kellerwald Forchheim 218
Keltendorf Gabreta 344
Kemnath 125
Ketschentor Coburg 9
Kirchenburg in Bad Kötzting 323
Kirchenlamitz 44
Klauskirche 188
Kleiner Rußweiher 130
Kleinlosnitz 61
Kleinziegenfelder Tal 71
Kloster Banz 120
Klosterdorf Speinshart 128
Klosterdorf Windberg 325
Kloster Marienweiher 62
Kloster Pielenhofen 301
Kloster Plankstetten 267
Kloster Sonnefeld 67
Kloster Weltenburg 291
König-Otto-Höhle 274
Koppetentorturm 47

Kornhaus in Spalt 232
Kösseinehaus 50
Kreuzbergkirche in Pleystein 157
Kronach 19
Krottensee 182
Kulmbach 64
Kulmbacher Mönchshof 66
Kulturweg Egloffstein 191
Kulzer Moos 165
Kunstwanderweg Grenzbegegnungen 317
Kupferberg 63
KZ Flossenbürg 137

L

Lalling 345
Lamer Winkel 318
Landschaftsmuseum Obermain 66
Lauf an der Pegnitz 193
Leuchtenberg 169
Lichtenberg 29
Lichtenfels 69
Lichtenfelser Korbmarkt 69
Limeswanderweg 242
Localbahnmuseum 320
Lohengrin Therme 77
Lorenzkirche 199
Ludwig-Donau-Main-Kanal 277
Ludwigskanal 278

M

Maffeischächte 183
Malefizturm 124
Marienweiher 62
Markgraf Christian Ernst 215
Markgräfliches Opernhaus 82
Marktleuthen 43
Marktredwitz 146
Marktredwitzer Krippenweg 146
Marseillaise 316
Maxhütte in Rosenberg 175
Maximiliansgrotte 182
Memmelsdorf 114
Merkendorf 226
Michelfeld 184
Mitterteich 147
Mitwitz 17
Mödlareuth 34
Monte Kaolino 171
Moorbad 159
Mostviel 190
Murner See 307
Museum für historische Maybach-Fahrzeuge 276
Museumsdorf Bayerischer Wald in Tittling 344

N

Nabburg 309
Naila 24
Nassauerhaus 199
Nationalpark Bayerischer Wald 332
Naturlehrpfad Hartensteiner Oberberge 180
Naturschutzgebiet Waldnaabtal 149
Nepal-Himalaya-Pavillon 314
Neualbenreuth 139
Neuenmarkt 59
Neuhaus an der Pegnitz 181
Neukirchen beim Heiligen Blut 318
Neumarkt i.d.Opf. 276
Neunburg vorm Wald 164
Neusath 310
Neustadt an der Waldnaab 153
Nitzlbuch 183
Nürnberg 194
Nürnberger Christkindlesmarkt 205
Nürnberg Stadtplan 197

O

Oberfränkisches Bauernhofmuseum 61
Obergermanisch-rätische Limes 242
Oberhausmuseum 343
Oberilzmühle 343
Oberkotzau 38
Obermain Therme 118
Obernsees 88
Obernzell 340
Oberpfälzer Freilandmuseum 310
Oberpfälzer Seenland 306
Oberpfalzturm 148
Obertrubach 189
Oberviechtach 166
Ochsenkopf 52
Ökologisch-Botanischer Garten Bayreuth 84
Ornbau 225

P

Panorama- und Saaletalstraße 31
Pappenheim 253
Pappenheimer 254

Parkstein 131
Parsberg 271
Parsberger Burgspiele 271
Passau 341
Pegnitz 185
Perlsee 161
Perschen 311
Petershöhle 180
Pfad der Flechtkultur 70
Pfingstritt zu Kötzting 323
Pfünz 260
Pielenhofen 301
Planetenweg Banz-Untersiemau 121
Plassenburg 65
Playmobil Funpark 208
Pleystein 157
Plöckenstein 339
Pommersfelden 220
Porzellanbrunnen Selb 40
Porzellanikon 41
Pottenstein 94

R

Ramsberg 235
Rauher Kulm 128
Regensburg 293
Regensburg Stadtplan 295
Reichstagsmuseum Regensburg 297
Residenz in Ellingen 246
Richard Wagner 81
Riedenburg 284
Riffelmacherhaus 250
Ringelai 344
Römer und Bajuwaren Museum 263
Rosenthal Museum 41
Roth 250
Rothsee 249
Rötz 163
Ruine Neideck 98
Ruine Streitberg 98
Ruine Weißenstein 148
Ruine Wolfstein 275

S

Sankt Emmeram 298
Sankt Englmar 325
Sanspareil 73
Scheßlitz 115
Schiefe Ebene 60
Schloss Alexandersbad 49
Schloss Arnsberg 261
Schloss Callenberg 16
Schloss Egg 330
Schloss Eggersberg 286
Schloss Ehrenburg Coburg 9
Schloss Fantaisie 87
Schloss Greifenstein 103
Schloss Hersbruck 176
Schloss Hirschberg 281
Schloss Ratibor 250
Schloss Rosenau 17
Schloss Rosenburg 284
Schloss Seehof 114
Schloss Tambach 15
Schloss Thurn und Taxis 298
Schloss Unteraufseß 101
Schloss Weißenstein 220
Schlungenhof 237
Schönsee 159
Schulerloch 288
Schwabach 251
Schwandorf 308
Schwarzenbach am Wald 22
Schwarzenbach an der Saale 39
Sebalduskirche. 200
Seebarnhammer 163
Selb 40
Sibyllenbad 141
Silbersee 160
Solnhofen 255
Sophie at night 93
Sophienhöhle 92
Spalt 231
Spitalhof 47
Stadtbrille 173
Stadtkirche Heilig Dreifaltigkeit Bayreuth 80
Staffelberg 116
Stein 207
Steinachklamm 21
Steinberg am See 307
Steinberger See 306
Steinerne Brücke Regensburg 293
Steinerner Beutel 89
Stephansdom in Passau 343
Stiftsbibliothek der Abtei Waldsassen 143
Straubing 326
Streitberg 98
Sulzbach 175
Summa- und Fernwehpark 38

T

Tannbach 34
Tännesberg 168
Tatzelwurm 287
Tauritzmühle 125
Teufelshöhle 94
Theresienstein 35
Therme Obernsees 88
Thierstein 42
Thurnau 74

Tiergärtnertor 202
Tierpark Bayerwald 319
Tierpark Röhrensee 84
Till Eulenspiegel 21
Tillyschanz 159
Tirschenreuth 150
Töpfereimuseum Thurnau 75
Trausnitztalsperre 169
Treffelstein 160
Treuchtlingen 239
Trubachtal 189
Tucherschloss 200
Tüchersfeld 90

U
Untreusee 37

V
Velden 180
Verkehrsmuseum 204
Veste Coburg 13
Veste Oberhaus in Passau 342
Vierzehnheiligen 119
Vituskapelle 283
Vohenstrauß 155, 156

W
Wackersdorf 307
Waffenhammer 21
Waidhaus 158
Waischenfeld 89
Walberla 217
Walderlebnispfad Höllental 25
Waldkirchen 338
Waldmünchen 162
Waldmuseum Zwiesel 320
Waldnaab 149
Waldnaabtalmuseum 152
Waldsassen 141
Waldsteinhaus 45
Waldwipfelweg 325
Walhalla 313
Wallenstein-Festspiele 279
Wasserpfad Höllental 25
Wasserschloss in Mitwitz 18
Weg des Granits 136
Weidener Thermenwelt 133
Weiden in der Oberpfalz 132
Weinfurtner Glasdorf 323
Weismain 71
Weiße Laaber 270
Weißenburg 244
Weißenohe 191
Weißenstadt 46
Weißenstädter See 46
Weißgerbergasse 202
Wellheimer Tal 257
Weltenburger Enge 291
Wenzelschloss 193
Wernberg-Köblitz 171
Wiesent 314
Wildpark Schloss Tambach 14
Wildpark Höllohe 305
Wildpark Hundshaupten 190
Wildpark Stückberg 159
Wilhelm Canaris 137
Wilhelminenaue 84
Willibaldsburg 259
Windischeschenbach 152
Windsbach 229
Wirsberg 60
Wolframs-Eschenbach 227
Wolfram von Eschenbach 228
Wonsees 73
Wülzburg 241
Wunsiedel 47
Wunsiedler Weiher 42

Z
Zirndorf 208
Zoiglbier 152
Zwiesel 320

Bildnachweis:

Alle Fotos stammen von den Autoren mit Ausnahme folgender Aufnahmen: **Markgräfliches Opernhaus** Innenaufnahme S.72: Reinhard Feldrapp, Neila. **Therme Obernsees** S.76: Birgit Engelhardt, Osnabrück. **Sibyllenbad** S.126: Kurmittelhaus Sibyllenbad. **Bierkrug** S.151: Ludwig Berger, Oberviechtach. **Maximilliansgrotte** S.166: Rudolf Weber, Auerbach i.d.OPf..**Treppenhaus Schloss Weißenstein** S.203: Verwaltung des Schlosses Weißenstein, Pommersfelden. **Kornhaus in Spalt** S.214: Otto Durst - Fotolia. **Dinos** S.263/264: Dinosaurier-Park Altmühltal. **Felsenkeller Schwandorf** S.308: Derzno, CC BY-SA 3.0, wikimedia.org.

Karten:

Alle Karten wurde erstellt von Heiner Newe. Die Stadtpläne unter Verwendung der Daten von © **OpenStreetMap contributors**.

Info-Blatt aus dem WOMO-Buch: Bayern (Nordost) '18

(komplett ausgefüllt erhalte ich 10% Info-Honorar auf Bestellungen direkt beim Verlag)

Lokalität: Seite: Datum:
(Stellplatz, Campingplatz, Wandertour, Gaststätte, usw.)
unverändert gesperrt/geschlossen folgende Änderungen:

Lokalität: Seite: Datum:
(Stellplatz, Campingplatz, Wandertour, Gaststätte, usw.)
unverändert gesperrt/geschlossen folgende Änderungen:

Lokalität: Seite: Datum:
(Stellplatz, Campingplatz, Wandertour, Gaststätte, usw.)
unverändert gesperrt/geschlossen folgende Änderungen:

Lokalität: Seite: Datum:
(Stellplatz, Campingplatz, Wandertour, Gaststätte, usw.)
unverändert gesperrt/geschlossen folgende Änderungen:

Lokalität: Seite: Datum:
(Stellplatz, Campingplatz, Wandertour, Gaststätte, usw.)
unverändert gesperrt/geschlossen folgende Änderungen:

Lokalität: Seite: Datum:
(Stellplatz, Campingplatz, Wandertour, Gaststätte, usw.)
unverändert gesperrt/geschlossen folgende Änderungen:

Meine Adresse und Tel.-Nummer:

(nur komplett ausgefüllte, zeitnah eingesandte Infoblätter können berücksichtigt werden)

Info-Blatt aus dem WOMO-Buch: Bayern (Nordost) '18
(komplett ausgefüllt erhalte ich 10% Info-Honorar auf Bestellungen direkt beim Verlag)

Lokalität: Seite: Datum:
(Stellplatz, Campingplatz, Wandertour, Gaststätte, usw.)
unverändert gesperrt/geschlossen folgende Änderungen:

Lokalität: Seite: Datum:
(Stellplatz, Campingplatz, Wandertour, Gaststätte, usw.)
unverändert gesperrt/geschlossen folgende Änderungen:

Lokalität: Seite: Datum:
(Stellplatz, Campingplatz, Wandertour, Gaststätte, usw.)
unverändert gesperrt/geschlossen folgende Änderungen:

Lokalität: Seite: Datum:
(Stellplatz, Campingplatz, Wandertour, Gaststätte, usw.)
unverändert gesperrt/geschlossen folgende Änderungen:

Lokalität: Seite: Datum:
(Stellplatz, Campingplatz, Wandertour, Gaststätte, usw.)
unverändert gesperrt/geschlossen folgende Änderungen:

Lokalität: Seite: Datum:
(Stellplatz, Campingplatz, Wandertour, Gaststätte, usw.)
unverändert gesperrt/geschlossen folgende Änderungen:

Meine sonstigen Tipps und Verbesserungswünsche:

Wir bestellen: (Preisänderungen vorbehalten)

- ☐ Wohnmobil Handbuch .... 19,90 €
- ☐ Wohnmobil Kochbuch .... 12,90 €
- ☐ Heitere Geschichten .... 6,90 €
- ☐ Albanien .... 19,90 €
- ☐ Allgäu .... 17,90 €
- ☐ Auvergne .... 19,90 €
- ☐ Baden-Württemberg .... 19,90 €
- ☐ Baltikum .... 20,90 €
- ☐ Bayern (Nordost) .... 19,90 €
- ☐ Bayern (Südost/Oberbayern) 19,90 €
- ☐ Belgien & Luxemburg .... 19,90 €
- ☐ Bretagne .... 18,90 €
- ☐ Burgund .... 17,90 €
- ☐ Dänemark .... 19,90 €
- ☐ Elsass .... 19,90 €
- ☐ England (Süd) .... 19,90 €
- ☐ Finnland .... 19,90 €
- ☐ Franz. Alpen .... 20,90 €
- ☐ Franz. Atlantikküste (Nord) ... 19,90 €
- ☐ Franz. Atlantikküste (Süd) .... 17,90 €
- ☐ Französisches Jura .... 19,90 €
- ☐ Griechenland .... 19,90 €
- ☐ Hessen (Norden + Osten) .... 19,90 €
- ☐ Hessen (Mitte + Süden) .... 19,90 €
- ☐ Hunsrück/Mosel/Eifel .... 20,90 €
- ☐ Irland .... 19,90 €
- ☐ Korsika .... 18,90 €
- ☐ Kroatien / Montenegro .... 19,90 €
- ☐ Languedoc/Roussillon .... 19,90 €
- ☐ Latium/Rom/Abruzzen .... 18,90 €
- ☐ Ligurien .... 17,90 €
- ☐ Loire-Tal/Paris .... 17,90 €
- ☐ Lothringen .... 17,90 €
- ☐ Marokko .... 19,90 €
- ☐ Meckl. Vorpommern (West) .. 18,90 €
- ☐ Meckl. Vorpommern (Ost) ..... 18,90 €
- ☐ Namibia .... 20,90 €
- ☐ Neuseeland (Nord) .... 19,90 €
- ☐ Neuseeland (Süd) .... 19,90 €
- ☐ Niederlande .... 19,90 €
- ☐ Nord-Frankreich .... 18,90 €
- ☐ Normandie .... 19,90 €
- ☐ Norwegen (Nord) .... 19,90 €
- ☐ Norwegen (Süd) .... 19,90 €
- ☐ Österreich (Ost) .... 19,90 €
- ☐ Österreich (West) .... 17,90 €
- ☐ Ostfriesland .... 20,90 €
- ☐ Peloponnes .... 19,90 €
- ☐ Pfalz .... 19,90 €
- ☐ Piemont/Aosta-Tal .... 19,90 €
- ☐ Polen (Nord/Masuren) .... 18,90 €
- ☐ Polen (Süd/Schlesien) .... 17,90 €
- ☐ Portugal .... 19,90 €
- ☐ Provence & C. d'Azur (Ost) .. 19,90 €
- ☐ Provence & C. d'Azur (West) 19,90 €
- ☐ Pyrenäen .... 19,90 €
- ☐ Rumänien .... 19,90 €
- ☐ Sachsen .... 20,90 €
- ☐ Sardinien .... 19,90 €
- ☐ Schleswig-Holstein .... 19,90 €
- ☐ Schottland .... 18,90 €
- ☐ Schwarzwald .... 17,90 €
- ☐ Schweden (Nord) .... 19,90 €
- ☐ Schweden (Süd) .... 19,90 €
- ☐ Schweiz (Ost) .... 19,90 €
- ☐ Schweiz (West) .... 19,90 €
- ☐ Sizilien .... 18,90 €
- ☐ Slowenien .... 18,90 €
- ☐ Spanien (Nord/Atlantik) .... 19,90 €
- ☐ Spanien (Ost/Katalonien) ..... 18,90 €
- ☐ Spanien (Süd/Andalusien) .... 18,90 €
- ☐ Südafrika (Krüger NP) .... 24,90 €
- ☐ Süditalien (Ost/Apulien) .... 19,90 €
- ☐ Süditalien (West/Kalabrien) .. 19,90 €
- ☐ Süd-Tirol .... 18,90 €
- ☐ Thüringen .... 19,90 €
- ☐ Toskana & Elba .... 20,90 €
- ☐ Trentino/Gardasee .... 18,90 €
- ☐ Tschechien .... 18,90 €
- ☐ Tunesien .... 17,90 €
- ☐ Türkei (West) .... 18,90 €
- ☐ Türkei (Mitte-Kappadokien) .. 17,90 €
- ☐ Umbrien & Marken mit Adria. 18,90 €
- ☐ Ungarn .... 18,90 €
- ☐ Venetien/Friaul .... 19,90 €
- ☐ Wales .... 18,90 €

... und jährlich werden's mehr!

[redacted]

Absender:

Datum

Unterschrift

WOMO-VERLAG

Versandabteilung

Wiesenweg 4-6

98634 Mittelsdorf/Rhön